国家社科基金
GUOJIA SHEKE JIJIN HOUQI ZIZHU XIANGMU
后期资助项目

后柳田时代
日本民俗学

——解构与重构的研究

郭海红 著

天津出版传媒集团

天津人民出版社

图书在版编目（CIP）数据

后柳田时代日本民俗学：解构与重构的研究 / 郭海红著 . --
天津：天津人民出版社，2023.10
ISBN 978-7-201-19817-0

Ⅰ.①后… Ⅱ.①郭… Ⅲ.①民俗学－研究－日本
Ⅳ.①K893.13

中国国家版本馆CIP数据核字(2023)第184484号

后柳田时代日本民俗学：解构与重构的研究
HOU LIUTIAN SHIDAI RIBEN MINSUXUE：JIEGOU YU CHONGGOU DE YANJIU

出　　版	天津人民出版社
出 版 人	刘　庆
地　　址	天津市和平区西康路35号康岳大厦
邮政编码	300051
邮购电话	（022）23332469
电子信箱	reader@tjrmcbs.com

特约编辑	韩玉霞
责任编辑	李佩俊
美术编辑	汤　磊

印　　刷	北京虎彩文化传播有限公司
经　　销	新华书店
开　　本	710毫米×1000毫米　1/16
印　　张	17.75
插　　页	1
字　　数	240千字
版次印次	2023年10月第1版　　2023年10月第1次印刷
定　　价	78.00元

自　序

　　本书在2008年提交的博士论文基础上修改完成。2019年9月到2020年8月，在国家留学基金委的资助下，我在京都国际日本文化研究中心进行了为期一年的访问学者的研究生活。这次访学的主要目的是完成国家社科基金后期资助项目的专著写作与课题结项。

　　在这期间，我读到了《民俗学的想象力》这本书，开篇之作便是编者小池淳一基于问题意识提出的《民俗学史的挑衅》一文，"民俗学史"四个字让我眼前顿时一亮。同时他行文中的多处表述也促进了我对自己设立的"他者视角下的日本民俗学研究"的思考，使之轮廓更为清晰。他讲道："希望借助民俗学史思考民俗研究的发展。通过将日本民俗研究走过的轨迹与近代日本社会史的大背景及其语境相结合，来思考民俗学的未来。并非是单纯的回顾或者研究史的整理，而是通过对柳田国男以及其周边的人在怎样的意识和环境下推动民俗学研究进行深入、具体的探讨，以此发现近代日本民俗学身上的特质与蕴含的可能性。"①他的这几点阐述与我心意契合。

　　思绪拉回到2008年冬天。博士论文答辩之际，各位答辩老师给予了我严肃又不失宽容、认真又不失亲切的建议和批评，对于这些宝贵的建议，我在后续研究中逐渐领悟，形成思考。中国社会科学研究院叶涛教授讲道："对热点问题的把握要考虑到文化对话、学术对话的意义，要将其放在一个国度的整个学术史的位置去理解、把握。"中国人民大学李铭敬教授指出："作为中国人研究外国学术史，不可避免地会遇到研究主体性的问题，是跟随国外研究者的角度还是站在异文化角度去看待，这需要作者明晰立场。"这里两位老师思考的一个共同点，便是提醒笔者作为中国学者研究日本民俗，应该时刻不忘本国的立场，强化中国研究者的学科关怀，继而最终回归中国文化。这一点在我的研究历程中，一直都起着潜移默化的作用，尤其民俗学作为"实践之

---

① ［日］小池淳一：《民俗学史的挑衅》，载小池淳一编：《民俗学的想像力》，Serica书房2009年，第8—9页。

学""生活之学",它具有的民众情怀决定了它不可能脱离社会。对日本民俗学的经验研究,其目的是在更好地思考我国社会发展现状下,民俗学如何做到更好地站在民俗承载者主体立场,在历史发展进程中记录、感知、保护、传承、发展民众的生活智慧与生活情感,甚至作为平衡修正现代化、科技化、信息化社会发展的一剂良药,发挥其人文关怀的有效作用。

在博士论文写作过程以及毕业后十多年来的时间里,我一直在思考中国关怀的意识问题,在这次修改成书的过程中,我对自己的立场有了清楚的认识,那就是站在中国的立场,面对我们国家当下重要的社会进程——城镇化体制机制的建设和完善、美丽乡村建设,带着自然与人类社会如何协调共存、追求物质世界极大丰富的同时,如何对待我们的精神家园、现代生活方式下传统文化存在的必要性和重要性的体现等问题意识,以民俗学科的应对、改变为切入口,透视邻国日本走过的道路,以其为镜,探索历史发展的规律性特点,一方面学习其可借鉴之处,另一方面防范其教训于未然,这也便是题目《后柳田时代日本民俗学:解构与重构的研究》的内涵所指。此外,山东大学张士闪教授多次叮嘱我,对日本民俗学史的研究要立足更广阔的视野,不仅要关注到日本,还要与欧美等更广泛的、多学科的学术思潮结合起来看待。这也成为我在此次修改成书过程中有意识地关注并强化的一点。

当时博士论文被指出的另外一个缺陷与不足,便是对"热点"含义的理解和设定标准的不统一。齐鲁师范大学刘德增教授指出:"热点的含义应该是人数多,讨论多,关注多,而非指以前没有的。热点侧重的是数量,从尤到有指的更多则是差别或创新。"李铭敬教授同样指出:"论文中涉及的热点不仅有研究对象,还有研究方法,分类标准不尽统一,对此在文章中应有所体现。"山东大学高文汉教授建议:"对热点问题的内在联系需要进一步厘清,从时间上先行理顺,进行规制排列。"

各位老师在认真细致地阅读之后,指出了我不曾意识到的问题点,在这次修改过程中,针对以上问题笔者也进行了相应的补充和完善。现在看来,这些问题本质上与我对日本民俗学史的理解深度与治学严谨程度的不足息息相关,是这些指点帮助我在研究的道路上走得更远、更扎实。

我充分理解到,严谨的态度、不厌其烦的修改、全面多角度的思考对于学术人生的重大意义,并在日常的学习研究中努力践行与反思自我。"玉不琢,不成器",学术论文的修改与完善永无止境。尽管这本著述结合博士论文当初的修改意见和之后多年的学术积累进行了一定程度上的修改,鉴于手头资料的局限、自身于相关学科的知识涉猎尚有不足,书中仍然不可避免地存在有失客观的地方,甚至是疏漏谬误之处,希望藉此得到大家的批评指正。

目　录

导　论

一、他者视角下的日本民俗学研究

(一)选题缘起

他者视角作为人类学研究中重要的分析概念,具有方法论的意义,它也是贯穿本书的一条暗线。2020年4月京都国际日本文化研究中心新任所长井上章一上任,他曾在多个场合提到外国学者开展的日本文化研究的重要性,强调了他者视角为日本文化研究带来的新鲜气息与提供的有益发现:"海外的研究,在很多时候为日本国内的研究带来了刺激。有时还为内向封闭的日本的研究现状,开辟了崭新的天地。……海外的研究者提供了使日本国内的日本文化研究变得更加丰盈的可能性。"[①]

众所周知,日本民俗学极具个性特色,长期以来调查和研究工作也开展得有声有色,其影响力和辐射力不容忽视。但与此不相称的是,我国学界对其的关注却远远不足而且滞后,即便有若干相关研究出现,也不够深入而且呈碎片化。当然,进入21世纪以后,这种情况发生了改观,人员交流与合作研究方面都呈现了前所未有的繁荣景象。除此以外,对日本民俗学的研究可以帮助我们从他者的立场反观自我,进而从多角度审视和加深对中国民俗学的理解,并因循自己的社会语境,在学术策略与研究范式方面进一步斟酌取舍。现代化、城市化背景下日本民俗学走过的探索、发展之路,作为他山之石,必将对我们思考历史发展的规律性特点、更好推动中国民俗学学科的全面发展提供经验和借鉴。

现阶段中国正在致力于完善新型城镇化建设体制机制,民俗学学科的参与义不容辞。综合考虑社会发展的学科需求,结合个人知识结构的优势以及有效发扬民俗学学科自身特有的人文关怀的现实因素,由此我确立了以日本民俗学学术史为中心的研究方向。

---

① 《国际日本文化研究中心要览2020》前言。

2005年在日方科研基金的资助下,我赴日本进行了为期三个月集中有效的资料收集,进一步得到了日方研究生阶段导师汤川洋司教授的直接指导,得以形成更加明确的问题意识。日本民俗学界有这样的共识,即以柳田国男的离世,也可以笼统地代之以20世纪60年代末或70年代初为分界线,之前的民俗学研究称之为柳田民俗学,之后的称之为后柳田民俗学。前缀的"后"字内含了丰富的内容,表现为伴随着日本社会和民众生活所发生的翻天覆地的改变,民俗学的研究也有了显著改变。以往以柳田国男为代表的中央集权式研究活动被研究者个体性的地域研究取代;以在野之学为精神旗帜的实践性研究分裂为学院派的历史民俗学以及强调"参与共感"的新公共民俗学;实体概念的"常民"研究发展为文化概念"常民性"的研究;研究对象的范围由山乡渔村延展到城市化地区及都市,等等。而这些改变背后都与20世纪50—70年代日本经历的经济快速发展与全国规模的城市化进程有着千丝万缕的联系,说得更直接一些,即学科内部与学科外部形成了密切的连锁反应。在对该时期研究进行了初步考察后,民俗文化多元论、"日常态、能量枯竭态、非日常态"三态体系、城市民俗研究、环境民俗研究、文化资源化研究进入到我的研究视野。它们一方面作为后柳田时代研究的重要组成部分,勾画了该时期日本民俗学的批判、发展、创新之路,践行了学科的解构与重构实践,另一方面在它们身上充分投射出社会大环境、时代大背景的发展走向和价值体系。展开来说,以上五个主题的最终确定,分别基于以下三方面思考:

1. 表象层面共同点的提炼。①形成于70年代以后。②所涉及的是柳田时代下被忽视或没有涉及的领域。③同时又以某种方式与柳田的民俗学研究保持着传承关系。④在前后近50年时间段里表现出集中研究的态势和强大的话语权。

2. 深层次下相通点的挖掘。通过分析可以发现,它们在研究方法论和学理思考上反映出柳田前与柳田后的范式改变,折射出该时期日本民俗学学科的特点,那就是具有同时期西方学术界兴起的、对现代社会产生重要影响力的解构主义与重构主义理论思潮的身影。这种学术史含义上的改变,与时代变化、历史发展密切相关,同时又是民俗学科自身的应激反应和创生的过程。这五个主题或是打破、或是发展、或是创新了柳田民俗学的秩序与习惯思维,在解构与重构之路上并肩前行。

3. 基于中国城镇化建设与传统文化保护与发展立场,对走过相似历史进程的日本民俗学的经验研究为出发点。尤其对于以城市、环境、文化资源、乡土乡愁、公共民俗、遗产保护为关键词的部分,连带的是日本国家城市化进程、循环生态社会建设、地方社会振兴、文化民族主义的一系列政治话语。如何看待国家、地方、民众的话语体系建构以及相互间的利益平衡、权利互动,民俗学学科参与社会发展与政策制定的立场与机制如何,如何评价国家行政层面下民众生活文化的创生机制与体制,即为各个主题得以选定的重要指导思想。

因此在本书中,既考虑到作为他者的中国语境下中国研究者对日本民俗学的审视,又有意兼顾了身在其中还原学术大背景下的学术史思考。在基于博士论文基础上成书的过程中,对于在博士论文阶段已经涉及到的四个主题,通过将其纳入新的研究思路与观点之下,实现了赋予原有主题更丰富内涵、完善对其更合理认知的目标。五个主题的选定与解构、重构视角的确立,正是结合了以上对主位和客位的综合理解、相辅相成后得到的一体两面,而不是简单以先后顺序排列得出的产物,这里作为对选题缘起的补充特此说明。

(二)研究视角和时期划分

1. 研究视角的确立

学术史的研究,出于个人兴趣点和问题意识的不同,可以有若干切入角度和学术态度。井之口章次在《民俗学的方法》一书中提到了以下七种路径:

①最为机械的方法是按照明治期、大正期、昭和前期、昭和后期这样的时代划分。尽管这样的划分方法有些机械,但有利于与同期的文化思潮、社会实态进行对照。

②分领域、分问题的个别研究学术史。选取一个领域,如时令节庆或婚姻,围绕着这一领域分析进行了如何的相关研究、现在的研究达到了何种水平,进而更深入到具体的事象,如农耕仪式中的预祝丰收仪式、丰收祭祀活动等的学术史研究。在进行这种个别领域研究时,有必要对所有的先行研究有一个大致的了解,如果不了解先行成果就进行论证,就只能被说成狂妄自大的人。

③民俗学的成果,通常最初都是刊登在期刊杂志上,通过考察一个中心性期刊的兴衰审视学术史的足迹,这是最方便和普通的方法。因为多数论著通常都是先发表在学术期刊上,在接受大家批评和获取新资料以后进行完善再成书。因此在进行严谨的个别学术史研究时,首先有必要通过学术期刊来验证某个学说最初的提示学者是谁。此外,通过考察刊登在权威期刊上的论文、调查报告,还可以把握那个时期的

研究倾向、关注热点以及活跃的学者。

④民俗学的学科性格表现为：个别研究和调查成果相对丰富，但研究的整体概貌难于把握。因此要在历史长河中进行学问整体的凝炼，或把它置身于有关人类研究的文化科学大体系中，从相邻学科的关系史角度出发考察各种人文学科如何相互作用、如何相辅相成。民俗学发展的繁盛期，会将其他的学术领域纳入其中，反之衰弱期，又会被周边诸学科吞没。

⑤日本的民俗学，从明治以来到现阶段，都是以柳田国男为中心，在他的指导下成长起来。另外还得益于折口信夫、涩泽敬三等优秀的指导者和后援力量。也可以从这样的"人际关系网络"出发研究学术史，因为指导者性格和教养的不同，会作用于他的学术研究中。

⑥这一条与（上面提到的）指导者的性格有关联，就是从气势的消长入手考察学术史。即考察不同时期下民俗学对社会的影响、向大众的渗透以及被民众接受和理解的程度。例如在一定时期民俗热的环境下，民俗学好像顿时成为所有人文科学的基础，因而是否学问本身或民俗学者自身也会变得骄傲自大？

⑦最后，便是在民俗学中占据重要位置的地方民俗史的研究。可以有两个观点：其一，地方的资料和研究是如何被介绍到中央的？其二，在地方的乡土史研究中，民俗学作出了何种贡献？地方的民俗学研究团体是怎样成长起来的，等等。①

在以上提示的众多角度中，考虑到六七十年代以来日本民俗学研究表现出的性格特点、资料方面的可操作性以及研究时间和精力等因素的综合平衡，本书确定以第一种"特定时代背景下的研究"方式为主，第四种"置于文化科学大体系下的比较研究"为辅，对后柳田时代民俗学集中进行学术史研究。

考察的结果发现，对照该时期日本民俗学的发展脉络，其呈现出的整体特点可以很好地纳入解构与重构的话语体系中展开。正如雅克·德里达在分析西方哲学史时提到的——在场的"形而上学"，柳田国男作为一个根本原则，一个中心语词，一个支配性的力量，一个潜在的神或上帝，构成了日本民俗学自20世纪20年代以来长达半个世纪的逻各斯（logos），而后柳田时代下表现出的正是以打碎拆解、发展创生方式进行的民俗学范畴下的解构

---

① ［日］井之口章次：《民俗学的方法》，讲谈社1975年，第148—150页。

与重构实践。

因此，本课题以"批判、发展、创新——后柳田时代日本民俗学的解构与重构研究"的思路和视角，解析日本民俗学第二个五十年的学科发展与学术思想转变，考察日本民俗学学科的特质与优势，继而从更深层反思现代化，思考乡土文化的保护与发展课题、关注民众生活的创生研究。

2. 时期划分的考虑

对于学术时期的划分，结合先行研究的梳理发现，各种综合性的理论论著、方法论、课题论或学术史论，几乎绝大多数集中在了明治末期、大正、昭和初中期，即截至昭和中期之前的研究成果数量庞大，阐释相对透彻，而近期有关民俗学学术史，具有大局观、系统性的研究论著则难得一见。相对于近年日本民俗学在研究方法和学科特征上发生的显著变化，不得不遗憾地说：同一时期学术史的研究显得薄弱和不足。

20世纪50—70年代日本实现了国家规模的城市化。70年代是日本社会的一个重要转折点，伴随着日本经济高速增长期的结束、社会转型的完成，传统社会和传统文化的根基被大大动摇，崭新的研究领域待机勃发；在民俗学巨人柳田国男于1962年离世后10年左右时间，围绕柳田民俗学的继承和反思，形成了热烈讨论；社会转型带来的城市病、环境问题、人际关系的改变、精神世界的匮乏，使得人们亟需心灵、情绪、文化寄托的根基。可以说这近50年是一个理论反思和探讨的时期，也是民俗学作为生活之学得以更好阐释的一个时期。众多具有代表性的观点和论点，诸如城市民俗学、观光民俗学、刀耕火种文化、民俗宗教的复兴、现代化影响下传统地域的变容、文化遗产的资源化等，呈现出百家争鸣、百花齐放的态势。

1975年8月10日，日本民俗学会的学术期刊《日本民俗学》第100期发行，也正是从这一期开始启动了研究动向专刊的发行，确定此后每两年一次发行一期研究动向专刊。对于动向专刊的编辑宗旨，编委会指出："整理民俗学的研究现状，把握问题点展开讨论，促进研究发展的基本性工作，研究动向考察还要做到不仅要着眼于研究的细分化、多样化，更要兼顾在民俗学整体的研究定位以及与周边领域研究的关联性。……研究动向的总结不是停留在简单进行专著或论文的介绍层面，而是要对动向展开评议，做到以各自领域为中心进行论述的同时，特别注意同关联领域广泛展开接触。"①截至2019年11月《日本民俗学》第300期，研究动向专刊（2015—2017）共计发行18期。它的权威性、影响力得到了民俗学界的公认，实现了高频率的引用，

---

① ［日］《有关研究动向特辑的编辑事宜》编委会，《日本民俗学》2001年第227期。

尤其对短期学术史积累和前景展望的工作发挥了积极意义，可以称之为日本民俗学研究的指向标。

考虑到日本国家规模城市化的完成时期，70年代前后日本民俗学研究发生的诸多改变以及资料的客观性、全面性要素，该课题的学术史研究时期，划定为柳田国男去世后大致50年的期间。

二、民俗学范畴下的解构主义与重构主义

（一）来自不同学科的解构与重构研究实践

语言学、哲学学科自不必说，通过研读相关论文可以发现，其他学科例如文学、历史学、音乐学、建筑学、旅游学、美术学、教育学、翻译学、设计学等研究也广泛利用解构与重构的视角，对文学文本、角色身份、造型构图、元素使用、理论方法开展有效分析，这些都凸显了解构主义在当下研究中的针对性与普遍性。

首先以哲学为例，法国社会学家莫斯在1925年发表了其经典著作《礼物》，他利用比较研究的方法，对"礼物交换"这种广泛的习俗进行了系统的研究与论述，并且解释了"礼物交换"习俗在贯彻社会秩序方面的功能。莫斯作为另一位法国籍的世界级社会学家涂尔干的弟子，以权力的流动解构了涂尔干以物权为基础确立的社会性认知，重构了"道德性"这一人的根本的"社会性"，由此他甚至被列维·斯特劳斯称为结构主义的先驱。其中在涉及莫斯与涂尔干对于现代道德认知的异同时，卢成仁写道："虽然这对舅甥都以现代道德的建立作为其论述的重点，但在《礼物》的分析中莫斯的论述已然越出了涂尔干的体系，建立起他自己对现代社会的观察和反思。"[①]作者进一步指出，尽管莫斯与涂尔干的理论同样都是从古希腊的政治哲学中的延伸，但莫斯在理想公民的根基之上提出了具体的、以给予、接受和回报为一体的行为机制，这是对苏格拉底的论述在现代性社会的重新阐释，针对的是由现代自然法哲学所建构出来的现代性社会的反思、重构，目的是重新理解美好（公共）生活是如何可能的问题。由此管中窥豹，我们可以看到结构、解构与重构之间辩证统一的关系，以及解构主义所兼具的破坏与建设的两面性。

又如在翻译理论的研究中，我们可以很清楚地看到，基于结构主义，又或是解构主义的立足点的不同，翻译风格和表述会受到极大的影响，尤其对

---

① 卢成仁：《社会主义思潮、政治哲学与人类学研究的方法论——重读莫斯的〈礼物〉》，《世界民族》2017年第3期，第60页。

于文学作品来说。在此之前,关于翻译的理论我们大多比较熟悉直译与意译、主体性与客体性的运用,被要求掌握的知识与技能偏向传统语言学的词汇、句型、语法等,犹如古典诗歌中对押韵、对仗等的强调,使用的是结构主义方法论中关于语言结构、整体性、共时性、二元对立的分析方法。"后"学盛行以来在解构主义的启发下,翻译活动更多被纳入跨文化交际、复杂的再生产语境,其中"延异"的概念使得翻译文本超越了结构主义下的平面化表述,更加呈现出立体化架构。"后"学下的解构主义给翻译学界带来了极大的触动,给译者提供了更富想象性和创造性的空间,解构、重构主义的指导思想也更加适合当下对现代文本、新历史主义倾向文学作品的解读。对于翻译领域下的解构与重构,朱湘军指出:"解构主义以解构为起点,以语言为核心,以翻译为途径,以重构为目的。它通过对语言中心主义的解构,凸显了翻译主体(译者)的地位,其对翻译的最大贡献就在于:通过对结构主义(尤其是索绪尔的结构主义语言观)的解构而使翻译研究由单一的语言学向度的建设转变成多元取向的重构。"[①]此外,庄驰原也评价道:"德里达的解构主义翻译观从语言哲学的层面对翻译的本质属性进行了探讨,在中国翻译界的影响力远远超过同时期的任何其他翻译理论。"[②]这些观点言简意赅地表达了解构、重构视角对翻译理论研究的建设性和有效性。展望未来,结合"后"学思想对原作者与译者的定位、作用的重新审视,我们需要更多在解构与重构环节上下功夫。

以上对不同学科涉及解构与重构研究的举例,传递出的相通信息即为"不破不立",无论是历时性还是共时性研究,解构与重构的视角都有助于摆脱固有思维定式并且推动"发现新大陆"。借用解构和重构的视角可以更加明晰不变中的变与变中的不变,面对20世纪中期以来日本社会发生的天翻地覆的变以及日本民俗学学科呈现的从多种意义上来说的新旧交替,德里达的理论方法会是一条行之有效的分析路径。

(二)民俗学范畴下的解构与重构

20世纪六七十年代之前,正如雅克·德里达在分析西方哲学史时提到的——在场的"形而上学",柳田国男作为一个根本原则,一个中心语词,一个支配性的力量,一个潜在的神或上帝,构成了日本民俗学自20世纪20年代长达半个世纪的逻各斯,在逻各斯的运转逻辑下确立了柳田民俗学。

---

① 朱湘军:《从客体到主体——西方翻译研究的哲学之路》,复旦大学2006年博士论文。

② 庄驰原:《德里达的解构主义翻译观在中国的接受与误读(1995—2014)》,华东师范大学2015年硕士论文。

之后,日本民俗学的解构性与重构性研究相继出现并相伴相随,后柳田民俗学在民俗词汇、学理建构、研究对象、与国家的互动等不同层面,解构着柳田民俗学的秩序与习惯思维,重构着整体与个体的和谐共生。其中解构性的研究占据了主体地位,发挥了根本性作用。研究普遍认为解构主义的指涉内容分为两个方面:一方面指打破封闭、消除二元对立、排除本源;另一方面指与外界自由组合,生成无限可能的意义网络。基于以上对解构内涵的理解,接下来本书以20世纪70年代为大致分界线,围绕日本民俗学范畴下的解构性研究予以考察。具体表现为对柳田民俗学体系下逻各斯(logos)中心主义的打破与原有因素的分化、内外因素间的置换与延伸等。

首先,作为对原有秩序的打破,以坪井洋文、福田亚细男基于批判的观点最为典型。对于柳田国男确立的日本稻作农耕文化一元论研究秩序,坪井将其完全打碎拆解,取而代之以民俗文化多元论体系;福田亚细男则以被视为柳田国男研究方法之根基的比较研究法为突破点,以区域性地理历史维度替代全国性文化传播维度,树立了着眼于传承母体的行之有效的地域研究法。他们的研究破解了柳田逻各斯中心主义的秩序体系,是结构主义下的整体性向解构主义下的个体性的转向。

此外,从全新领域进行再创造,同时很好地与解构主义的开放性相呼应的,是70年代城市民俗学的兴起与90年代之后环境民俗学研究的凸显。在柳田民俗学逻各斯的单元化秩序中,城市民俗、环境民俗研究均不在正统之列,当然这与60年代民俗学界盛行的基础文化风潮也脱不了干系,它们或者作为"都鄙连续体"的末端或者仅限于在村落概貌、生产民俗中的一带而过。具体来说,城市民俗学以创生的"常民性"理解下生成的无限可能的意义网格,消除了传统日本民俗学作为研究对象的"常民"面对的困惑,拆解了以往"只有传承三代以上的才是民俗"的传统的理解模式、习惯、结构。环境民俗学领域继承了柳田民俗学对山乡渔村的研究传统的同时,注重纷繁复杂的多维度视角和不同问题意识下的多元认知,不同于以往割裂的、仅仅视自然为客体存在的自然、环境、生态研究,而是把自然作为一个整体概念展开,基于"人与自然之间发生关系"的明确目的之下,既关注环境的主体性,同时还关注以环境为媒介的人与人之间的相互关系。以民俗学语言阐释了解构主义下分散和无秩序性特点。城市民俗学与环境民俗学研究都脱离了柳田民俗学时代逻各斯的力的支配,超越民俗学科来到了人文社会科学,环境民俗学甚至超越了划定的一国圈子来到了东亚、非洲,融入进自然科学。这些创新研究,解构了封闭内向的民俗学构成,以叠加的方式打乱了整体的统一。

对解构主义的反中心、反权威、反二元对立、反非黑即白批判方法进行了很好诠释的,是70年代由波平惠美子确立的"KEGARE"(污秽、晦气)分析概念以及在此基础上完成的三态分析体系。柳田理论下"日常态"与"非日常态"表现为严格的差序格局,而第三态"污秽(晦气)、能量枯竭态"的引入,以发展方式消融了等级对立,将之前的二态对抗转换为具有流动性与不可完全分离属性的宽容、自由、多元格局。尽管波平的出发点是希望借助第三态的"KEGARE"概念重构某种理论体系,以实现对日本民众信仰体系的理论化研究,然而即使经历了"波平、樱井"学术之争的讨论,时至今日这一三态体系还是遗留了部分解构下的不系统性与不完整性。

如上所述,解构主义强调个体性,可以是打破了重来,例如对原有住房结构的拆解、破坏,也可以是打通了贯穿,例如在原有结构基础上的分化、置换,呈现的是"(解)散"的脉络。接下来在讨论民俗学范畴下的重构主义之前,简单地对结构与重构的异同进行说明。结构主义重在对整体性的强调,如同盖房搭架子,需要初步确立范围、规则、边界、形态、功能,这种"(结)合"的底色像极了20世纪前半叶柳田民俗学研究。重构主义强调个体与整体的协调,最终结果是实现感性认知与理性需求的相得益彰,是超越了结构层面之外的另一种"合(作)",从某种意义上来说,也可以等同于建构。对于三者的关系,骆鹏在其博士论文中也有简洁的区分:"解构是一种否定性思维,表现在对传统本质主义思维方式的批判;建构是一种生成性的思维即重构性思维,它强调的是建设性的后现代主义对现代世界提供一种积极的选择,这并不意味着它反对解构现代性的许多特征,批判和拒斥与对重构的各种建议相伴随。"①同样,在本课题的论述中,发生在日本民俗学科上的解构与重构也是相伴而生、具有互文性的特点。

具体来看,例如岛村恭则不仅解构了一直以来以"标本"为研究目的和对"民俗文化""日本文化"的意识形态建构的民俗学研究范式,而且重构了篠原徹首次提出的"生方法"的概念。②又如,岩本通弥在解构了对民间传承开展研究的普遍性观念的同时,重构了政治性内涵与"民学"视域下的学科理解,换句话说,同时完成了对"俗"的解构与"民"的重构。③再如,重信幸彦

---

① 骆鹏:《后现代主义视角下的大学生道德榜样教育研究》摘要,西南大学2014年博士论文。

② 毕雪飞、[日]岛村恭则:《"生世界":日本民俗学发展的新动向》,《民俗研究》2018年第4期,第17页。

③ 参照[日]岩本通弥:《以"民俗"为研究对象即为民俗学吗》,宫岛琴美译,《文化遗产》2008年第2期;[日]岛村恭则、王京:《社会变动、"生世界"与民俗》,《民俗研究》2018年第4期。

与岩本通弥对"民俗学＝民间传承研究"的解构,强调民俗学有必要从研究"民俗"的学问,转换(回归)为使用"民俗"进行研究的学问。再者如,从"常民"到"常民性"的演变,解构了稻作农耕民,重构了山乡渔村与城市民;从传承性向结构性(生活世界)的演变,解构了以民间传承为对象的研究,重构了社会变动论的研究;从生产民俗向环境民俗学的演变,解构了技术论、传统劳作方式的讨论,重构了人文地理视角下的生活性民俗;从比较民俗到地域研究法的演变,解构了中心、主流、普遍的认知论,重构了个体性、不确定性、分散的研究实践等。

作为近期的研究领域,乡土语境与文化资源化语境下的民俗学,体现了情绪与体制、根基与末节、认知与结构之间相辅相成、互相合作的重构思想。换个角度看,文化资源化这一民俗事象上承国家战略化发展,下达乡土与传统文化,体现了作为民俗承载者主体的个体与国家、乡民与城市民、地域共同体与社会发展不同层面之间的制约与平衡问题,以创新路径践行了解构的开放性与重构主义下个体与整体的协调。柳田学术生涯后期的"国学三部曲"研究,涉及对民族性和国家性的解析,当下日本民俗学立足于国家、地方与民众之间兼顾个体与整体间平衡的研究,从某种意义上亦可以说是这种出发点的延续与重构。

三、研究意义、研究方法与基本框架

(一)研究意义

以六七十年代为转折点,日本民俗学学科内部与国家社会大环境都发生了重大变革,因此对该阶段日本民俗学学术思想进行梳理和考察,有其必然的学术意义和现实意义,具体表现为三个方面。

1.学术史研究的意义

70年代前后,日本民俗学研究发生了标志性改变,但是学术史研究尚显不足,因此本课题通过对70年代以后日本民俗学史进行评述和探讨,以中国民俗学者的眼光对异国民俗学提出看法和理解,可以从一个侧面明确该阶段日本民俗学的研究发展特点,进而在比较的基础上理解民俗学学科的普适性价值。

学术史的意义在于:它不是具象的、各个部门的事象研究,而是将各个因素放入到学科的历史长河中,侧重于它汇入长河时产生的影响如何,占据的比重多少,左右长河流动方向的力量大小。因此尽管各国历史政治背景、民族文化构成、自然地理条件、语言文化传承存在差异,但社会进程会有相似,解决问题的应对姿态、思考方式、经验教训可以借鉴,学科的性格特点也

互为相通。日本民俗学经历了20世纪三四十年代的学科确立期和五六十年代的学科发展期,进入到70年代后对以往研究更多是验证、反思和质疑,并在此基础上展开了实践性创新。从这一进程中,我们会得到怎样的启发?而作为日本民俗学自身,被继承下来的、被叠加的部分又揭示了学科怎样的特质?在本书中希望通过解构与重构这一切入点,对此做出合理的阐释。

从日本民俗学研究整体来看,每隔一定阶段所作的回顾,如对年代、事件的梳理等都比较清晰,内容也相对完整,并有大量的民俗丛书出版问世。但与前期资料的丰富性形成对比的,是针对后柳田以来的民俗学学术史一定时段长度上的综述尚未有人整理;此外,近几十年来,崭新风格的观点和来自新领域新视角的研究,尽管引起了极大争论甚至波及到相邻学科,但厘清和评述也还没有完成,因此本课题作为具有一定纵深的民俗学史、民俗学思想研究,具有充分的学术研究意义。

2. 资料学层面的意义

中国与日本同为东亚近邻,在民俗学学科体系建设方面,相比于对欧美理论的学习与借鉴,中国对与日本民俗学研究相关的信息介绍、评述分析却相对缺乏,对日本民俗学的研究也不深入。本课题的研究会涉及众多领域、全面而且具有时事性的日本民俗学发展现状和理论成果,一方面必将丰富中国在日本民俗学研究方面的欠缺,为中日民俗学的比较研究、中日两国民俗学者的学术交流搭建沟通的桥梁;另一方面,借助民俗学学科所兼具的人文科学与社会科学的双重属性,课题的研究内容自然也涉及广泛,因而这里资料的有效性已不仅仅局限于民俗学科,推而广之,在研究日本近代化的经验与教训、城市国家建设、生态社会建设、城乡协作发展等文化科学大框架中,也表现出其资料性的重要作用与意义。

3. 现实中的实践意义

日本比中国提早50年完成了国家规模的城市化进程,20世纪一二十年代[①],日本已经开始注重对国宝、史迹名胜、纪念物的立法保护,50年代[②]至今,随着环境的改变又多次修订文化遗产保护内容,不断完善文化景观维护,增加受保护对象的类型与领域。在日益高涨的文化民族主义的背景影响下,日本对内注重传统文化、历史文化的保护与传承,对外助力传播日本文化、流行文化。正如任何事物都有正反两面,对文化的倾斜也营造了诸如社会"总故乡化"(全国故乡化)的假象,制造了"总文化财化"(历史皆为文化

---

① 1919年颁布《史迹名胜天然纪念物保护法》,1929年颁布《国宝保护法》。

② 1950年日本颁布《文化财保护法》,这部法规成为后来推行的各种文化遗产保护的基础。

遗产）的价值导向。尤其进入90年代以后，"资源化"一词的表述在日本民俗学中日益凸显。一方面在文化传承语境中，借助"遗产""文化财"的官方价值认证体系，乡村的传统、历史、技艺、景观等各种事象得以"资源化"；另一方面在地域振兴体系中，伴随着国家或地区对乡土观念的塑造，文化的资源化带动了"故乡资源化"，其对地方社会带来的影响和作用也不尽相同。有的乡村实现了文化传承与地域活性化的良性结合，有的乡村陷入被建构的境地，由此使得原有地方文化沦为"客体的文化"；又或者在不同阶段乡村借助文化传承获得了长足发展而在后续阶段面临着确权的困扰。这些极具现实性的问题，对于处于社会转型期、文化转型期的现代中国来说，同样具有镜鉴的意义。对日本文化传承机制的探讨研究，对国家、地方、民众三者的定位与关系研究，能够为我们深刻理解当下、学以致用地参与社会发展给出活生生的个案启发，具有一定的现实意义。

（二）研究方法

本书的研究方法是以解构主义与重构主义的视角为切入点，以马克思理论思想为指导，运用辩证唯物主义与历史唯物主义的观点与方法，实事求是，基于民俗学科的研究理论和方法基础上，在一定范围兼用人类学、社会学、心理学、哲学等学科理论和方法。融合历时性与共时性研究，重点做好对外文原版文献的深度研读与对中国民俗学发展实践与学理思考的观照，展开文献研究、系列访谈研究与比较研究，完成对后柳田时代日本民俗学的整体观研究。

广义上说，本书是有关日本民俗学的学术史研究，其所聚焦的是民俗学思想的提炼，其眼光是朝向当下与未来的。这正是小池淳一所说的"对于学术史的创造性解读得以开创学科的崭新的地平线"[①]。因而本书没有按照一般性民俗学概论书中的条目划分或者领域划分面面俱到，而是从中提炼出能够区分柳田民俗学与后柳田时代日本民俗学不同特质、思想的标志性主题，以此为中心展开比较研究与文献研究。并且，其中部分主题看似还是无果而终，或者某种运气不佳导致的中途停滞，之所以它们仍然在我的考察范围之内，也与该书的"现代化"指向密切相关。正如佐藤健二所说："学术史的描述，既不是为了唱赞歌予以表彰，也并非为了缅怀与牢记，而是借助想象力唤醒曾经的方法与运动的冒险之路，以观现在。"[②]在这一过程中笔者发

---

① ［日］小池淳一：《民俗学史的挑衅》，载［日］小池淳一编：《民俗学的想象力》，Serica书房2009年，第16页。

② ［日］佐藤健二：《作为方法的、运动的、构想力的民俗学》，载［日］小池淳一编：《民俗学的想象力》，Serica书房2009年，第263页。

现,柳田民俗学与后柳田时代日本民俗学的指导思想的不同,正是体现了解构主义与重构主义的研究实践,并由此完成了日本民俗学从柳田个性到学科特质的提升。基于这样的研究思路,本书具体分为三个层次展开论述:①选定具有后柳田时代特质的主题展开详细论述,从中梳理出与柳田民俗学的关联性、延续性、特异性。②结合解构主义与重构主义视角,进一步考察选定主题在研究实践中的表现路径,即批判、发展、创新的研究实践。③以辩证和发展的眼光,剖析柳田民俗学与后柳田时代日本民俗学的思想传承与革新脉络,试论日本民俗学自我基因的再发现与确立,以趋近对民俗学学科的本质性理解。

以上即为理论层面的研究方法与操作层面的研究方法阐述。

(三)基本框架

全书包括导论、正文六章和结语。

导论:围绕选题缘起、研究意义、研究方法、基本概念、框架构成、先行研究重点进行说明。

正文部分首先对柳田时代民俗学的学科传统进行基本介绍,然后选取与前期相比具有后柳田时代日本民俗学研究的标志性特质的五大主题:民俗文化多元论研究、"日常态、能量枯竭态、非日常态"三态论体系研究、环境民俗学研究、城市民俗学研究、文化资源论研究,着重论述日本民俗学界的解构与重构研究实践。

第一章 逻各斯中心主义:柳田时代的日本民俗学传统。本章分别从柳田国男的思想、柳田时代的民俗学学科体系、柳田时代日本民俗学的特征三个层面,对前50年日本民俗学的特点予以呈现,为本书主体结构的延续性做好铺垫。

第二章 秩序的打破:日本民俗文化体系的一元到多元。民俗文化多元论的研究是对日本民俗学方法论体系进行的解构。柳田民俗学围绕稻作农耕民的研究展开,忽视了其他种族、文化的存在,以至于形成了日本=瑞穗国、日本文化=稻作农耕文化一元论的整体观。坪井洋文通过对"芋头正月""日本人为何选择了稻米"的思考,推论了旱作农耕文化体系的存在,从等价值的多元论体系确立了"年糕正月"对"芋头正月"、稻作农耕民文化对旱作农耕民文化的民俗文化多元论学说。后期以安室知为代表提出了"复合型劳作生计"的观点,针对"类型"论强调"复合"的研究视角,充分体现了解构主义中对打碎拆解的阐释。

第三章 重构的初探:民俗时间与民间信仰中的"污秽(晦气)/能量枯竭态"。1972年波平惠美子在日本民族学会研究大会上第一次提出"日常态

（世俗）、非日常态（神圣）"以外的第三元素"污秽/晦气"，扭转了柳田国男确立的以鲜明对比性著称的"日常、非日常"的两元范式。新的三态论是原有二态论基础上的进一步发展，它注意到了个体之间的相互转换以及整体上的循环往复机制，促进了个体与整体的协调，其所体现出的流动性与不可完全分离属性，也正是对重构主义内涵的实践。

第四章　解构中的重构：环境民俗学的兴起。环境民俗学以构成复杂的自然环境的基本要素为对象，通过对环境与人的生产、生活的关系进行有机的、连续的、多样的、综合的把握，强调自然的主体性，明确民众的技术构成、行为方式、生活实态和生产民俗。以野本宽一、篠原徹、鸟越皓之等学者为代表，分别从"民俗学中的生态链""与自然打交道的民众的'在野的博物志'""景观论、环境保护中的民俗符号及其积极作用"等独特视角出发，通过将生态学、环境论、社会学思想引进民俗行为和民俗学体系，提出了环境民俗学的构想。其特点是面向现代社会，在后工业化与城市化背景下，更加强调民众地方性知识的积极影响和劳动中的娱乐要素，这是后柳田时代的创生研究。

第五章　解构的开放性：城市民俗学的兴盛。1973年仓石忠彦发表《住宅区的民俗》一文，标志着后柳田时代城市民俗研究的发凡。城市民俗学把以往位于学科边缘甚至被排除在外的城市纳入到了研究对象中，使得民俗学成为研究身边、日常、随处可见的生活文化的名副其实的学科。现阶段的城市民俗学研究，以对大都市和传统城下町的民俗研究为主，在研究理论和方法上强调以个人、家庭为单位的纵向传承和不同的功能集合的存在，侧重"考现学"方法与个人生活史的写作。进入21世纪，城市民俗研究逐渐与现代民俗研究趋近，演变为对柳田民俗学中世相篇的重新解读以及对日常生活文化研究的回归。城市民俗学研究体现了70年代以来日本民俗学研究多样化的特点，其意义在于不是把城市视为一个集合体进行割裂的民俗世界的研究，而是通过城市反观村落，通过日常追问生活中的理所当然，以解构的开放性特点重构民俗学叙事与普遍性理论。

第六章　重构主义下的个体与整体：乡土语境与文化资源化语境。日本城市化进程从广度向深度的发展，带来了乡土语境与文化资源化语境的凸显。乡土向往和乡愁情绪，促进了社会"总故乡化"（全国故乡化）的假象，确立了"总文化财化"（历史皆为文化遗产）的价值导向。其背后与国家政府、地方自治体的文化立国、地域振兴的施政方针有着密切的勾连，另一方面在这样的民俗文化化、文化资源化的表征下，引人深思的是作为民俗承载者主体的个体与国家、社会、地方共同体的整体之间是怎样的关系与如何保持平衡的问题。由此,本章主要从"故乡"认知的衍变、城市化进程与乡愁能动性、民俗文化资源化的体制机制的内容展开分析,考察重构主义中协调个体与整体的实践研究。

结语部分是对全书整体的总结和主要观点的阐述。对以六七十年代为开端的后柳田时代日本民俗学,在研究对象、研究方法、研究理论等学科体系构成方面发生的改变及其不变之处、特点和启示进行探究,从学科建设层面和国家战略发展层面,进一步明确了现代日本民俗学的批判、发展与创新研究,并在此基础上,探讨了日本民俗学发展的第二个五十年及后柳田时代日本民俗学基因的确立与体现。

笔者的优势在于能够将民俗学专业的理论技能与外语专业的读解能力融洽地合二为一,快速、大量阅读日文原版第一手文献资料,细致、准确理解民俗学学科专业知识。本研究会注重发挥优势所在,客观、全面地完成对日本民俗学自我特质的考察。

四、现状分析与创新之处

(一)柳田民俗学的学术史研究概述

大藤时彦著《日本民俗学史话》①一书,从明治十九年(1886)创刊的《人类学杂志》开始,到昭和十年(1935)以柳田为首进行的全国山村调查研究活动为止的日本民俗学的历史,进行了清晰的梳理和时期划分。书中第二部分"资料篇"中的《日本民俗研究小史》,被视为日本民俗学研究起步以来第一篇完整的学术史。大藤时彦的学术史分期可以概括如下:

第一时期 明治时代的研究——民俗学前史。明治时代,西方文明和各种人文社会学说被引进日本,Folklore(民俗学)的研究也被介绍到了日本。此时的研究成果多通过《人类学杂志》发表,或在"土俗会"的讲习课堂上一同探讨。这可以看作是民俗学最为初期的研究阶段。明治末期的1909、1910年,柳田发表了《后狩词记》《石神问答》《远野物语》这三本具有深远影响的著作,揭开了日本民俗学研究的序幕。这一阶段也被看作日本民俗学的黎明期。

第二时期 大正初期——《乡土研究》时代。1913年3月创刊的《乡土研究》,标志着科学意义上的民俗学学科的确立,其前后共发行4卷12期,1917年3月停刊。

第三时期 大正中期——末期。《土俗和传说》(1918年8月发刊,共发

---

① [日]大藤时彦:《日本民俗学史话》,三一书房1990年。

行4册即终止)、《民族》(1925年创刊)杂志相继发刊和停刊。《青年和学问》,收录了大正末期柳田有关民俗学概论进行的演讲,充分体现了柳田的民俗学思想,对于研究柳田的学问具有重要的意义。其中最为重要的三篇论文为《所谓的乡土研究》《Ethnology是什么》《日本的民俗学》。

第四时期　昭和初期——《民族》和《民俗学》的时代。柳田在自家书斋开设了"星期四课堂",进行民俗学的授课活动。

第五时期　1934、1935年——《民间传承论》的出现。柳田代表作同时也是民俗学学科最早的概论书《民间传承论》《乡土生活研究法》出版。

第六时期　山村生活研究的全国调查——民俗学的普及。日本民俗学会前身"民间传承会"成立,同时学会期刊《民间传承》发刊。

《史话》中,大藤按照这样的分期进行了章节划分,如果以粗线条进行归纳,他的思路主要分成三大块:①明治时代的民俗学研究可以比喻为借用人类学研究阵地的一小块阵营进行的研究。②进入大正时代后,民俗学独立出来,度过了它的摇篮时期。③大正末期进入昭和,民俗学开始了它的成长历程,进入作为一门独立学问的学科自觉和理论体系的探索阶段。

本书的特色在于,在贯穿明治、大正、昭和不同时期的日本民俗学历史中,作者加入了自身经历和了解的珍贵的逸闻趣事。既有民俗学家,还有人类学家、社会学家及老一辈之间的背景资料,更有对学科发生、发展和转折等不同时期起到重大、深远影响的人物、言论、论著等进行的考证和定位,为准备在不同领域进行深层次挖掘的学术史研究提供了系统、全面的文章线索。由于作者自身在相对较早的阶段便伴随着民俗学的成长,因此他对于日本民俗学的历史回顾,生动、具体、丰满,充满生活气息,如同开启的多次元幻灯片,呈现给读者一幅幅立体场景。穿插其中的人物间的纠葛、名人轶事,也都给人带来了轻松感。

关敬吾著《日本民俗学的历史》[①]一书按照历史发展的脉络,分析了不同时期的民俗学的阶段特征。关的分期为:①明治十七年(1884)—大正十四年(1925),民俗学研究的开端。②大正十五年(1926)—昭和九年(1934),民俗学研究的发展和分化。③昭和十年(1935)—昭和三十二年(1957),现在的民俗学研究。在对每个阶段的分析中,关首先是对民俗学期刊或学会组织的活动进行介绍,继而是对这个时期内在研究理论、方向上呈现的特点、存在的诸问题进行评价,最后是分事象、分领域对独立成体系的研究成果进

---

① ［日］关敬吾:《日本民俗学的历史》,《日本民俗学大系2　日本民俗学的历史和课题》,平凡社1958年。

行概说。关的《日本民俗学的历史》对各个阶段,尤其是对民俗学学科产生举足轻重影响的、来自相邻学科的研究角度、批评观点进行了详细的介绍,对围绕具体领域如节庆时令、社会结构等系列研究成果做了全面的搜集。

昭和三十四年(1959)4月,《每日新闻》登载了关敬吾的文章《转换期的民俗学——向新的研究方法迈进》。关认为这个阶段的日本民俗学处在研究方法的转换期,具体表现为:更多地进行了实证性研究;从以前的因紧迫性而以资料收集为重心的研究转向基于庞大的资料基础上的综合性研究;对基础文化的历史和区域的课题研究;对民族学、文化人类学等相邻学科研究成果和与他国民俗文化相比较的必要性提上了日程;加大了与南岛文化(冲绳)的联动研究。

福田亚细男[①]著《日本民俗学方法序说——柳田国男和民俗学》[②]一书,其特点以对柳田的批判和否定为基调。福田通过反思、批判柳田的方法论,力图改变过去认为只要简单继承柳田的言论思想即为民俗学的错误倾向,他将柳田在民俗学领域的位置相对化,以此抛砖引玉,目的在于进一步提升民俗学理论。构成各个章节的文章绝大部分为作者近15年发表的论文,且全部与柳田的方法相关,因此书的副标题便定为了"柳田国男和民俗学"。福田的理论出发点为:日本民俗学尽管百分之百是由柳田完成的,但是柳田国男的作品和主张却并不全部是民俗学。柳田的存在是伟大的,没有他就没有今天的日本民俗学,这是不争的事实,但是日本民俗学不等于柳田民俗学。正因为一直以来民俗学界将柳田确立的方法奉为金科玉律,过于严守,所以福田在《序说》中采用了质疑的态度,指出柳田方法阐述中存在的诸多问题,以为今后的理论探讨提供线索。

该书大部分篇幅是围绕柳田的比较研究法、重出立证法或方言周圈论进行讨论,书的最后有一份整理成表的"日本民俗学研究史年表",从民俗学史角度解读具有很高的价值。这个年表,将明治以来日本民俗学的形成、发展的过程,分成两栏,按年月日顺序作了记录和整理。一栏是记载民俗学主要论文、著作的出版,学会组织和活动的重要事项;另一栏是柳田国男的活动和其他的民俗学的动向。年表截至1983年,其中涉及到的战后民俗学史上发生的事件,对本书的研究有很大帮助。

---

① [日]福田亚细男(1941—),日本著名历史学家、民俗学家,出生于三重县,毕业于东京教育大学,曾担任国立日本历史民俗博物馆教授、神奈川大学日本常民文化研究所所长,多次参与中日联合田野调查,以柳田国男研究、传承母体论、地域研究法为代表的日本民俗学基础理论研究著称。

② [日]福田亚细男:《日本民俗学方法序说——柳田国男和民俗学》,弘文堂1984年。

以上是整体学术史方向的先行研究成果。无论从学术史的写作方法、角度还是从内容方面看，以上的研究都具有重要的意义。

(二)后柳田时代日本民俗学的学术史研究现状

日本民俗学的学会期刊《日本民俗学》，于1958年7月1日发行第1期，截至2020年8月31日一共发行到第303期。从1975年8月10日第100期开始，学会决定每两年发行一期"研究动向专刊"，总结和评价两年内的学科方向和动态。自1975年到2020年，分别在《日本民俗学》第100期、112期、124期、136期、148期、160期、171期、190期、200期、213期、214期、216期、239期、247期、262期、277期、293期、300期刊登了"研究动向专刊"。学会期刊定期对学科自身所做的回顾和整理，为本课题对该时期的学术史研究提供了重要的资料来源。

日本民俗学会定期召开年会，昭和二十四年(1949)9月23—24日在东京召开了第一次年会，自此以后每年9月底或10月初都会轮流在全国不同的大学召开为期2—3天的年会(偶尔在文化馆举行)。自1975年第27次年会到2020年10月以线上形式召开的第72次年会，合计召开了45次年会。每次年会设定的不同主题，对把握该时期的学术史同样具有极大的参考价值。

昭和五十三年(1978)11月，大藤时彦编《讲座日本的民俗Ⅰ 总论》第一版发行，其中收录了大藤时彦的《概说》、宫田登《城市民俗学》、小野重朗《区域研究》的论文。说到最新的有关民俗学学术史理念的讨论，小池淳一指出"民俗学史的展开是为了探索民俗研究的未来的尝试"①，主张把民俗研究置于近代日本社会史的长河中，在这一进程中面向未来思考民俗学的特质与发展的可能性。民俗学史的研究不应只沉醉于过往，也不应成为对柳田的礼赞，而是要成为唤起当下思考、继而开辟学科崭新的地平线的创造性工作。

视线转向中国，国内的研究主要有周星对日本非物质文化遗产保护经验的借鉴研究；《民俗研究》期刊中涉及的日本民俗事象的比较研究、特殊时段或特定领域内的日本民俗学思想研究、日本学者的访谈与代表性论文的译介研究；南方科技大学王晓葵引领下的日本民俗学研究理论方法汇编与系列经典日本民俗学著作译丛；上海大学文学院陈志勤所作的《日本环境民俗学及其动态——人和自然·环境的民俗学》讲座及其对日本学者菅丰的系列译介研究；乌丙安、江帆受到日本民俗学影响对民俗生态链、生态民俗学

---

① [日]小池淳一：《民俗学史的挑衅》，《民俗学的想象力》，Serica书房2009年，第10页。

的研究，以及叶涛主编《民俗学导论》中对地理环境的涉及；云南大学、云南社会科学院以及稻作研究所、农业研究机构对日本稻作文化、照叶树林文化带的研究；蔡文高的论文《日本民俗学百年要略》，福田亚细男著、白庚胜译《日本民俗学讲演录》，《民间文化论坛》期刊自2017年第4期到2018年第4期之间对《超越"20世纪民俗学"：我们从与福田亚细男的讨论中学习什么？》的译文连载，以及由《民间文化论坛》特别策划的2016年第4—6期、2017年第1期刊登的福田亚细男北师大系列讲座文稿的综述研究；岩本通弥、山下晋司编，郭海红编译《民俗、文化的资源化：以21世纪日本为例》；中国社会科学院少数民族文学所的相关研究、清华大学东亚文化系列讲座、华东师范大学与日本国立历史民俗博物馆共同举办的研讨会等。

具体来看，蔡文高的论文《日本民俗学百年要略》是对日本民俗学发展史的简述，对从柳田民俗学时期到后柳田民俗学时期民俗学的研究方法、学科特色、学会组织以及期间发生的重要事件等，做了列举和基础性介绍，但缺乏更进一步的深入分析。《日本民俗学讲演录》以福田亚细男1998年在北京师范大学进行的为期两周的讲演稿为主要内容构成，分为三大部分：第一部分是柳田国男民俗学，第二部分是日本民俗学现状及新方向，第三部分是家与村的民俗学。福田是当今日本民俗学界极具权威的学者，他以犀利的思考，深入浅出地分析了日本民俗学的特色，同时涉及学科发展史上多次有关日本民俗学方法论的争论。其中柳田国男的民俗学理论体系是福田阐述的重点，构成该书的主线。对于柳田之后的民俗学，福田在第二部分的章节"开拓新领域的尝试""民俗学新动向——90年代民俗学"中也有所涉及。福田指出：七八十年代，日本民俗学出现了三种新的研究领域或叫研究方向，分别是地域民俗学、比较民俗学、都市民俗学，进入90年代形成了当代民俗学（现代都市传说研究）和环境民俗学。在论述以上新领域、新动向时，福田列举了丰富的个案，不尽全面但却形象、具体地进行了说明，对于我们形成有关现代日本民俗学的感性认识发挥了重要的作用。

在中国西南地区进行的与稻作文化、照叶树林文化带相关的研究，则主要从农业学、考古学或是文化人类学角度，对水稻栽种历史或是少数民族生活文化的考察，具有极强的地域性特征。2016年《民间文化论坛》特别策划了福田亚细男北师大系列民俗学讲座《日本民俗学——形成、发展和展望》的连载，截至2017年第1期完成第四次亦即最后一次连载，对于我们理解日本民俗学学院派的出现与成长以及福田、柳田之间学术观点的连续性与碰撞大有裨益。《民间文化论坛》2017年第4期推出了由陈志勤主持的特别策划：《关于日本民俗学何去何从的两代人之间的对话》，对《超越"20世纪民俗学":我们从与福田亚细男的讨论中学习什么?》日文版全书进行了译文的分段多期连载,2020年9月,该书由山东画报出版社以译著形式出版。

从上述内容可以看出,国内围绕日本民俗学的研究有了明显起步,尤其最近一段时间,系列译介研究开始出现小高潮,对日本知名民俗学者的推介与访谈研究也呈现密集样态。前期过多偏重经典柳田民俗学时段的研究也逐渐把目光转向不远的当下。同时,从长时段的角度衡量,以上所列举的研究,有的对日本民俗学史有所涉及,但只是停留在表面而没有深入下去;有的是从理念入手去思考民俗学史应该有的面貌;有的则是对单个领域的个别研究,难以形成对学术史的整体理解。

(三)创新之处

如上所述,以往国内学界对日本民俗学的涉及,多表现为对日本非物质文化遗产保护经验的借鉴、基于特定民俗事象的中日比较、某个时段内的柳田国男思想、柳田国男的代表性方法论、日本民俗学学术史简述等研究,以及数量有限的译介研究。以单篇论文为主的成果形式和碎片化的个人观点,构成了中国学者对日研究的现状。同时,从日本自身来说,围绕一国民俗学的研究自然是五彩纷呈,加之《日本民俗学》定期发行的"研究动向"专刊,初步做到了对每一阶段研究的记录性回顾与前瞻性展望。可以肯定的是,以上日本国内国外的研究状况为本课题的研究提供了宝贵的资料,同时不得不说的是,具有大局观的、立足于对中国民俗学的关注视野与社会现状思考语境下、将日本民俗学置于长达半个世纪时段下进行审视的研究尚不多见。这无疑为本课题的研究留下了探讨的空间。

鉴于该研究领域自身的新颖性及理论与现实意义,笔者在研究学习的过程中也力求进行创新的探讨和实践,这主要有以下三个方面。

一是在研究视角上,确立了哲学话语体系在民俗学科中的投射,从解构主义与重构主义的认知出发,指出批判、发展、创新为后柳田时代日本民俗学范畴下解构与重构的三种实践路径。

二是在研究结论上,提出了对于日本民俗学基因理解的创新观点。在课题展开过程中,笔者特别留意将前期柳田民俗学延续性部分的研究以及与国家大环境、社会大背景的勾连作用研究贯穿始终。在此基础上笔者认为,日本民俗学的学科基因可以归纳为以下两点:国家意向性下的民俗学学科定位;对自我民族认知的永恒追求。后柳田时代下,消失的是柳田国男的个性,保留下来的是融进日本民俗学基因内部的逻各斯,如同祖先崇拜中死者身份到祖灵的升华。日本民俗学经历了第二个五十年过渡,开始进入到脱离后柳田确立自我共性的通道。

三是在形式和内容上,加入了对福田亚细男、波平惠美子、篠原徹、仓石忠彦、岩本通弥五位日本民俗学者的系列访谈,尝试以口承方式实践学术思想研究的探索。五位学者至今仍活跃在民俗研究的一线,同时是每个主题领域的代表性学者,对他们的访谈完善了以往更多基于文献资料的学术思想的研究。

同时,还有一点需要说明,本书建立在博士论文的基础之上,所以还可以通过与博士论文的联系与区别的说明,从另一个侧面提炼笔者的创新意识。

第一,博士论文中提出了四个板块的热点领域或主题,这四个板块的确立具有现实合理性和典型性,但同时四个热点之间的内在联系以及它们或是涉及研究对象、或是涉及研究方法,所在层面的不同成为遗留问题没有被妥善解决。而在新的以解构主义和重构主义确立的研究体系中,四个板块间的割裂问题与标准的不统一问题得到了整合。

第二,之前的博士论文内容,以研究热点为尺度,很好地关注到了点与面的展开,也注意到了与之前阶段的延展性不同。本次研究为了更加完善内容上的连续性,补充了新的一章——柳田时代的日本民俗学传统。以此对柳田民俗学与后柳田时代日本民俗学研究进行更加有效的比照。

第三,主位与客位视角的交叉结合。之前的研究更多采用了主位定位,结合日本文化、社会语境下的分析做得较多。后期研究注意到了客位视角的引入,在原有的"入乎其内"的同时有意识地做到"出乎其外"。归根到底,该研究是来自他者的研究,因而应该有作为中国研究者的学科关怀,并最终返回中国文化的问题意识上。尤其民俗学作为"实践之学""生活之学",它具有的民族情怀决定了它不可能脱离国家和社会,对日本民俗学经验的研究,其目的是更好地思考我国社会发展现状下,民俗学如何做到更好地站在民俗承载者主体立场,在历史发展进程中记录、感知、保护、传承、发展民众的生活智慧与生活情感,甚至作为平衡修正现代化、科技化、信息化社会发展的一剂良药,发挥其有效的人文关怀。在博士论文写作过程中,可以说这种中国关怀的意识尚不十分明确,没有很好地兼顾民俗学学科建设与日本国家战略决策两个层面的有效结合。透视邻国日本走过的道路,以其为镜,探索历史发展的规律性特点,学习其可借鉴之处,防范其教训于未然,是后期研究的指导思想。这样一来,即使面对的问题没有改变但随着看待问题方式的改变,之前的研究内容也随之具有了个体与整体的协调性意义。

第四,针对每一部分内容,后期研究补充了对该领域代表学者的系列访谈,其目的在于直接发掘当事者的感受,体现在场的合理性。此外在后期研究中,结合日本最新的国家发展与学科动向,新增加了一个主题,即文化资源化话题的引入,围绕历史文化、传统文化的传承与国家文化传播、地域社会振兴之间的关系,开展全面而深入的分类与辩证研究。

第一章　逻各斯中心主义:柳田时代的
日本民俗学传统

第一节　柳田国男的思想

一、柳田国男其人

柳田国男(1875—1962),出生于日本兵库县神东郡辻川村,原名松冈国男,在松冈贤次家排名老六。1901年在其27岁的时候,入赘到柳田家,改名柳田国男。

学生时代柳田国男是一位文学青年,爱好新体诗的写作,并且与岛崎藤村、田山花袋等人有亲密的交往,常常就文学展开讨论。进入东京帝国大学之后,柳田专攻法律和政治学,其所关注的领域也更多转向了农业政治学方面。

1900年柳田国男大学毕业,就职于农商务省下的农务局,成为一名参与制定、实施、推行农业政策的政府官僚。在此期间,柳田得以有很多机会去到日本各地的农村地区,亲眼目睹了农民的贫困生活,亲身感受了日本的民众文化。在此期间,出于对政府农业政策的不满和个人强烈的使命感,柳田最终离开了农政工作转入政府文字记录部门工作。正是这不长不短的十年农政官僚的生活,为柳田后来的民俗学研究带来了深远影响。

1910年前后去往九州地区宫崎县椎叶村的短暂停留,以及与东北地区岩手县佐佐木喜善的结识,是柳田国男正式开启民俗学研究之路的两个契机。在前者那里体验到的山村生活和在后者那里听到的传说故事,带给柳田国男前所未有的新奇感受与思想刺激,1919年柳田国男更是辞去官僚工作,全身心地投入到民俗学的学问中来。

柳田一生的民俗学研究,著述丰富、高潮不断。作为日本民俗学之父,他确立了以"方言周圈论""重出立证法"为代表的比较研究法,设立了"民间传承之会"、民俗学研究所等组织,对日本民俗学学科走出独立和富有特色的发展之路起到了决定性作用。

作为研究柳田思想的代表学者,福田亚细男将柳田国男的民俗学研究划分为三个阶段:①初期。1908年是柳田国男对民俗世界的发现和研究起步阶段,其标志即为九州之旅和与佐佐木喜善的结识,该时期的特点是柳田国男表现出对山民文化的关注。②确立期。从20世纪20年代后期到30年代中期这段时间。世界范围的经济恐慌带给日本农民沉重的打击,"农民为何如此贫困"成为了柳田国男一生中最大的研究课题,并且在此期间柳田奠定了民俗学的基础学科体系。③后期。从40年代开始到1962年离世这个阶段。柳田的研究更多地与他的政治意图联系在一起,含有唤醒日本人作为日本人的自觉和民族认知的深层含义。《海上之路》是柳田最后写作完成的著述,这本书充分体现了后期柳田国男的问题意识或者说其研究特色。①

二、柳田国男的主要活动

柳田国男的研究生涯长达半个多世纪,其间在若干个重要节点上他的活动具有积极深远的意义,对于日本民俗学科的创立和推动学问的发展产生了重要影响。

1913年柳田国男与高木敏雄合办创刊了《乡土研究》杂志。两人的结识据说是在东大"神道谈话会"的一次研究会上。高木擅长神话传说的研究,柳田偏重乡土,但这并没有影响两人合办杂志。前期杂志编纂以高木为主力,进入到后期主要由柳田单独负责。这时候杂志刊登的文章有柳田国男具有代表性的《巫女考》以及其他多篇长篇论文,此时柳田的论文写作更多是利用文献,而不是现在意义上所说的采集的民俗资料。同时杂志编排有资料报告栏部分,登载着来自会员的第一手民俗资料报告,这在民俗学史上具有极为重要的意义。所以说《乡土研究》的重要性在于,它是一个重要的研究发表平台,是刊登民俗资料和调查报告的发端,正是有了《乡土研究》的创立,才有了以后相关民俗学研究成果以文字形式的存在。之后杂志陆续收到佐佐木喜善投稿的《远野杂记》,胡桃泽勘内、早川孝太郎等人的资料报告论文,民俗学的采集调查活动也开始在各地开展起来。②

1933年9月至12月,柳田国男在自己家中开设了12次"星期四课堂"。每个星期四上午柳田国男在自己家中讲授民俗学理论和方法,参加的人有

① 参照[日]福田亚细男:《民俗学者柳田国男》,御茶水书房2000年,第18—33页。

② 参照[日]大藤时彦:《日本民俗学史话》,三一书房1990年,第16—19页。

比嘉春潮、大藤时彦、大间知笃三、杉浦健一、后藤兴善等人。除去在讲述第二章时柳田准备了一点提纲外，其余课堂全部都是柳田以口述的形式讲授。每次课堂结束后由后藤兴善负责整理笔录，内容最后汇集成了《民间传承论》的各个章节。这12次讲授也因此被称为"民间传承论讲习会"，并催生了后来由柳田直系弟子组成的"木曜会"（"星期四课堂"）组织的成立。《民间传承论》尽管是柳田的代表作之一，是日本民俗学学科的基础概论书之一，但并非由柳田亲自执笔，除去第一、二章部分内容是柳田亲自撰写外，其余部分都是柳田的学生兼同乡、年轻民俗学者后藤兴善整理其口述的课堂内容而成的。尽管后藤兴善的笔录已经做得十分圆满出色，但引用书名、人名时还是难免出现错误，也因此后来经常受到文献学者与出版社的批判和指责。通过"星期四课堂"，柳田国男不仅将自己的理论体系化，而且为后来民俗学界培养了众多的骨干人才，他们后来都成为全国山村调查的主力。

1935年是柳田的60岁生日，也是柳田的民俗学研究具有重要意义的年份。为庆祝柳田的60岁诞辰，他的弟子们提议召开"日本民俗学讲习会"，这是一次全国性的综合讲习会。各省派出了1—2名民俗爱好者及代表，全国共计有126名人员参加。讲习会从7月31日到8月6日持续了一个星期的时间。其特点是不仅仅有集中授课，课后还会分小组围绕某个题目举行座谈会。各地民俗研究者都会围绕当地的节日活动或食物等内容进行热烈发言，并提出了许多饶有兴趣的话题。之后这种"日本民俗学讲习会"又持续了很多年。8月3日星期六的讲习会结束后，所有人都被邀请到成城的柳田家中，召开了盛大的恳谈会。也就是在这个机会，大家提出了成立一个众望所归的、全国性的民俗研究机构的建议，起名"民间传承之会"，这就是后来日本民俗学会的前身。进而以柳田的60诞辰为契机，还创刊了《民间传承》的会刊，为今天科学意义上的日本民俗学科的建立奠定了基础。

三、柳田国男的思想

柳田国男的研究涉及内容广泛，其思想的根本出发点可以简单概括为两点：在野的思想与村落指向。而这两点在很多场合下含义上会有重叠，是一种内涵互相交织的关系。

柳田寄意于日本民俗学建构和明确的是"常民"的精神史。柳田所指的常民是住在村落的普通农民，更为准确地说是去掉村落生活中上下两头的少数人之后的大多数农民。位于上层的地主人群和位于下层的工匠、宗教人员等非农人群，都不属于常民的范围。换句话说，常民指的就是纯粹的老百姓。常民的文化和生活世界便是民俗学的东西。柳田的在野思想和强烈的村落指向,在其明确的研究对象界定中就已经得到了充分的体现。

柳田国男一直以来关注战后日本的农村和农民问题,不仅在大学时代就读的是农政学专业,完成了关于存粮备荒设施研究的毕业论文,工作也是在农商务省下的农务局,对农业政策等农政投入了极大的热情。柳田国男民俗学的出发点便是"农民为什么这么贫困?"他要解救农民脱离贫困和不平等。他同时主张民俗学就是解明"常民的历史"的学问,①这里的常民与上面提到的内容一致,指的是在平原农村、从事稻作农业为主的、大多数的农民。所以日本民俗学又被后人冠以"经世济民"的学问。在他的两部代表作《乡土生活研究法》《民间传承论》中可以看到他鲜明的村落指向,如前书中他设定的最大的研究课题就是寻找农民贫困的根源,主要是从背景、原因角度出发而不是提出对策角度。接下来柳田国男亲自制定提问提纲、调查计划,并指挥其弟子及各地民俗爱好者先后进行了三次全国性民俗调查,分别是1934—1936年的山村生活调查、1937—1939年的渔村生活调查,以及1950年的离岛生活调查。这些调查为后续研究积累了珍贵的民俗资料,但同时我们也可以看到其研究内容是和城市无缘的。以山村调查为例,柳田国男对调查地限定了诸多条件,比如观光地、有温泉、有矿石的地方不符合;不能是去往其他村子时必经的过路村,而须是路尽头的山村才可以,等等,对山村、渔村等的条件限定,也是极尽纯粹含义上的村落要求。

柳田的学问建构在草根的情怀、在野的思想之下。对于学科自身,无论是高等教育中民俗学的课程设置或是学会成员构成,也都是极其符合其在野的指导思想的。柳田研究反映出的也多是对明治国家、政府的一种批判的色彩。②不同于传统史学对文献资料的重视和依赖,柳田的思想决定了其选择以口耳相传、心意相通的方式记述常民的历史和精神,而这条道路注定是艰辛的,而且是极易被所谓的正统学科所不屑和批判的。柳田以自己敏锐的感受性、前瞻的目光和特有的觉知,出色地完成了《明治大正史世相篇》中世相史的记录,以在野方式呈现了在野村落民众生活面貌的改变与感受的变迁。

---

① 参照[日]福田亚细男:《民俗学者柳田国男》,御茶水书房2000年,第7页。
② [日]后藤总一郎:《思想史层面的民俗学》,《柳田国男研究——探索民俗的思想》1974年第6期,白鲸社1974年,第134—143页。

第二节　柳田时代的民俗学学科体系

一、民俗学界的四大顶梁柱

明治末年、大正、昭和前期的日本民俗学，带有鲜明的柳田国男的个人色彩，被深深烙上了柳田的烙印。尽管该时代的核心人物是柳田，但另外还有三位人物的存在不可忽视，他们与柳田一起为完善、健全日本民俗学科体系做出了贡献。日本民俗学能在其确立之初，便形成不同于西方民俗学的独特之处，不得不说与这三位学者各具特色的研究有着密切关系。他们分别是折口信夫、南方熊楠和涩泽敬三。

概括说来，柳田民俗学是与中世以后的历史密切相关得以展开的。他接受了针对中世到近世社会变动期提出的"漂泊与定住"的观点，其本人对从近世到近代、从近代到现代的世态史、生活史研究具有强大的话语权。折口民俗学的特点表现为文化人类学的结构分析的视角。他不仅在国文学研究领域表现出鲜明的个性特点，更是将历史人类学的思维和范式融为一体，从近年来十分盛行的"社会史"领域切入民俗研究。南方熊楠以不同于柳田的研究之路，较早提出了比较文化论。他的国际化视野背后是大乘佛教的世界。南方针对民俗学发展史上容易被忽略的比较民俗学、比较文化学、比较文明学领域，振臂高呼并身体力行。涩泽敬三的研究奠定了物质文化论、技术史研究的基础，确立了以日本常民文化研究所为主体的学派，尤其为以民具学、渔业史为代表的非农耕民的研究在民俗文化百花园中占有了一席之地。三位学者的研究内容如下：

南方熊楠1867年出生于日本和歌山县，在东京大学预备校退学后前往美国，六年后又转赴伦敦，当时英国正处于民俗学、人类学学科发展和体系完善的阶段，因此他较早就对这种崭新的研究领域有了一定了解。南方熊楠的研究以博物学著称。鹤见和子称他的研究为"内发性的比较研究"，并将南方的研究主题归纳为四点：①对以大乘佛教为核心的欧洲与亚洲的相遇、冲突与受容的思考。②对民俗学与生物学关系的思考。③比较文化论视角下的民俗学与生物学的结合。④站在生态学角度呼吁全社会反对公害。①相对于柳田国男将民俗学圈定在本国之内的小宇宙视野，南方熊楠则是放眼世界，立足于囊括各民族风俗和传承在内的人类文化的出发点思考

---

① [日]宫田登：《来自民俗学的邀请》，筑摩书房1996年，第209页。

问题。南方的民俗学研究散发着近代科学的光彩，在早期就流露出其个人对环境的特别关注。对柳田表现出的有选择性的民俗学研究，他从正面直接表达过自己的不同意见。相对于柳田研究中过多的文学性和主观性表现，南方熊楠重视以数据说话，强调学问的交流应以实证为支撑，这种追求近代科学的观念态度和特有的关注视角，在后来的民俗学界得到了应有的评价。

折口信夫1887年出生于日本大阪府，是一位诗人学者。1916年他在国学院大学创立了乡土研究会，积极开展民俗学研究活动。1940年又在国学院开设了面向本科生的民俗学课程。折口被视为柳田的弟子，在学问切磋时两人却都是秉持着平等、追求真理的态度。折口的研究兴趣点是古代，这个古代指的不是以时代划分的古代，而是"古代的要素"，即从现代生活中寻找并最终发现古代的原型。在折口观念中，古代并不是一个记录过去精彩时光的纪念碑而亘古不变，而是汇入到现代、连接着现代。折口在民俗学研究中也体现出这种古典倾向，集中表现在"来访神""依代"这两个假说的提出。相对于柳田以祖先崇拜、祖先祭祀为核心的神明观念，折口从漂泊、居无定所的角度分析神明性格，认为日本民众生活体系中的神明观是来访神的概念。在折口看来，"固定（不动）""完成（不变）"隐喻的是"死"的内涵，只有连绵不断的流动性才是其学问和创作的基调。尽管折口的"来访神"学说更多停留在一种假说层面，但是毫无疑问，这给民俗学带来了解构与重构的精神刺激，在后来的学术研究中也结出了硕果。

涩泽敬三是昭和初期知名的银行实业家、政府高层领导者，同时又是日本物质民俗学的开创者。涩泽敬三不仅在财界叱咤风云，同时对民间文化的传承也不遗余力。1925年他亲自设立了著名的阁楼博物馆（日本常民文化研究所的前身），收集并展示各类渔捞、农耕民具，开创了物的民俗学研究领域。而在这之前，民具、物质民俗学不被学院派所认可并被排除在外。涩泽敬三运用他的财力和其对全人类学问的关怀指向，支持对民众文化的研究。他编纂了以渔业史为主的史料著作，组织九学会①联合体进行了大规模的联合调查，给予学问研究与文化事业慷慨资助。涩泽的研究重视民间古文书、地契、画卷等原始文字资料，同时通过可视、有形的形式以感官刺激帮助认知生活文化，这与柳田国男多以记述形式体现口承内容形成了鲜明的

① 在涩泽敬三的提议下，1947年6个人文学科的学会首先组织在了一起，1950年该联合组织发展成为日本民族学会、日本民俗学会、日本人类学会、日本社会学会、日本语言学会、日本地理学会、日本宗教学会、日本考古学会的8个学会联合组织，1951年日本心理学会加入进来，使之成为九学会联合体。

对比,为柳田时代日本民俗学学科体系的健全完善做了有效补充。

以上三人从不同角度、不同背景、以不同方式充实了日本民俗学的学科体系,另外作为补充,中山太郎的盲人、性民俗学研究,早川孝太郎的民间表演民俗研究,赤松启介的被歧视民研究等,也为同时代的学科体系建构做出了不容忽视的贡献。

二、以比较研究为中心的方法论

柳田时代的民俗学研究多由地方民俗爱好者负责提供各地的民俗事象,汇总到柳田那里由他进行比较分析的方式展开,因而柳田具有拥有大量民俗资料的特殊优越性,为比较研究理论的确立奠定了基础。

柳田的代表性理论有两个:方言周圈论与重出立证法。二者又可以归纳为一个相同的立足点,便是比较研究。柳田认为:日本不同地域呈现的差异反映了日本生活时代变迁的历史。所以他会从全国各地搜集资料,进行比较,明晰历史轨迹。这就是"重出立证法"。例如葬礼研究,会从全国资料提供者手中获取资料,展开比较,区分本质要素和变化要素,从中判断要素的新旧时间,来说明变迁的进程,别名"重合式摄影法"。方言周圈论又名"蜗牛考",发表于1927年。柳田着眼于"蜗牛"这一方言词汇在空间上的不同称呼及其在全国的分布特点,通过比较将地域空间差转换为时间差,指出文化的传播是由中心向外围、以波纹状周圈形式散开实现的。尽管柳田的比较研究法在其个人研究中得到了非常好的实践,但并没有在学界得到很好的推广,并且后来学者中也没有谁能将其很好地接力下去。

正如柳田思想研究的代表学者福田亚细男所指出的:现实情况是,柳田的这两种方法在当今日本民俗学研究中,更多地只是被作为一种理论和说明存在。现有研究中,没有学者能操作重出立证法在全国范围内做比较,也没有资料能对应周圈论的解释。①究其缘由,福田进一步指出,柳田做到了是因为柳田碰巧选对了个案,加之柳田具有的超越别人的悟性使然。柳田的资料操作法预设前提错误,尤其是进入30年代以后的阶段,他视包括冲绳在内的日本社会、日本文化为均质、单一的存在,并最终导致了日本全国各地是相同进程的错误思维。再后来,由于资料获取方式的改变和对柳田方法论更深层次的反思,将空间差异转换为时间差异的比较研究方法论有所沉寂,取而代之的是由樱井胜德、福田亚细男提倡的、强调传承母体的地

---

① [日]福田亚细男:《民俗学的方法论》,[日]鸟越皓之编:《为了学习民俗学的人》,世界思想社1989年,第34页。

域研究法,又称个别研究法。

第三节　柳田时代日本民俗学的特征

一、柳田国男的研究特色

(一)中央集权式资料占有方式与研究体制

截至昭和中期,大多数的研究成果都集中在柳田国男一个人的身上。当时对于生活在地方的民俗爱好者、搜集者,柳田要求他们只需原样提供当地的原始民俗资料即可,而不需要做任何分析和研究,所有资料汇总到以柳田为代表的中心部门,由柳田完成比较和理论分析工作。因此各地的民俗人士都只是被作为资料提供者看待。有人评论柳田提出了方言周圈论和重出立证法的研究方法,但除柳田一人以外,几乎没有其他人能够有效地运用这些方法,想必其中也有这种中央集权式资料占有方式和研究体制的因素影响。此外,1934年第一次全国范围的民俗调查即山村研究开始启动,包括之后的二三次全国调查在内,调查大纲和项目的制定全部由柳田一个人完成。当时确立的调查原则便是:依据统一格式的、由柳田亲自制定的上百条项目逐条搜集,其余的自行搜集。很显然,柳田时代下的体制结构是突出的中央集权特点。

(二)贯穿柳田研究生涯的三点特色

福田亚细男指出:"柳田国男50年的研究生涯,在不同阶段必然有不同的侧重点,但是有三个特点却始终如一地贯穿在柳田50年研究生涯中。"第一点,柳田认为民俗学是研究历史的学问。是以现有、现在的民众生活为资料明晰历史,一般认为民俗学多以一成不变、具有传承性的事象为研究内容,但柳田更强调明晰变化是民俗学的研究目的。以"重出立证法"和"方言周圈论"为代表的方法正是柳田为了明晰历史所提示的研究方法。而且在柳田看来,历史进程并不一定都是呈现进步、发展特质的,这种想法在他的研究中也时常会得到体现。第二点,以经世济民为宗旨的民俗学研究。第三点,对词汇的重视,这里的词汇特指民俗词汇。柳田最具代表性的研究方法之一的"方言周圈论",便是以"蜗牛"一词为例,通过对蜗牛一词的不同方言表述在全国区域分布情况的考察,论证了民俗事象由中央向地方如同心圆波纹状传播的结论,其最终导致的结果便是:中央的民俗事象出现要晚于偏远地方;即使是相隔遥远的地方也有可能有相同的民俗事象的存在;最古老的形态应该保留在远离中央的地方。同时他编纂了很多不同领域的民俗词汇大辞典，例如《婚姻习俗词汇》《禁忌习俗词汇》《岁时习俗词汇》等。所以在调查的时候，柳田会要求调查者一定要记录这种表述的词语。柳田的出发点不是研究语言的发展历史，而是以语言为窗口，考察社会各种组织体系、祭祀活动、仪式、信仰的历史。"日本各地都使用日语，这么狭小的日本各地却存在很多语言上的不同。透过这些不同、差异发现历史，这是柳田的意图。"透过语言现象，把它放到历史的长河中，在更大范围内考察其历史变迁轨迹。

二、柳田时代的研究传统

（一）民俗学界的村落指向

日本提到村落时，广义上指山乡渔村，狭义上指农村乡村。柳田国男一直以来关注一战后的日本农村和农民问题，不仅在大学时代读了农政学专业，完成了关于存粮备荒设施研究的毕业论文，工作部门也是在农商务省下的农务局，对农业政策等农政投入了极大的热情。明治三十五年柳田国男工作调动从农商务省到法制局，之后每年都会有长达2—3个月的时间有机会去各地旅游，尽管名目上是出公差，但其中柳田有很大的自由度决定目的地和行程，这时他选择去的多是几乎没有人去的穷乡僻壤，而不是繁华城市或名胜古迹之所，由此也充分反映出他格外关注村落的讯息。柳田国男的民俗学研究出发点便是"农民为什么这么贫困？"他要解救农民脱离贫困和不平等。他亲自制定提问提纲、指挥其弟子及各地民俗爱好者，先后进行了三次全国性民俗调查，分别是1934年的山村生活调查、1937年的渔村生活调查，以及1950年的离岛（孤岛）生活调查，这些调查为后续研究积累了珍贵的民俗资料，但同时我们也可以看到其研究内容是和城市无缘的。以山村调查为例，柳田国男对调查地限定了诸多条件，比如观光地、有温泉、有矿石的地方不符合；不能是去往其他村子时必经的过路村，而要是路尽头的山村才可以，等等，对山村、渔村等的限定极尽纯粹。在他的两部代表作《乡土生活研究法》《民间传承论》中同样能够看到他鲜明的农村指向，如前者书中他设定的最大的研究课题就是寻找农民贫困的根源，主要是从背景、原因角度出发，并没有过多涉及对策层面。总之，柳田认为只要研究了村落，就能够了解日本。"大家在各自的乡土，或者是透过乡土人的意识感受，重新学习并领悟，便是我们（乡土研究）的计划。"①

---

① ［日］柳田国男：《国史和民俗学》，《定本柳田国男集》第24卷，筑摩书房1970年。

在柳田国男强大的个人魅力和中央集权体制影响下，日本的民俗研究以村落民俗著称，研究对象必然是村落、是拥有固定土地的常民、是山乡渔村传承文化的研究。学会期刊《日本民俗学》自1975年发行第100期始，定期刊登"日本民俗学研究动向特集"，旨在对前期研究进行总结，对后续研究进行展望。若干次特集专刊中，1979年第124期第一次刊登了"城市民俗学"专栏，与此相对照，贯穿多期特集专刊的始终是"村制、族制""劳作""农具研究"的专栏，不难看出村落民俗在日本民俗学中的牢固定位。由福田亚细男、宫田登担任主编，于1983年第一版出版发行了日本民俗学科权威概论书《日本民俗学概论》，书中"城市与民俗的变容"被作为特论部分单列，而正文部分以条目记述的民俗事象，几乎完全都是立足于村落土壤之上的内容。

日本曾经是农业大国，社会构成以村落为大、为主、为广。但在经历了20世纪50—70年代经济高速增长期以后，日本社会整个面貌发生了彻底改变，村落民俗独大的现状开始动摇，日本民俗学界的这种村落指向也逐步被肢解。

（二）一国民俗学的一元文化论指导思想

上述提到的柳田民俗学的村落指向，其背后便是一国民俗学的一元文化论指导思想。也就是说，在柳田看来，日本是一个日本，居住在日本这个国家的民众，具有的是同质的日本文化。各个地方、乡土的文化即使存在差异，那也只不过是同　文化圈内部的差异。对于柳田这一观念提出最强烈抗议的便是赤坂宪雄于20世纪90年代开展的基于东北学的研究实践。对于东北呈现的异质的民族、文化于不顾，柳田发出的是"北方的兄弟们"的呼吁，他旨在确立宏大的令人怀想的中世移民史的假说。对此赤坂认为这种以稻作为象征性内核的、来自南方的视线完全遮蔽了东北的存在。因而他提倡"另外一个东北"、若干个日本论，指出东北风土下孕育而成的民俗与文化，不可能只是柳田式"日本文化"简单的一个地域翻刻版本。反之，柳田国男所要探究的正是同质的日本人，和他们具有的同一的日本文化。

柳田提出的"一国民俗学"，除去"一个日本、同质的日本文化"这一含义以外，还包含着"不以西方理论为导向，确立适合日本自己的理论"的思考。日本民俗学首先是一国民俗学，日本的民俗文化呈现的是稻作农耕一元论文化样态。在确立一国民俗学基础之上，再考虑为将来的世界民俗学做准备，所以在柳田阶段，日本民俗学的传统不主张国际视野下的比较研究。从柳田具有的民族主义倾向考虑，选择首先确立国家主义的、在野的一国民俗学，继而建构通往世界民俗学路径的想法也在情理之中。

柳田的研究著述中随处散落着他的一国民俗学的一元文化论思想，具体说便是稻作一元文化论。透过柳田研究体系中设定的重要概念之一的"常民"，我们也可以对他的一元文化论进行更进一步认知。例如他主张民俗学就是解明"常民的历史"的学问①，这里的常民指的是在平原农村、从事以稻作为中心的农业的、大多数的农民。他在临终前一年完成的最后一部著作，也就是著名的《海上之路》一书中，直接将"常民"等同于"稻作民"，他所探求的"日本人从哪里来的"之原初的疑问，也体现为追寻稻米由南方北上日本本土之足迹的考证过程。由此，柳田国男甚至被称为"背负着瑞穗国（日本国的美称，源于饱满新鲜的稻穗之意）使命，终其一生的稻作思想家"②。稻米的进一步具象化表现可以认为是年糕，在柳田的稻作一元论研究中，他尤其对年糕情有独钟，视年糕、团子、米团一类的大米食物为构成神圣世界的重要元素。柳田的研究关注点之一正是借助年糕，将日本人的神灵观念与家族意识密切结合粘贴在一起。安室知曾经指出："民俗学者的柳田国男认为，当日本人开始以稻米为日常食用之食物时起，日本的文化便已经从稻米的文化脱离开来进入到新的文化进程中。如此说来，日本有的只是稻米的文化。"③极其相似的评价还有来自坪井洋文的，如"柳田坚信：离开了稻作和稻作民俗就无法谈日本文化和日本人"④。

　　以上强调的是柳田国男的一元文化论指导思想，即对柳田来说，稻作文化构成了日本文化的中心轴，围绕着这个轴心，集聚了民间传承的诸多内容，由此展开，零散的民俗要素搭建为体系化的框架。作为指导思想，柳田的这种强烈的、排他的一元文化论，确实带给后来众多的民俗研究者以及人文科学研究者重要影响，但这里最后还要补充说明，即对在此之外的山民等边缘文化，柳田也同样认同是日本民俗学的重要课题，只是在他的研究时期内将其排除在了视野之外。

---

①　参照［日］福田亚细男：《民俗学者柳田国男》，御茶水书房2000年，第7页。

②　［日］赤坂宪雄：《超越一国民俗学》，五柳书院2002年，第188页。

③　［日］安室知：《年糕与日本人》，雄山阁出版1999年，第1页。

④　［日］坪井洋文：《芋头和日本人——民俗文化论的课题》，未来社1979年，第27页。

第二章 秩序的打破:日本民俗文化 体系的一元到多元

柳田国男开创的日本民俗学,其特点是以对稻作农耕民为代表的常民生活文化的研究,是一国民俗学框架下的稻作一元文化论学说。在柳田民俗学研究体系中,渔民、山民被视为边缘性群体,围绕他们的生活文化研究也只是被放在次要位置,其功能是为稻作农耕民的研究服务。

20世纪50年代,日本民族学者冈正雄在研究日本文化的基础构造时指出,日本文化具有混合累积、多元化、多体系的特点。随后,民族植物学家中尾佐助、人类学家佐佐木高明也先后阐释了绳纹时代日本已经存在火田耕种(最初可能是刀耕火种)文化的理论,并称之为"照叶树林带文化论"。

受到以上文化起源论、传播论观点的深刻影响,民俗学者坪井洋文[①]以对民俗文化基础构造、民俗学理论体系构成的反思为出发点,经过庞大的调查积累,终于从民俗学的资料基础出发,论证了以火田耕种为代表的旱作文化对稻作文化、芋头正月对年糕正月的研究范式,最终将民俗文化一元论学说发展为民俗文化多元论学说。[②]他的"芋头文化"理论的提出,完全打破了柳田国男确立的日本稻作农耕一元文化论的秩序体系,消解了柳田逻各斯

---

① 坪井洋文,1929年出生于日本的广岛县,1953年毕业于国学院大学文学系。历任财团法人民俗学研究所会员、国学院大学日本文化研究所研究员、国学院大学文学系教授,1981年起担任国立历史民俗博物馆教授,专业为民俗学。主要著作有《芋头和日本人——民俗文化论的课题》《选择了稻米的日本人——民俗思考的世界》,合著《思考日本的深层文化》等。

② 以民俗文化多元论角度进行的研究,其他还有宫本常一对日本东西不同文化体系的研究;以东北地区为田野作业地,赤坂宪雄在批判"一国民俗学"基础上提出的"多样的日本形象"的研究;以及以在日朝鲜族为代表的在日外国人生活世界的民俗学研究。从广义上考虑,以上列举的是基于不同视点的与文化多元性相关的调查研究,但考虑到其中很多研究是受到坪井思想的影响,是应用坪井观点进行的类型化尝试,并非严格意义上的民俗文化多元论理论体系,因此本书中对民俗文化多元论的界定,即等同于坪井洋文的旱作(民)文化研究对稻作(民)文化的研究范式,其他则作为拓展性研究放在本章第二节第5部分简单带过。

的中心主义,从研究观点到研究态度都极大刺激了20世纪中后期的日本民俗学基础研究,引领了近30年对柳田民俗学批判和再反思的研究思潮。坪井作为特殊时期下跨越"柳田"与"后柳田"的存在者之一,出色地完成了民俗学在不同代际之间、不同社会现实下的传承,同时也标志着日本民俗学语境中的结构主义整体性向解构主义下的个体性的转向。

20世纪后半叶伴随着环境民俗学研究的兴起和发展,生产民俗领域也吹进了新鲜气息。针对原有的旱作文化、稻作文化、渔捞文化、狩猎文化之以生计劳作类型划分的多元文化研究范式,以安室知、菅丰、野本宽一为代表的后继研究者们大力提倡复合型劳作生计的研究视角,从而民俗文化研究由强调多元论开始向强调复合论阶段过渡,以往割裂的研究开始发展成为更加重视内部联系性的研究,趋向重构主义下个体与整体的协调。

宫田登①曾经指出"不打年糕的正月是民俗学中重要课题的研究对象"②,因此本章节将通过对民俗文化多元论观点的形成、确立与内涵分析,展开学术史角度的整理和考察,对涉及日本民俗学方法论的核心问题进行阐释。

第一节　稻作与民俗文化一元论

一、日本的稻作农耕文化研究

日本热衷于对本国、本民族文化的研究,而日本人、日本民族文化又以稻作农耕民文化著称,因此日本国内学术界产生了诸多关于稻作起源、传播的研究。民族植物学家中尾佐助在他的代表作《栽培植物和农耕的起源》(1966)一书中,曾经把古老大陆地区的农耕按照亚洲、非洲、欧洲的地域划分,分为麦作农耕文化、杂谷农耕文化、根栽农耕文化三大类型,其中属于季风气候的中亚地区被划归为杂谷农耕文化,并把水稻定位于杂谷的一个类

---

① [日]宫田登(1936—2000),日本著名民俗学家,毕业于东京教育大学,曾任筑波大学教授、国立日本历史民俗博物馆教授,以民间信仰和江户研究为主,研究领域多元。宫田登著《城市民俗论的课题》(1982未来社)是汇总了很多场合下宫田登有关城市民俗思考的论文汇编。面对来自城市人类学、城市社会学、历史学、城市工学、建筑学等诸多学科多样视角的城市研究,宫田登痛感到民俗学研究的滞后,旨在抛砖引玉引起民俗学界对于城市的更多关注。

② [日]宫田登:《历史和民俗之间——从海与城市的视角》,吉川弘文馆1996年。

型,是杂谷集合中特有的湿性类型。人类学家佐佐木高明在中尾佐助的研究基础上,进而指出稻作栽培最初是在旱地上和杂谷一起进行混合耕种的,到后来其形态才转变成为水田集约化耕种。佐佐木认为,在绳纹时代中晚期,处于日本照叶树林带(常绿阔叶林)的西日本地区已经出现了火田耕种,其中包含稻谷与其他杂谷的混合耕种。

公元前1000年左右,当时在中国长江流域已经达到了高度发达阶段的水稻耕种和金属器,传入了日本九州北部,日本的稻作耕种开始由"杂谷栽培型的稻作"过渡到"水稻栽培型的稻作",并在以后的发展中不断提高集约化水平,形成了高度单一化的水稻栽培形态。对于稻作文化的传入途径,日本学术界存在三种观点:①认为从长江下游流域经海路直接传入日本九州的海路途经假说。②从长江下游流域经由南面的台湾岛、冲绳诸岛,从海上之路传入日本九州的西南海岛假说。③从长江中下游经山东半岛附近,继而经朝鲜半岛中南部传入九州北部的北路途径学说。三种观点各自有其有力的考古遗存和相通的文化要素作佐证,综合考虑之下,现阶段以第三种观点被认为最具说服力。

除去以上从植物学、考古学、人类学角度对稻作文化起源论、传播论的研究,从民俗学角度更是积累了大量有关稻作文化研究的成果,例如对稻作农耕民特有的氏神信仰、祖先崇拜、生活仪礼、农事活动、口头传承的研究,等等,这与柳田国男其个人以毕生精力投入到稻作农耕民生活文化体系的研究中以及其巨大的影响力密不可分。追溯历史,自弥生时代水稻耕种技术传入日本,伴随着生产力水平的不断提高,民众对水稻、大米的依存度愈加增大,从而稻米被不断赋予更高的价值内涵,稻作文明得到了高度发展。尤其以中世为分界线,稻米逐渐在宗教、政治、文化、经济方面形成了稳固的符号象征意义,16世纪在确立了以稻米收获量为基准的生产力衡量机制以后,日本文化对稻米的推崇更是达到了极致。对于日本长期以来形成的以水稻耕种为中心的"稻作一元论"文化论模式,以及日本民众对稻作文化的情有独钟,历史学家网野善彦从历史学角度入手,指出这是由于历史上日本统治阶层所采取的税收制度决定的。"众所周知,从古代到中世到近世,统治者基本上以水田作为赋税征收的标准,结果误导了民众,使他们以为仿佛稻作、稻米就是'日本民族'的本质所在,更进一步确立了自古以来日本列岛便是以水稻耕种为基础的单一国家的虚像。"①

---

① 〔日〕网野善彦:《日本论的视角》,《日本民俗文化大系第一卷 风土与文化》,小学馆1986年,第61页。

稻作农耕文化长期占据的正统和主导地位，使得自绳纹时代以来延续下来的杂谷耕种历史被稻作的国家文化吞噬。以稻作为中心的农事仪礼、生产生活方式被自然而然地视为日本民族生活文化的全部，其余的山民、渔民文化则被搁置一边。

二、柳田国男与稻作一元论学说

众所周知，柳田国男的民俗学研究在确立之初以山民为研究对象，而在30年代以后的漫长研究生涯则都是以稻作民及其信仰仪礼为重心展开。柳田的很多文章中提到稻米的重要性（如《米的力量》），提到日本人稻作文化的志向（如《食物和心脏》）。在柳田的稻作一元论研究中，他尤其对年糕情有独钟，视年糕、团子、米团一类的大米、糯米食品为构成神圣世界的重要要素，把年糕与日本人的信仰观念、家族意识密切结合在一起。包括以周圈论和重出立证法为代表的柳田流方法论体系，也都是建立在日本稻作文化一元论、日本文化同质论的认知基础上。柳田的晚年更是彻底被束缚在稻作文化圈的研究中，临终前一年他完成了最后的著述——《海上之路》（1961），其中的观点仍是围绕稻作栽种的传入途径进行的考证，他大胆提出了西南海岛途径假说，在学界激起了万丈波涛。由此，柳田甚至被称为"背负着瑞穗国（日本国的美称。源于饱满新鲜的稻穗之意）使命，终其一生的稻作思想家"。[①]

民俗学者赤坂宪雄对柳田思想进行了长期系统的研究，列举了柳田稻作中心史观的具体体现，并指出柳田《雪国之春》（1928）中描述日本东北地区皑皑白雪下隐藏的稻作农耕民形态的研究，浓缩体现了柳田的稻作中心史观，具有里程碑式的意义。他指出："柳田民俗学的生命之源建立在对日本列岛全部是被种植水稻为生的常民所覆盖的认知论基础上，（在柳田看来）只有栽种水稻的常民才是日本人，不种植水稻的杂谷耕种民、漂泊一族、山民以及其他异类民族都被排除在了视野之外。"[②]对于柳田来说，"离开了稻作和稻作民俗就无法谈日本文化和日本人"[③]。柳田这种强烈的、排他的一元文化论，影响了后来众多的民俗研究者以及人文科学研究者。

---

① ［日］赤坂宪雄：《超越一国民俗学》，五柳书院 2002年，第188页。

② ［日］赤坂宪雄：《超越一国民俗学》，五柳书院 2002年，第163页。

③ ［日］坪井洋文：《芋头和日本人——民俗文化论的课题》，未来社1979年，第27页。

第二节　芋头、旱作与民俗文化多元论

一、照叶树林带文化论学说及其影响

日本文化被概括性地称为稻作农耕民的一元论文化,日本民俗的研究对象一直以来侧重于有固定居所、形成稳定习俗的稻作农耕民集合体,但对与稻作农耕民有不同的时间体系、生计方式、信仰形式、习俗传统的其他群体集合也并非毫无涉及,例如柳田国男在初期对山人、山民的研究,折口信夫对海上漂泊者、正月来访者的关注等,但也多是置于从属位置上作为一种补充,因此难以与稻作文化的研究相提并论。即使有分量较重的个别的研究成果出现,例如山口弥一郎基于对福岛县的从战前到战后的调查研究之上写成的《东北的刀耕火种耕作惯习》(1944),尽管在刀耕火种研究领域被视为少有的经典,但在民俗学领域看来只能算是边缘性研究。

自20世纪50年代开始,从比较民族学立场出发,冈正雄展开了对日本文化基础构造①的研究,他提出"种族文化"概念,论证了日本列岛文化构造的多元化特点:即日本民族及其文化的构成不是单一文化、同一体系文化的分化和发展,而是由不同体系多元化的种族和文化混合累积而成的异质异系构造。其代表观点便是对多元种族文化的五分法:①母系、秘密结社、芋头类种植——狩猎民文化。②母系、陆耕稻作——狩猎民文化。③父系、"外婚"(xala)氏族、旱作耕种——旱作——狩猎民文化。④男性、年龄阶梯制、水稻栽培——渔捞民文化。⑤父权、"祖先"氏族——支配者文化。②

20世纪六七十年代,中尾佐助、佐佐木高明等植物学家、人类学家对中国喜马拉雅山麓、西南及江南地区进行了一系列实地调查,注意到了"照叶树林带"③生态群落的存在。所谓"照叶树林带",是指从植被的分布特点出发,位于日本西部、中国华南以及东南亚一带,呈"月牙弧形"分布的,生长着

---

① 1958年冈正雄在《日本民俗学大系》第二卷发表了《日本文化的基础构造》一文,论述了他的日本文化多元论学说。

② [日]佐佐木高明:《稻作以前》,NHK丛书1971年,第21页。书中对每一类型的种族文化内涵有具体解释。

③ "照叶树林带"是指从日本西南部经中国中南部、中南半岛北部山地至喜马拉雅山南麓呈"月牙弧形"分布的常绿阔叶林生长地带,其中心是中国云南省,该地带生长着以橡树、樟树、茶树为主的叶面有光泽的照叶树。照叶树林带在栽培稻糯米的利用、红米、刀耕火种、蔬菜、对歌等方面存在着很多共通的文化要素,被作为研究日本基础文化构成、日本民族文化起源的重要组成部分之一而受到重视。

叶面发亮、相同树种的常绿阔叶林的整体林带。同时"照叶树林带"在文化方面还具有众多共同的特征：例如以大米为主食和以水稻耕种为中心形成的文化相似性；块根作物的栽培、杂粮的种植等共同的文化要素。作为"照叶树林带"特有的文化事象，中尾佐助还列举了例如"掌握着如何去除蕨菜、葛、石蒜等野生块根作物和坚果类涩味的技法；保留着将茶树叶发酵加工后饮用的习俗；掌握养蚕抽丝生产绢制布料的技术；会利用特有树木的树脂生产漆器；具有栽培和利用柑橘和紫苏的习俗，以及加入酒曲使粮食发酵酿造米酒的传统"[1]。通过综合运用生态学、地理学、植物学、文化人类学等多学科共同研究的方法，他们把"照叶树林带"形成的具有多样相同文化特征的集合，称之为"照叶树林文化"。在对"照叶树林文化带"的跨学科研究成果上，佐佐木等学者论证了绳纹时代是建构日本文化基础的一个漫长的历史时期。这期间东日本的柠桦树林带（落叶阔叶林带）已经奠定了采集、狩猎、捕捞等劳作生产的基础；进入绳纹时代的中晚期，旱作农耕文化从中国南方的照叶树林带传入西日本，对多元化、多重性绳纹文化的建构起到了决定性作用。"照叶树林文化"的研究揭示了先于稻作之前，在绳纹时代日本文化就已经表现出多元和多重构造。

对于照叶树林文化体系论的形成脉络，铃木正崇曾经作了概括整理：从"照叶树林文化以中尾佐助《栽培植物和农耕的起源》(1966)的研究为发端，经过了上山春平编《照叶树林文化》(1969)、佐佐木高明《稻作以前》(1971)《照叶树林文化的历程》(1982)的研究得到进一步展开，从文化传播论角度给民俗学带来了极大的影响"[2]。"照叶树林文化论"认为刀耕火种杂谷栽培文化在绳纹时代由中国经由照叶树林文化带传入日本，其文化要素体现为"广泛分布着芋头、薯蓣等块根作物和谷子、高粱、旱稻等杂谷栽培的火田农耕，这种以栽培杂粮和块根类为主的刀耕火种农耕是照叶树林带生活的支柱"[3]。绳纹时代末期，以栽培杂粮和块根类为主的照叶树林带刀耕火种农耕文化构成了日本最早的基础文化，也是孕育水田稻作和稻作文化的母体文化。尽管这种整体文化论的出发点是建立在日本稻作农耕起源说和传播论的基础之上，但其研究成果引发了学术界对旱作耕种研究的更多关注，间接影响到以火田为代表的旱作认识论。简而言之，"照叶树林文化论"的提出，佐证了日本绳纹时代已经存在火田农耕的观点，证明了日本农耕形态的

---

① 　[日]佐佐木高明：《生活在多元文化的时代下》，小学馆 2000年，第73页。
② 　[日]铃木正崇：《民族学和民俗学》，《日本民俗学》1994年第200期，第148页。
③ 　[日]佐佐木高明：《生活在多元文化的时代下》，小学馆2000年，第73页。

出现不是在弥生时代以后,也不是唯一的稻作农耕,从而有力地批驳了柳田(国男)和石田(英一郎)的稻作一元论学说①,并与后来民俗学界的民俗文化多元论研究有着不可分割的传承联系。

二、民俗文化多元论的形成

不可否认,以上来自人类学的研究成果为民俗学中旱作农耕文化研究的展开奠定了重要的理论基础,但最终确立了旱作农耕对稻作农耕文化类型论研究的是坪井洋文以芋头为代表的旱田耕种的一系列研究论述。20世纪70年代末到80年代,坪井通过对日本各地刀耕火种、旱田栽培作物如芋头、高粱、稗子的民俗调查,遴选出最具代表性的"芋头正月"民俗事象,真正从与稻作文化相抗衡的角度,树立了区别于稻作的旱作文化体系,并提出了日本文化整体上是从旱作文化向稻作文化历史过渡的观点,集中构建了有力的民俗文化类型论学说。旱作农耕在日本文化中占据重要位置的观点提出,将日本的稻作一元论发展为多元文化论学说。从此民俗文化论从一元说发展为多元说,对日本民俗文化的讨论开始以"稻作(民)文化·旱作(民)文化·渔捞(民)文化·狩猎(民)文化"的模式展开。之后,野本宽一、白石昭臣、赤坂宪雄等民俗学者又分别从不同的角度出发,丰富了民俗文化多元论的研究。

通过以上论述可以看出,民俗文化多元论研究在70年代以后得以形成的背景可以分为两大方面内容:①从学术研究层面考虑,六七十年代来自文化人类学、植物学新的研究成果和对柳田方法论的反思共同促成了该理论的形成。"作为其中的一个原因,20世纪80年代稳固的民俗学研究领域的焦点开始松动,研究领域迅速扩散,开始了对'一国民俗学'的日本民俗学整体构成予以再编的探索。"②②民众对民俗、对自我发现的渴求。伴随着经济高速增长期的延续,战后在日本国民中形成了高涨的民俗热,坪井曾经指出其中一个引人注目的倾向便是相对于对稻作农耕民的关注,普通民众开始对山林中的生活者、海边的生活者、漂泊不定的宗教者、民间艺人、工匠的民俗,显示出更加浓厚的兴趣。究其原因,是因为民众已经认识到单单依靠对稻作的执著,不能形成完整的自我发现和自我确立,个人与稻作文化并轨的认识论具有局限性。

---

① 柳田学说和石田学说的共同点是稻作农耕一元论,他们在日本民族、文化与稻作文化两者之间简单地画上等号。

② [日]森幸一:《被创造的民俗文化——对移民的关注》,《讲座日本的民俗学10 民俗研究的课题》1997年,第169页。

三、坪井洋文:"芋头正月"学说和民俗文化多元论的内涵

(一)柳田国男对于旱作文化的研究

前面曾经提到,柳田的初期研究是围绕以刀耕火种为生计方式的山民展开的,只是在后来进入昭和期以后,对山民的研究开始从柳田的视野中消失。柳田在稻作研究之前究竟对刀耕火种进行了怎样的研究呢?

赤坂宪雄在其《超越一国民俗学》(2002)一书的"刀耕火种的风景"章节中,从《校订本柳田国男著作集》入手进行了梳理和评论。赤坂在研究中指出,20世纪初柳田在身为农政官僚期间,在讲演中曾经集中谈及火田耕种,在后来的九州山村之旅,木曾、飞驒、北陆之行中,也亲身接触到众多的火田耕种的民俗事象,并详细作了记述。但正如赤坂宪雄所说:"柳田仿佛也设想到,在弥生人渡来之前列岛上已经存在火田耕种。……尽管如此,柳田仍然认为日本人的民族根本特性不是存在于刀耕火种方式中而是存在于稻作农耕中。……对刀耕火种只是把它视为一种应该消亡的古老的农耕法看待,说到底是柳田关注点以外的边缘。"①在研究定位上,赤坂进一步明确了柳田研究体系下相对于稻作的重视程度,旱作研究对柳田来说是怎样的无足轻重。在研究结论上,通过对柳田著作集中仅有的、并不连贯的旱作研究表述进行梳理,赤坂把明治末期即20世纪初柳田的旱作观归纳为三点:"①刀耕火种耕种不需要肥料,是古代农耕法的一种。作为农耕法的变迁,是从刀耕火种经由轮作轮歇类型旱田、永久旱田到水田稻作的历史过程。②日本列岛的刀耕火种,其起源或许能够追溯到稻作传入以前的时期,但以传入稻作而闻名的弥生系日本人也存在着掌握刀耕火种技术的可能性。只是日本人的民族特性是浓缩在稻作文化中而不是旱作文化中。③刀耕火种现在在列岛的山区依旧普遍存在,或是很多地方能够发现它的痕迹,但是随着人口密度的增加、耕地面积不足的时代到来,刀耕火种的耕作方式会逐渐变为不可能。并最终进入以旱作为基础的种族及其文化受到以稻作为基础的种族以及文化打压、驱逐的历史阶段。"②

(二)米和芋头:坪井洋文的日本文化论③

相对于柳田在稻作文化研究中表现出的积极主动、正面的切入,坪井从

---

① [日]赤坂宪雄:《超越一国民俗学》,五柳书院 2002年,第171—173页。

② [日]赤坂宪雄:《超越一国民俗学》,五柳书院 2002年,第176页。

③ 篠原徹称坪井洋文的研究为"败北的日本文化论"。篠原徹基于坪井洋文的成长经历,论证了他不服输的性格,对于柳田的稻作一元论提出的旱作文化论、民俗文化多元论也正是坪井性格中不服输、抗争要素的表现,是人生中经历多次败北者发出的呐喊。

反向出发，通过对旱作文化内涵的强调，凸显出稻作研究中的相对局限性。

坪井在长期广泛的田野调查基础上，获取了有关"无年糕正月"的诸多民俗资料，力证了日本文化的原型是以芋头类、谷类、豆类为代表的旱作类型，而非以大米为代表的稻作类型；日本文化经历了从旱作文化到稻作文化的历史过渡。对于学说中关键词的"无年糕正月"，坪井洋文将其界定为"表现为在家、家族或地区范围内，以元月一日为起点在一定期间内，不打年糕、不吃年糕、不供奉年糕的禁忌传承"，①这被公认为是最严谨的定义。

"无年糕正月"的民俗事象表现多种多样，在很早以前就曾经受到部分学者②的关注。之所以最后是由坪井洋文将其发展成为日本民俗学重要研究课题中的研究对象，可以说与坪井个人不服输的个性特点和败北者的人生经历密切相关。

坪井在其代表作之一《芋头和日本人》一书中，详细论述了其设想的民俗文化多元论观点的理论基础。

1. 坪井首先对学界形成定论的柳田的稻作一元论进行了阐释。柳田的稻作一元论是以稻作为轴心，在研究民俗文化体系时提出的一种假说，该假说并不代表柳田对稻作之前、稻作以外的文化的否定，而只是没有把稻作和非稻作加以相对化。反而是二战前当日本文化基础构造方面的研究尚处在薄弱时期时，柳田就留意到稻作之前旱作的存在，这种着眼点和前瞻性令人叹服。在该书"日本民俗研究的现状"部分中，坪井针对柳田的学说进行评论时指出，柳田的学说不同于折口信夫，表现有很大的排他性，这也就决定了柳田的方法论带有其个人很强的独立性和局限性。而对于其他民俗学者来说，如果认识不到这种排他性的缺陷，就会在各自研究中降低方法论的有效性，这也正是日本民俗学长期面对相邻学科的批判却不能做出有力回应的重要原因之一。而要提高方法论的有效性，首先应该认识到柳田民俗学是一种经验科学，柳田对于稻作研究的考虑实际上是"假设以稻作为象征性轴心，在这种假说成立的前提下，诸多的民俗要素由此便可以构成体系化的共同体"③。而如果其他人都以这种假说为出发点开展研究，那么肯定有些

① ［日］坪井洋文：《神道的神和民俗的神》，未来社1989年。

② 对于正月不打年糕、不吃年糕的传承，柳田国男认为："元旦三天是以年糕祭神的期间，在这期间里人不准食用，等该期间结束后才把祭神的贡品撤下来做成'杂煮'供人食用，是这种古老习俗的延续。"折口信夫仅仅从"是正月为迎接年神而采取的严格禁忌行为"进行了说明。千叶德尔从历史学角度分析："是由于历史上宗族大家族制解散后，本家为了区别于新户，一直保留了这样的旧习。"

③ ［日］坪井洋文：《芋头和日本人——民俗文化论的课题》，未来社1979年，第27页。

不属于该文化圈的文化会被忽略，或者只被作为亚型看待一并归入。而这也正是坪井认为应该从根本上重新看待的问题所在。坪井强调："柳田并不是否认稻作之前和稻作之外的存在，而只是没有把它作为不同性质的具有同等价值的问题看待而已。"①

2. 进而作为从同等价值观角度论证稻作·非稻作的先行研究，坪井推出了佐佐木高明的旱作文化先行说。佐佐木在考古发现尚不充分的背景下，从人文科学角度试论了在绳纹中晚期，先于稻作之前，西日本就广泛分布有杂谷、块根类作物栽培，即"照叶树林文化带"类型的农耕文化。他的研究范式得到了坪井的高度评价。相对于佐佐木的假说只是：指出稻作与旱作两者是完全相互不同类型的文化，坪井表明自己的研究目的是："剖析与稻米具有同等价值的杂谷、块根类栽培作物与稻米之间在怎样的相互作用下建构了日本人以及日本文化、其过程表现如何。……不固执于任何单方的价值体系，而是通过对不同价值体系相互间的融合、纠葛过程的考察，追问日本文化的存在意义。"② 坪井把日本文化看作是稻作和旱作两种同等价值文化中要素融合、纠葛的产物，把承担两种文化的集团分别确立为平原民集合和山地民集合，在此基础上提出了对以芋头为代表的价值体系的假说。

在围绕旱作文化价值体系的具体研究中，坪井从五个方面入手进行了考证。①对视年糕正月为禁忌、予以否定的集团的仪式分析。从中推论出杂谷、块根类作物最初是被用作正月祭神和仪式的食物，但在后来尤其是近代以后，受到国家权力下推行的瑞穗国思想的渗透，渐渐被年糕正月吸纳、同化，至今全国各地只有一小部分家族、宗族、村落集团固守着最初的芋头正月仪式，视年糕正月为禁忌。②对视年糕正月为禁忌的集团的神话分析。坪井通过对全国资料的整理分析，把视年糕正月为禁忌的母题神话分为"追思祖先体验型"和"赤色转换型"③两种类型，并通过对母题的内在原理的分析，进一步明确了稻作与旱作的对立、并行关系，和两者的世界观构成的异质性。③对仪式体系（正月以外的农耕仪礼和时令节庆）和旱作文化要素的分析。把研究视角扩至整体的民俗世界来考察旱作文化要素的定位。但对

---

① [日]坪井洋文：《芋头和日本人——民俗文化论的课题》，未来社1979年，第33页。

② [日]坪井洋文：《芋头和日本人——民俗文化论的课题》，未来社1979年，第39页。

③ "追思祖先体验型"是指因为当初祖先生活贫困，正月吃不上年糕、或是正月正逢战争或落难没有吃上年糕，或是正月祖先遇到了高僧、贵人或他乡人等来访者，因祖先没有分给这些人年糕，而在以后再打年糕时也做不出年糕的形状等各种情形，子孙们为了追思先祖也不打、不吃、不祭奉年糕的母题。"赤色转换型"是指如果破了禁忌，打了年糕或是吃了年糕，白色年糕便会变成血的红色，或是家中有人死亡、房屋起火的母题。

于该方面的研究,坪井只是提出其可能性的存在,而把课题留在了日后。④对仪式体系和旱地作物栽培体系对应关系的分析。⑤对旱作文化的民俗志分析方式。但通过分析坪井的研究可以看出,他的考证主要是围绕第①和第②方面展开,这两项合计占用了约150页的篇幅,而对于第③、第④、第⑤方面的论述,仅用了约60页的篇幅。这种主要内容为民俗志角度进行的尝试,只是表明了作者对该领域研究可行性的认识,而在现阶段并没有完成深入、系统的论证。

坪井的另一部代表作《选择了稻米的日本人》被视为前者的姊妹篇。与前者《芋头和日本人》相比,后者更多的是站在民俗学特有的问题意识角度,在民俗学方法论指导下进行了文化多元论研究。它的进步之处可以归纳为两点。

1. 通过以空间差异为比较基准进行的类型论研究,丰富了旱作民、稻作民异质文化体系的研究,推论了山地和平原的不同农业观①。在以前的研究中,坪井以农业形态为比较基准,确立了旱作(民)研究对稻作(民)研究类型论,后来受到地域类型论启发,坪井进一步扩展了民俗文化多元论的研究内容,在《选择了稻米的日本人》一书中,他把视角投向了山地与平原、山地民与平原民的对照研究。正如坪井在以前的研究中提到的,稻作文化和旱作文化的载体分别为平原民集合和山地民集合,因此该书中坪井首先重点对有关山地长期以来形成的文化体系研究、山地民的理论研究进行了学术史整理,列举了千叶德尔、柳田国男、宫本常一、桥本铁男等人的山地民观。而后在这个共同搭建的平台之上,进而推论了自己的山地农业观(旱作民价值体系)——"土地理论"、平原农业观(稻作民价值体系)——"种子理论"②的富于建设性的方法论。

2. 从没有选择稻米的日本人入手,通过对"日本人为何选择了稻米"的问题考察,深化了对旱作民和稻作民为代表的不同价值体系之间关系论的

---

① 对于农业观的含义,坪井解释为农业是人与自然相互作用的过程,其中在人对自然的作用力和自然对人的反作用力的共同作用基础之上农作物得以定位,人的一方也生成特定的价值观,也就是农业观。

② 坪井指出火田耕种作为旱田耕种的主要构成类型之一,其特点是遵循一定的周期进行了空间移动。例如从植被的再生周期考虑以3—20年为单位实施烧荒轮作轮歇,且作物种类繁多,因而对旱作民来说,他们感受到的作物的生命力更多的是来自于大地土壤之中,因而坪井把旱作农耕民的特质归并于"土壤理论"。另一方面,作为稻作农耕民的农耕观,坪井认为其特点是固定性,空间和时间不是并列的关系而是通过相互作用生成特定价值。水稻种植中水、肥料、阳光都成为影响其生产力的因素,但最为重要的是稻谷的种子,种子的优劣成为决定因素,因此坪井把稻作农耕民的农耕观命名为"种子理论"。

研究。在本书的核心部分"选择了稻米的日本人"章节中,为了论证在稻作传入的偶然之后,为何长期以来日本人选择稻米作为主要农作物?其背后被赋予的文化价值是什么?坪井分别列举了渡部忠世从文化史角度、筑波常治从科学史角度、玉城哲从农业经济学角度所做的研究,指出以上三人所做的研究都只是一种建立在以稻作为中心、把稻作神圣化的立场之上的阐释,其本质和统治阶层把稻子作为政治手段通过神话和仪式方式强化自己统治的理论同出一辙,其结论或是宿命论、或是环境决定论,都不能触及"选择了稻米"的问题本质。从辩证角度入手的没有选择稻米的立场①的研究给了坪井启示,于是坪井对全国各地正月的祭神和节日用食物的民俗事象进行调查,明确了由芋头、年糕、杂谷、蔬菜构成的独立或组合的多样化形态特点,强调了"理解这种多样化形态的本质,只能从民俗文化多元论的视点"②的一贯主张。坪井从异质文化集合的接触反应考虑,把以上的民俗事实阐释为两者间的融合、纠葛过程。稻作民集合和旱作民集合作为内在理论逻辑不同的集合,在相互接触、碰撞的过程中会存在共存、(下位一方)否定(上位一方)、融合、交换、同化③的过程,而"芋头正月""年糕正月"便是两种异文化集团在接触过程中在正月的时令节令领域表现出的生成结果。站在旱作文化集合的立场,能够感受到他们面向异质文化时所表现出的抵抗、选择,由此也可以说稻作文化一元论只能是作为统治方的一种幻想存在。之所以有"选择了稻米的日本人"的观点,正是日本民俗学长期以来偏重同化过程研究的表现。"对于年糕正月予以否定、视为禁忌的仪式,都只是在和异文化接触中生成的民俗之一。所谓民俗便是非稻作民(举例)在接受第一次文化冲击或第二次文化冲击后,一方面主动地进行拒绝、反抗、整合,另一方面努

---

① 农业经济学家守田志郎、民俗学家历史学家高取正男在研究中指出:从古代到中世末,民众的生活是流动的、自由的,只有在进入到近世以后,随着幕府体制中农民属地主义的形成,才发生了逆转。提示了民众从事水稻耕种并非是完全迎合国家政策命令的观点。

② [日]坪井洋文:《选择了稻米的日本人》,未来社1985年,第129页。

③ 坪井以正月仪礼的民俗为例,在柳田的假说基础上,将异文化在接触中经历的融合、纠葛过程分为五种,其具体概念界定如下。共存(等价值):Ⅱ(旱作民的农耕文化。以下同)不会由于Ⅰ(稻作民的农耕文化。以下同)而灭亡、排斥、合并、同化,Ⅰ和Ⅱ是各自保持自己文化体系的共存过程。否定(禁忌):较多场合表现为从理论上拒绝Ⅰ和Ⅱ其中一方的文化,从文化和社会层面歧视、排斥固执自己理论的一方集合、置其为弱势的过程,以及维护自己固有的文化维持和改良秩序的自我认识的过程。融合:Ⅱ不会被Ⅰ同化,两者中的要素相互融合生成新的文化的过程。交换(交流):Ⅰ和Ⅱ通过接触,各自的部分要素相互进行补充交换,保持原有体系的过程。同化:在政治和文化上处于优势的Ⅰ,灭亡劣势Ⅱ的文化,或把Ⅱ的要素交换到Ⅰ中,或是强制使其服从和教化的过程。

力恢复面临被破坏的本文化集合的秩序体系的行为过程。"①在对"日本人为何选择了稻米"的课题考察中,坪井站在没有选择稻米一方的立场,运用民俗文化多元论的方法论,推论了异质文化集合在与他者接触时生成的关系作用力并同时给出了阐释答案。

通过以上两本书的研究可以看出,坪井的意图是想通过对"芋头正月""选择了稻米的日本人"的民俗事象及其深层的原理的解析,以此为契机对日本民俗学自确立以来被视为根本命题的理论、方法和概念从原点上进行解构和重构。坪井洋文的研究着眼于日本民俗学的学科根基,是对日本民俗学体系大视野下的大手笔建构。

(三)对坪井洋文民俗文化多元论的评价

坪井从对日本文化的多元化把握角度出发,阐释了"选择了芋头的日本人",给日本民俗学界带来了重大影响。对于坪井的贡献,学界普遍认为是对柳田民俗学偏重稻作一元文化论的批判,从具有等同价值的相对化视角提出了旱作文化(民)类型、渔捞文化(民)类型等,确立了民俗文化类型论的范式,是对日本民俗学的方法论、日本基础文化构成的大视野下的解构与重构。如果从大的学科体系缩小到具象的劳作生计研究层面,坪井的系列研究成果则被认为是对一直以来停滞于技术论的该领域研究提出了新的课题。

与大家的众口一词不同,安室知的评价选择了十分独特的视角。他没有从坪井经过不懈追求最终确立了旱作文化的层面评价他的业绩,而是从辩证法的角度指出:"坪井的业绩,更准确的说是他对稻作文化的批判使稻作文化的本来面貌得以恢复。……正是坪井的研究,使得柳田以后停滞不前的稻作研究得以推进到更高层次。"②安室知同时指出,旱作文化论的提出并非坪井洋文的独创,之前早川孝太郎就曾经有过令人瞩目的论说,在《农与稗》(1941)中就有这样的考证:"从土地利用的历史看,水田耕种应该被列入二次性农耕,旱作农耕更先于彼",评价了早川孝太郎在该领域的前瞻性研究。今天,坪井的研究在日本民俗学核心问题研究中仍然发挥着重要的作用,但也不可否认在后续研究中开始出现了对其学说不足进行的批判,该部分内容将在第三节中详细论述。

---

① [日]坪井洋文:《选择了稻米的日本人》,未来社1985年,第167页。

② [日]安室知:《年糕和日本人——"年糕正月"和"无年糕正月"的民俗文化论》,雄山阁1999年,第10页。

四、白石昭臣·野本宽一的旱作文化研究

坪井洋文从对日本民俗学基础构造、方法论研究的思考出发,推论了"稻作(民)文化·旱作(民)文化·渔捞(民)文化·狩猎(民)文化"的民俗文化多元论学说。受到他的方法论影响,旱作民俗的研究在数量和内容上都呈现出飞跃式提高,受到学界的瞩目。例如在对1981、1982年的研究动向"劳作生计领域"的考察中,神野善治就曾指出:"劳作生计领域的调查研究呈现出十分热烈的景象。原因之一是从比较文化论观点对日本文化再审视的研究影响。其中有坪井洋文研究成果的影响力波及以及最近发行的佐佐木高明的新作《追寻日本文化的原像——日本农耕文化的源流》,尽管是从民族学角度的策划,但对于日本民俗学来说,是今后研究日本农耕文化的出发点。"[①]在有关旱作耕种民俗的研究中,考虑到研究角度的独特性和研究内容的代表性,本节选取白石昭臣、野本宽一的内容进行着重论述。

白石昭臣著《稻子和麦子的民俗》(1994),以麦子为对象考察了旱作文化体系。他的研究继承发展了坪井洋文的旱作文化论,指出在旱作耕种中心地区,仪式活动、祭祀活动的主角是麦子,位于正的位置,但在被稻作文化覆盖以后,形成了稻谷为正、麦子为负的秩序。白石昭臣在此之前的《旱作的民俗》(1988)著述中已经阐述了他对多元论可能性的理解,在该书中主要通过有关稻子和麦子的仪式和传承研究,提炼并阐释了不同体系的民俗文化的特色。对他人研究博采众长并辅以对农耕生产和仪式传承为主的田野调查,白石指出:作为水田耕种的民俗理论,其特色表现为以一年为单位的生产连贯性和强烈的家庭观念;作为旱田耕种的民俗理论,其特色表现为分化和转换。在对稻作文化圈的研究中,白石通过对正月祭祀仪礼中使用的稻穗、稻谷(种)、稻垛、稻把的民俗事象和象征意义的分析,推论出源于交感巫术的、以正月为再生、诞生起点的更新观念,以及其中强烈的家庭观念的联动。与水稻耕种中表现出的一个整体内部的连贯性思维不同,以麦子为代表的旱田耕种,其深层次是受到转换和分割的理论支配。因为旱田作物从连作、营养、保存、热量等各方面考虑,都需要采取多种作物的轮作方式,这些作物的预祝丰收和庆祝丰收的仪式一方面使得一年呈现出两分性特点,另一方面在时间和空间上按照一定周期实施的轮作和迁移,也打破了稻作生产中的持续性,而以转换和割裂的文化为主线,这在火田耕种形态中表现更为突出。

---

① [日]神野善治:《劳作》,《日本民俗学》1983年第148期,第33页。

白石昭臣在研究中不仅对以麦子为象征的旱作民俗特色进行了提炼，在表述中还多次强调多样民俗的复合观点。因为在他的理解中，"民俗学是一门让我们对现在的生活方式、自我的存在能够理解和认知的学问，……我们认可的人生必然建立在我们的根基文化之上，因此只有从多样化的文化的复合形态中可以提炼出共同性和各自的特色，而任何一种单一化追求，在对我们自身认知时都是存在缺陷而不充分的。"①麦子和稻子，旱作和稻作，是在复合的形态中以某一方为核心确立了我们今天的生活秩序。

　　野本宽一的《火田耕种民俗文化论》，是一本围绕火田耕种及其相关民俗的全面、综合、庞大的著述。书的最后整理了火田耕种相关研究著作一览表，并说明道："对于火田耕种以及相邻文化，尽管也有不少先人的优秀著作发表，但并没有形成主流。尤其是在民俗学立场，之前基本上以稻作为基础的民俗文化调查构成主流，火田耕种·旱作体系的民俗文化研究可以说是凤毛麟角。"②可以看出，野本宽一在这里虽然没有特意涉及坪井的民俗文化多元论思想，但在多处叙述中流露出了来自坪井思想影响③的痕迹，野本便是在这种无形的影响下对坪井类型论中的一个异质文化集合——火田耕种文化圈进行了主题考察。该书围绕火田耕种的基础民俗文化实态、火田耕种民的上层民俗文化、火田耕种的地域研究等主要内容④，通过长达八年时间的广泛、深入的田野调查，在获取了翔实的第一手资料的基础上，成功阐释了火田耕种的文化体系。本书的特色之一在于对约250位之多的老人进行的口头访谈，对这些有着火田耕种经历的老人的记录和代言占了全部内容的半数以上。在与火田耕种（民）的接触交往中，野本由衷地感受到山所蕴含的力量，看到了山地民朝着自己希望的方向巧妙地培育杂谷类、块根类作

---

① ［日］白石昭臣：《稻子和麦子的民俗》，雄山阁1994年，第12、217页。

② ［日］野本宽一：《火田耕种民俗文化论》，雄山阁1984年，第3页。

③ 例如野本在说明自己的写作意图时指出："在火田耕种即将走向终结的时候，希望能够对这种农耕体系所囊括的所有的民俗文化予以明晰。在没有水田的深山中，在长达几百年跨越多代人从事火田生计经营的民众，向我们证明了不同于以稻作为基础的异质民俗文化圈的存在。我的研究的出发点便是必然存在着与稻作相对应的文化、火田耕种文化圈特有的民俗文化的假设。"［日］野本宽一：《火田耕种民俗文化论》，雄山阁1984年，第4页。

④ 基础民俗文化实态的考察，从火田耕种的称呼、技术传承、文献资料中记载的劳作日记、对小豆稗子谷子荞麦等多样杂谷的分类民俗、食民俗中的文化复合实态、植物移植和火田耕种的循环、与野兽的斗争、出耕民俗、粮仓地窖的传统、火田耕种与树木文化、火田耕种的农具、烧荒的民俗、烧荒与草木的民俗等方面，上层民俗文化的考察从口头传承、传说民谣、仪式和巫术、时令节庆、信仰、表演艺术、火田耕种民的再生观等方面，以这两部分内容为核心对火田耕种文化圈中分散的诸多问题进行了阐述。

物,穿插各种经济作物、放牧养蚕的生存智慧和蓬勃向上的姿态,"感受到流淌着的与稻作地带、城市不同的民俗文化传统,火田耕种民在饮食生活和精神生活上的恬静的充实感。山地民的生活充满了应和自然步调、协调共生的合理性,保留了城市民已经消耗殆尽的日本的情感和本真性"①。

在野本的研究中,有一点值得特别注意,那便是对"食民俗中呈现的文化复合"的研究。野本指出,在一路探寻全国火田耕种足迹的行程中,让他感受到强烈刺激的一点便是"文化复合"。从绳纹时代开始一直到近代,可以说漫长的火田耕种历史就是一幅不同劳作生计方式的文化复合画卷,不依存于任何单一的劳作方式,而是由狩猎、采集与农耕多种类型交叉织就。野本以坪井的理论为基础,但同时又能从坪井的理论中挣脱出来,剖析了火田耕种体系的内部形态。对此,安室知给予了高度评价:"野本宽一最先注意到火田耕种地区劳作生计的复合型特点,他在研究中(1984、1987)不仅关注火田耕种,还关注狩猎、采集、渔捞的生计活动,揭示了复合型劳作生计方式对饮食生活的意义。"②

五、从其他角度展开的多元论研究

以上的研究,其特点在于以农业形态、空间差异为比较基准设定了民俗文化的不同类型。作为不同的比较基准,以民俗文化构成要素的地理分布上的地域差为出发点进行的地域类型论研究可以被视为广义上的多元论研究。地域研究法原本是在对柳田的方言周圈论、重出立证法批判的基础上,于70年代由山口弥一郎、福田亚细男提倡的方法论。在运用地域研究法的研究中,又逐渐形成了以日本列岛东西民俗文化差异为代表的地域类型论研究成果。以下重点对赤坂宪雄的"超越一国民俗学"观点与日本文化东西论的研究进行论述。

赤坂宪雄是对柳田一元文化论观点从反面进行批驳的代表学者之一。他在众多论述中,例如《知晓民俗学》(1997)中收录的《为了从内部超越柳田》《东西/南北考——多个形象的日本》(2000)、《超越一国民俗学》(2002),都表达了其鲜明的日本文化多元论思想。赤坂的研究尝试并非仅仅停留在对民俗的地区差异进行的考察,而是对日本民俗学理论的探讨,是建立在地域研究法的方法论基础上,对日本多种族文化构成的提示,对具有多样形象

---

① [日]野本宽一:《火田耕种民俗文化论》,雄山阁1984年,第635页。

② [日]安室知:《缺乏存在感的劳作生计研究的未来》,《日本民俗学》1992年第190期,第49页。

的日本的建构。

在《东西/南北考——多个形象的日本》一书中，赤坂首先对柳田的一国民俗学思想的体现、长期以来对多元文化的否定认识进行了总结，指出在柳田的研究中自始至终都以对日本文化的"远方的一致、东西的一致、南北的一致"认识论为主线，柳田认为："不论是追踪到南或到北，都能够找到文化上众多的一致点。只是由于地形的不同和距离中央的远近，变迁脚步的速度会有快慢不同。"①柳田否认列岛内部在种族、文化上的多样性，他的研究根基是"一个形象的日本"的风景观。尽管在70年代坪井洋文提出了以"芋头正月"为代表的旱作、旱作文化论，但在赤坂看来："坪井的研究视角仍然只是把日本列岛中多样的文化表现限定于农耕的框架以内，而没有脱离农本主义的无形束缚。"②柳田、坪井的研究中都欠缺以地域为比较基准的文化划分意识。

紧接着，赤坂对具有代表性的地域类型论的先行研究进行了简单的学术史整理，尤其高度评价了宫本常一的开拓性基础研究③。宫本在丰富的游历基础上，于60年代前半期就已经表现出对地域差异性鲜明的关注视角，并且在后续的研究中，从时令节庆中的民俗事象表现、家族和社会的构造原理、社会的结合方式、生活和生产民俗等多方面肯定了文化上存在的东西差异，为地域类型说奠定了基石。网野善彦和大林太良则分别从历史学和民族学角度展开了地域类型论的尝试。在网野的研究中④始终贯穿了"关注生存在列岛东西部民众的生活、文化、社会的不同，这种不同对历史产生了怎样的作用"的主旨，以求从根本上对扭曲的日本史像重新审视。并且网野在研究中已经流露出对南北方位差异上的关注。同样是对东、西民俗文化差异的研究，大林太良在七八十年代人类学取得的重要成果"照叶树林带文化论"的基础上，从生态学上表现出的差异入手，把东、西分别设定为"山毛榉树林文化"和"照叶树林文化"两种不同的文化领域⑤，指出："由于生态学领域的差异，绳纹时代日本列岛形成了东、西两大文化领域，之后两大领域作

---

① ［日］赤坂宪雄：《东西/南北考》，岩波书店2000年，第41页。

② ［日］赤坂宪雄：《东西/南北考》，岩波书店2000年，第63页。

③ 赤坂宪雄主要借助宫本常一：《民俗中发现的日本的东与西》(1963)《宫本常一集》第3卷 未来社)《常民的生活》(1981)（大野晋、宫本常一编：《东日本和西日本》日本Editor出版部1981)进行了分析。

④ ［日］网野善彦：《东和西讲述的日本历史》，Societe 1982年。

⑤ 大林太良在研究中把文化领域作为术语使用，将其概念界定为："文化领域是指其众多社会中拥有众多类似的文化要素，该特点与其他领域相比更为突出的领域。"

为相对独立的体系存在发展,中世以后形成了东、西两大中心的并存,东西的文化领域得到了进一步加强。"

最后,赤坂基于自己在东北地区的田野作业,从方言、地名、农具(以簸箕为例)、饮食文化差异(米与肉的对立)、污秽观和被歧视民观念的不同(对从事皮革和屠宰为生的群体的认识观的不同)等民俗文化入手,又旁征博引考古学、语言学的研究成果,论证了在考察日本文化时,应先着眼于南北差异,继而着眼于东西差异的顺序。日本的民族史观应该追溯到绳纹时代,而以弥生时代的出现为契机,列岛的社会、文化形成了"北部文化"(北海道文化)、"中部文化"(弥生时代以后的本州、四国、九州的文化)、"南部文化"(冲绳等地区在内的南岛文化)三个差异鲜明的文化地带,在三者之间还形成了过渡的"模糊带"。而民俗学研究中多表现出对东西文化差异的关注,是对第一层次的"中部文化"内部即第二个层次上的地域类型划分,是在古代律令国家成立之后受到稻作文化主导意识影响的体现。"而实际上在绳纹以前,列岛上'多样形象的日本'就已经开始萌动,存在了多元的地域文化。只是当时更多的是受到植被、气候、地势等自然条件制约,笼统地看起来表现为采集、狩猎、渔捞等与自然紧密相关的生活和劳作,是具有同质性的社会。……而弥生时代(稻作农耕)的到来,使得地域间的差异凸现,劳作方式产生了巨大分化,地域之间的关系转变成中心/边缘的构造。"①很显然这里的中心指的即为"中部日本"地域,边缘则是"北部日本"和"南部日本"。在国家政治、意识形态的导向下,造成了以西日本为中心的"中部日本"成为单一日本社会及文化的象征,东、西日本体现出的不同也只是瑞穗国稻作农耕文化下的地域差异的幻象。而这也正是赤坂在研究中努力予以批驳的。

正如书名所表达的"东西/南北考",赤坂以民俗元素分布的地域差为比较基准,追溯历史,指出南、北的文化领域是在绳纹以来以不同种族、文化为背景的前提下形成的,更是与生态学环境密不可分的领域。他力证了只有在超越东、西论的基础上,把视线转向南、北方位的日本文化研究,才能准确理解日本的民族史观。赤坂宪雄以对"多个形象的日本"的考察为出发点,从地域类型论角度丰富了日本文化多元论的研究。

赤坂宪雄与坪井洋文的研究尽管建立在不同的理论指导下,前者以地域空间上体现的共性集合作为类型划分的基准,后者以民族源流的不同带来的农耕文化的不同为比较基准,但其立足点都统一为对日本民俗文化多样性的认识、对日本文化、种族多元构成的阐释,是对以单一、同质性视角表

---

① [日]赤坂宪雄:《东西/南北考》,岩波书店2000年,第116页。

述日本文化的倒戈,是对结构主义下整体性的打破,也是重构日本民俗学方法论的尝试。

第三节　从"多元"到"复合":解构的无终止性①

一、安室知的质疑:类型与多元

坪井洋文对日本民俗文化研究的贡献在于,他以生产技术为指标确立了不同的文化圈,将一个文化圈增加到几个文化圈,开启了民俗文化类型论的研究时代。但安室知注意到坪井只是提示了文化的复数性存在,其方法是把不同的文化割裂开来考虑,"实际上是脱离了生计劳作的具体实态,偏重于生产技术论的类型化研究"②。由此90年代安室知立足劳作生计活动研究的立场,从"复合型"核心概念出发,针对民俗文化类型论的研究提出了批判。

安室知的批判集中表现在两个方面:

1. 对类型论研究对探明民俗实态的意义的质疑。因为在安室知看来,民俗文化多元论的确立很大程度上是受到当时文化人类学的影响,而不是从民俗学独有的问题意识出发从方法论层面完成文化多元论的飞跃。在民俗学领域,对于生产基础的根本性研究,还只停留在生产技术层面,距离对生产活动本质的研究还差距甚远。既然民俗学内部支撑坪井所提出的民俗文化多元论的根基和方法论尚未形成,那么在此基础上建构的理论也只能算是驾驭资料基础上的假说。因此对支撑民俗文化多元论的民俗学根基稳固性的质疑,使得安室有理由认为:"在稻作(民)文化、旱作(民)文化、渔捞(民)文化、狩猎(民)文化这种固定的文化类型的框架内、以生产技术为支撑点进行的研究,究竟能在多大程度上实现日本民俗文化实态的理论化"③值得商榷。

2. 对多元之间互为对立、排斥关系的阐释的质疑。对于坪井通过"不

---

① "多元"与"一元"概念相对,归属的是类型说领域。"复合"与"单一独立"相对,侧重内部的关联性。

② [日]安室知:《年糕和日本人——"年糕正月"和"无年糕正月"的民俗文化论》,雄山阁1999年,第12页。

③ [日]安室知:《缺乏存在感的劳作生计研究的未来》,《日本民俗学》1992年第190期,第40页。

打年糕的正月"传承论证中表现出的对禁忌的单方面强调,视稻作与旱作互为排斥、水火不容的研究视角,安室知表达了对这种一分为二观的质疑。他指出不应该只把目光投向"不打年糕的正月"所关联的口头传承内容,而应该更多地把它作为传承的民俗事象来把握。现实中正月仪式用食品,稻米与旱作谷物形成对立构造的民俗事象不如说极其稀少。正月不打年糕的习俗也并非一定是在阴暗、否定意义背景下生成的民俗,因而从积极的角度出发,把这种民俗事象视为某一家族意识的张扬或仅仅是诸多家风中的其中一种的看待方式是十分重要的。

基于以上观点,安室知在批判坪井"多元论"视角的同时,指出:"日本的文化根基不是分为'稻作民''旱作民',应该看到日本人的劳作生计活动的实态是建立在多种劳作技术的复合选择基础之上"①,主张只有以"复合型"视角,通过对文化类型间相互关联性的研究,才能阐明日本民俗文化的实态。

研究中世史的木村茂光则从旱作与火田耕种的位相关系出发,对坪井把旱田耕种与火田耕种等同起来进行阐释的方式提出了异议,指出:"作为对稻作文化一元论的批判,我非常支持坪井的学说。但是把旱作耕种方式一并归入到火田耕种方式中,把芋头作为稻子的对照物,把山地民视为与稻作民具有同等价值的观点不能同意。"②木村主张与(原始的山林的)火田耕种相比,(水田边的)旱田耕种具有更为丰富的内涵,旱田耕种才是稻作农耕文化合理的对照方。

二、从正月仪礼到多样复合型民俗文化论

坪井洋文从"不打年糕的正月"入手,推论了民俗文化类型论学说,使得日本的民俗研究在很长一段时期内表现为"稻作文化类型"或是"旱作文化类型"之固定框架内的分析。

对此,在90年代之后安室知指出:劳作生产的存在实态并非表现为单纯的农业、渔业、工匠业,而是多样的劳作要素的复合体现。劳作要素同时又与自然环境、社会环境、经济环境等密切相关,因此主张"复合型劳作生计论"观点,强调对复合劳作的研究必须综合考虑诸多方面的联系。

同样是对"不打年糕的正月"民俗事象的考察,安室以年糕的具象表

---

① [日]安室知:《缺乏存在感的劳作生计研究的未来》,《日本民俗学》1992年第190期,第31页。

② [日]木村茂光:《旱田和日本人——另外一种的农耕文化》,中央公论社1996年,第25页。

现——杂煮年糕汤为对象,分析了正月的仪式性饮食,最终得出结论:"'年糕正月'与'不打年糕的正月'两者之间并非对立的格局,实际上存在很多年糕·芋头·面制品相互排列组合的中间形态。'不打年糕的正月'体现出的是复合的性格特点,这里的'复合'并不是指种族文化的复合,而是指在正月的仪式性饮食中不仅有年糕,还使用芋头、杂谷类食品,体现了文化要素的复合。"①

安室知在批判坪井洋文的类型论基础之上,以正月仪式用食品为例,用"复合"论视角替代了"类型"论视角,在坪井以类型论解构了柳田的整体一元论的同时,以对个体性的强调,再次解构了坪井的类型论。有关"复合型劳作生计论"的生产实态研究在环境民俗论章节中有详细论述,在此省略。需要提醒注意的是,"复合"是对民俗实态的具象表达,是更加关注个体性后的研究呈现。

三、承上启下的理论

坪井洋文从对日本关东、中国地区广泛存在的"芋头正月"事象的关注入手,在大量田野调查的基础上,认识到只有将日本人、日本文化他者化,才能更加深入地理解日本根底文化、民俗文化的构成。而对于坪井的这样一种立场,以"一国民俗学"研究著称的柳田学说,显然其局限性不可避免地遭到放大,而此时相邻学科的成果又适时地发挥了作用。

尽管坪井曾经强调其个人的关注点并不在于绳纹农耕、旱作农耕是否先行于稻作农耕等问题,也无意从民族学领域考证稻作农耕文化和旱作农耕文化的起源和系统论,而只是对不同领域研究成果的借鉴和吸收,一切以为民俗学独自的问题研究指明方向为宗旨。但通过坪井的研究仍然不难看出其学说中带有浓厚的人类学色彩。大月隆宽甚至以其独一无二的激进腔调加以批判:"坪井的研究缺乏科学性,给民俗学抹黑,是功成名就的民俗学者的消遣。"②反之,有学者从正面给予了高度评价:"这里我要特别指出,现在的日本民俗学研究正在努力超越瓶颈束缚,尝试开拓新的领域,并且涌现出了这样风格的成果。其中尤以谷川健一和坪井洋文为标杆,他们给民俗学界带来了新的气息。"③对坪井建立在民俗学调查资料之上的论证和前瞻

① [日]安室知:《"不打年糕的正月"再考——复合型生计论的尝试》,《日本民俗学》1991年第188期,第73—75页。

② [日]大月隆宽:《书评:坪井洋文著〈民俗再考——多元化世界的研究视角〉》,《日本民俗学》1987年第172期,第150页。

③ [日]樱井德太郎:《总说——动向和展望》,《日本民俗学》1981年第136期,第8页。

性进行了充分肯定。

透过"不打年糕的正月"民俗事象,建构在亚洲视野之上,诸多学科的诸多问题点,如赤米的信仰问题、稻作农耕的起源问题、农耕法的历史演变问题、考古发现、生态植被问题、个别性与普遍性的关系问题等交织呈现出来,而其根源都与日本民族的深层次文化息息相关。如何从一个问题不断外延展开,达到更深层次的讨论,并最终触及本质问题,其过程本身就给予我们极大的启示,具有重大的意义。

第四节　批判的路径——福田亚细男访谈录①

2016年4月16日,星期六,或许因为前一天晚上下了一场小雨的缘故,周末的北京阳光灿烂,天空湛蓝。今天上午是福田亚细男老师北师大系列讲座的第二讲,作为日本民俗学界继柳田国男之后又一重量级的领军式人物,他的到来受到了中国民俗学界高度的关注。回想1998年,福田先生在北师大第一次开讲,当时《民俗研究》主编叶涛老师特意撰写了《福田亚细男教授访谈录》一文,时隔18年,这期间中日民俗学发生了怎样的改变?历史重现机缘难得,我决定续写福田教授访谈录。

尽管福田老师上午讲课连续站立了三个小时,授课以外每天还会安排有不同的会见,但是当我向福田老师提出请求时,他一边说:"之前说过很多了,实际上已经没有什么可以说的了",一边愉快地接受了请求,让我内心充满感动。约好3点半于京师大厦的一楼人厅见面,原计划一个小时的访谈在不知不觉中过去了两个小时,愉快的交谈在5点半结束。之后我和福田老师两人一起步行十多分钟,来到了路边一家不知名的中式特色小店。福田老师很和蔼地和我闲聊,饭后还特意考虑到我住所的方向要送我一程,傍晚时分北京的车辆川流不息,我坚持陪同老师一起返回了京师大厦。

访谈从福田老师先后两次在北师大举行讲演的不同感受说起。整个访谈过程让我感受到的是,福田老师具有坦率的批判精神与深沉的在野情怀。

郭海红（以下简称郭）　首先请福田老师介绍一下您个人的近况。

福田亚细男（以下简称福田）　我退休有5年时间了。因为已经退休

---

① 感谢在京期间,北京师范大学萧放教授给予的热情关照,同时感谢当时就读研究生一年级的张凯歌同学提供录音笔、传送录音文件等为此次访谈所做的辅助性工作。

了,所以一些对外的、公开场合的活动基本上不再参加。如果说还有一点工作的话,那就是刚才我给你的名片上写的,在柳田国男纪念馆伊那民俗学研究所担任所长一职。

郭 您能详细介绍一下这个纪念馆伊那研究所吗?

福田 这是一个地方性的机构,位于长野县,也是柳田国男入赘那一户人家所在地区。众所周知,柳田原名松冈,在他大学毕业后,成为了柳田家的上门女婿,而我们所说的上门女婿的柳田家,其老家就在这个长野县的伊那。从这里出发柳田去到东京学习、讲课,又在东京建立研究所,后来研究所就搬迁到了这里。纪念馆以柳田的书斋为主体,是当地人进行研究活动的场所。但是所长是从外面请来的。所以平时我大多还是在东京,这里举行什么活动的时候我会来,差不多每个月能来一次,参加一些研究会或是伊那当地的节日活动等,这便是这个研究所的主要内容。因为是柳田国男纪念馆,所以除了一般性的民俗研究活动,对柳田感兴趣的人们会聚集来到这里。

郭 距离上次您在北师大的讲演已经过去了多年,您感觉这两次在某些方面是否有了一些不同?

福田 上次在北师大的演讲是在1998年,已经过去了18年。那一次有钟敬文先生在场,来的人很多,当然每一次来的人都很多,只是我感觉最大的变化是年龄上。之前的听众年长一些,而且他们是从全国各地赶来,当然也会有北师大的学生,但感觉上外地赶来的人要比北师大的学生数量多。我的印象中上次没有太多女性,而这次女性参加的人很多,明显感觉到女学生和女性学者人数增多了。我在发言的开头也说了,见到了很多熟悉的面孔很是吃了一惊,因为最初是说以给学生讲课的形式,我也是为此有针对性地准备内容,而实际上来了许多老朋友。

郭 福田老师以对柳田理论的研究著称,您最近关注的有哪些研究内容?

福田 当然并不是因为我对柳田的理论感兴趣,因为原本我也不是专门针对柳田的理论或对柳田个人进行研究的,说到底是因为会涉及到相关内容,进而需要查阅、评论这些内容。我从学生时代开始就研究地域村落社会的构成或者说组织体系,当时这部分内容还未进入民俗学的范畴,也几乎没有人关注。我一直延续着这样的研究,只是后来年龄大了以后,不再能跑田野,也就没有继续新的研究。

郭 我们知道20世纪日本社会形成了三次大的柳田热潮,那么当下您是怎么看待民俗学在现代日本社会中的定位呢?又是如何预测它今后的走向呢？

福田　在这20年时间里，日本社会对民俗学的期望值有了明显的下降，民俗学对社会的影响力越发有限。这是因为民俗学科面对社会变化没有发挥其有效作用，无论是对于文化遗产或者地域振兴，民俗学所能承担的责任与作用越来越弱化。据我了解，中国的民俗学发展正处在上升通道，与此相对，日本的民俗学则日渐衰落。

如你所知，例如2011年日本东北地区福岛县发生了海啸、地震和核电泄露，之后面临的是生活重建，而在这过程中，民俗学发挥的作用可以说几乎为零。当然我们可以认为其中有民俗学者的怠慢和缺乏关注，更加深层次的是他们欠缺发声、提出建议这种训练。就是我们通常所说的"3.11"，在地震以后的地域振兴和全面重建中，有很多学科都加入了进来，而民俗学却缺位。民俗学唯一在做的是对一些物质性、文字资料的抢救恢复。有的民俗学者会把地震中散落的文献资料收集起来，或者被海水浸泡的、破损的资料进行清洁归整工作，使其重新得以有效利用。但这也只是个别性的工作，而不是民俗学整体的动向，这样的现状会让我们感到非常的寂寥。

柳田提倡经世济民的民俗学，民俗学也因此得到很高评价，但当民俗学成为在大学里学习的学院派研究后，它必然更多地转向为了纯粹的学问，也同时远离了各种具体的制度、政策等。当然作为有些学问，它本身会涉及政策、社会作用等，具有功能性。但是包括民俗学在内的人文社会科学的研究，很大程度上来说不是为了研究制度、政策的学问，柳田所考虑的也是相较于实用、实践，更偏向理论。所以我认为民俗学的学院派转向很难说就是一件好事，它因此失去得更多，它面向社会发声、提案的能力必然被削弱。我们更多希望民俗学从自身出发，去发现和解决课题。

作为今后的展望，正如大家异口同声所说的，要回归在野之学，重建在野的精神，面向社会积极发声。这种呼声很高，但实际付诸于实践的行动滞后。现状是认知层面大家已经形成了共识，意见达到高度一致，但在如何落地问题上，却是各自不统一的。在日本，年轻人很多不做田野了，甚至认为田野消失了。当然不是说田野调查消失了，我指的是通过田野调查，获取新的数据、发现新的问题、确立新的理论的田野方式消失了。现在的田野更趋向于是一种教育实习，是完成学业的一部分，而从田野中获得崭新的感受、体验的这一部分内容越来越难以实现。

郭　在学生培养方面，福田老师是怎么做的呢？或者您认为重要的是什么？

福田　这是个很难回答的问题。原则上我认为让学生自己发现课题，自己调查，自己研究很重要。建议他们选择自己想做的，有兴趣做的内容。而不是说在学会上或者参考了某些研究动向内容，觉得某一方面的研究比较薄弱，或者说做哪方面研究比较容易获得认可就做哪些研究，我不建议这样的思考方式。当然考虑为社会做贡献、考虑到社会性价值和意义也有必要，但这不是优先考虑的。在大学学习、教授、研究民俗学，还是要强调人的主体性，即学生要有能动的自觉，要自己主动思考，我认为这一点很重要。

郭 在文化遗产保护方面，日本民俗学是怎样做的呢？

福田 实际上这部分工作更多是由国家、县级的负责文化遗产的行政管理部门开展的。另一部分是和行政管理部门无关的、主要是大学等研究机构进行的相关研究，他们多是以一种批判的视角开展研究，发现问题、提出问题、展开讨论。当然两者间有时候无法形成有效的讨论。中国的非物质文化遗产保护应该也是举国家之力开展的，我听说会有许多民俗学者参与其中，这与日本是有所不同的。

郭 关于田野调查，您的理解是怎样的？

福田 20世纪60年代前后，日本各地方自治体都兴起了史志民俗篇的编纂热潮。这是以县、市町村的地方为主体，由他们在原有的单纯的地方历史的编纂中，新增加民俗篇或民俗文化篇，由自治体机构提供资金扶持、准备基础材料，邀请民俗学者参与到文字编写工作。因此有很多民俗学者忙于该项工作，而疏忽了自己的研究，又或者是不需要进入田野，而忘记了田野的辛苦与如何做田野。

民俗学专业的课程设计中一定会有调查实习，但说到底它只是入门性的导引，仅仅是停留在告诉你调查是怎么一回事的层面，而能够指引你发现问题达到更具深入性研究的情形并不是很多。通常来说，民俗学科的调查实习是指对一个地域进行的全面综合的调查，例如社会制度、生产劳作、经济生活以及岁时节日、婚丧嫁娶等，大多是这样整体性的全貌把握。当然一般都没有经济上的报酬，学生们会把调查结果做成报告的形式，很多人进行任务分工完成调查。我们有一本《民俗调查手册》，学生们会每人买一本去做调查，结果是自己不加思考，简单地参照手册内容开展调查。以前不是这样的，需要自己想办法。不得不说伴随着民俗学进入大学体制内进而普遍化以后，学生自己掌握的东西越来越少了。《民俗调查手册》由我参与编写，目的是为了刚开始调查的人使用，但其中有的人在校期间以及毕业后都仍然靠着这本书去做调查，这则是事与愿违的。

说到调查，确实是一件不容易的事情。以前的调查，都是自己出钱、自己制定计划。到了一个地方，在找询对象的时候，先是和一些散步的人、闲玩的人搭讪,在聊天的过程中熟悉起来,知道你想了解的内容后,他们便会主动给你介绍某某人,这才是调查本来的样貌。而现在则是要先办理一定的手续,再找个联系人,然后进入田野。一般大家选择的窗口便是市町村的行政部门、村委等,这种方式可能会比较便利快捷,反过来说会导致形式化。话虽如此,当实际调查时,我们也很难做到从和路边的人聊天开始。此外,社会环境发生改变,农户的住宅样式也与之前不同,我们很难被邀请进入到家中。以前的话,对方很快会邀请你进到家里,和你交谈。现在的农户家门口都改成了门,门又总是关着的(笑)。以前农户的住宅有缘侧部分,进出入口的部分也不是门的装置,所以从这个意义上说是开放的、敞开着的。此外,人们越来越忙,还有很重要的一点是,人们开始以金钱进行衡量。民俗调查需要支付费用,这在以前是绝对没有的。出于好意表示一下感谢是有的。民俗调查原则上现在也不需要支付费用,但有时会听到变相的嘲讽。对方的人放下手头工作,配合你的调查,他们会说如果今天去干活的话,这一天能挣到一万日元啊之类的话。当然他们接受你的调查不会直接要求支付报酬,但在表达上会有这样的揶揄。既然出现了这样的变化,也需要我们重新调整调查的方法。例如为了表示对配合调查的谢意,是不是也支付谢礼等。在艺能表演方面,已经是要付钱请对方表演了,如果仅仅是听别人讲述的话,还不需要。总之会有这样的一种趋势,毕竟是让人家停下自己的农活,穿戴好服装,聚集在一起进行表演,所以不能是没有任何报酬的,想想这也在情理之中。我们作为调查一方,对于支付谢礼还是感到有违和感,所以有几次经历中就被对方讽刺挖苦了。

此外,越是在小区域的调查越是容易涉及到许多个人隐私,我们调查家啊个人的内容等,记录下来再完成报告书,对方看了可能会很不高兴,怎么能写这样的内容呢? 等等,这种问题出现得多起来。所以在写作的时候,有些部分就不得已最后还是写成某种程度上对方可以接受的样子。而不写的话就变成不存在了,所以还是要写,不管什么问题要记录下来,同时不能无视对方的反应、态度,要在一定程度上获得对方的理解,这需要慎重处理。写的内容不对,对方会生气,写的内容正确,对方如果觉得这样写的话,孩子在学校里会受到欺凌,即使那是事实,现实中也是这样做的,有这样的惯习,但如果写下来被别人读到的话,还是觉得会影响到孩子、带来麻烦也是不行的。有时候会是这样的情况,即老人这一辈认为就是这样说的这样做的,没什么问题,但孩子一辈年轻的媳妇什么的就说这样不好、不能这样写等。现在甚至出现了这样的情形,例如类似医学部他们做调查,在此之前必须要得到许可才能获批实施。而现在有些设置医学部的大学,他们会要求民俗学科也要这样,得到许可才能实施调查。没有事前获得许可就进行调查发表成果,这是不好的。然而获得批准再去调查,操作起来非常困难,这种做法也十分刻板。还没有开始问话就让对方先许可,他们就会有警戒心。而有些内容在征求他们关于能否写进调查报告或书里这样的意见时,反而比较容易得到答复。医学部是不同的,他们事先不得到许可的话,患者的权利就无法得到保障。他们对疾病的调查,对患者的调查,对地域医疗现状的调查,这些内容都会提交给附属医院的大学的伦理委员会讨论。就此,医生以及近似的卫生管理等机构也想套用在民俗学调查上,仿佛越谨慎越万无一失。今后作为民俗学的学问精神难免不被日益弱化,而更多剩下形式化的部分。这当然是社会的发展,个人隐私问题不断凸显。二三十年前,会有很多调查报告整理出来,现在就不同了,即使调查了也形不成报告书,因为很多东西不能写了。

如你所知,日本有"本家"(主支)和"分家"(分支)这一说法,当然这与中国的概念含义是完全不同的。中国的分支,简单来说,就是兄弟分家各自成家的意思。日本是不同的。日本的分支是指从主家的谱系中分出去的那个,脱落的那个,在中国每个兄弟都是分支。日本通常是长子不分离出去,由长子继承家业,只有分出去的那些才被称为分支。关于分支的不同,不仅中国人不知道,有些日本人也不知道,读书的时候就会理所当然地认为是自己理解的那样。过去日本进行调查时,都会接触到这些部分,例如这家是本家,往上推算三代某某是分支,涉及本家、分支的关系经常会在调查报告中提到。现在这些内容也都不好提了,有些人不喜欢被说成是分支。因为相较于本家,分支属于新的一支,相对弱势,他们不希望被别人这样说。我们经常说某一家是第几代第几代,例如这家已经历经了十代,这家是第五代,等等,因为延续祖先谱系的只有一个人,继承到这一代是第十代,那么现在分出去的人就会成为他自己的第一代,从第一代算起。而中国的每一个分支都是对等的,对此日本人就会不理解。例如都是孔子的子孙,有很多子孙,当然都是子孙没错,但日本人认为能称其为孔子子孙的,是继承了家业谱系的那一支。很难想象会有几万人的子孙。即使是使用相同的"本家""分家"的表述,中日两国的指涉却不同。像这样的例子有很多,但因为大家相互都没有意识到,往往就会按照自己的理解照搬到对方身上,都使用汉字,反而会导致用日本人的感觉去理解中国,用中国人的感觉去理解日本。所以中日之间难道不是有很多会错意的地方吗?本家分支的问题在日本东北地区尤其严重,这个问题现在很难写进报告中。

还有"亲分""子分"的说法,你有听说过吗?这种表述在黑社会、暴力团伙中常用,例如把老大叫亲分,把跟随老大的手下叫做子分。民俗学中不同,它是农村长期以来保有的结构体系,例如村里会有比自己有势力、资历老的住户,这样有人就会把自己的孩子送去认亲,当然不是真的血缘亲,就形成了亲分、子分的关系。日本的某些农村地域十分盛行这样的认亲习俗,例如设定一个亲分,自己作为子分可以接受保护。回过头来说,现在的调查报告中这样的内容就不被允许写入,他们不希望被别人知道自己是某某的子分。反之,亲分的人他也不希望被写进这样的内容,不希望让别人觉得仿佛自己十分跋扈。以前这些内容理所当然地可以写下了,但现在就不同了。民俗事象越来越式微当然也是事实,但是就像上面所说的涉及个人隐私的部分,以及其他各种各样的要素越来越受到强调,这会导致很多内容不被允许记录,使得民俗研究的成果、调查报告与过去相比就愈加无味枯燥。由于现代化等原因,有些民俗消失了变样了,有趣的内容减少了,等等,这是事实,但上面提到的要素也同样存在。

我带领学生调查实习,书写调查报告,之后一定会给当地住户例如100户、150户的人家每户一份我们的调查报告。分发的时候,他们会向我们表示感谢,但同时他们读了以后,也一定会给我们提出哪里哪里写错了,这里不应该这样写等,表示不高兴。几十年的田野调查,我都是遵循这样的做法,像我这样每户每户分发报告的做法并不多见。一般大家都是给一下村委、或者打交道的农户。或许给全村每户人家都回赠调查报告,这种做法也就我一人吧。确实访谈的人,直接进行问话的人就那些,但调查时毕竟是在整个村子里转,当地的人也会好奇这些人是干什么的,所以我觉得给他们也要有所交代。有时候200户的村子也是每家都走到。调查结束后一年,一般还会更长时间,写完调查报告,就会带着学生再次回访村子,分发调查报告到户,当然也会有的人家说不需要(哈哈)。有人会认为是上门推销的,是收费的,为此我们还会作解释。

对于调查地点的选择,我一般是这样考虑的。首先是学生人数,以本科生为主的话通常有20人左右,首先要找好住宿的地方,同时考虑步行距离内能否到达,或者公共交通方便的地方。方向性上,例如这一次去长野县北部的村落,下一次就会去千叶县的村落等。对学生来说,去很多不同的地方作调查、去体验更有帮助。确定好住宿的地方并不是简单的事,因为要用尽可能少的钱确保住宿场所。不是去温泉、观光地,而是要在村子、镇上找日式旅馆,还是不好找的。也会有直接前去调查的时候,但大部分是作为教育实习,所以通常会先和当地的教育委员会打招呼,拜托他们。市政府、镇政府教育口的工作人员会帮我们和村子取得联系,请求配合。调查地点联系好,基本上我的工作就结束了(哈哈哈)。学生们都去调查了,我就闲下来了。我以前最大的工作就是学生们要回来吃午饭,我需要给他们烧好水,现在这也不用做了。此外学生遇到困难时,会和我联系我就会赶过去。例如惹人家对方生气了,我就要前去说明,让学生道歉。通常一个地域社会里都会有一个公民馆,我们就在那里集合。确定调查地点,联系住宿,拜托村里人配合,除此之外我就很轻松了。

调查报告要求400字一页的稿纸一个学生写50页内容,对学生来说是很好的文章写作训练,经历过几次这样的调查报告写作之后,她们再写毕业论文的时候,能力会得到很大的提高。学生本人可能意识不到,但平时不写作的人让他完成毕业论文的写作,那是做不到的。这与其他课堂要求提交的报告不同,不是简单通过查阅字典、网站内容进行汇总的报告,而是把自己调查的内容自己整理写作,从这个意义上说,是一种很好的能力训练。对调查的村子来说,可能给当地人增加了麻烦,但对于民俗学专业的学生来说,调查实习是一个很重要的教育方法。不只是民俗学,教育学等也是同样。自己调查的内容自己写出来,这是需要能力的。通常一本调查报告集子中包括两部分内容,例如前面是150—200页的调查报告,后面有100页的考察性论文,两部分合二为一。大学不同做法也不尽相同,有的学校只有前面基础性的调查报告内容,有的则只有写作的论文。后者的话,我们通过他的论文题目可以知道某一部分的情况,但对村落整体就无法做到全面把握。

郭　您在演讲中,提到民俗学是在野之学,可以认为这是您对民俗学性格的归纳和理解吗?

福田　是的,民俗学是在野的学问。当然这不能抹杀它的学院派部分,它还是要在大学校园里学习、教授。民俗学具有所有学问都具有的这样的普遍性,即使是学院派,也是作为在野的学问的学院派,要有在野的精神、在野的情怀。自己发现问题,用自己的钱去做调查,这是在野的学问的首要前提。

郭　近期,中国在推行城镇化建设时提到"让居民望得见山、看得见水、记得住乡愁"的愿景,您是如何看待民俗学与乡愁之间的关系与作用的呢?

福田　乡愁的民俗学这一说法,最近在日本也十分盛行。"怀旧乡愁"的情绪并不是民俗学可以提供出来的,而是通过利用民俗学的研究成果营造"怀旧乡愁"的氛围。中国应该也是相同的,与其说民俗学不如说这是城市工学、建筑学等实用性学问需要考虑的。问题是要人工营造出"怀旧乡愁"是件很困难的事情。只能是一种模拟,制造一种氛围,而做不到真正的体验、感受。一方面是组织、结构这样的生活层面的问题,另一方面是建筑物、城市规划思考的"怀旧乡愁"问题,这两者之间的认知存在着错位。我们知道,即使现实中保留老旧的、传统的物件、样貌,但生活层面却反向不停步地朝着崭新的现代性的话,两者必然面临着如何调和的问题。毕竟无法靠着某种氛围过日子。当然并不是说面对日益变化的现状置之不理,我们还是需要建立充盈、富足内涵的生活环境,这是毫无疑问的。

民俗学中提到乡愁并不是很久远的事,昭和三十年(1995)就处于20世纪五六十年代日本经济高速增长时期,对发生翻天覆地变化之前的时光感到"怀旧",也就是现在老一代人他们体验过的。即使可以将这种"怀旧"以某种方式重现,例如通过博物馆让其得到有效利用,或者以此为主题营造某个观光场所,但使生活全盘性地迎合"怀旧乡愁",这种改变是做不到的,只能是去到博物馆等特定空间,怀念一下过去仅此而已。这不等同于以乡愁为指向去进行城镇或住宅区建设。换言之,例如"3·11"地震,海啸冲毁了房屋,在进行地域重建时,不应只有城市工学等机械性考虑,应该还要关注人与人之间的连带、聚拢,以及为此可以提供哪些设施、场所等这样的地域社会性的无形力量。而这正是民俗学的用武之地,但同时正如我上面所说到的,此时民俗学又是失声的。

郭 福田老师与中国民俗学的交往可以说源远流长,您能讲一下其中您印象深刻的人物或事件吗?又如朝日新闻推出的人文科学系列杂志《知晓民俗学》这一期,里面划分出了民俗学的多个研究领域或者说是研究视角,例如城市民俗学,环境民俗学,性的民俗学,映像民俗学,声音与讲述民俗学,食物与器物民俗学等,由其中最具代表性的民俗学者执笔对该领域研究的魅力、个人的研究历程、研究特色等进行说明,其中我个人最感兴趣的是有个小栏目,它要求每位学者列举一位自己喜欢的民俗学者。不知您会选择哪位学者作为您喜欢的民俗学者。

福田 这又是一个很难回答的问题(笑)。钟敬文先生应该说是这个层面我交往时间最长的,从1985年开始一直到先生去世的2000年,期间我们见过多次面,我也去到过他家里拜访,也就是今天中午我们故地重游的红楼。第一次见钟先生时,他已经是80多岁高龄,但精神矍铄。他在年轻时曾去过日本一段时间,所以对日本发生的事情、新的研究动向一直都非常关注,因此一开始我很是惊讶的。

你说的这个杂志我了解,我没有在里面撰文,有你说的那个小栏目吗?(哈哈)我想很多人都会推选柳田国男吧。(在这里郭进行了补充:不是的。每位学者选择的各不相同。他们选择的是对其个人影响大,或者自己十分爱戴的某位前辈学者。尤其是与自己的民俗学研究领域、生涯息息相关的人。例如仓石忠彦选择的是井之口章次,篠原徹选择的是坪井洋文等。)这能理解。国学院大学在很长时期内都没有民俗学学科,国学院大学在日本民俗学发展史上具有很重要的地位,但却没有学科设置。井之口章次毕业于国学院大学,是他在毕业后组织成立了研究会,组织学生加入到民俗学研究会中,由他亲自指导,例如经济学部、法学部、文学部等其他学部的学生也参加。他们学习了民俗学,以民俗学的知识在其他学部毕业。井之口通过这种方式,强化了民俗学的意义。这些学生后来毕业走向社会,或者担任各地的高中老师,或者在博物馆做学艺员,人数有很多,从这个意义上说,国学院大学的学生很多都会推选井之口章次,因为有了井之口,才有了国学院大学的民俗学。你的这个提问,答案我暂时还没有想到,会是谁呢?……

郭 最后请您为中国民俗学学科作一个寄语。

福田 10年、15年之前,我对你们说的是更多地走向田野,也就是说,当时有很多人致力于从古文献资料中搜集民俗的内容,我希望他们能对当下的地域民众所做的事情给予关注,20年前我是这样提议的。但这20年,中国的民俗学在不断地发生变化,基于田野的研究成效显著,因此我也无需再多说。

仅从我个人而言,发现基于对地域整体把握基础之上的民俗志研究有所不足,更多的是对特定事象的专项研究,对于地域的民俗在各种关联性、意义之网中如何传承、怎样变化的解读感觉不是特别多。当然类似于某某市市志的民俗篇,这样的成果会有,我所说的民俗志更强调落脚在极小单位的村或镇,绘制这样的地域民俗的整体图像。在这一点上与过去人类学所做的调查有类似之处,即在个别的地域社会中,关注民俗如何被传承,怎样改变。而中国的研究几乎都是宏大的,如果有更多以自然村、以地域共同体为对象的系统性的研究实践,则是我很期待的。或许是我的怠慢,这样的尝试我很少看到。我在想,如果能将这两种不同感觉的调查研究统合在一起的话,是不是会有耐人寻味的发现呢?

郭 感谢福田老师耐心、细致的回答。再次感谢您接受访谈。

福田老师对日本民俗学的学科建设、学科思考,有着长期、深厚的积累,录音采访结束以后,他又谈到了很多有趣的问题,我也充分感受到福田老师以批判的路径与思想旨在推动日本民俗学研究健全、长期、有效发展下去的衷心。

补记：

2019年9月1日我到达日本，开始了为期一年的访学活动。稍加适应和整顿，9月19日星期四，我给福田老师发出了第一封问候邮件，而收到回信的时间相对拖后了几天，因为在9月17日—26日期间，福田老师正好去了中国，参加了中国社会科学院民间文学研究所的培训班讲座，以及天津大学举办的传统村落保护研讨会发言等系列活动。接下来我们约定在10月中旬日本民俗学会召开年会的时间见面。这次在日本期间我再次深刻体会到以灾害多发著称的日本国家的自然特点。由于第19号台风的影响，10月12—13号周末两天也即日本民俗学会第71次年会召开的时间，国家发布了暴风警报，新干线以及众多交通工具宣布停运，我与福田老师见面的约定也不得已泡汤。之后预定2020年3月22日去东京旁听日本女性民俗学研究会第700次纪念例会，同时顺便拜访福田老师。结果，由于众所周知的原因，日本进入3月份以后，新冠肺炎的感染事态突然加剧，东京的女性民俗学研究会的会议断然被取消，继而从4月7日开始，日本又宣布暂定到5月6日截止、以东京为首的7个都府县进入国家紧急状态，呼吁民众非紧急、非必要的外出活动都停止，各种商店、餐饮店、娱乐设施同时闭门停业，更不用说跨越都道府县的距离移动都要自律。现在正值5月黄金周，即将到期的国家紧急状态按照参议院的讨论趋势，应该要继续顺延一个月，于是我和福田老师的重聚变得遥遥无期。4月27日，和国内的学生在网上讨论到福田老师民俗学田野调查的话题，学生感到疑惑："他的学理性的文章和论著，非常学院派，基本上没看到田野调查，是我还没找到资料呢？还是他做的比较少？"实际上这或许是个不是问题的问题，但自上次问候邮件之后，转眼已经过去了半年多时间，带上我真切的问候，也一起加入这个提问，我在4月27日星期一给福田老师发出了春天的问候邮件。其中涉及学术内容的信息，作为之前访谈的补充添加在此。

郭　您作为日本民俗学学院派的代表学者，在田野调查方面的情况能否进行一下介绍。因为就中国国内读到的资料而言，您的研究更多是涉及方法论建构以及学理思考、学科发展的内容，而没太见到您的个案研究。

福田　对于你询问的这个话题，我想是这样一个情况。我的民俗学研究原本就是基于田野调查基础之上、针对个别地域的特定问题开展的研究。因此，发表的论文很多是基于个别田野调查的内容。同时，作为大学教师，每年我也会带领学生一起进行调查实习，完成调查报告并印刷和发行。我自己也感到惊喜的是，多年来调查报告已经发行了合计32册。另外，从20

世纪80年代中期开始，我也在中国进行了民俗调查。特别是1990年开始后的20年间，在浙江和上海大概开展了6次日中共同调查并公开发行了调查报告。当然，方法论以及理论问题在研究初期的时候也已经有所涉及，但那并不是核心内容。只是，翻译介绍到中国的更多是一些关于方法论或者学术史的论文，而关于日本的田野调查的论文并没有机会被介绍到中国，因此没有能获得中国学者对我这一方面的足够认知。

第三章　重构的初探:民间信仰与民俗时间中的"污秽(晦气)/能量枯竭态"[①]

"民俗学"一词最早是于1846年由英国的汤姆斯首次提出,当时对"Folklore"的概念界定是:百姓间流传的传统的信仰、传说、风俗、习惯、故事、谜语等。此后,在西方英美等国家逐渐形成了对民众的口头传承、习俗仪礼、信仰生活等的体系化、广泛性的研究,民俗学作为一门科学意义上的学科得以确立。

日本对民俗民风的关注和采集早在江户时代已经出现,江户后期医生橘南谿(1753—1805)于1795年至1798年刊行了《东游记》和《西游记》,菅江真澄(1754—1829)写作了《真澄游览记》,都被誉为日本民俗采风的先驱之作。进入明治时代以后,伴随着欧美国家大量近代科学知识的传入,民族学、民俗学的理论方法也传播到了日本。最初日本民俗学的研究多被冠以民族学研究的称谓,一直到20世纪30年代,民俗学和民族学之间才有了明确的界限划分[②],民族学发展成为文化人类学方向,民俗学则在柳田国男的带领和影响下被赋予了强烈的个人色彩,甚至于这段时期的日本民俗学又被称为"柳田民俗学",并得到学术界的公认。在柳田个人的杰出才能和他的组织带领之下,日本民俗学科在理论体系和方法论方面都形成了独特鲜明的特色,从中央到地方聚集了众多的民俗学研究爱好者和有识之士。因此从20世纪初到60年代,日本民俗学科从确立到发展,再经过不断完善,最终确立了学科的重要地位,成为日本人文、社会学界不可或缺的一分子。

---

① 在不同学者的研究体系中"HARE""KE""KEGARE"被赋予不同的内涵,表示不同的民俗意义。这里的题目只选择了其中一个影响力较大、较为固定的观点作为代表,其他的观点在文章表述中会详细提到。

② 在1926年的时候,以柳田为首的很多研究者对于Ethnology、Folklore两者的日语译词和内容以及区别都还感到很困惑,因为在20世纪一二十年代两门学问正好处于兴起时期,关于研究方法、研究对象、研究目的等问题都处在混沌之中。进入30年代后,在发表《民间传承论》的过程中,柳田对这个问题开始明确起来。在1935年8月4日举办的题为"采集期和采集技能"的日本民俗学讲习课上,柳田第一次清楚地区分了Ethnology、Folklore方法的不同,简单地把两门学问概括为"读书的学问"和"采集的学问"。

伴随着社会的发展变化,进入到20世纪六七十年代后,民众的生活文化发生了天翻地覆的巨变。民众的生活文化、传承文化正是民俗学研究的对象,研究对象的改变必然带给研究者新的冲击甚至是一时的迷茫。面对崭新的社会环境、改变了的民俗事象,民俗学者再继续沿用传统的理论和方法已经感觉力不从心,障碍重重。原本柳田的理论体系也是在特定的环境下产生,适用于特定情景中的阐释方法,因此对学科中的某些理论和方法进行更新、重新认识、反思和讨论的现象便自然而然地出现了。例如60年代末出现的对"常民"①概念的讨论,70年代出现的对城市民俗的关注,等等。在这些热烈的学术争论、多样的思潮运动中,有关"日常态""非日常态"的争论也浮出水面,这一争论涉及到日本民俗学研究中诸多根本性课题,触及范围广,持续时间长,成为众人关注的热点。

"日常态·非日常态"的概念体系最初由柳田国男确立,是在稻作农耕文化土壤之上诞生的,是用以分析民众主要是稻作农耕民生产、生活原理的基础概念。柳田在《明治大正史世相篇》中以食物为中心,从饮食习俗入手,进而通过对日常生活中具体的服饰穿戴、生活起居事象的考察,阐述了对日常态、非日常态的理解:日常态、非日常态的存在模式泾渭分明,两者之间可以互为转换,相互补充。但在以后的研究中,柳田理论中模糊不明的地方越来越受到质疑,一些民俗学者感觉到仅仅局限于日常态、非日常态的两态体系中来对民众的生活原理作出合理的解释已经很难,而且这一体系与民众现实遵循的生活规律也已经背离很远,需要确立更为完善和具体的概念分析体系。于是在传统的两态格式基础上被称为"能量枯竭态"的第三种新要素加入进来,使得这一对分析概念拓展为三态体系。70年代初围绕"日常态·非日常态"的争论开始形成,80年代中期众多的民俗学者如樱井德太郎、波平惠美子、宫田登、坪井洋文、谷川健一等,相继加入到该领域的探讨中。他们分别从不同的视角,如历史学、宗教学、文化人类学、民俗学,结合各自的关注点展开了观点的交流和碰撞。这场讨论促进了对两态体系的理解,推动了日本民俗学研究的发展,也使得这一土生土长在民俗学界固有的分

---

① "常民"是日本民俗学中的一个重要分析概念。传统意义上的日本民俗学多关注村落,而村落绝大部分又是由占有土地、过着固定生活的百姓构成,这些人便被称为常民,他们是日本民俗学的重要研究对象,是各种民俗事象的重要载体。因此常民最初的含义界定是指特定的人群,但随着日本农民数量的急剧减少,人员构成的瞬间改变,被称为常民的研究对象几乎消失,但民众的生活文化却是永久存在的,因此"常民"发展为"常民性",由指代特定的群体拓展为表示抽象的文化分析概念。由此,具有"常民性"、相通文化认同与民族情感的人都是常民,它是日本民俗学的研究对象。

析范式引起了相邻学科的关注。

正如柳田国男所说,日本民俗学研究的最终目的是为了弄清两个问题:①何谓日本人?②日本人来自哪里?通过了解他们的生活文化,挖掘深藏在日本人精神深处的最为本质的东西,从而更好地理解日本人、日本文化。平日里温文尔雅的日本人为何在祭祀节日时会变得异常的热情奔放?严格的纵向等级社会为什么在聚会酒宴的时候可以不拘虚礼?日本的公司员工为何喜欢在工作结束后结伴去酒吧喝酒?高度文明的日本社会为何依旧固守着盂兰盆等特定日子里祭奠祖先的习俗?这些文化现象,也可以从本质上给出合理的解释。

日本民俗学界出现的这场"日常态·能量枯竭态·非日常态"的学术争论,在民俗时间体系和民间信仰的领域激起了波澜,其反映的是民众生活方式的切身改变以及民间信仰形态的多样化改变。对这一分析概念体系做出客观的梳理,结合具体的民俗事象考察民众生活文化的构成,正是呼应了上述柳田关于理解日本民众的心意构造和生活哲理研究的出发点。置于解构视角下,从两态升级为三态的改变,则是以发展的方式消融了等级对立,将之前的二元对抗转换为具有流动性与不可完全分离属性的宽容、自由、多元格局,具有探索重构的实践意义。

第一节　作为前奏的两态体系:"日常态"与"非日常态"

一、"日常态"与"非日常态"概念界定

生活是一成不变的,却又是无时无刻不在变化的。每天早上我们起床后都会做同样的事情:洗脸、刷牙、梳头、吃早饭,然后学生要背着书包去上学,公司职员或员工要赶去上班,农民开始下地干农活,这就是我们日常平凡而朴素的生活。这些平常的日子持续一段时期,当我们感到有些倦怠的时候,新的变化和元素便会适时地穿插进来,像各种传统节日、庆祝活动、饮酒聚会等,它们的存在如同在平静的水面上投掷下的石子,改变了我们日常的生活模式,给我们一成不变的作息生活带来了变化,增添了色彩,也使我们重新充盈了活力和能量。我们送走的每一年、每个人度过的每一生,也都是由这样的日常态和非日常态的时间体系交织构成的。

"日常态·非日常态"是日本民俗学界设定的用来分析时间体系和行为方式的文化概念。它同"常民""民俗地图"等词汇一样,被视为现代日本民

俗学研究中的基础和核心概念,也是极其富有日本民俗学特色的重要民俗词汇。首先,把这一对概念放在时间民俗中使用的时候,能够帮助我们理解岁时节日、人生仪礼的构造和原理。即脱离具体、个体的节日或是生老病死、婚嫁丧葬伴随的仪式仪礼的表层事象,借助"日常态·非日常态"的分析概念,可以从深层次、整体上对民俗世界中的时间体系进行说明,搭建框架。同时,在民俗行为层面的分析中也经常运用"日常态·非日常态"的理论模式进行阐述,例如吃饭时的规矩,"端正姿势,把饭碗端到胸口位置,然后用筷子一口一口送到嘴里,而不能大口吞咽,这才是'非日常态'下的吃法。日常吃饭只需要把饭碗端到嘴边,用筷子拨拉进去即可,自然地就可以大口吃。在过去'日常态·非日常态'下吃饭的形式也要有所不同"[①]。以此类推,更不用说非日常态下狂欢、畅饮、敬神、娱乐等行为了。

"日常态""非日常态"的构想最初由柳田国男提出,在他的很多文章中都出现过关于两者的描述。在《食物和心脏》中收录的《米的力量》一文中,对于"非日常态"的心意与感受,他是这样举例说明的:"即使在缺乏大米吃杂食的村里,一年当中也肯定要有几回吃大米的日子。现在大多数家庭元旦的时候会煮年糕汤庆祝,在大年夜每个家庭供奉给神灵享用和自己食用的大年饭中毫无例外的也都包含有大米做成的食物。……在庆祝镇守神的祭祀活动中要消耗很多大米,因为这个活动是在收获新粮食之后,即大米最充裕的时期举行的,所以会容易被理所当然地以为因为这个时期的缘故才会使用大米,其实不然。在3月5月举行祭祀的日子里,也都要为此准备下充足的大米,否则百姓就会忧心忡忡。如果因为没有白米,做不出雪白的年糕、酿不出糯米酒,就会不由自主地感到羞愧。在我们的学问中把这样的日子称为'非日常态'下的日子,只可惜一年中这样的天数少得可怜。"[②]在百姓的心意中,即使平日里总是吃糙米,但到了祭祀节日时,也都要想尽办法用最上等的白米打出雪白的年糕供奉给神灵,这是民众在"非日常态"日子里的特定表现方式。对于"日常态"的说明,柳田同样主要从食物方面展开,指出"KE"(日常态)一词原义是指我们日常在家里吃饭时使用的餐具,出于慎重的考虑,柳田在书中没有明确断定说"KE"之前更早的含义,有可能是表示家庭生活、日常生活的用法。

折口信夫对"非日常态"的理解源于宫廷仪式,他认为"非日常态"的本质是指借助稻谷的力量使天皇的灵魂得以延续和再生的仪式。宫廷的祭祀

---

① [日]神崎宣武:《食与器皿的民俗学》,《知晓民俗学》朝日新闻社1997年,第56页。
② [日]《柳田国男全集》第14卷,筑摩书房1962年,第254页。

仪式从上层向下传播,进入民众生活,演变成民间仪式活动的原形和规范。柳田与折口在"非日常态"的理解上有两个共同之处:①强调稻作文化的重要性。两人都认为"非日常态"是和稻谷密切相关的祭祀,只是柳田的观点认为把稻米供奉给神灵,神灵由此得以再生,在此基础上祭祀主体再通过摄取沾有神气的食物获得自身的再生。日本民众再生观的本质便是人神共食的理论。折口则立足于古代,认为天皇的躯体每代不同,但作为天皇的灵魂则始终不变,代代相传。因此当天皇的这种魂魄衰微的时候,就必然要由女巫引领直至附体到新的天皇体内,完成天皇灵魂的延续再生。其标志则是把附着在稻子上的灵魂引入到天皇体内,并使其重新被安抚。②不把"非日常态"看作是民俗词汇。折口学说中的"非日常态"一词特指天皇灵魂延续的宫廷仪式,尽管后来被民间模仿,民间的正式隆重的祭祀仪式也被冠以相同的称呼,但因其出处是来自宫廷仪式用语,所以折口不把它看作是民俗词汇。柳田则是因为把"非日常态"看作是民俗学上的一个概念用语、学术分析用语,即并非从民众生活中采集得来的说法,在民间也还另有其他特定表达的缘故,因此在柳田煞费苦心亲自编写的《岁时习俗词汇》①一书中,没有把"HARE"(非日常态)作为民俗词汇采纳编入。

关于"日常态·非日常态",后来众多的民俗学者也分别从各自的研究角度作出过阐述。

汤川洋司作过这样的比喻:"如果把一年的时间比作一根竹枝,那么相当于竹节部分的便是岁时节日,它的存在赋予我们一成不变的日子有了节奏的变化,又像是适时地给安排好生产生活的下一个目标,不偏不倚地完成了时间的配置。民俗学中把这种举行特殊活动的日子称为非日常态的日子,区别于我们日常的生活模式。"②

文化人类学家波平惠美子从时间的不均质角度出发,例如一天中昼与夜时间的不均质、月缺月圆带来的一个月时间的不均质,说明节日活动的存在也是时间不均质的表现。"非日常态的日子是举行仪式的祭祀的日子,不同于其他的时间,人们可以在很多方面有不同于平日的举止,可以食用特殊的食品,这些不寻常的点点滴滴更加烘托强调了与日常态的区别。相反在非日常态下的日常态的举止,日常态下的非日常态的举止同样都被严格禁止,对两种状态有明确的界限划分。……我们意识到特殊时间的存在,并且

---

① 1939年1月由柳田国男编纂,岩波书店发行。

② [日]新谷尚纪·波平惠美子·汤川洋司编:《生活中的民俗学2 一年》,吉川弘文馆2003年,第18页。

按照惯例通过举行仪式来表现它,这样的时间以及日子在民俗学上被称为'非日常态的日子'。①另外,波平还特别指出,除去请神下界、举行神事这种招福纳祥的日子,举行丧葬仪式或是法事的日子也归属于广义的非日常态的时间范畴,与平时寻常日形成对照。

二、"日常态"与"非日常态"的辨证关系

日常态·非日常态的时间感早在江户时代就形成了,一般民众对日常时态和非日常时态也都有明确的意识区分。稻作农耕时代,适逢插秧、收获等农活中的特殊的重要日子,农民们都会举行各种祭祀仪式,着盛装,饮酒食用白米。同样在一生中伴随着不同的成长阶段——出生、成人、婚嫁、寿诞等会举行各种人生仪礼。在这些场合,他们不再穿平日在家穿的衣服,而是穿上节日时的吉祥盛装,饮食也不同于平日的粗茶淡饭,可以享受到节日大餐。他们把盛典日子的着装称为"晴れ着"(盛装)②,重要的演出舞台称为"晴れ舞台",在"晴れの日"(特殊日子)食用的是稻米做的年糕、红豆饭、鱼肉、寿司、荞麦面条以及更多的用特殊方式烹制的特殊食物,更加可以不惜消耗大量稻米用于酿酒饮用。相对而言,他们把平日的便服、家居服称为"褻着"③,平日的食物称为"褻稻",放谷物的粮仓是"褻小屋",日常的生活空间称为"ケゴ",负责管理日常事务的女主人固定的坐席是"ケザ",存放日常口粮的米柜被称为"ケシネビツ"。 在他们的意识中,这种举办神圣仪式、被赋予特定含义的日子是与往常的循规蹈矩的学习生活、生产劳作、着便装吃家常饭的日子区别对待的时间观念。

---

① [日]波平恵美子:《污秽/晦气》,东京堂1985年,第228页。
② "HARE"(非日常态)一词需要用日语中的常用汉字表记时通常写作"晴"字。需要表示"非日常态"下的时间、空间、衣食住等方面时则在这些含义的词语前面加上"晴"字。另一方面值得注意的是在天气中对"晴"的理解:在现存的江户时代农民的日记中,通常对天气的描述只写作"天気ほどなくよく候",而仅有很少的地方出现"晴"。使用"晴"来记录天气状况只限于在恶劣天气像接连阴天、连日的雨天过后,云开雾散天空一下子放晴的时候才这样表达。 由此我们可以看出民众对天气的"晴"的感觉,事实上与他们对祭祀活动的心意感受是相通的。在祭祀活动以前,必须要经过闭门斋戒的时期,要严守禁忌,当终于迎来了热烈欢腾的祭祀活动时,那时的情绪也正如"拨开云雾见阳光"所形容的一样。
③ "KE"(日常态)一词其对应的日语汉字表记方法有若干,像"褻""气""毛""食",语义多样,难以统一,因而在关于"HARE—KE"的不同论述体系中有不同的表记。"波平说"中表示世俗含义的,"樱井说"中表示日常含义的"KE"都相当于"褻"的语义范围,但在表示"能量枯竭"时的"KE"的汉字表记则又变成了"气枯",选用的是表示"活力、气力、元气"含义的"气"。

从两者的相互关系出发,伊藤干治提出了"日本民俗社会所表现出的'日常态·非日常态'在时间和空间上都具有充分的灵活性,不是固定不变的,两者构成的是相互补充的关系"①的观点。例如如果在一个日常的空间里悬挂上了标明神圣空间的稻草绳,那么这个地方马上就能转换为非日常的空间,成为神灵寄居的场所。工作日的时候(日常态)可以偶而放松(非日常态),周末(非日常态)的时间里也可以适当地忙碌一下工作(日常态)。外出参加活动的香会组织在离开村口时会举行仪式,实现从日常空间到神圣空间的转换,因为对他们来说跨出村口标志着离开现在的世界并进入到另一个世界。通常作为祭祀的最后一个环节是标志人神共食的聚餐,通过这个仪式结束祭祀,完成切换到日常空间、日常时态的转换。通过诸多例证,伊藤认为日常态与非日常态是交替出现的,两种状态之间可以很容易地完成切换。从范畴学角度分析,两者是你中有我、我中有你的关系;从功能论角度分析,在两者中各自蕴含着向彼此另一方转换的契机。由此,伊藤明确了这一理论与法国社会学家涂尔干提出的圣俗两元论②的本质区别。在日常态和非日常态的区别存在、更替出现中,民众书写了自己的生活文化。

　　但随着都市化和现代化的进程,生活方式的改变,日常态和非日常态的观念意识发生了混乱,时间体系被改变。原本只有在特殊日子里才能吃到的年糕、才被允许饮用的米酒,现在可以随心所欲地在任何时候吃到、得到。在大都市里,夜幕降临后随处可以看到烂醉如泥的路人,而这在以前只能是在非日常态时间体系中才被允许的行为、才能看到的景象。白色作为正式、神圣的颜色,白色服装的使用传统上也只有在祭祀仪式时才被允许,但现在大都市的人们不分时期一年四季都可以身着白色服装。非日常态的时间感已被随意使用到日常生活中,喧嚣狂欢饮酒的生活方式逐渐习以为常,成为都市人的"日常态",而偶尔的安静在家反而成为了"非日常态"的时间。柳田在他的《明治大正史世相篇》中已经提到,"日常态""非日常态"现象的混乱,正反映了日本都市文化的一个侧面。

---

① [日]伊藤干治:《理解日本文化的构造》,《人类学季刊》1973年四卷二号。
② 西欧的圣俗两元论学说由法国社会学家涂尔干提出,"圣"和"俗"是相互对立的关系,两者之间不存在任何的共同点。"圣"又包含对立的两面:净与不净、凶与吉。涂尔干的学说建立在位于澳大利亚中部部族社会的生活文化基础上。因为澳大利亚中部一年的雨季旱季气候分明,而使得不同气候下的社会风土文化也形成了截然不同的两元类型。旱季时集体成员分散,形成的是以劳作为中心的日常时态的生活;雨季时集团成员集结在一起,以祭祀活动为中心构成了非日常时态的生活。"圣"和"俗"之间呈现出的对立且有规则的更替现象,反映的正是具有这个地区季节感的社会生活实态。

第二节　第三元素的介入：从"污秽（晦气）"到"能量枯竭态"

正如王向远在日本文学研究中曾经提到的"理论的创新，首先要求词语概念的更新，即新名词、新术语、新范畴的创制与使用"①，"污秽（晦气）"一词在民俗学界作为新范畴被赋予的崭新解读，离不开波平惠美子的研究推动，也是在此基础上完成了对之前柳田国男的两态论的解构。

"日常态""非日常态"最初用于表示异质的生活形态、行为形态。在进入20世纪70年代后，伴随着"污秽（晦气）·能量枯竭态"这一第三元素的介入，原有的两个概念也被加以重新阐释，而且最新建构起的不同分析体系之间还展开了激烈的讨论。

一、由两态到三态的必然性

"日常态""非日常态"作为日本民俗学中特别具有影响力的分析概念，其确立已经有很长时间。但是由于之前的学说多集中在强调两者对立面的研究层面，因此在具体的民俗事象分析中引发了诸多混乱。随着日本民俗学者研究的推进，同时由于批判涂尔干学说的西欧人类学观点的传入，被忽视的"日常态""非日常态"之间互为补充、自由转换的认识受到重视。结合具体的"日常态""非日常态"之间的转换表现，在思考转换是如何完成的、是在怎样的原理支配下产生的等问题时，作为第三项的领域设定自然而然地被提出。通过在"日常态""非日常态"两项概念基础上增设某一个连接项从而完成对整个分析体系的系统化、合理化设计成为必然。

在一直以来的关于"日常态""非日常态"的研究中，绝大篇幅是围绕"非日常态"展开的，不同地域不同形式的祭祀、节庆活动更多地被关注，被民俗学者记录整理，而平常生活态的事象则相对被忽视。但是，从民俗学的学科本质来看，作为研究民众生活文化、传承文化的在野的学问，理解日常态下的民众才是理解日本民俗的重要渠道。因此针对以往的"众多民俗学者舍弃应有的对民众日常态生活的把握，而对非日常态下的异常表现投入极大热情的行为"②，樱井德太郎提出了批判。樱井一方面主张对日常生活秩序

---

① 王向远：《日本近代文论的系谱、构造与特色》，《山东社会科学》2012年第6期，第42—49页。

② ［日］樱井德太郎：《结众的原点——从民俗学角度对小地域共同体构成范式的探究》，［日］鹤见·市井编：《思想的冒险》，筑摩书房1974年，第42页。

的研究,一方面感受到柳田"日常态""非日常态"论分类的单薄性,因此在波平提出了"KEGARE"="污秽(晦气)"的第三项后,樱井的思绪似乎被一触即发,"日常态·能量枯竭态·非日常态"的分析体系如泉水般喷涌而出,引发了日本民俗学史上备受关注的樱井、波平之争。

归根结底,这一学术之争的本质与70年代对柳田学说批判、继承、反思的思潮有着不可分割的关系。民俗学者们希望通过对柳田设定的领域从根本上重新进行思考,拓宽视野,推动学科发展。此外,来自相邻学科人类学的影响也不可忽视,例如格尔茨的阐释人类学理论中对有关文化主位(emic)和文化客位(etic)的二元相对之辩的超越,涂尔干在"集体欢腾"理论中提到的社会和群体在欢腾时期会展现创造力、焕发生机的观点等。也正是在这种特定时期与人文学科涌现的多元思潮的综合作用下,这一重要的三态分析体系出现了。

二、三态体系衍生出的分析理论

(一)民众禁忌的分析体系——波平惠美子①

最先引发"KEGARE"理论导火线的是文化人类学家波平惠美子。70年代初,她就读于美国的德克萨斯州立大学,在做博士论文时留意到了日本民俗学研究中"日常态·非日常态"的分析模式。她的出发点是想将"日常态·非日常态"的分析概念和她在调查中获取的第一手资料结合在一起,建构某种理论体系,从而对日本民众的民间信仰进行理论化整合的尝试。

波平的田野作业集中在日本九州北部地区的渔村,以禁忌内容为主。在调查中,她注意到"污秽(晦气)"思想在渔民的信仰体系中占有极其重要的位置,起着左右渔民行为方式的决定性作用。"污秽(晦气)"的概念包含两方面含义:①指感官上的肮脏、污秽、不洁净感,像排泄物、灰尘、腐烂发霉、水沟等含义;②超越表层的不洁净感,特指意识形态中的霉头晦气。第②项含义对民众的影响力远远超过第①项含义。像民众话语中表现出的:"因为在服丧,身上带有晦气,所以不能去参拜神社","沾晦气触霉头的人禁止进入",等等,表示的都是对第②项含义的畏惧。因此在波平的分析概念中对

---

① 波平惠美子,1942年出生于日本福冈县,1965年毕业于九州大学教育系。1967年在九州大学研究生院修完硕士学分。1968—1971年留学美国得克萨斯州立大学人类学专业。1973年在九州大学研究生院获得博士课程的学分。1977年获得美国得克萨斯州立大学博士学位。1976—1980年担任佐贺大学教养学系副教授。自1980年起担任九州艺术工科大学副教授。主要著作有《医疗人类学》《疾病与医疗的文化人类学》《KEGARE的构造》《民俗中的性》等。

应"污秽（晦气）"的民俗事象、"HARE""KE"也被赋予了新的含义，分别指代为"神圣（洁净）""日常（世俗）"的时间和空间。

波平提出"污秽（晦气）"概念的目的在于，通过将民众中广泛存在的"不洁净"（日语表述为不净性）概念引入到日本民间信仰框架中，建构某种有关民众宗教信仰的体系，通过这个三态论体系有效地解读信仰世界中存在的各种民俗事象及其相互关系。在波平学说中，"KEGARE"的内涵包括以下四部分内容：①"黑不净"：死亡带来的一定时期内的晦气。通常认为人死后的49天内这种不洁净程度最重，以后陆续经过1年、3年、7年等定期举行的祭奠仪式，晦气变得愈来愈轻，到33周年忌的时候几乎完全消失殆尽。②"赤不净"：围绕女性的生育或月经产生的不洁净意识。月经期的女性和刚生过孩子的妇女被安排在单独的房间另起炉灶生活，一直到这种不洁净感消失。日语表达中的"产小屋""月小屋"指的便是产后妇女和月经期内妇女生活起居专用的单独小屋。在二战前各地多见这样的地方，但在战后"产小屋""月小屋"几乎在全国消失殆尽。渔民认为，如果妻子处在妊娠期，本人则需要到神社接受驱邪的仪式，否则出海会一无所获。与死亡带来的晦气、禁忌比较，生育、生理期的不洁净感相对较轻，而且多分布在渔村这样的特定地区。③生病的状态或犯罪等也被意识为不洁净，被认为是有晦气附体的缘故。例如如果长期病魔缠身或家人接二连三生病，就会有这样的说法：可能是祭祀祖先神灵做得不够，或是有过堕胎而招致神灵的不满，遭到了报应。④在日本人的观念中，边缘、路口、交界处等空间领域被视为充满危险的场所，存在众多不安定因素，是"晦气"能量聚积的地方。因为他们认为在这些场所容易发生事故、伤亡等，就会有较多的冤魂、恶神等魂魄存在，因此易被附身。所以在这些地方常常会看到供有地藏神、观音、道祖神等的小庙和祠堂。

以上不论哪种形态的不洁净，由于这种意识的存在，人们就会借助各种仪礼，如通过隔离、清除、剥离等手段，或是借助火、盐等被认为有神奇力量的物品、搭建祭祀的小庙等，完成从"污秽（晦气）"到"日常（世俗）""神圣（洁净）"境界的转变。"污秽（晦气）"的性格复杂，被认为会带给人们不幸、危险，但同时"污秽（晦气）"又被认为蕴含着极大的能量，让人们生畏而且不受人们掌控。但是，这种能量在特定时候会发生逆转，从极端的邪恶转化为人们期待的方面。例如在渔村有将溺死的人供养为惠比须神祭拜的习俗。尽管对于出海打鱼的渔民来说，十分讲究意识上的神圣洁净性，溺死的人是被认为极端晦气的，但同时他也被认为能够带来鱼虾满仓，表现了"污秽（晦气）"的两面性。波平解释说其中最具代表性的"污秽（晦气）"便是死亡、出血、生病等带来的不祥和霉运,而且神圣(洁净)、日常(世俗)、污秽(晦气)三项是互相独立、相对存在的关系,从而与樱井学说中将"能量枯竭态"视为"日常态""非日常态"的从属概念、亚概念的观点进行了区分。在波平的分析体系中,"污秽(晦气)"一项占据有中心位置,主张只有通过对"污秽(晦气)"的研究,从这一中心点出发,才有可能理解为什么在日本的民俗宗教体系中"祭祀行为"受到如此重视,发现"神圣(洁净)"一项表达的积极含义。

波平最早是在1972年春天在日本民族学会召开的研究大会上第一次提出了"污秽(晦气)"的观点,1973年她在《日本民族学会第12次研究大会论文集》上发表了《对民间信仰中"HARE""KE""KEGARE"构造的考察》一文,第一次将"污秽(晦气)"作为理论用语确立下来,实现了"日常(世俗)""神圣(洁净)""污秽(晦气)"三态的三足鼎立态势。波平当时正在进行博士论文的写作,为了听取大家对自己论文的意见、得到来自各方的指导而在大会上作了发言。在她明确提出观点之初,便受到了以樱井德太郎、竹田旦为首的学者们的尖锐批判。之后围绕着民间信仰和"污秽(晦气)"的问题,波平在1974年、1976年又相继发表了论文《日本民间信仰及其构造》《对人生仪礼中"神圣(洁净)""日常(世俗)"概念的分析》,于1978年、1983年先后发表了《把溺死的人作为惠比须神供奉——其信仰的含义及阐释》《月经和丰饶》的论文。波平希望通过自己一系列的论证,来呈现"污秽(晦气)"概念的复杂多样性,进而确立某种能够使信仰条理化的理论体系。

对于这一阶段的经历,40年之后她在"第六届日本文化人类学学会奖"获奖纪念论文中是这样回顾的,"我的初衷是要告诉大家,污秽禁忌观实际上是人们用以区别分类(差别歧视)时的一种便捷而普遍的技术工具。我希望通过提示这一观点,从而消解导致部落歧视的部分要素。尽管我通过分析导出了这一结论,但是由于我的论证方法、事例的选取,以及为了强调普遍性而将污秽禁忌观过度地与死亡、女性的生殖观做关联,反而将污秽禁忌观又拉回到了日本文化的语境中(结果是偏离了我的本意),使得我的问题意识没能得以充分传递而不了了之……此外我从《古事记》《日本书纪》①,中世文学、江户时代的日记等(全部局限于日本)文献中选取资料的做法,以及在民俗资料的讨论中对地域性的忽略,都最终导致了这一论述向着日本文

---

① 《古事记》是日本现存最早的历史书。分三卷,以神话、传说和大量的歌谣为主,讲述了以天皇为中心的日本统一的过程。《日本书纪》是奈良时代完成的日本最早的官方编年体正史。共30卷,讲述了神话时代到持统天皇年间流传的神话、传说和见闻。

化延续性与均质性偏离的结果的出现。"①从中，我们可以读出波平本人对这一学术经历的遗憾之情和对于自身研究实践的反思。

尽管最初波平在理论上有些急于求成，在论证上欠缺缜密，但客观上不可否认她为这个重要概念的讨论发挥了敲门砖的作用。之后，樱井德太郎、宫田登、谷川健一等人围绕着这一组概念都展开了各自的论证，论证由原有的对事象、意识层次的分析发展到后来的语义论，扩大到语言学领域。

（二）生活节奏的分析体系——樱井德太郎②

对波平提出最强烈和最尖锐批评的当属樱井德太郎。他批评波平把"KEGARE"解释为"不洁净、污秽晦气"，放在与"神圣（洁净）"相对立的位置上看待，是"缺乏对KEGARE观念深层次考察的表现"。③樱井从民众的生活秩序、生活节奏的角度出发，将"HARE""KE""KEGARE"解释为"日常态""非日常态""能量枯竭态"。他的观点基本延续了柳田关于"日常态""非日常态"的理解，同时又对日本人的生活原理作了补充解释。

樱井的学说主张：日常时态下的生活是构成日本民俗的重要部分，而在维持日常状态的过程中，需要消耗、支出能量。当正常的生活、生产状态无法继续维持下去的时候，必然造成了能量的减弱甚至枯竭，为了能再次返回到日常态的生产生活中，就必须通过设定非日常态的日子或举行仪式重新获取力量，完成充电的过程。"KEGARE"指的便是用以支撑以稻米为中心的生产活动和它代表的丰收所必需的生命能量枯竭的含义。民众之所以会设定节假日、举行节庆活动、对仪式倾注热情，是因为在民众的生活规律中，当进入到了能量被消耗接近枯竭的阶段时，需要再补充、获取能量的缘故。作为"非日常态"下间隔一定时期存在的节日或活动，则为能量再生、生命力重新焕发光彩提供了契机。因此三者之间是"由日常态过渡到能量枯竭态，由能量枯竭态进入到非日常态，再由非日常态返回到日常态的三态循环体系"④。获取能量的节骨眼有大有小，大大小小的节骨眼穿插在一起，体现了日本人的生活节奏。樱井分析日本人十分善于调整自己的生活节奏，在一年的四

---

① ［日］波平惠美子：《日本文化人类学研究的课题与展望——从个人的研究史视角入手》，《文化人类学》2012年76（4），日本文化人类学会，第383页。

② 樱井德太郎，1917年出生于日本新潟县，毕业于东京文理科大学历史学系。曾担任过东京教育大学教授、驹泽大学教授、校长，现任驹泽大学名誉教授，文学博士。原日本民俗学会常理理事，现为日本风俗史学会会长。曾被授予第一届柳田国男奖。主要研究方向为日本民间信仰论、祭祀与信仰、灵魂观的源流等，出版有《樱井德太郎著作集》共10卷。

③ ［日］樱井德太郎：《结众的原点——从民俗学角度对小地域共同体构成范式的探究》，［日］鹤见·市井编：《思想的冒险》，筑摩书房1974年，第44页。

④ ［日］宫田登：《KEGARE的民俗志——歧视文化的要因》，人文书院1996年，第190页。

季当中都安排有祭祀庆祝活动。例如冬季里有模拟锄地,在自家院里模拟插秧,把年糕团作成蚕蛹、稻花或钱币的样子粘到枝条上装饰房间等多种多样的预祝丰收的活动;春季里有热情奔放的插秧仪式;夏季则多是像祇园祭等以赶走虫害、驱散困神为目的的持续期长的活动;秋季里稻谷入仓,更有尝新节、新谷谢神日等祭祀节日。除此以外,当然还有日历上出现的各种法定节日,如春分、秋分等。

樱井同时从词源角度出发,把"KEGARE"一词作为复合词,拆解为"KE"和"KARERU","KE"为元气、气力,"KARERU"为耗尽、干涸的意思。整体解释为:气力耗尽、生命能量枯竭的状态。在追溯"KE"的本质含义时,樱井注意到以下的民俗语言表达:①日语中把「飢饉」(灾荒)又称为「ケカチ」;②把插秧表达为「ケツケ」的现象。通过对民俗词汇的分析,樱井认为"KE"最本质的含义是指"稻谷中蕴含的能量",插秧的行为即为通过把稻苗栽种到地里,从而也就是把将来能结出稻谷的能量栽到了土里。"KE"所指的力量、能量便是从稻苗或稻种里蕴含、生发出来的。因此,可以说樱井学说的构想与日本的稻作农耕文化有紧密关联。樱井认为维持日常的生活以及从事体力性的生产劳动,都会导致能量的损耗。具体使日常生活态的能量减弱的原因可以考虑有以下两点:①伴随日常劳动和生活发生的自然损耗。②由于灾祸、疾病的发生带来的意料以外的消耗。前者可以通过穿插进来节日完成对能量的补充和再生,返回到日常态下;后者则要借助特定的宗教专职人员,以闭门斋戒、沐浴净身等手段脱离了被认为是污秽的源头后,才能得以恢复到有足够能量的日常态中。

同样是对祭祀活动的考察,樱井和波平分别把它们置于完全不同的体系内进行了阐释。樱井从生活规律体系出发,把祭祀活动存在的理由解释为:维系日常生活得以进行的能量被消耗枯竭,这样的状态要求能量的再补充、再注入。非日常态下的祭祀活动则具有这样的功能,这些节日、活动提供了补充能量、恢复能量的难得机会。并且能量耗尽的程度与它对能量的需求程度成正比,能量被削弱的越多,伴随的需求量也就越大,人们对祭祀活动投入的热情也就越高。波平从禁忌的民间信仰体系出发,认为:仪式、活动的存在源于对污秽(晦气)的恐惧心理,因为在民众的意识中污秽(晦气)会带来灾难、不祥,而且它具有难以想象的超大力量,置之不管则会招致更严重的结果,因而需要举行仪式、活动以祛除污秽(晦气)。伴随着时间和仪式的累加,污秽(晦气)的程度会越来越轻,直至完全消失殆尽。另外有些类型的仪式活动,即使最初不是出于去除某种特定的污秽(晦气)的目的,但在进入到神圣(洁净)的状态前,仍需要经过去除污秽不净的仪式,以保证神灵所处环境的洁净性。如果不能保证迎神时充分的圣洁性，则会招惹神灵大怒，甚至会受到神灵作祟。因此波平认为仪式、活动的中心事实上都是围绕剥离、去除"污秽和晦气"展开的。"波平说"中的三态不是以接力棒的交替循环形式存在，"日常（世俗）"的时间和"污秽（晦气）"的时间分布呈现为条纹方格图案状，相互穿插在一起。例如对死者家属来说，举行死者周期祭奠的时候、污秽（晦气）最重，但祭奠仪式过后，会进入一段"日常（世俗）"的时间，即这种污秽（晦气）的状态尽管在未被彻底清除之前一直存在，但"污秽（晦气）"的时间却是可以间断的。三者按照各自的张力作用结果或进或退。

	KE	HARE	KEGARE	三者相互关系理论出发点
波平说	日常性世俗性	神圣性洁净性。神灵存在的时间。不洁净被完全清除后保持洁净的时间。举行迎神祭神的日子。神圣时间不是随着日历上的时间自动来临的，是被分步骤一步一步的、通过仪式被制造出来的，同时也是通过仪式宣告结束的。而且由于仪式的失败或污秽晦气突发会很容易地被中断。是抽象、观念化的概念	污秽晦气感。肮脏的不洁净的状态。带来危险、导致不幸的状态，例如葬礼、女性生育、生病期间，盂兰盆节、彼岸等时间上的交界点，十字路口、村口等空间上的交界点	同等并列看待民众信仰分析体系论 更多关注的是信仰行为，信仰仪式中的斋戒、隔离等的前期阶段
樱井说	日常时态；也意为稻种中蕴含的能量	非日常时态 祭祀活动、庆祝节日、人生仪礼等大大小小的节骨眼	能量枯竭态	循环关系 祭祀原理功能论 更多关注祭祀活动的进行时

对于樱井的观点，波平认可对"能量枯竭态"的阐释确实为理解祭祀、仪式等方面提供了新的功能学的范式，但此理论并不具有解释日本民间信仰所有仪式的普遍性，在实际对照信仰具象时，就会遇到很多解释不通的场合。同时在对"KEGARE"一词的理解上，语言学领域也存在不同的争论。他们从语言学的角度反对"KEGARE"的"能量枯竭"说，主张"KEGARE"本身就是一个单词，表示"不洁净、肮脏"等含义，这个语义已经是被日本90%以上的国民作为常识认可并接受。而且即使把"KEGARE"视为一个复合词，也应该是被拆解为"KEGA"和"RE"，表示受伤、过失的意思。

对于来自不同方的观点,樱井并不十分在意,他解释到他对第三态的界定是依据于文化现象本身,而不是对单词的解读,对单词的拆分也只是后来补充进来的。

尽管有关三态的分析理论最终并未形成统一的结论,但由于樱井的学说解释得较为透彻,便于阐释,因此后续影响力也就较大,并且已被一部分民俗学者作为新的成果应用到了自己的论述中。

(三)其他学者的相关论述

1.历史学与民俗学的对接——宫田登

宫田登作为著名的民俗学家,对城市民俗、都市传说、心意现象等方面的研究尤为擅长。他对这一组分析概念的关注,源于历史学中存在的"HARE"表达。20世纪70年代的历史学研究突出了对民众史、社会生活史的强烈关注,其中针对民众的武装起义,安丸良夫提出了"武装起义的产生是因为有某些社会症结存在的缘故,这些症结被视为'污秽'。起义成功则起到了有效祛除污秽、解决症结的作用。因此民众的武装起义具有'神圣'的构造"的观点。宫田认为祭祀活动与武装起义有近似点,相对于平日里的行为,它们都带有非日常的色彩。但显而易见祭祀是一种民俗事象,而武装起义是历史事实。祭祀终归是出现在日常态框架内的仪式,而武装起义则是以对日常态的否定为前提,并且具有不应该被仪式化的特性。宫田希望借助"HARE""KE"的研究,以祭祀活动与民众的武装起义中所共通的"非日常"特质为线索,实现民俗学和历史学两个学科的对接。这样一方面能够充实历史学科中有关民众史、个人生活史的研究,一方面又可以实现民俗学的跨学科研究。

宫田对"HARE·KE"的理解始终区别于西方的"圣·俗"论,因为"HARE·KE"具有可以自由转换的特点,因此对其定位是扎根于日本本土独有的民俗概念。在对其进行高度评价的同时,他指出为了适应新的社会变化,更应该突破两态论条条框框的约束。因此在波平提出了新的第三元素后,宫田感觉受到了极大的启发,极大地扩展了视野,评价三态体系有效解决了以往被两态论所困扰的诸多问题。

在对于"KEGARE"的理解上,宫田认为词汇本身可以有多重含义,但选择其中的"能量枯竭态"的语义在阐释起来时简单易懂,而且针对民俗文化分析时能够最大限度地发挥效力,因此赞同樱井的主张,把"KE"解释为"生命体中最根本的能量"。

2.文化多样性的分析体系——坪井洋文

坪井洋文一直从事于旱作文化类型的研究,通过稻作文化与旱作文化的对照,阐释日本文化的多元性及不同价值本位的平等共存。坪井的研究被形象地概括为"年糕正月—芋头正月"的相对理论。

坪井对"日常·非日常"的关注源于"风俗"一词的日语发音。坪井认为把"日常态"解释为"日常、劳动、俗、秩序、平时"的含义,"非日常态"解释为"非日常、仪式、圣、浑沌、外出(正装)",其结果只是停留在了对表象的把握上,而脱离了本质。坪井注意到在《古事记》《日本书纪》以后的很多书中,表达"文化"概念时经常使用"风俗"一词,即风俗代表的就是文化的含义。同时他又注意到"风俗"出现在不同的语境中会被分别注以"オホミタカラノアリカタ"或是"クニブリ"的不同发音。从古代到中世,对于"文化"有不同的注音,坪井分析形成这种现象的原因是因为所指文化不同的缘故。坪井研究认为一种文化指的是在中央政府成立以后,由中央政府、宫廷所代表的、依靠集权向民众统一灌输、传播的文化,一种是作为接受中央文化的载体所传承的文化。中央文化在强制性向下传播的过程中,自然而然地出现了越是接近基层越是保持了文化较原始形态的现象,即"周边残存说"。柳田建构的日本民俗学独到的方言周圈论、重出立证法,也是以"周边残存说"为理论依据。同样,这种理论为日本民俗文化一元论的成立提供了丰厚的土壤。坪井从传播论、多元论的观点出发界定"HARE"文化即中央文化,"KE"文化即为所对应的载体文化—地方文化。

坪井同时引用柳田和折口著作中的相关表述为自己的假说做论证。他指出折口曾经明确地主张我们作为研究对象的民俗文化,实际上是出自于宫廷,是宫廷文化的地方残存,也可以称之为"正统文化"。民俗学所研究的也正是这种民间化了的宫廷文化,或称之为民俗文化。在折口的全集中对"KE"并没有涉及,对"HARE"是这样考证的:当天皇的身体状况虚弱到无法继续维系他的灵魂时,就要举行由皇太子延续天皇灵魂的仪式,被称为"大尝祭"①。当新天皇顺利延续了上代天皇的魂魄,以崭新、充满活力的姿态重新出现在众臣面前时,此时的状态便被称为"HARE"。当这种喜悦扩大到普通民众百姓之间后,举国欢庆的日子以及正式、隆重的状态都开始被视为"HARE"的心意传承下来。

此外,坪井同时深入解读柳田的大量著作,将柳田关于"KE""HARE"的理解整理成九个方面的不同:①载体的不同。一种是土生土长的民众词汇,一种是宫廷文化的残存,非民俗语言。②适用范围的不同。"HARE"原义指天皇

---

① 天皇即位后举行的第一次尝新节仪式,是每代天皇一代一次的大祭。新天皇用他即位后第一次收获的新谷亲自祭谢天照大神和各位天地神灵。

复活再生时吉庆祥和的氛围和当时的特定时间,后来传播到民间,内容范围扩展至民间的各种仪式、祭礼等。"KE"最初只指代特定的饮食,后来范围不断扩展,包括了日常生活的各个方面。③所指食物的原料不同。一种指的是以大米为原料做成的食物,像年糕、米饭、江米团等。另一种则指的是以大米以外的原料制成的食物。④不同的时间状态涉及的空间概念的不同。"KE"的状态指家庭内部,"HARE"强调与家人以外的成员共同摄取食物。⑤两者目的的不同。"HARE"希望借助人神共食,达到灵魂的再生,是仪式性、象征性的食物获取。"KE"则是停留在满足充饥的生理性需求层面。⑥内容的不同。一种属于尝新祭、即位大典等宫廷仪礼民间化的活动,一种是民众在收获了麦子、谷子等杂粮和芋头类、萝卜等根茎类作物后举行的个人性质的庆祝仪式。⑦参与主体的不同。"HARE"和"KE"分别在男性和女性原理的基础上运营。⑧两者所处农耕体系的不同。"HARE"的出发点基于稻作农耕原理,核心是借助"种子蕴含的力量"实现人的灵魂的再生。"KE"被定位于旱作农耕体系内,不主张种子的力量源泉说。⑨宫廷文化民间化过程中各要素消长的不同。作为消亡的一面,即"HARE"中包含的不吉利的事从中被脱离出来。新增的因素即为"HARE"现象的日常化和"KE"现象的非日常化。

坪井通过分解概念的构成因素,把这些因素设定为比较的指标,得出了自己的结论:"HARE"归属稻作农耕民的文化领域,起源于贵族公卿范畴的宫廷。"HARE"代表的宫廷仪式被民间的百姓模仿后,变为具体的年糕文化形式固定、传承下来。"HARE"与稻米密不可分,人们相信稻苗、稻谷中蕴含的神奇力量;"KE"为旱作农耕民的文化,形成于民间。"HARE"与"KE"分别是稻作农耕原理和旱作农耕原理支配下形成的独立的文化体系,被赋予同等的价值观。因为坪井洋文视两者为异质文化,分属不同的文化圈,因此在看待两者关系时他主张类型比较论的方法,否认两者之间连续可循环的关系。

3.空间认识论的分析体系——福田亚细男

福田从方法论角度出发指出,无论是方言周圈论还是重出立证法,都是通过以时间的先后重构历史的原貌,这些方法在实践中暴露出一定的局限性。因此作为尝试,福田建议从空间入手考虑时间,即空间认识论的方法。"地区间存在的差异并不就表示历史时间上的早晚、历史变迁的不同进程,而是由于地区所特有历史的不同形成的不同类型。因此不能一概用时间体系阐述问题,而应该从另一个角度—空间构成的角度尝试着来定位。"福田举例说明在一个地域中,有三种不同类型的领域存在——集落、田地、山地①，它们被赋予的民俗含义也不同。集落代表的是"HARE"——神圣，田地代表的是"KE"——世俗，山地则表示"KEGARE"——边缘·异类。同样是对这三态的理解，福田从空间符号的含义出发，把自己对三态的理解、对三态民俗含义的解读套用在不同的区位概念上，通过对不同空间表现出的不同特性的研究描绘历史。因此可以说三态体系为方法论研究又提供了新的视野。②

第三节　民间信仰与民俗时间的重构：三态理论的应用

一、经世济民：三态理论在社会生活中的应用

柳田民俗学认为日本人的民族本质特征之一，是存在"日常态""非日常态"的状态差异。"日常态"所指是日常生活、劳动、现实、素颜常态、正常的精神思维状态等一系列的相关表现，而"非日常态"表达的是祭祀、歌舞表演、陶醉、酩酊、山民、流浪者、疯狂、超越等内容。③因此我们会看到日常态下的日本人西装革履，彬彬有礼，循规蹈矩，安分守己，节俭持家，但在节庆活动或饮酒场合时会尽情地放松，变得奔放豪爽，无拘无束。

传统的祭祀中，活动的最后环节是由地域居民共同分食祭神供品。通常是在神社前大家一起享用供奉给神灵的酒和食品，但现在这个过程也发生了变化，把给神的供品分给大家各自带回去一些，或是回到各自的公民馆食用。这最后的人神共食的仪式，便完成了由神圣性向日常世俗性的转换，为神圣性画上了休止符。

新年、祭祀祖先等岁时节日，是日本民众生活秩序中非日常的时态，但对于正在服丧的家族来说，他们是被排除在这种神圣性以外的，而且是带有强烈的晦气性。晦气力量大的时候，神圣性进不来，只有在晦气变弱时神圣性才得以进入。因此当年家中有人去世的家里，通常不寄送贺卡，因为即使对外人来说是神圣的时间，但对服丧期的人来说是晦气重的期间。

日本民族酷爱樱花，每年4月初春樱花盛开的时候，大家都要成群结队

---

① 在《日本民俗学讲演录》（福田阿鸠著、白庚胜译，成都时代出版社2008年）一书中，白庚胜将福田亚细男提出的村落领域之三度同心圆的三个领域，分别译为集落·居家、原野、山野。本书中概念界定部分参照该书译法。

② 参考《日本民俗学》第148期，第5页。

③ ［日］波平惠美子：《污秽/晦气》，东京堂1985年，第155页。

地去观赏。经历了漫长的冬季以后樱花同时开放的景象,在他们看来如同坠满了稻穗的稻禾。在樱花树下连吃带喝预祝丰收的行为,贴切地表达了非日常态下民众的心意。此外这个季节里他们还有登山、男女青年约会、出外饮食的习俗,充分感受着漫长冬天逝去后万物复苏、万象更新带来的喜悦,同时在这非日常态的活动过程中获得了能量的补充。

在近期的口承文艺研究中,城市传说的研究势态令人关注。以城市空间、中小学校为背景的各种怪诞恐怖的讲述故事或传言在城市中传播,有的甚至被拍成了电影。例如在常光徹有关学校的怪谈系列研究中,我们会发现这些怪谈的发生场所通常是在厕所、特别的教室或移动教室、学校周边的十字路口、墓地、火车道口等,而这些也正是人们意识当中的"非日常性"地点,是此岸和彼岸容易交汇、结合的边缘,隐蔽着极大的不稳定因素。城市传说的内容也从另一个角度反映了日本民众中广泛存在的对非日常空间的认识观。

二、有资治学:三态理论在学术研究中的应用

三态论体系后来被若干民俗学者借鉴,用于分析自己的文章。1988年发行的《日本民俗学》第174期,刊登了森栗茂一《有关被命名为"河原町"①地区成立的考证——从墓地和KEGARE的问题入手》的论文,作者指出:"以民俗学的成果——'HARE''KE''KEGARE'理论为线索,同时参照近年来的社会学史研究成果,对被称为'河原'的特殊区域进行考察。"作者首先注意到了在日本各地普遍存在的"河原町(河滩附近形成的城市)"地名,同时注意到"河原町"附近多是当地商业中心或中心商业街的所在,并且在这些"河原町"聚集有众多的手工艺人的特点。原本河滩附近因为洪水容易泛滥,湿气过重,被人们视为不适宜生存的地方,但是不仅是现在的都市,在历史上河原町也多易形成中心商业街。其缘故是什么?带着这样的疑问,森栗结合社会史的研究,对各地河滩地区商业中心的形成以及蕴含的民俗意义进行了考证。

他通过考证指出:①被称为"河原町"的地区历史的形成。中世时代(12世纪—16世纪的幕府封建社会),河滩地区被作为墓地使用,是处理尸体、罪犯行刑的特定场所。正因为墓地带有强烈的污秽(晦气)感,因此河滩地区需要"被洁净"的性格也就最突出。由于幕府时代形成的对特定部落的歧视意识,位于社会制度最下层的"非人身份"的人被强制性地约束在河滩地区,

---

① 河原町,在河滩旁边建有墓地,后来被城市化,变成城镇的地方。

从事墓地的洁净、尸体处理工作并居住生活在这里,被称为"河原者"。河滩地区是墓地的所在地,是被歧视民的活动场所,因而也是最有可能转换为"HARE"的空间。②河滩地区发展成为繁华空间——中心商业区的过程。森栗以堺、高松、鸟取、京都、大阪等各地位于河滩地区的中心商业街为例,对近世(江户幕府时代)城市的形成和墓地、河滩地区的相互关系作了考察。河滩地区的地理特征是所谓的湿地、河床、水灾泛滥的河口所在地,土地利用为墓地。各地的"河原町"所在的相对位置有共同的人文特征:都是位于市民都城的边界处或是城外,属于被村落排除在外的非农业生产生活的部分。以三态理论体系考虑,即为脱离了"世俗(日常)",相当于"污秽(晦气)"的空间——交界处,因而也是更容易转换成为"神圣(洁净)"的空间。

通过考证,森栗指出在近世存在严格的等级制度下,手工艺人、民间艺人从城市生活中逃离出来聚集到了位于河滩、作为墓地的"河原町",这些被边缘化的群体在这里创造了真正的城市文化,顽强地把"KEGARE"文化转变成为"HARA"文化,成为真正含义上的城市文化的载体。因为"河原町"所具有的"失去生气、能量耗尽"的民俗特性,顺理成章地成为居无定所的手工艺人等特定群体驻足的稳固场所。他们在努力祛除"KEGARE"实现"HARE"的过程中,建立了作为"HARE"的城市空间。可以看出森栗使用三元论成果阐述"河原町"的性质时,对于"KEGARE"含义的界定是多重的,其中既用到波平信仰体系中的"KEGARE"论——五官感知的污秽存在,死亡带来的"黑不净"的晦气感同时义是路口、边缘处的不安定因素,又同时借用了"KEGARE"表示的"被歧视部落""气力耗尽"的含义,因此实际运用中对"KEGARE"的不同解释在这里交融在一起起到了相互补充的作用。

近藤直也于1997年出版发行了题为《被视为"污秽(晦气)"的新娘——异界交流论绪论》的专著。作者通过田野调查发现,民众间存在若干视新娘为"KEGARE"的民俗事象不容忽视,并且利用"HARE·KE·HARAI·KEGARE"理论对这些事象展开了论述。作为民俗学的常识,结婚、新娘是喜庆的代名词,从"KEGARE"的角度入手做过研究的也仅限于井之口章次和大岛建彦的有关"结婚不净""婚礼的禁忌"等论文,因此从正面直视新娘的"KEGARE"观当属首次,近藤也成为这方面研究的第一人。近藤首先指出婚礼中的"KEGARE"事象:举行婚礼和参加婚礼的人在之后的一定期间(3天或7天)内被认为处在"污秽(晦气)"的状态下,避讳其间上山从事山林的工作,或是避讳上山途中遭遇迎亲的队伍,或是即使被邀请参加婚礼,在婚宴上也禁忌食用任何食品。这是因为在民众的信仰体系中,山神被视为女神,山神厌恶人口的增长、喜欢人口的减少,因此大山普遍拒绝女性的进入,对山民来说,涉及女性的生育和婚礼类的红事带来的晦气意识要比参加丧葬等白事的程度严重。对于为什么新娘会被视为"污秽(晦气)"的存在近藤也做了考察。近藤指出新娘带有的污秽(晦气)感的来源有两点:①与火相关。作者根据新娘从出娘家开始就要撑伞,目的是防止新娘带有的污秽(晦气)传播的事象以及有关新郎一方不带有污秽(晦气)的说法,首先判断婚姻中的男女行为并不是"污秽(晦气)"产生的根源。新娘一方带有的污秽(晦气)是因为由新娘一方带来的新的火的接近①、火的混合引发的。进而在酒宴中由于共食同一火源烹制的食物,"污秽(晦气)"又传播到所有人。在日本,分家的象征是另起炉台开火做饭,因此"火"对家族来说很重要。"火"混合在一起则产生污秽(晦气)。②新娘被赋予的"死与再生"的含义。作者在调查中发现婚礼仪式与葬礼仪式有类似之处②,结合先行研究中视结婚仪式为"模拟死后再生仪式"的理论,指出:"新娘在某一方面或许同尸体是被同等看待的"。因为新娘在另外一个角度被赋予了"死后再生"的观念,即作为女儿身的死亡和作为新娘的再生,那么在丧葬和诞生的人生仪礼中所伴随的"污秽(晦气)"责无旁贷、理所当然地也附着在了新娘的身上。因此新娘身上"污秽(晦气)"存在的第二点根源,是由新娘这种特定的"他界"身份派生出的。

作者还补充了不同生活群体中存在的不同的"污秽(晦气)"观。最后,近藤指出:对农耕民来说是喜庆的事(人口增长),对山民来说则成为不祥的事;对农耕民来说不幸的事(丧事、人口减少),在山民、渔民看来则能带来吉利,山民、渔民和农耕民之间适用的是相反的理论。究其根本是因为稻作农耕民世界和非稻作农耕民世界的价值观不同的缘故。自近藤以后,涉及新娘、婚礼的"污秽(晦气)"内容也成为了"KEGARE"争论中不可或缺的部分。

宫田登在他的题为《江户岁时记——对城市民俗志的尝试》的著作中,借助"KEGARE"分析体系对江户时期都市民众的心意构造展开了考察。①作者指出:"KEGARE"观念是江户百姓心意构成的核心部分,在江户都市民的心意体系中,"KEGARE"代表的是"不安、疾病"的含义。由于农村和城市的性格不同,各自适用的分析概念也不尽相同。在农村基于稻作农业生产劳作的规律化,"HARE 非日常态"和"KE 日常态"的概念,在分析以农事仪礼为中轴构成的农村生活节奏时具有很大的有效性。但是城市人由于脱离了土地的

---

① 新娘在出嫁前都是食用用娘家的火烹制而成的食物,在出嫁时也都要从娘家带走灯笼,这样不同的火便被带到了婆家,两种火结合在一起。

② 例如婚礼当天新娘进出婆家和娘家大门时,不经过正门,而是从房屋周圈的套廊出入的行为。在葬礼中为了防止死者的魂魄返回,也选择避开正门,从窗口或他处抬出去的做法。因此二者具有雷同性。

生产,内心总是充斥着由此引发的孤独感和不安感,不安感的根本是因为疾病的存在。因此城市民俗的特质集中表现在"KEGARE 不安、疾病"和"HARAE被除"的分析概念中,城市人的基本生活节奏便是病因的发现和疾病的被除的交替出现过程。②宫田进而列举了由于城市人所特有的这种"KEGARE 不安、疾病"的精神构造而生发出的若干民俗事象。例如在江户时期的日历中,凶日、不吉利的日子被视为"HARE 非日常",这时候被认为是守护神灵魂不安定的时刻,因此提倡休息,禁忌各种行为,甚至连在非日常时态时作为仪式应该进行的斋戒和沐浴行为也取消了,究其原因也还是因为这些行为会关联到疾病的说法。又如江户时期,适逢初甲子、初庚申日子的时候,城市民众会结伴参拜神社寺院,形成了城市空间下特有的繁华景象;同时当天晚上禁忌各种行为。这些事象背后究其原因,是民众中传承的与祛除疾病、增进健康息息相关的信仰。因此在江户城中举行的祭祀活动或是禁忌的各种行为,究其根本是祛除"KEGARE 不安、疾病"的意识行为的体现。

第四节 三态体系的生成机制

伴随着明治维新时期大量西方理论的引进,日本的诸多学科得以确立和发展,同时不可避免地在学科特色和学科构成上留下了浓重的西方色彩。但作为具有日本国学性格的民俗学学科,从确立初期至今,被公认为具有鲜明的日本特色。日本民俗学的学科传统和特色是通过怎样的机制得以维持下来的? 透过民俗学界的这场热烈争论,我们至少可以进行如下探讨。

一、欲则其实,先正其名:重视民俗词汇研究

众所周知,谈到日本民俗学时,无论在理论方法方面或是研究对象方面,很多时候我们可以仅仅通过若干词汇的罗列,例如民间传承、常民、来访神、民俗地图、方言周圈论、重出立证法、民俗志、经世济民等,使其内容瞬间丰满起来,由此我们可以感受到在日本民俗学中民俗词汇发挥的重大影响力与占据的重要位置。早期关于民俗词汇的研究,确立了日本民俗学的本国特色,后期对民俗词汇的研究则推动了日本民俗学的进一步发展。

日本民俗学对民俗词汇研究的重视,突出表现在以下两个方面:

一是对民俗词汇进行有系统的搜集、整理和分类工作。福田亚细男曾经在他的《民俗学者:柳田国男》一书中提到:贯穿柳田一生的研究特色有三

点①,其中第三点是柳田对语言的重视。柳田既要求对语言表述一定要做到保持本来面目,原汁原味,还要求按照领域的不同对民俗词汇进行分类整理。"以这些民俗词汇为窗口,并不是来研究语言的历史,而是借助语言阐明社会的各种构成、活动、仪式以及信仰的历史。这是柳田突出的研究特色,我(福田)想这恐怕也是柳田国男开辟的一个独特的研究方法吧。"②在对民俗词汇进行分类、整理过程中,日本民俗学的研究框架逐渐形成,因此甚至可以说,柳田对民俗词汇研究的集大成化过程也就是日本民俗学的研究体系化的过程。我们可以看到日本出版有数量众多的民俗词汇分类辞典:岁时节日词汇辞典;生育习俗词汇辞典;婚嫁习俗词汇词典;方言词汇词典;各省、地方也编有本地的民俗词汇辞典,如《秋田县民俗词汇词典》《琉球列岛民俗词汇》等;1955—1956年由柳田国男主编、平凡社出版的《综合日本民俗词汇》一套五册,汇集了日本各地民俗学研究者搜集的、从衣食住到信仰的全面的词汇。

二是确立固有的、"创造"特有的民俗词汇。结合日本特有的民俗事象或是固有的意识表现,日本的民俗学家用特定的词汇来界定,并赋予其丰满的血肉,使得这些词汇渐渐成为日本民俗学界通用的护照,甚至被外国民俗学界所接受。像折口信夫在他擅长的对古代的研究、对来访神的研究中,确立了"依代"一词,特指被神灵附着的物体,或为了请神降临附体而准备的树棍、布条等,还把从彼岸定期来访为现世的人们带来幸福的神称为"MAREBITO"(来访神)等。民俗学家大间知笃三在埋葬制度的研究中提出了"两墓制"③的说法。"日常态""非日常态""能量枯竭态"的学术争论是围绕作为日本民俗研究基本分析概念的词汇而展开的。一方面对固有的"口常态""非日常态"(广义上可以视之为民俗词汇)代表的民俗词汇进行了重新阐释和含义补充,另一方面还初次确立了"能量枯竭态"为新的民俗词汇。因此

---

① 福田在书中提到:在柳田长达50年的研究生涯中,并不是一直在做同样的研究,不同的时期表现出不同的研究特色。但是有几点特色始终不变地贯穿于柳田的50年研究生涯中。此外的两个特色分别为:柳田主张民俗学是研究历史的学问。当然它不同于一般所说的历史学,民俗学是以人们现在的行为表现为资料阐明历史。对于柳田来说,弄清楚历史就是民俗学的目的。另一个特色是他主张民俗学应该为大众、为社会服务,以学问把农民从苦难贫困中解救出来,以学问解决社会问题。因此后来的研究者把柳田的学问归纳为经世济民的学问。

② [日]福田亚细男:《民俗学者柳田国男》,御茶水书房2000年,第17页。

③ 两墓制指用于埋葬遗体和用于祭奠灵魂的墓地分别处于两处不同地方的丧葬方式。两处坟地分别称为埋葬用和祭奠用坟。两墓制的现象与日本人认为肉体和灵魂是分离的观念以及对死亡晦气的禁忌有关联。

这场论争是对新的民俗词汇是否能被确立所做的论证，是为三态论体系丰满血肉的过程。从中我们又一次感受到了从词汇层面入手，分析民俗事象的日本民俗学传统，也真切体会到民俗词汇的研究带来的巨大推动力。

二、百家争鸣才能百花齐放

日本的学术年会发言时，一般都留有提问的时间。对发言者的提问越热烈越尖锐，则越是说明发言人的内容受到了大家的关注，被认为是有价值的论文。反之，没有任何人提问的发言则是一篇失败的论文，等同于没有研究意义或学术价值。福田亚细男曾经在他的一篇有关日本民俗研究动向分析的文章中感叹到：现在每年召开的日本民俗学年会规模是愈来愈大，会场的发言人数也是愈来愈多，涉及领域也是愈来愈广，但实际上每个人都是各自为政，年会的初衷原本是提供一个观点交锋、碰撞的平台，现状却是少有能引发广泛讨论的议题或文章。由此我们可以看出日本的学术研究鼓励百家争鸣，提倡观点的碰撞。正是在这样的学术思想的背景下，波平、樱井之争才具备了得以孕育的土壤。加之其争论对象的特定性，使得这场学术争鸣扩散波及得越来越大，并且在每次的争论中大家都会发现新的问题，从而作为自己下一步研究的课题，也就推动了"日常态·能量枯竭态·非日常态"的研究能够不断接近事物的本质。

福田亚细男作为柳田之后重要的代表性学者，在学会年会上也曾受到批判，为此福田专门写了文章进行反驳。2002年10月在奈良召开的日本民俗学会第53次年会上，知名民俗学者岩本通弥就家族研究进行主题发言时，将福田的一段文章以幻灯片的形式呈现，指出福田对柳田文章的理解是错误的，因此其对柳田观点作出的阐释也是不正确的。福田则作了针锋相对的反驳，在题为《误解的人是谁》一文中将岩本对自己的指摘归纳为三条并且一一作了回应，得出结论：岩本自身既对柳田的文章进行了误读，同时又对福田的文章进行了误读，属于双重误读。在他们的文章中，我们能感受到的是学者间对真理孜孜不倦的追求和对学问的满腔热情，而没有丝毫个人的狭隘情绪夹杂其中。①

　　"日常态·非日常态"作为日本民俗学研究领域中重要且权威的分析理论，其确立已经有很长时间。"但是这一对用于分析百姓生活方式的重要概念，一直以来却没有进行足够的概念限定。"②在针对具体民俗事象和日常生活层面进行分析时，两态的研究范式于是暴露出矛盾和不足，使得进入到20世纪70年代后围绕该体系展开了以上争论。

---

① 参考《日本民俗学》2003年第234期第145页。岩本通弥在学会上对福田的批判主要集中在两墓制问题上。在福田后来提交的反驳文章中，把岩本对自己的误读归纳为三点：1. 柳田本身对两墓制并不是非常重视，但福田却错误地理解为柳田十分重视两墓制问题。2. 柳田在《祖先的话》中明确说明了"在祭典用的墓地上竖上石塔的行为，应该是在江户早期出现的"，表明柳田并不认为两墓制很古老。但福田没有很好地理解柳田的文章，提出了两墓制的分布与周圈论的分析是矛盾的观点，是没有意义的。3. 在上面的引用的基础上，岩本总结出自己的观点："很明显柳田认为在祭奠灵魂的墓地上竖上石塔的行为是城市出现的新事象，柳田真正想要表达的观点不是两墓制如何如何，而是另有其他。"进而批判福田整理的错误性。对此福田在自己的文章中逐条作了反驳。针对第1条误读，福田解释到：我们通常会借助索引，通过考察某个词条出现频率的多少、有关此词条论述内容的多少，来确认作者对它重视程度的强弱。但就柳田本人来说，他的特点是多使用文学方式的表达，而不是采用一般学术论文强调概念、重复出现使用概念的方法。因此尽管在柳田的文章中有关两墓制概念的用语使用得很少，但是通过涉及两墓制民俗事象的论述内容，可以看出柳田对两墓制问题的重视。福田同时引用了柳田书中的若干表述进行了说明，指出认为柳田不重视两墓制的观点是岩本的误读。对于来自岩本的第2条批判，福田解释道："自己并未曾说柳田认为两墓制是老的墓制形式"，自己对柳田的理解是："柳田认为两墓制的墓制方式表现出的灵魂与肉体分离的这种观念是自古以来就有的或是祖先祭祀形态的延续"。然后福田分别从自己和柳田的原文中摘录了若干表述来验证岩本对自己文章的误读。说到与周圈论的问题，福田指出：墓制的演变是(只有埋葬遗体的)单墓制→两墓制→(在埋葬遗体的墓地上竖上石塔的)单墓制。按照民俗学的思考习惯，我们会马上联想到周圈论，但以周圈论的方法来推测的合理的墓地分布却与现实的分布状况发生了矛盾。位于中心的关西地区集中分布有两墓的埋葬形态，再往外延展的地区两墓的分布骤然减少。这与距离中心越远越保留有早期的形态、距离中心越近的地区呈现最新形态的周圈论理论发生了矛盾。福田解释道：之所以指出墓地类型的分布与以周圈论推算的分布情况不相符一事，是因为福田本人对以周圈论分析见长的柳田，为何在这里却没有提到、使用周圈论感到疑惑的缘故。关于第3条，福田明确指出：柳田不曾在文章的任何地方提到两墓制与城市等的关系，显而易见那只是岩本个人的误读、观点的飞跃。反而是岩本在提及从两墓制到只竖石塔的单墓制演变时，提到了主要是由于近世城市的缘故使埋葬方法发生了变化。岩本可能是在这里的表述中产生了误读。综合以上缜密的论证，福田对岩本对自己和对柳田的双重误读作了反驳。

② [日]坪井洋文：《选择了稻米的日本人——民俗思考的世界》，未来社1982年，第205页。

第五节　三态体系视角下日本民俗学的课题与发展
——波平惠美子访谈录

　　翻阅波平惠美子的相关著作可以发现,她的研究关注点有十分明显的转向。她的研究经历始于70年代初,但在此之前的1964年在她大学四年级的时候,源于在长崎县壹岐岛胜本浦的调查经历,她已经对渔民社会中污秽、禁忌的民俗事象产生了兴趣。她曾经提到,"在胜本浦渔村调查,经常会听到关于女性被禁止上渔船,生理期的时候需要单独用炭炉起火做饭并和家人分开进餐等禁忌"[①]。对污秽、禁忌的关注一直延续到波平的博士论文写作阶段。从70年代开始到80年代前半期,随着博士阶段学习的结束,她围绕污秽、禁忌的研究成果也在该时期集中、大量地被推向学术界。与其年龄相比,波平所提出的污秽、禁忌论在学者之间的影响不得不说是巨大的。对于该时期的研究,她本人也直言在她的个人研究生涯中具有重大的意义。这里的意义对其本人来说一定是复杂的,同时也是具有经验性的。借用其本人的话语即为:"其一,在研究中我对如何将社会性问题纳入文化人类学的研究脉络进行了尝试。其二,借助第一手资料与民俗资料甚至存在于古籍文献中的记录,我对于污秽、禁忌观是否具有普遍性意义进行了论证尝试。"[②]

　　2019年9月27日星期五,我来到京都国际日本文化研究中心马上就要一个月的时候,下午五点,在日文研大厅我第一次见到了波平老师本人。周末日文研研究部教授安井真奈美安排了"身体感觉的想象与发展——医疗、美术与民间信仰的交错地带"的共同研究会,波平老师特意前来参会。同时还有两位来自匈牙利布达佩斯罗兰大学的日本研究领域的女性学者,她们第二天会进行论文发表,大家一起见了面。

　　波平老师于2000年就任文化人类学学会(原日本民族学会)第19期会长。初见波平老师,她给我的印象是极其谦虚与和蔼,与其说是在文化人类学、民俗学界鼎鼎大名的学者大家,不如说是一位邻家日常见面、随口寒暄的日本老太太。她穿着十分简约,几乎没有佩戴首饰。稍加解释一下,仅从外表看,波平老师身上有着日本独特的文化要素,例如面部细致的妆容和得

---

① ［日］波平惠美子:《有关比较文化论》,《大法轮》2002年69(8),大法轮阁,第62页。

② ［日］波平惠美子:《日本文化人类学研究的课题与展望——从个人的研究史视角入手》,《文化人类学》2012年76(4),日本文化人类学会,第383页。

当的发型,同时又有着逸出日本文化要素外的普遍性特征,例如没有日本年长女性多佩戴首饰、多着裙装、多进行服饰的混搭等要素。初次交谈中,波平老师一直面带笑容,以十分安静的声音同时又十分爽快地接受了我的访谈请求,考虑到我的方便,她主动建议在11月也就是下次召开共同研究会的时候提早预留出一天,在11月8日星期五下午1点在日文研接受我的访谈。

11月8日星期五,日文研所在地京都府京都市右京区桂坂地区,蓝天白云、晴空万里,与往年相比,当下的气候依旧温暖,一天的气温在7—20度之间浮动,此时红叶已经开始染色,星星点点之处呈现出斑斓的色彩。1点半,在日文研科学研究大楼的谈话室,访谈正式开始。原定1.5—2个小时的访谈持续了2.5小时,到下午4点钟访谈结束。在此期间波平老师一直没有离开过自己的座位,有时还会在笔记本上写写画画,仔细地给我讲解。

郭海红(以下简称郭) 感谢您今天接受我的采访。访谈的主要内容是围绕我个人在阅读您的研究论述时感到疑惑的部分,以及在思考日本民俗学的整体论时涉及到的某些话题。那么请允许我直接开始提问,首先请您谈谈个人的近况。

波平惠美子(以下简称波平) 最近我主要是在医疗与灾害这两大块完成了一些工作。

首先涉及医疗领域的,20年前我写过一本名为《文化人类学》的教科书,最近我主要是完成了对其中部分内容的修订工作,将之前"死亡与文化"这一章修订为"生命与文化"一章。对生命的认知与观念在不同的文化中表现出非常人的差异。伴随着医疗水平的进步,不仅是日本,许多地域面对生死的态度都发生了急速的变化。我所关心的正是这些问题:我们如何从文化角度看待死亡这一人类机体所发生的普遍性现象?这种看待方式又发生了怎样的变化?

与此相关,我们知道日本当下大约有80%的人在医院或医疗相关机构去世,当我们从临床医疗的角度思考死亡时,结果便是面对一个人一个人的临终时刻的是医疗行业的专家的现实。同样是对于死亡的理解,但普通民众与医疗行业的专家对这一问题的看法一定是不一样的,医疗行业的专家对于死亡的观念理解正在一步一步地向普通民众中间渗透。这种情况不仅是对于死亡,对于身体的理解、人类生存方式的理解以及其中蕴含的可能性的理解,也都在一步一步地趋于医疗化,这种医疗化现状是我最近极为关注的内容。上面提到的"生命与文化"一章的修订工作我已经完成,还有一篇名为《临床视域下的死亡与日本人的死亡文化》的论文正在写作阶段。

现在手头上正在写作的另一篇论文题目是《自然灾害下的健康威胁与其预防》，与上面提到的内容完全无关，这篇论文已经完成提交，印刷清样也已经出来。日本灾害连续不断，而且近年来发生的自然灾害多属大型级别，受灾地区的民众承受了巨大的健康危害。也就是说这些内容关乎的是日本自然灾害所带来的健康威胁，以及为了减轻这种健康威胁可以采取的预防政策的研究，是与第一个话题所涉及的医疗完全不同的有关自然灾害与健康威胁、针对健康威胁推出的预防措施的领域的研究。

郭　原来如此。最近在阅读有关您的著述时，我看到了命名为波平基金的信息。关于这方面情况您能否具体介绍一下？据我所知，这是日本文化人类学领域第一个以个人名义设置的基金。

波平　说是波平基金，也不过只有区区一百万日元，实在是受之有愧。

如大家所知，文化人类学是一门花费大的学问。之前在职时每个月都有工资，但调查仍需要花费费用，即使有科研经费，也还会入不敷出，有时要从自己工资里出钱开展调查。虽说不上穷困，但也并不富裕。不过退休时候由于领到了退休金，在经济方面就宽裕了很多，所以我就从御茶水女子大学支付的退休金中拿出一部分作为波平基金捐赠给了学会。区区一百万日元或许起不到多大效用，但毕竟出发点是好的，所以后来渡边欣雄会长也延续了这样的捐赠。

关于基金的用途，我没有做任何指定，我表示无论用于哪方面都没问题，当时接手的学会理事告诉我将会用于对年轻学者的经济援助。

说到设立该基金的宗旨，实际上与当时学科所处的背景有着极大的关系。那时有人提出文化人类学已经走到尽头，已经寿终正寝。在公开场合下我没有进行过任何反驳，但我内心是极度愤慨的。为什么这么说？我想有两个理由。其一，学问无所谓寿命。学问永远不会死亡。确实有些专业领域在一定时期内会表现出颓废、走下坡路，没有出色的研究成果问世，没有优秀的研究学者出现，也读不到几篇论文以及研究会上的发表，即使像这样研究态势会有式微，但专业领域是不会消亡的。一个文化人类学专业的专家，用我自己的话说，是靠着它吃饭的，在大学里有公职，拿着科研经费，即使金额不多在出版时也还是会拿到版权费，就是这样的人从他们嘴里说出文化人类学已经寿终正寝这样的话，是无法原谅的。当然文化人类学专业的学生毕业后很难找到工作是事实，现在这样的人仍然很多，拿着博士文凭没有固定工作，只能靠兼职讲师勉强度日。这样的人日本文化人类学会恐怕有几百号。他们去读研究生，拼命地完成毕业论文，写完了却几乎找不到工作。想想这些后辈，作为前辈的学者居然能说出文化人类学消亡了，这怎么不令人愤慨。所以即使是区区一百万日元,也希望能为此尽一点力。所以基金设立之初的第二个目的就是为了培养学科的年轻一代。必须要培养青年学者,要多为他们着想,怎样做能有利于他们开展研究?尽管职位空缺有限,方法还是有的。现在会员当中就有将近1000人是年轻人,我们也要尽可能地想办法帮助他们就职。

我去参加学会年会,2018年在青森县,2019年6月去的是仙台,参会的人绝大部分是年轻人,我是参会人员中最年长的。所以我就想作为前辈,要竭尽全力拓宽他们的就业圈子,像医疗人类学等也是这样,可以不断开辟出新的领域同时促进就业。自己培养出学生,为自己的学生授予学位,理应对他们有更多的爱心和担当。

说到当时的背景是这样的,20世纪70—90年代以及2000年初,文化人类学兴起了学科反思的热潮。例如,美国学者出版了《文化的困境》与《书写文化》两本重要书籍。后者中提到,书写自己、自我的文化完全没问题,但是去到其他国家或地区,调查那里的民族群体并书写他们的文化,再介绍给自己的国家或者欧美等国家的话,这就演变成了一种权利体系,其行为本身就是一种统治。两本书都是针对文化人类学进行的反思。反思没有什么不好,但反思不等于文化人类学的终结。完全可以转换个视角,例如从文化的困境、文化的书写角度,对之前的文化人类学的研究历程进行反思,或者在此基础上探索新的研究视角的可能性等,而不是一棍子打死。反思很重要,无论对什么学科来说。但是反思之后如何提升到新的层面,这是学者们的任务。而不是反思即终结。

郭 正如您所说的。关于反思的问题,对于思考现代民俗学科也具有重要的参加价值。这里想对您的研究经历提问,波平老师对于民俗学与文化人类学都有涉及,您是如何理解这两个学科的?您对他们的期待是什么?

波平 我在2012年已经退出了日本民俗学会。

在民俗学会上我也几乎没做过论文发表。那么民俗学对于我来说,是怎么一种定位呢?尤其在做三态体系研究时,我使用的是民俗学的资料。民俗学科积累的庞大数据对于我的研究提供了巨大的帮助,在这个意义上说民俗学对我有恩。只是在对资料展开分析和讨论时,我依托的是文化人类学的理论结构。因为使用民俗学的理论,能否完成《"污秽、晦气"的构造》的写作,回答是否定的。

将民俗惯习置于怎样的框架内予以考察,我认为这一点很重要。例如,把框架拓展得更加广泛、或者与其他领域更好地结合交叉等,民俗学应该在这些方面多下功夫。日本民俗学会期刊上有许多围绕有趣的主题写作的论文,遗憾的是论文的论述(20世纪六七十年代)总是很难挣脱狭窄的框架。我在《"污秽、晦气"的构造》一书中,大部分使用的是日本的民俗资料。但是,在涉及理论架构、理论与材料的嵌入时,我一定是参考更广泛框架下的有关"污秽、晦气"观的比较,例如澳大利亚原住民、加利福尼亚州的印第安人、马达加斯加的土著民的文化,等等。如果没有参照这些内容的话,当时的我是写不出《"污秽、晦气"的构造》一书的。从学理层面论述日本的民俗时,只关注日本的民俗是不足够的。之前,民俗学同仁对日本民俗惯习进行研究时,只是从日本人的视角着眼。但这样的话,难免不导致理论的简单化。关注了不同文化体系下的表达,才有可能实现新的研究。所以作为一个借助文化人类学理论撰写论文的人来看,使用民俗学的资料以外,在学理讨论层面民俗学是不是可以有更多拓展?

这里我想特别提到神奈川县佐仓市的国立历史民俗博物馆,他们开展的民俗学研究就十分有趣。我曾经在那里做了6年的共同研究员,他们研究问题的视野十分开阔,这与他们和历史学的交叉研究有关联。他们是国立历史民俗博物馆,所以共同研究的成员不仅有民俗学专业的,近现代史等历史学的人也会与民俗学的人一起进行讨论。这样的话,民俗学研究必然受到历史学看待问题的影响。资料的利用方式也不同,分析也不同。例如有些当下的资料如何阅读也没有头绪,但是如果你把它与江户时代的资料进行对比,就会有新的发现,等等。这也就像研究文化人类学的那些人那样,他们使用日本民俗学的资料数据,但同时也关注马达加斯加、波利尼西亚等的数据,所以可以展开不同的分析。因而说历史民俗博物馆的民俗学研究的那群人,研究就做得非常有趣、非常有见解。其他专业的人也会觉得他们的研究具有参考价值。历史民俗博物馆发行的研究报告,不仅是历史学科的人可以借鉴,对许多人的研究都有帮助。

我知道许多民俗学的研究者都十分认真严谨。例如,许多论文对某个地方的祭祀活动进行了长时间、连续性的观察,进行各种调查完成写作。确实通过这样的论文,我们可以了解到有某某这样的祭祀活动。但除此之外,剩不下别的东西。这样的话满足不了我们现在的学问要求,我们需要的是透过它说明了什么问题?例如对祭祀有长期的研究,某个祭祀活动与30年、50年、70年、100年前的记录相比,有显著的改变。实际上无论哪个祭祀活动,都会发生变化。这样看来,既然都在不断地发生变化,那么50年以后一定是又有变化的。什么是作为核心留存下来的?这个核心部分是我们读了上面的论文之后看不到、理解不到的。说到底还是研究视野过于狭窄了。

一般来说,神社里都会保留有过去的图鉴和史料。看了这些记录,就会知道通常情况下祭祀都在变化。一个祭祀活动涉及众多要素，这些要素中这个、这个、这个很多在变化，但是保持不变的是什么？如果我们没有这种意识，那么当事人究竟为什么投入那么多的金钱、精力举办这个祭祀活动，他们的想法、祭祀活动的意义我们就根本不可能理解。

又或者，对人生仪礼的调查记录。我在读这些民俗学的材料时，总会纠结为什么调查只局限于某某一点，这很让我想不通。一般情况下，想想的话也可以想到某个事项也要询问一下，等等，而调查人就是想不到。当然过去一段时间内，或许所接受的专业训练只要求对某一点进行询问即可，或者只需要完成表格中内容的填写就好，等等。日本民俗学始祖柳田国男先生，是在研究主题、分析理论等诸多方面都发挥了重要影响的大家，他在60年前已经离世，日本的社会也已经不同于以往，所以我们也要改变想法，不断扩展思路，将各种问题关联在一起思考，自己就各种预设的假说收集材料、开展研究。

当然，我没有接受过民俗学的专业训练，也没有跟随某位老师学习过民俗学，我只是站在局外人的角度看待这一学科。20世纪70年代对日本民俗学来说是十分关键的时期，之所以这样说，是因为柳田先生去世后过去了七八年的时间，民俗学的人们不得不去认真思考如何跳出柳田民俗学。社会发生改变，日本的文化也在改变，这个时候民俗学需要对自己新的学科框架展开讨论，然而现实看来却并没有这样做。确实，与中国、韩国、德国、美国的国际交流活动有所增多，但只是研究成果互换的话，起不到发展的作用。或者可以通过共同研究的方式，会起到不一样的效果。文化人类学多是和当地的人类学家开展共同研究，这部分的交流所占比重较大。

例如灾害领域，民俗学、文化人类学都在进行研究，对于过去发生的灾害，民众是如何记忆的？其本身又是如何被记录的？这对于民俗学与文化人类学都是十分重要的研究课题。民俗学科的人重视访谈内容、刻录史实的石碑等，历史学的人借助文献记录开展研究，文化人类学的人倾向于不仅对自然灾害，同时把所有灾害都纳入研究视野。例如，有无发生过大火灾？是否发生过痢疾、霍乱等的大流行？会对这些被称为灾害的一个整体进行调查。即使是对自然灾害的研究，文化人类学也会自然而然地把视野放宽到危及人类生存的危机状态的背景中。也就是说，对自然灾害的调查，一定离不开与涉及生存的危机状况的关联，所以相关的领域也会研究。在这样的前提下去思考，自然灾害是如何被认知的？在危机性灾害中它具有怎样的特点？对待自然灾害与其他以外的危机状况的态度与措施有何不同？等等。例如发生火灾的话，一定是先追究源头，找出责任人。战争灾害的时候会考虑因为美军的空袭发生了什么情形,传染病流行的时候会想到有没有提前采取预防疫病的措施,通常都会从探究原因出发。但是自然灾害发生的情形下,与其说是探究原因更多是把精力放在灾后的重建上,这是对待自然灾害所不同的视角。对于这些相关问题研究,文化人类学一定首先是放在整体生存观下看待,然后自动地向关联领域扩展它的触角。这种思维与做法的好坏另当别论。

此外,对外国文献的阅读也十分有必要。无论是否去引用,只要是相关的主题,都应该过目浏览。

郭　谢谢您从论文写作、研究视野等问题出发,对民俗学给出的看法,在我看来,正是因为您对民俗学心怀感恩,所以对民俗学的发展也寄予了更高的期待。不仅如此,您还从其他方面,例如对异文化的关注、与历史学的合作、研究框架的拓展、超越时代看待问题的视角等,提出了极富创造性的建议,涉及到日本民俗学面临的课题与今后的展望。

尤其是您所提到的"确实什么都在变,那么就需要思考作为核心留下来的是什么?"对此我深有感触。日本民俗学同样存在着这一问题,时代与社会环境都在改变,从学科角度考虑它不变的核心是什么?这一提问触及了民俗学的深层内涵。这在学理、学术史研究中都需要我们时常予以重新看待与探究。

下面我想就另一个问题请教。我最先关注到您的研究是来自"污秽、晦气"论的提出。污秽、晦气与不净、歧视、秩序等诸多要素密不可分,我想知道"日常态、污秽晦气、非日常态"三态体系提出的背后,您最终所指向的目标是什么?

波平　现在马上就要进入2020年了。在20世纪六七十年代的时候,日本尚且普遍存在着歧视的情绪与行为。历史上一直有这样的问题,原以为二战后社会歧视应该不复存在了吧,但事实上依旧以隐蔽的方式存在着。歧视的对象多种多样,一种是对居住在特定地域社区(被称为部落)的人,另一种是对职业,还有一种是对女性的歧视。女性歧视在当时普遍存在,例如女性不被允许进入祭祀空间,女性记者不能对祭祀活动进行采访。所以那些从事记者工作的女性,她们有着高等学历,毕业于一流大学,就职于大型报社,原以为可以进行采访活动,却被告知"女的不可以"。即使是现在,虽然不多见了,但仍旧有部分残留。问到是什么原因?回答说因为女性污秽、晦气,所以理应被歧视。一部分的职业也是因为污秽、晦气被歧视。作为歧视别人的人,或许他们认为这是正当的理由。但被歧视的一方,她们是不能理解这种无缘无故的歧视的。为什么自己就污秽、晦气了?污秽、晦气究竟是怎么一回事？这种问题一直在台面以下展开着激烈的较量。

不能说一直以来都有那就合理了，为什么女性要被视为不净、晦气？这不是鸡生蛋还是蛋生鸡的问题，而是一种欲加之罪何患无辞的做法。把那些欲加上的名头全部都摘除以后，我们会发现，因为什么就被说成污秽、晦气？原因完全摸不着头脑。作为研究者我们就应该对这样的问题进行思索。为了明晰这一问题，我们就需要了解世界各地关于不净是如何认知的？不净观都是被附加在什么方面的？这样一来就会发现，以"日常态、污秽晦气、非日常态"三态体系进行说明最为清晰明了。我的最终目的一方面是拆解社会歧视，另一方面还想传递出只有用学者的专业目光看待问题才能真正解决问题的主张。

在1972年的学会上，也就是我从美国留学回来做的第一次"日常态、污秽晦气、非日常态"的研究发表，当时讨论十分热烈。民俗学领域积累了庞大的研究资料，围绕什么被视为"污秽、晦气"展开了详细的讨论。但是讨论的内容十分分散。有必要对死亡、女性的月经与生育、职业属性的不净观形成一个统合性的视角。而当时民俗学研究者们对此三者之间的共通项没有任何头绪。我当时也就30岁出头，初生牛犊不怕虎，完全是敞开了说。当时最具影响力和话语权的樱井德太郎先生，尽管对我的研究不能接受，但也认为值得一听。

郭　在确立"日常态、污秽晦气、非日常态"的三态体系过程中，对欧美理论的借鉴方面您是怎么考虑的？

波平　1971年我从美国留学回来，然后在日本进行调查，在此基础上完成了博士论文的写作。一个人在成长为研究者的过程中会受到那个时代的巨大影响，对此我深有感触。我是1968—1971年在美国。那个时候盛产象征主义的论文，同时功能主义研究的论文也发表了很多。我也曾想过提交给美国的博士论文里我应该选择何种理论。一个理由是美国大学还没有太接受功能主义，从某种意义上说，毕竟是法国的功能主义，法国是这个学说的中心所在，从美国人类学的情形来看，更普遍的是接受来自英国的象征主义。所以最后我主要使用了英国的象征主义写作完成了美国大学的博士毕业论文。

如果说是某种策略的话，也是由于我自己对结构主义还没有完全了解，日本已经有一部分学者开始介绍法国的结构主义代表学者，例如川田顺造等人。但只局限于一小部分人，当时的日本人类学家接受起来有很大的难度，即使是美国的人类学家也不是十分清楚。放在现在来说，当然好理解了。但刚开始时确实有难度，尽管有一部分人也开始致力于翻译，但却并非主流。我在"日常态、污秽晦气、非日常态"论文中，分析材料时使用了象征主义理论。

对于材料的梳理我主要做了这样一些工作。分别按照时间区间、空间场所、现象论对被视为污秽、晦气的对象进行了分类整理。有关职业与不净观的方面，我没有单独列出来，我觉得可以放在现象论的分类中。从时间看、从空间看、从现象看，都有哪些内容被划入到污秽、晦气领域。时间、空间、现象的想法，参考了英国人类学家玛丽·道格拉斯(Mary Douglas)《洁净与危险》(日译书名为《污秽与禁忌》)的著作。那本书对世界范围下的不净观进行了竭泽而渔式的调查研究。论证的思路和我有关日常态、污秽晦气、非日常态的思路有所不同。虽然不同，却很受启发。之前英国人类学家尼达姆(Rodney Needham)的书中也收集了不少围绕不净观的论文，都对我有很大启发。当然自己的研究如果完全和他人的研究重叠，也是很无趣的事，要思考自己如何创新。对日本的事象进行分析说明时，非日常与污秽、晦气，日常与污秽、晦气的三态体系就十分好用。

郭　感谢您今天接受采访，让我了解了许多有趣又富有见地的知识。您从不同的学科领域，以比较的视野探讨了日本民俗学研究面对的问题与发展的前景，请允许我再次表达感谢之情。

波平老师结合个人的研究经历与感悟，从一位借助日本民俗学的研究资料进行文化人类学研究的学者的立场，以比较的方法对日本民俗学的课题与展望给予了兼顾批评性与建设性的建议。

通过访谈，可以感受到对于理论建设，两个学科体现出的不同的传统指向，以及波平老师个人研究中基于比较文化论基础上进行理论架构的鲜明特色。正如波平老师所言："民俗学的研究应该置于更广阔的学术视野与理论思考之下，只有这样，才可以实现对庞大的民俗资料更为丰富的解读、实现更加自由的连通。"例如，加强跨学科的学科训练，培养发散性思维，形成跨学科的关注视角。在柳田离世后半个多世纪的时间里，日本社会与文化都发生了巨大改变，民俗学者必须要认真地思考如何走出柳田民俗学，如何进行崭新的学科框架的建构。

第四章　解构中的重构：环境民俗学的兴起

环境民俗学的出现与作为社会问题的环境问题、现代生活方式下人们对自然感受的式微等有着密切关系，同时也是源于对仅仅从技术论和物质论角度阐释生产、生活民俗的解构性思考。从更深层次理解，该领域的研究为我们呈现了民俗学在国家经济建设、生态社会发展、和谐人际关系建构、传统技艺传承等多个层面发挥的平衡、协调作用，形式上看似远离了柳田民俗学的核心结构，实际上是对柳田民俗学精髓的有效延续，在此称之为解构中的重构。

进入八九十年代以后，以往从自然科学角度出发，基于生态学、植物学等学科对环境的研究中，开始加入了来自历史学、人类学、社会学、民俗学等人文社会科学的研究，研究重点也转向了社会生产、生活语境下人如何适应环境、改变环境，以及自然的反作用力等方面。在民俗学领域，以往的研究多以人为主体展开，环境民俗学研究则通过把环境相对主体化，以人与自然的共生、人与自然的关系，以及自然环境下人与社会共同体与国家之间的相互纠葛缠绕为课题，把自然融入到人的日常生产生活体系中予以审视。环境民俗学研究没有从文化论角度纠缠植物的起源、传播、由来等问题，即使如此，与民俗学的其他研究领域相比照，仍顺理成章地具有了明显的博物志倾向，研究者们也具备有更为丰富的自然科学如气象学、海象学、地质学、生态学等知识积累。

野本宽一把环境分为自然环境和社会环境，并指出民俗学的研究对象主要以自然环境为主。鸟越皓之进一步指出环境民俗学的研究对象是自然环境中受到人类以某种方式干预的部分，如经过人类行为改变后的自然环境：里山①、灌溉用储水池等，它们被视为环境民俗学的研究宝库，而未经过

①　日语表达为"里山"，中文普遍翻译为"近山"，是指毗邻村落、与人们的生活发生多样联系的山。例如人们会采集山上的山货，砍伐山脚下的林木用作燃料，或者在山脚下耕种田地，这是人类与自然共生的体现。

人类之手干预的原生林、泥沼等则属于生物学、生态学的研究对象。同出一辙，篠原徹也曾经提到"以自然为中心展开的民俗学研究，换句话说就是自然、生态和人们对其认知之间存在着的纠葛"基础上的研究①

通过以上表述可以看出，环境民俗学强调的是人与围绕人的环境之间的相互关系。尽管不同的学者使用的概念不尽相同②，切入角度不尽相同，但是作为对人类与自然、生态、环境之间交往历史、传承文化的研究彼此间又都具有共通之处，自然、环境、生态用语在该领域中最终都可以被视为与人类发生关系的他者。因此本书中作为普遍性概念提出时统一选用环境民俗学的称呼，在涉及到具体研究时则区分使用环境民俗学、生态民俗学、自然民俗志的概念，以突出不同学者的研究特色。

环境民俗学的研究特点表现为跨学科的交叉研究和参与观察法的实际运用，主要从民众的生存智慧和地方性知识、资源的管理体制、环境中的信仰要素、对生活乐趣的意识追求等角度对民俗文化展开研究。尽管在概念运用、原理的阐释等方面尚处在尝试性阶段，在交叉研究中也存在不足，但不可否认该领域为生产、生活民俗的进一步深入研究提供了新的视角，拓展了以往山乡渔村（民）研究的方法论体系，同时为思考现代社会背景下的诸多现实问题贡献了民俗学的智慧。

第一节　环境民俗学兴起的背景

一、和谐相生的自然认识论

以往的民俗学研究中也有涉及自然、环境等，但多是在生产民俗中简单地一带而过，或是在介绍村落概况时有零星记述，而从有机体的认识角度出

---

① ［日］篠原徹：《海与山的民俗自然志》，吉川弘文馆1995年，第4页。
② 例如鸟越皓之多使用环境民俗学的提法，如他编写的《环境民俗学的尝试——以琵琶湖研究为个案》、著作《环境民俗学的理论和实践》；篠原徹的著述名称中多出现"自然"的字眼，例如《和自然打交道》《自然和民俗——存在与心意中的动植物》《海和山的民俗自然志》；野本宽一多用"生态"一词，如《生态民俗学序说》等。在概论书中例如《现代民俗学入门》，第一章用的是"自然和民俗"，在系列丛书《讲座日本的民俗学》第4卷使用的是《环境的民俗》的称呼。此外在《日本民俗学》学刊上登载的涉及动向研究的论文中既有"'环境民俗学'的动向和迁移史的关联"（第213期）的表述，也有"围绕自然的民俗研究的三个潮流"（第227期）的表述。可以看出，民俗学前面被冠以的"自然""生态""环境"，只是表示了不同研究者研究侧重面的不同，在研究领域上不存在本质的区别。

发,分析构成地域生活基础的环境整体和人的交往方式的研究却寥寥无几。对于以往民俗学中所涉及的环境研究,野本宽一曾经指出:"对环境的认识缺乏血肉。只限于对自然环境中有关地形、植被、动物等一部分的关注,或是在山乡渔海粗线条空间概念下对环境的讲述。"①

即便如此,在追溯环境民俗学研究的先驱者时,柳田国男、南方熊楠、宫本常一的研究成果和研究视角依旧具有重要的启示作用。对于柳田国男及其《野鸟杂记》《野草杂记》的研究,很多学者有所涉及,而对柳田环境思想首次尝试进行综合性全面研究的第一人当属鸟越皓之。在《环境民俗学的尝试——以琵琶湖研究为个案》的第一章"柳田民俗学中的环境"部分,鸟越皓之从自然观、风景论、国家的山林政策三个切入点,对柳田国男的环境观进行了探讨。通过提炼和分析柳田著述中的相关内容,鸟越指出,柳田的自然观是基于有机论从生物学角度出发的,柳田认为"野外的草和鸟都有各自的生活和目的",自然界中的动物植物除去作为生命体的存在,还被公认为有源于灵魂的举止。自然有灵论的认识方式在日本人信仰世界的研究中得到了有效验证。在风景观方面,鸟越指出柳田的观点表述即为风景之美在于人的介入,在绝大多数场合人与风景形成的是和谐的关系,与都市风景相比,柳田强调重要的是发现民众自身生活中的风景之美。关于国家的森林政策,鸟越通过柳田在两大事件上,即南方熊楠发起的反对"神社合并"②运动,以及与岛崎藤村绝交的原委中的表现态度,集中表达了柳田对当时政府采取的森林政策的质疑。三方面观点重叠在一起,共同折射出了柳田国男"乐观的、可持续性开发论"的环境观。

自然万物有灵论的自然观,和认为人的积极介入可以增添自然之美的风景论,决定了柳田对于人对自然作用的认可,同时这种作用力又可以生发出自然对人类的主体作用之认知论。柳田相信,只要人与自然本着有理有节的态度,建立在相互信赖的关系基础之上进行交流,人的生活就会保持稳定。因此可以说柳田的观点从根本上摒弃了所谓环境保护或者环境开发中

---

① [日]香月洋一郎等编:《讲座日本的民俗学4 环境的民俗》,雄山阁 1997年,第4页。
② 明治三十九年(1906)政府推行的神社整合政策,目的在于废除弱小神社而统一保留系统较完善的神社举行祭祀活动,由此引发了神社名称的变更、氏子归属区域的改变,以及被废除神社地区居民的意识变化等问题,给民众的信仰生活带来了不可忽视的影响。由于实施神社整合政策,被废除神社所在区域的森林遭到砍伐,破坏了人们的生活和自然环境,南方熊楠从所谓提高敬神思想实为被地方官吏蒙蔽、阻碍了民众间的融和、导致了地方的衰微、剥夺了民众的情感寄托、伤害了民众的爱乡之情、损害了当地的治安和利益六个方面提出了强烈反对。

两者选一的论调,而是选择了保护自然环境的同时进行开发的更为弹性的乐观派理论。柳田在一个世纪前的观点"国民人数的1/2再加上1个人的意见就能构成多数意见,但我们也不能因此就可以不考虑那1/2再减去1个人的利益。即使是1万个人中1万个人都有相同的要求,但为了国家的永续长存,我们也还要考虑还未降生的数千万人的利益。况且我们还有已经入土的数千亿万同胞,他们的灵魂也还在无限地牵挂着国家发展事业"①,至今仍具有深远的意义。

南方熊楠以研究黏菌类生物闻名,他从全人类的角度出发关注地球多样性文化,他认为宇宙间的所有事物都存在着因果的必然关联,无论截取哪一个断面,都能找到一个点把所有问题聚集在一起,因此他的思想又被称为"南方曼陀罗"。对于南方熊楠的环境观,森栗茂一在《开发、环境的民俗学研究(上、下)》(1995)一书中,与柳田的观点相比较进行了阐述,指出了两者关注点的迥然不同。例如同样是对森林的研究,南方的焦点针对森林草原的黏菌,而柳田的焦点放在森林中作为神灵附体的树木身上。南方的很多研究体现了生态链的视角,例如他从砍伐森林的行为联想到生态环境的破坏,进而指出由此导致的鸟类灭绝、害虫猖獗等连锁反应,最终导致驱虫费用的支出增加、文化遗产被白蚁侵蚀,从而给国家带来经济上的损失。而柳田则表现为对人们精神世界的剖析,例如民众对燕子的期待是源于视燕子为春天的使者、神的使者的信仰内涵,而不考虑燕子作为神圣的使者受到保护从而牵连到的生物链的反应。通过森栗的整理可以看出,在将近100年以前,南方熊楠的环境观中就已经包含了现代生态学科的前瞻性思想,"是结合了生态学(当时还没有该学问)与民俗学的博物学",并且在反对"神社合并"的运动中表现出强烈的环保意识。此外,作为南方熊楠的研究大家,鹤见和子把南方的学问归纳为四条内容,其中有三条都和环境生态相关联②,有力地论证了南方熊楠在生态民俗学前史研究中的突出贡献。

宫本常一的环境观被森栗茂之定位为"以改善生活为目的的开发论"③的民俗学。宫本强调,开发行为一方面表现为改善农业生产经营和振兴偏僻地域的活动,一方面是对文明进步含义下开发行为的批判。他认为作为

---

① [日]鸟越皓之:《环境民俗学的尝试——以琵琶湖研究为个案》,雄山阁1994年,第32页。

② 鹤见和子把南方熊楠的学问总结为四条内容,分别为:①欧洲学问与亚洲的大乘佛教学问的相遇与统一。②民俗学与生物学的关系。③把生物学与民俗学结合起来进行的比较研究。④从生态学立场提倡的环境保护思想。[日]森栗茂一:《开发、环境的民俗学研究史》,《近畿民俗》1995年,第3页。

③ [日]森栗茂一:《开发、环境的民俗学研究史(下)》,《近畿民俗》1995年,第59页。

民俗学今后研究的一个方向,应该更加关心这样的人群,诸如由于外部开发行为或追随政府的开发行为,而导致生活无路可走,被逼退在角落里的群体。民俗学研究应该关注他们的生活,倾听他们的心声,从他们的立场角度出发为当地的开发建言献策。

二、对自然、生态、环境和民俗之间相互关系的重新审视

现代社会中环境成为重大的社会课题,不仅在于地域开发带来巨大的自然面貌的改变,还表现在人的意识中自然性的消亡。年轻一代远离自然,他们甚至没有亲眼见过自己吃的、穿的、用的东西来自什么,如何成为现在的样子,因而在60年代后半期,日本也才会出现大学生画出了有四只脚的鸡的话题。①很多民俗学者都注意到了生活方式的改变带给人们的是对自然的疏远,是原有的丰富的自然知识传承宝库的日渐消亡,感受到了危机的存在。对于重新审视自然环境的必要性,篠原徹发自肺腑地提出倡议:"战后的急遽变化,使人们失去了对物的信赖,一次性用品的泛滥,使得建构人与人之间信赖关系的媒介消失,通过自然素材实现的人与自然的亲密接触不复存在。正因为如此,我们不是更加应该对这样的过程从生活层面认真地展开民俗调查吗?"②对于该研究领域凸显的必然性,他进一步指出:"现在的自然和环境研究围绕着两个焦点展开。一个是生态,另一个是日本人的自然观。而这些研究在民俗事象依旧在日本各地丰富存在的时代下,是连细枝末节都数不上的"③,向我们阐释了重新审视人与环境的相互关系是社会大背景的改变带来的必然趋势。

环境民俗学中对"环境"的界定已成为共识,即"不涉及公害、资源枯竭等所谓的'环境问题',而是指与生活、生产密切相关的自然环境"④。同生态学提到的生态环境保护的概念以及环境保护者的立场和主张不同,环境民俗学是从人与环境的交往方式、人对环境的开发和利用角度解析人与自然、人与环境达成的平衡及其双向的调节制约体系。"无论是农业、渔业或是采

---

① 20世纪80年代,日本高校的教师就开始注意到了"大学生画四只脚的鸡"的现象,并开始进行调查,发现画四只脚的鸡的现象从小学到中学到大学都普遍存在,并且十分严重。而这种对鸡的基本知识的欠缺,是一种自然观察力衰退的表现,反映了现代人缺乏在户外与自然长期接触的生活方式。

② [日]樱田胜德:《〈近代化〉与民俗学》,和歌森太郎编集:《日本民俗学讲座5民俗学的方法》,朝仓书店1976年,第173页。

③ [日]篠原徹:《访谈中的自然》,《日本民俗学》1992年第190号,第28页。

④ [日]香月洋一郎等编:《讲座日本的民俗学4 环境的民俗》,雄山阁1997年,第3页。

集,他们的产物都会通过消费或流通与我们的生活发生关系,因此有必要从总体即包含外部相关因素在内做系统的记录。……思考人和自然打交道的历史。"①福田亚细男也明确指出:"当下环境问题受到世界的瞩目,在民俗学领域从民俗学的立场出发对环境、尤其是存在于我们周遭被称为自然环境的自然与人类关系的研究也增多起来。"②例如菅丰对COMMONS(资源的利用、开发、管理、维持的制度体系)的研究,便是从对环境的利用、开发、管理、维持的制度体系出发,考察"公""共""私"各方之间如何通过相互影响、关联、发生关系来谋求整体的平衡和稳定,而不是单方面强调保护环境自然、考虑资源的有限性等问题。③同样,篠原徹的意图也不是把地球的环境问题列入到研究对象范围内,尽管他提出重视"技能"(自然界中的生存本领)要素、摒弃对"技术"的(无节制)利用,而这只是从结果上起到了间接改善环境问题的效果,而不是他研究的主旨所在。总而言之,环境问题、环保问题并非环境民俗学研究的焦点。

第二节　道法自然:20世纪90年代以来的环境民俗学

一、学术进程中的环境民俗学

(一)环境民俗学研究地位的确立

作为民俗学研究的新领域,环境民俗学的加入得到了学界的一致认可。相对于以往仅限于在村落概貌中对自然环境的偶有涉及,环境民俗学从注重人与自然更迭往复的视角出发,在详实的田野作业基础上,在20世纪90年代集中展现了它的研究成果,形成了日本民俗学研究史上一股新的潮流和动向。

1992年《日本民俗学》第190期研究动向专刊以"访谈中的自然"为题

---

① [日]篠原徹:《环境民俗学》,《知晓民俗学》,朝日新闻社1997年,第15页。

② [日]福田亚细男:《民俗学动态及其焦点》,《日本民俗学》1992年第190期,第11页。

③ 参照[日]菅丰:《河川的归属——人与环境的民俗学》,郭海红译,中西书局 2020年。

目,第一次把"自然"列为单列的领域进行了动向考察①。在第227期中,真野俊和评价道:"(结合该时期其他领域的研究可以看出,)这样一种变化透漏出日本民俗学对于重新建构研究框架的指向。……是经历了历史摸索和奋斗后的自然到达点。"②

1994年《日本民俗学》第200期纪念专刊登载了篠原徹《环境民俗学的可能性》一文,作者强调了环境民俗学作为民俗学的一个领域,应重视与自然相关的民众传承文化的记述和分析,进一步阐明了民俗学范畴中的环境民俗研究与自然科学所追求的系统性和法则性研究的不同。在以野本宽一和鸟越皓之分别为代表人物所提倡的"生态民俗学"和"环境民俗学"两个模块中,篠原选择了后者对其可能性进行了推敲。③

"伴随着近年来'环境热',不谙世事的日本民俗学会内部,以环境为主题的课题也直接提到了议事日程上来。"④(1995)

1998年第213期研究动向专刊中,以"自然(生态、环境)"为主题的动向研究紧接在总论之后,被单独提示出来。⑤"'自然'好像已经作为民俗学的一个领域确立了下来。"⑥对于1992—1996年期间的动向,仓石忠彦在总论中指出:"对环境的关注也是新动向之一。……对应当下的社会变革对自然环境的关注不断高涨,并且这种倾向会更加加剧。"⑦

第227期(2001)研究动向专刊考察了1997—1999年三年的动向评论,其中小岛孝夫指出:"如果把这三年中有关生产活动的典型动向概括一下,

---

① 190期专刊的领域划分:民俗学的动向和问题点、民俗的变貌和地域研究、访谈中的自然、缺乏实感的劳作研究的今后——作为方法的复合型劳作生计理论、家、家族、通过仪礼——民俗学中族制研究的现状、迎接死亡的文化变容——以岛屿社会的调查分析为例、时令节庆的研究方向、相信然后了解——民俗学中的宗教、信仰研究1987—1991、传说研究的动向、民俗(表演)艺术研究的现状、台湾民俗研究的最新动向——以台湾汉民族社会的民俗宗教研究为中心。

② [日]真野俊和:《对于民俗学来说民俗学是一门怎样的学问?——民俗学的设计》,《日本民俗学》2001年第227期,第6页。

③ 篠原徹以批判性眼光看待野本宽一的研究,认为其只是通过访谈的手段聚集了民众在传统劳作生计中的本能生活方式,然后借用生态学用语进行了说明,在生态学用语、概念的使用上具有任意性。

④ [日]森栗茂一:《开发、环境的民俗学研究史(下)》,《近畿民俗》1995年,第69页。

⑤ 213号专刊的领域划分:总论、自然(生态、环境)、物质文化(民具、衣食住)、劳作生计、社会Ⅰ(家族、亲属)、社会Ⅱ(村落)、民俗(表演)艺术、口头传承。

⑥ [日]真野俊和:《对民俗学来说民俗学是一门怎样的学问?——民俗学的设计》,《日本民俗学》2001年第227期,第7页。

⑦ [日]仓石忠彦:《总论——民俗学的现状》,《日本民俗学》1998年第213期,第8页。

可以说由野本宽一和篠原彻推动的'自然(环境)和民俗'的尝试,在这个时期内得以在劳作生计①的具体研究中确立起来了。"②

除去具有权威性的《日本民俗学》在不同阶段对环境民俗学的研究给予了认可,通过六七十年代市、町、村史志编纂中民俗篇③内容的变化,也可以深刻感受到环境民俗学话语权的提高。这种以行政为主导、由众多民俗学家参与、在日本各地兴起的史志民俗篇编纂,在进入90年代以后,以环境、自然、景观为名的章节构成明显地成为了一种趋势。④

(二)学术史研究成果

在学术史研究中首先需要提到的是学会期刊《日本民俗学》对自然、环境、生态内容的若干次动向总结。尤以《访谈中的自然》(1992)和菅丰《围绕自然的民俗研究的三大潮流》(2001)为代表。

1. 菅丰的三大潮流说

菅丰认为环境民俗学研究以80年代为分界线,之前对自然的研究是断裂的,把自然作为客体看待,之后的研究是在"人与自然之间发生联系"的明确目的之下,把自然作为一个整体概念展开,它的意义在于对以往的民俗学的思考方法、民俗学自身意义的重新审视。

对于近10年来环境民俗学的快速发展,菅丰认为与民俗学自身的要求相比,其更多的推动力是来自现代社会的外界变化。这种外界环境的影响使得一向封闭、内敛的民俗学开始面向社会敞开。具体到80年代后半期到90年代前半期有关环境、生态、物象的自然研究,菅丰将其归纳为"生态民俗学""民俗自然志""环境民俗学"三大潮流。

①首先对于"生态民俗学"及其代表人物野本宽一,菅丰评说他的贡献

---

① 日文中"生业"一词,在《民俗学的历史、理论与方法》(周星主编)上册中收录的《日本民具研究的理论和方法》(周星)一文中(第282页)直接借用了该词。"生业"是指民众为了维持生计而进行的生产劳作活动。本书中凡涉及到"生业"之处,都按照意译转换为"劳作生计"来表现。

② [日]小岛孝夫:《超越复合劳作生计论》,《日本民俗学》2001年第227期。

③ 综合文献中提到的个案,例如《多摩市史民俗篇》(多摩市,1997)第三章"环境和生产";熊本县荒尾市史中的"环境篇";伊势崎市史民俗调查报告第四集《上之宫町的民俗》第一章"民俗和环境"(1985);静冈县史民俗篇《伊豆的民俗》第一篇《人和环境》;《泷根町史——民俗篇》中"第二章自然和生活"等。

④ 对于众多的民俗篇中设置的环境、自然章节,小岛孝夫认为尽管它体现了近期的一种倾向,但从内容上看,"很多只是作为生活环境的导入性说明,而对于民众赖以生存同时又受到制约的环境因素进行分析的组成部分并不多"。[日]小岛孝夫:《超越复合劳作生计论》,《日本民俗学》2001年第227期。

在于提示了民俗志新的视角,但同时也指出篠原徹等人对其生态学概念使用时的随意性提出的批判。菅丰本人则对野本研究中表现出的历史还原主义观和对民众中环保的民俗思想的自以为是倾向进行了指摘。

②以对野本的批判为契机,篠原徹推论了"民俗自然志"的方法论,该潮流的核心概念之一便是"次要、从属的劳作生计"(minor subsistence)观。菅丰认为该观点的提出,"改变了以往仅仅从经济贡献度的多寡考察复合型劳作生计活动的状况,以及经济中占据优势的活动在文化中同样占据优势的先入观。不再以活动的数量为衡量标准,而是关注和考察活动的质量"①。菅丰在文章中对以前的生计研究的主要观点也进行了梳理,列举了四点内容:Ⅰ.70年代中期河冈武春首次提出了复合型劳作体系,其研究特点是以技术论和物质文化为中心展开。Ⅱ.80年代以后的研究更加侧重将民众生活与自然结合在一起给予理解,赤羽正春通过考察山毛榉林带的采集活动,确立了把与自然相关的劳作视为维持生存的最低限度的活动的研究视角。Ⅲ.90年代中期安室知从分散风险的角度对复合型劳作生计方式进行了阐释,强调在商品经济、货币经济高度发达以前,复合型劳作方式的原则是为了达到"风险的最小化"。Ⅳ.菅丰从应对商品经济、货币经济的角度出发,对复合型劳作生计进行研究,指出在商品经济、货币经济发展到一定阶段以后,劳作方式中的复合型要素不再是为了实现"风险的最小化",而是为了获取"利益最大化"的观点。对于以上劳作研究的观点,菅丰指出它们都是着眼于生态方面进行的量化研究,缺少对劳作活动的质的考察。而在90年代后半期由松井健提出的"次要、从属的劳作生计"(minor subsistence)观则弥补了这样的不足,揭示了生计劳作中蕴涵的"乐趣"的要素②,从而引发了对传统劳动观的重新认识,探讨了未来社会里劳动可能呈现的面貌。可以看出,第二潮流"民俗自然志"的研究对象,区别于机械化劳作和经济利益至上的日常活动,在强调身体的感受和体验方面具有共性。

③第三大潮流"环境民俗学"及其代表学者鸟越皓之。鸟越皓之从共有

---

① [日]菅丰:《围绕自然的民俗研究的三大潮流》,《日本民俗学》2001年第227期,第18页。

② 篠原徹对以松井健和菅丰为代表的亚型副业生计研究视角给予很高的评价:"只有在这种伴随着游艺性和愉悦的亚型副业劳作生计方式中才有可能存在传承的力量。"菅丰指出这种亚型副业生计的本质在于,"即使不开展这种生计活动也不会给生活带来任何影响。但是不管任何形式的这样的亚型副业劳作,(只要开展)就会带来一定的生产性,因此这点上区别于纯粹的游艺"。参照[日]菅丰:《"水边"的技术志——围绕猎捕水鸟的亚型副业劳作体系的民俗知识和社会规范的试论》,《国立历史民俗博物馆研究报告》1995年第61期。

论①概念出发探索将来的环境政策,提倡"生活环境主义"②,表现为从主体人的能动和自然环境的循环利用两方面出发综合考虑生活保障体系的观点。同时他还进一步说明了他所提倡的"生活环境主义"不是为了研究者,而是为了从根本上解决居住者的生活问题进行的研究。该潮流的研究还包括从景观和"资源共同利用体制"(commons)视角进行的研究。

2. 篠原徹的分领域说

在另一篇学术史先行研究《访谈中的自然》论文中,篠原徹不是事无巨细地展开论述,而是密切结合自己设定的"考察历史和现代所表现出的、自然和民众自然观的连续性和非连续性;现代社会中公害、环境破坏问题和民俗变容之间的纠葛"的两条线索,在这样的框架之下突出重点地分析了研究现状。他设定了横向轴(关于民俗学方法层次的基准轴)、纵向轴(对资料进行不同阐释的基准轴),如下表所示在形成的六个领域中,对所提到的论文所属类型、相互关系进行剖析和分类。

"关于自然的民俗"研究分类(篠原徹)

		方法的层次		
		生态	传承	历史
		观察	访谈	文献和访谈
阐释的层次	以研究者的理论和感性	Ⅰa	Ⅰb	Ⅰc
	以生活者的理论和感性	Ⅱa	Ⅱb	Ⅱc

篠原徹摒弃了以往动向考察中首先进行领域划分,然后再针对各个领域的众多研究成果举例说明的方式,而是首先萃取出当下研究中存在的共性和个性要素,例如人们在解读列岛民众和自然的关系时,会选择不同的着重点,或是从生态角度或是从传承角度或是从历史角度,而他们又分别对应着观察、访谈和文献访谈并重的方法,把这些要素排列组合后再放回到研究中进行分析。尤其对于生态,篠原徹着重强调了"伴随着靠自然生存的人群的急遽减少,建立在观察基础上记述民俗世界的重要性开始凸显出来"③,指

---

① 这里提到的共有论,营丰解释为是农村社会学、农村经济学领域普遍涉及的概念,指对资源共同所有的形态,包括在共有、使用、收益、处理等方面共同体成员享有的所有权。

② 即从生活者的角度出发考虑、审视环境问题的立场,在对自然的能动作用和对资源的循环利用中发现民众的生活原理和环保意识。

③ [日]篠原徹:《访谈中的自然》,《日本民俗学》1992年第190期,第28页。

出Ⅰa是受到生态人类学的影响出现的不同于以往的民俗学的新倾向，Ⅱb是方法和阐释层次呈现扩散状的研究动向最终的归宿点。他把人与自然打交道的方式分为："原型的"利用；"变形的"利用；"改良型"的利用三种类型①。

3. 森栗茂一的整体研究论

此外学术史研究中，森栗茂一《开发、环境的民俗学史研究》对开发的反思和对现代化进程的批判也十分值得关注。森栗的著作分为上、下两篇，三大部分。

上篇 第一部分 南方熊楠的环境观和柳田国男的开发论

主要围绕南方熊楠的环境观、柳田国男的开发论、两者研究视角的不同进行了阐释。

下篇 第二部分 宫本常一的开发论和千叶德尔的环境观

对宫本常一的开发论、千叶德尔的环境观、两者研究视角的不同进行了阐释。

第三部分 环境民俗论的发凡

以近年来形成热点的环境民俗论为中心，对野本宽一、鸟越皓之的生态环境思想进行了梳理。

有关第一、二部分的内容，在第一章第一节中作了阐述，因此这里着重考察第三部分。森栗所作的该学术史的研究是以论文形式发表的，故而篇幅较短，下篇有七千字左右，其中第三部分内容以两页篇幅进行了论述。对于环境民俗的代表学者，森栗指出野本宽一的出发点在于"单枪匹马、竭尽全力地搜罗、记述传承中有关人与环境互相关联的丰富事象，而把环境民俗学这一重大的研究课题嘱托给下一代研究者，自己只是做铺垫的准备"，鸟越皓之则"努力通过对琵琶湖的共同调查，从理论层次上发掘环境民俗学的可能性，提倡环境民俗学②。因此野本的特点是以转述者的身份，希望通过传递"先人的信息"，为现代人的内心带去微光或和风。但也正因为如此，森栗指出该研究中的不足是"只停留在了警示阶段，而没有给出应该如何展开的明确指示"。鸟越的研究尽管更加突出了理论展开的战略性，但作为两者

---

① 极大程度上依赖于自然要素的原有生态、习性的方式为"原型的"利用；通过加工变形把自然改变成认为它应有的面貌方式为"变形的"利用；人以某种方式介入到繁殖过程中通过筛选或品种改良替换自然原有的性质为"改良型"利用。从前者到后者的演变中用于生产的道具愈加大型化、细致化，反之倒推回去的演变中道具的介入程度愈少，道具本身构成愈简单。

② [日]森栗茂一:《开发、环境的民俗学史研究(下)》,《近畿民俗》1995年,第71页。

的通病,欠缺对世态的解析和批判性、否定性地审视现实变化的视角,没有确立应用层面上积极主动的前瞻性。因此最后森栗茂一呼吁道:"对于民俗学来说,重要的是在过去礼节性(开发论)文化学说①基础之上,对原有开发史带来的世态变化进行批判的同时,进行新的展望。民俗学的开发论,不同于以往文化人类学提出和推崇的所谓前景无限光明的论调,而是应该从环境周遭的人际关系角度出发,指出并批判开发行为中的问题的一种态度。否则短暂的环境民俗学只能止步于对共生和共存的陈述,仅仅成为一首批判现代的单纯的挽歌。"②

二、社会进程中的环境民俗学

环境民俗学研究内容的侧重点体现在两个方面,一方面是对多样环境下传承的生活民俗的研究,另外一方面是对环境要素影响下的生产民俗的研究。因为环境民俗学的研究多数在和生产、生活相关联的语境下进行,因此与自然科学视角下的研究有着本质不同。在近年来民俗学分类中,除去单独提示"自然""环境""生态"的专题以外,有关环境的研究多数放在生产劳作领域或经济民俗中进行讨论。坪井洋文也曾经指出把握自然与人类相互关系的一个重要指标是生产方式。此外,作为第一产业其成立的基础便是与自然环境发生关联,因此对环境的考察必然与农林牧副渔的生产劳作领域密不可分。

环境民俗论的研究对象以构成复杂的自然环境的基本要素③为主,通过对环境与人的生产、生活进行有机的、连续的、多样的、综合的把握,更加明确民众的技术构成、行为方式、生活实态和生产民俗。很多学者都注意到了生计劳作研究中对环境要素的再审视。例如《讲座日本的民俗学5 生产劳作的民俗》,在其章节构成中,既有起源论、传播论、类型论的视角,也有以地

---

① 柳田国男的开发论提倡礼节性(有理有节)的开发活动,认为人与自然是"预设协调"(原本和谐)的关系。

② [日]森栗茂一:《开发、环境的民俗学史研究(下)》,《近畿民俗》1995年,第72页。

③ 野本宽一在《讲座日本的民俗学4环境的民俗》中把环境分为自然环境和社会环境,其中自然环境为书中的考察对象。构成自然环境的要素多种多样,主要列举的有:A. 地形、地势,B. 地质,C. 地象(地震、滑坡、山崩、火山喷发等),D. 海象(海流、潮流、涨潮退潮、波浪等),E. 气象、气候(雨、雪、雾、霜、雷、风、气温等),F. 天象(日照、月圆月缺),G. 植物(植物的种类、植被),H. 动物(动物的种类、分布等)。

形、气象、生态链、复合型方式为出发点的视角。①在本书最后一部分"劳作生计的相互关联"研究中,汤川洋司更是精心考证了劳作生计研究中的主要视点②,最后指出:"这些视点在现阶段得到进一步扩大,如野本宽一在调查研究中所指示的,扩展为对生活整体的把握。以'劳作复合''复合型劳作生计论'为标志的研究,在此基础上由安室知、菅丰进行的调查研究都加深了劳作生计研究的意义。这种视点强调把劳作活动视为维持一定地域生计的策略,因此必然与民众生存地域的环境、风土等问题产生关联。"③小岛孝夫同样指出:"在日本民俗学的生产劳作研究中逐渐加入了新的视角,即从周遭的自然条件、社会条件的关联性出发,分析当地的各种生产劳动。"④环境民俗学的代表学者安室知的复合型劳作生计论、菅丰的资源管理论、篠原徹的自然民俗志、野本宽一的民俗生态链研究,都包含了自然与生产的相互影响,强调了两者间的互为能动性作用。铃木正崇则把该含义下的生产研究视为现代民俗学的组成部分之一,指出:"在对环境的研究中,需要从对自然的认识和他们的交往方式的变化入手,包括重新对生计的理解进行审视,对垃圾和污物的处理等进行广泛的考察。"⑤它肯定了环境与生产民俗研究之间不可分割的关系。

相对于以往的劳作生计研究大多集中于单纯的生产技术论、农具论等物质层面,环境民俗学范式的加入使劳作研究开始转变为以人的生活为出发点进行的综合研究,正如菅丰所说:"相对于以往(生产民俗中)把人类抛在一边的研究,近年来把人类生活与自然糅为一体进行理解的视角增多起

---

① 在《讲座日本的民俗学5 劳作生计的民俗》总论部分,野本宽一分"劳作生计的研究现状"和"劳作生计研究的视角"两部分对生产民俗进行了概括。在"劳作生计研究的视角"中,又具体分为:劳作生计研究的对象、劳作生计研究与文化论、劳作生计的复合型研究、单一劳作生计民俗的研究、围绕劳作的环境和民俗、围绕劳作生计的基础民俗(生产民俗)和上层民俗(信仰民俗)、劳作生计及其要素的相互关联、劳作生计民俗研究与相邻学科等若干小主题。

② 汤川洋司提到的有:[日]最上孝敬编:《日本民俗学大系》第5卷《劳作生计与民俗》中提示的"基于对经济史的关注,记述劳作生计的原貌"视点;和歌森太郎编《日本民俗学讲座》第1卷《经济传承》中提示的"考察社会史意义的视点。关注人的交流和物流,从生产到消费以连贯的环节把握作为'社会运营'的经济活动";以及后来伴随着劳作生计研究领域的扩大,小川直之归纳的六种视点。参照[日]香月洋一郎等编:《讲座日本的民俗学5 劳作生计的民俗》,雄山阁1997年,第274—275页。

③ [日]香月洋一郎等编:《讲座日本的民俗学5 劳作生计的民俗》,雄山阁1997年,第275页。

④ [日]小岛孝夫:《超越复合劳作生计论》,《日本民俗学》2001年第227期,第32页。

⑤ [日]铃木正崇:《总说》,《日本民俗学》1998年第216期,第12页。

来。"①反过来,与自然、景观息息相关的研究,促进了劳作生计领域在研究方法、研究对象、研究目的等诸多方面的改变,为劳作生计研究提供了崭新的视角,为其他领域的民俗学研究带来了启示。

第三节　环境民俗研究中呈现的多视角

一、研究现状概述

关于环境民俗学的研究方法,野本宽一曾指出:"民俗学的研究方法有两大主流,以民俗传承母体的村落或城镇为单位展开的生活志、民俗志研究和围绕某个主题在全国范围内展开调查的主题式研究。这两种主流方法相互刺激充实了民俗学的研究。'环境的民俗'研究中也可以采取这两种方式,但考虑到环境与生活和劳作密切相关的特性,可以以生活志、民俗志模式的研究为基础,优先进行。……但以环境构成诸要素为主题进行的全国视野下的调查研究也很必要。"②对照野本宽一总结的两大方法,从民俗学者角度看现阶段的环境民俗学研究,可以发现生活志、民俗志的研究占据主流,例如营丰、野本宽一的研究。篠原徹的研究倾向于两者的结合,而鸟越皓之以主题式为特点。从具有代表性的编著成果看,较多采用了典型的主题式分类研究法,例如《讲座日本的民俗学4　环境的民俗》《日本民俗文化大系1　风土和文化　日本列岛的位相》《现代民俗学的视点1　民俗的技术》。

从研究成果方面可以看出,90年代之后发行的民俗学概论书、入门书、大系、系列丛书中,有关自然、环境方面的内容已经成为不可或缺的重要组成部分。例如《讲座日本的民俗学》③(1998—2004)共11卷,是近年来发行卷数最多的系列丛书,其中第一卷《民俗学的方法》收录了铃木正崇有关《日本民俗学的现状和课题》一文,提示了12个现在和将来日本民俗学所要面

---

① ［日］营丰:《围绕自然的民俗研究的三大潮流》,《日本民俗学》2001年第227期,第19页。

② ［日］香月洋一郎等编:《讲座日本的民俗学4　环境的民俗》,雄山阁1997年,第11页。

③ 《讲座日本的民俗学》共11卷,由赤田光男、香月洋一郎、小松和彦、野本宽一、福田亚细男编,雄山阁出版。

对的研究课题,其中包含有环境课题。①该系列丛书的第四卷《环境的民俗》更是单独以一卷的篇幅论述环境民俗,在迄今为止出版发行的众多系列丛书中尚属首次。究其出现的原因,香月洋一郎在第一部分"景观和民俗"中进行了论述:"环境之所以单独成卷,并非是因为该领域形成的必然条件已经确立,研究成果积累深厚,只能说从善意的角度解释,是希望可以通过把这样主题下的诸多研究聚集在一起,形成一个契机,从民俗学的立场向现代社会传递某种讯息。"②对于该卷的作用,香月表达的观点并不乐观、积极:"在日本民俗学现状下,在系列丛书中单独设定这样一卷,究竟是提示了该领域研究的可能性,还是只是让它的弱势存在更加凸显而告终,现在难以定论。"③与该卷形式上表现出的重量级地位相比,卷中对环境民俗学存在的表述并没有给予相应的肯定,但不可否认该卷的设立在一定程度上体现了后柳田时代环境民俗学研究在民俗学内部的受关注程度。

《现代民俗学入门》(1996)作为近期出版的最新的学科概论书,为了对应现代社会发生的均质化、多样化等系列改变,以反思传统的村落研究、展示最新的民俗学研究成果和课题、展望未来为出发点编写而成。全书共设定六章内容,其中第一章即为"自然和民俗"主题,分别从自然观的民俗、生态系和民俗技术、着装实态与地域性、居住与世界观这四个方面,考察了从事不同生计的劳动者的自然认知体系及其地域性、阶层性、历史性表现;构成人类生存环境的生态圈中单一与复合的劳作方式原理分析;对劳动者着装的调配、穿戴方法、地域性、功能性、审美性的实例考察;居住文化中蕴涵的民众意识和世界观内容。此外,连同"现代社会和民俗""国家与民俗"等章节构成,共同反映了以环境民俗学为代表的民俗学研究核心的变迁和问题意识的日趋多样化,充分反映出这本民俗学入门书被冠以"现代"的初衷。

此外,还必须提到的两本书是《现代民俗学的视点1 民俗的技术》(1998)和《知晓民俗学》(1997)。《现代民俗学的视点》系列丛书共三卷,首卷

① 铃木正崇在《日本民俗学的现状和课题》一文中曾经说道:"在现在的状况下,讲述民俗学的现状和课题是难上加难的事情,我只能就自己感兴趣的部分做一些不全面的展望。"他把当前的现状和今后的课题分为12项进行了论述,它们分别是:为了再建构的胎动、田野作业、做为媒体的民俗、民俗宗教、死的问题与医疗、环境、故乡观光开发、祭祀与民俗艺能、性与歧视、日本社会的多元性和比较研究、移民问题、结语。[日]小川直之:《总说——"民俗"资料的重构和诸课题》,《日本民俗学》2004年第239期,第19页。
② [日]香月洋一郎等编:《讲座日本的民俗学4 环境的民俗》,雄山阁1997年,第16—17页。
③ [日]香月洋一郎等编:《讲座日本的民俗学4 环境的民俗》,雄山阁1997年,第16—17页。

即为《民俗的技术》①。编者的意图在于通过对书名的反意设定,批判以往偏重技术论的劳作研究和物质文化研究,提倡从支撑民众劳作其背后的价值观和世界观入手进行考察。书的内容分为两大部分:①以自然为生,②与自然为伴。共12篇论文,考察了日本列岛上处于传统、次要位置上的劳作生计实态。整本书贯穿了编者所持的"民俗即为人类面向自然,使用技术,锤炼语言,升华为思想的'生存方法'"的民俗认识论。《知晓民俗学》是朝日新闻社发行的系列概论书②之一,对日本民俗学研究进行了全面、提纲挈领式概说。从切入视角的不同入手,一共归纳了12种代表性研究角度,其中第二种便是环境民俗学③。在篠原彻执笔对该领域的论述中,他总结说:"人在与自然的智慧较量中生存,书写成'民众博物志'"④,指出环境民俗学研究并不像语感上听起来的那样,是对公害等社会问题的关注,而是从民众的生存本能的角度出发,对民众在传承生活中表现出的智慧、闪光点、自成体系的理论进行挖掘、记录和思考,并具体指出:"1. 从生活层面出发对人和自然相处方式的多样性研究,对交往历史的研究;2. 在生物世界中通过对狩猎史中表现出的仪式和习俗的分析,探求日本人的自然认知"⑤,是构成自然民俗学研究的两大部分。

众多大学的相关专业例如人间文化学科、人间环境学科、人间科学学科、人间生活学科都开设了环境民俗论课程,原本讲授地域文化、文化人类学内容的专业也增加了环境民俗论课程。1987年大冢民俗学会还召开了以"自然和民俗——生态学和民俗学"为主题的学术研讨会,相关会议论文刊登于第28 期《民俗学评论》杂志。

---

① [日]篠原彻编:《现代民俗学的视点1 民俗的技术》,朝仓书房1998年。其余两册分别为[日]关一敏编:《现代民俗学的视角2 民俗的语言》,朝仓书房1998年;[日]宫田登编:《现代民俗学的视角3 民俗的思想》,朝仓书房1998年。

② 该系列丛书包括人文与社会科学、自然科学、教育、医疗与福利、工学、艺术、家政学、综合等领域,涉及90多门学科。

③ 这12个研究角度按照先后顺序排列分别是:城市民俗学、环境民俗学、性的民俗学、亚洲视野下的民俗学、宗教和民俗学、被歧视(阶层)的民俗学、衰老和死亡的民俗学、民具的民俗学、影象和民俗学、真实(现实)和民俗学、声音和讲述的民俗、食与器皿的民俗学。每个方向作者都是按照规定的统一格式分为五个部分:①致力于该领域研究的经过,②是一个怎样的领域,③其魅力所在,④该以怎样的方式开展研究,⑤当前的课题。并且每个作者都要单独列出1—3位自己喜爱的民俗学者,就喜欢的原因、该学者带给自己的影响、对他的评价写400字左右的介绍。

④ [日]篠原彻:《环境民俗学》,《知晓民俗学》,朝日新闻社1997年,第14页。

⑤ [日]篠原彻:《环境民俗学》,《知晓民俗学》,朝日新闻社1997年,第15页。

二、环境民俗学的多维视野

(一)把生态学视角和术语引入民俗学的第一人——野本宽一

野本的特点在于遍访全国各地,记录口承民俗,收集翔实资料。他被视为继宫本常一之后,唯一可以与宫本相提并论,进行了大量田野调查、足迹遍及日本各地的"旅途巨人"。

野本宽一在70年代初主要致力于火田耕种的全国调查,在这个过程中他深刻体会到民众的生产、生活与生态、环境之间水乳交融、密不可分的关系,感受到了民众中蕴涵的丰富的自然观和环境思想的力量。但是伴随着近代开发主义至上带来的一系列改变以及人们生活方式的变化,民俗中的环境思想变得远去,先人传递的信息也变得日趋遥远,正像赤坂宪雄所指出的:"民俗学是在近代正在进行时的、伴随着某种丧失的痛楚而诞生的。"①野本宽一也正是背负着这样的危机意识,背负着一个民俗学者强烈的使命感,希望将基于人们记忆和体验之上的真实的生活景象以某种形式转述、传达出来,而这也正是野本所提倡的生态环境民俗学的宗旨。

野本宽一源于对先人宝贵的环境思想、传承遗产的叹服,殚精竭虑地投入到生态、环境民俗的研究中,完成了一系列的著作论述,其代表作有《生态民俗学序说》(1987)、《熊野山海民俗考》(1990)、《众神的风景——信仰环境论的尝试》(1990)、《共生的民俗——民俗的环境思想》(1994)、《海岸环境民俗学》(1995)等,建构了生态环境民俗学研究的理论体系。

其中《生态民俗学序说》作为野本申请博士学位提交的论文,也是其生态民俗学思想的集中体现,这一研究成果得到了答辩委员会的高度评价。对于该论文的内容,野本这样归纳道:"以'人和围绕人的环境之间如何交涉'的内容为主题,从民俗学的立场,采用跨学科的研究视角,尤其是大量借助生态学的手法,在翔实的资料基础上独立建构而成。"②其内容的支撑点主要有两点:"其一,从生态学的思考方式出发,重新审视民俗事象的研究方法的提示;其二,按照提示的该方法论挖掘和阐释民俗事象,并使其体系化。"③野本的生态民俗学研究引进了许多以往民俗学不曾耳闻的生态学专业用语,诸如"食物生态链""适应性""太阴周期""植被""平衡""共生"等,来分析民俗事象的生态学表现侧面。

---

① ［日］野本宽一:《神与自然的景观论——解读信仰环境》,讲谈社2006年,第279页。

② 筑波大学网站授予学位论文介绍。

③ 筑波大学网站授予学位论文介绍。

对于生态民俗学未来的展望，野本指出："1. 民俗事象终究要回归到'自然与人类''环境与人类'的原点考虑。2. 有机地把握大到从事生计劳作的人们的生活史，小到细微的民俗事象，并且从宏观上进行定位。3. 从发生论角度入手阐释民俗事象。4. 首先确定民俗的基础部分，进而把上层民俗纳入视野以内。5. 不停滞于民俗事象的个别研究，要时常注意对民俗之间的关联进行连锁、有机的把握。6. 留意植物的水平分布和垂直分布，考虑其与民俗地域性差异的关联。"① 野本宽一提出的民俗生态链连锁论，例如养蚕——养鲤—稻作的良性生态循环链，体现出积极的社会价值和经济价值。此外汤川洋司也曾经从劳作民俗的角度评价道："关注民俗连锁，可以帮助我们从整体上把握民俗现象背后的原动力。"② 强调关键是要对各种民俗事象间、各种劳作生计间、自然与民众之间的相互关系保持敏锐的视角，因循链条上一点的变化按图索骥，明晰联动的改变，从而做到依据事实对茫然的生活改变做出具体的分析。

野本的环境民俗学的思想在《共生的民俗——民俗的环境思想》一书中得到了集中建构。在书的后记中，野本对他构想的环境民俗学作了界定："笔者构想的'环境民俗学'，不是仅仅以开发、环境破坏、资源保护等所谓的环境问题为对象，而是对民众在生活和劳作中如何与环境发生联系之问题，进行更加多边的、有机的、详细的考察。"③ 对于环境民俗学成立的可能性，野本作了充分肯定："既然民俗自身和环境不可避免地发生联系，那么在将来必定会形成包括自然环境、人为环境、对环境的适应、环境的变革等在内的'环境民俗学'。"④

在环境民俗论中，野本宽一着重从信仰和自然环境的相互关系出发，阐释了信仰环境论的体系。野本提倡的信仰环境论是从环境要素入手解读民众信仰的生成体系，指出了信仰的形成与环境要素有着很深的关联。一方面，自然环境是信仰生成的基础，例如洞穴岩壁的地形、树木、森林、动植物等自然环境，会由其特定的地理位置、特殊的地貌，以及生态上的气候、周期、运行特点等原因，使得人们心生畏惧感或得其恩惠，从而生成了信仰的口头传承和民俗行为。另一方面，生成的信仰又会反作用于环境，信仰会使其对感受到神圣感的自然环境视为神灵借以附身或镇坐的空间谨慎对待，

---

① 参照野本宽一博士论文摘要。
② ［日］汤川洋司：《劳作生计的相互关联性》，《讲座日本的民俗学5 劳作的民俗》，雄山阁1997年，第278页。
③ ［日］野本宽一：《生态和民俗》，讲谈社2008年，第412页。
④ ［日］野本宽一：《生态和民俗》，讲谈社2008年，第412页。

不允许破坏繁茂的植物、玷污岩石,从而间接实现了自然环境的保护,并进一步形成新的文化环境、社会环境。野本把这些能让民众感受到神的存在,让民众产生神圣之感、敬畏之心的地形要素称之为"神圣性地形"。他在《众神的风景——信仰环境论的尝试》中对信仰环境论中的核心环境要素——岩壁、礁石、洞穴、深渊、瀑布,都分别进行了细致的调查和广泛的确认。在结论处,野本指出:"众神的风景发生了巨大的改变,那就是在不断地衰微和荒废,这种变化无疑也是日本人'神'信仰的式微和内心的体现,是全部的环境问题的原点所在。……过去我们的先人会适时地置身于'神圣性地形'中,进行心灵和灵魂的洗礼,补充衰弱的魂魄,从而获得重生。这种精神的原乡,无论如何都应当传递给我们的子孙后代。"①他呼吁在现代社会,民众应该更好地传承从环境要素中感受到的神圣感,返璞归真,让喧嚣浮躁的心灵在神圣空间中得到洗涤,让精神得到慰籍,获得生活的平静和闲逸,从而实现人与自然的共生,而这也正是野本信仰环境论的初衷。

可以看出野本的研究主要分为两个方面:①与生态理论密切相连,发现和阐释民俗世界中的生态链现象,并运用于劳作生计研究,可称之为生态民俗学;②以环境要素为核心,对人与环境的共生民俗以及民众信仰体系的形成与神圣性地形关系进行考察,可称之为环境民俗论。

(二)对民众生存技能的热爱和赞叹——篠原徹

篠原徹对自然民俗的关注与他大学期间所读专业和个人特有的朴素情感有着密不可分的关系。大学期间在理学部植物系的专业学习为他提供了丰富的自然知识理论,可以说他的出发点是植物学,他本人具有强烈的博物志志向,同时从二十几岁以来,一直对"为了生活度口,发挥各种智慧捕捉鱼虾、采集山货的民众的行为抱有朴素的热爱"②之情。而真正对民俗学产生兴趣、致力于民俗学的研究工作则是在大学毕业之初,源于他在大山深处蒜山研究所的工作经历。关于这段经历,他在许多书中都提到过:"自1971年4月在位于冈山县真庭郡川上村的冈山理科大学蒜山研究所就职以来,三年半的时间里我一方面热衷于山中的植物采集和昆虫采集,一方面和山村的人们交往,这样的交往是我的民俗学全部的开始。"③和大自然中生存的人们打交道,为他提供了更加亲密接触自然的机会,让他能够聆听到长者讲述有关山林的丰富经验。以至于后来1986年接到坪井洋文的邀请,赴国立历史

① [日]野本宽一:《神与自然的景观论——解读信仰环境》,讲谈社2006年,第9页。
② [日]篠原徹:《环境民俗学》,《知晓民俗学》,朝日新闻社1997年,第14页。
③ [日]篠原徹:《海与山的民俗自然志》,吉川弘文馆1995年,第275页。

民俗博物馆就职时,他都恋恋不舍。篠原回顾这段经历时说道:"与须美武王、八重子夫妇二人的相识开启了我的民俗学之路,他们从冈山县真庭郡汤原町粟谷的关金温泉,坐汽车翻山越岭来见我,从那时起教我体会到'山的生活'的乐趣。"①

篠原借助他所了解的生物学科的知识,从动植物的分类和生态调查入手,遵循坪井洋文"从现场发现问题""设定几处长期的田野调查地"②的教诲,试图把传承在民众身上的生存技能记录下来,把对民众那种朴素的喜悦之情的切身体会描绘下来,并称之为"野外的博物志"。尽管在他看来:"在现代这样一种即使会区分汽车或蛋糕种类,却不会区分花鸟鱼虫种类的社会,从大自然中获取的知识究竟有怎样的含义,其前景并不乐观,⋯⋯但是通过触觉和嗅觉创造的世界,即使是一首挽歌也是令人愉快的。"③

篠原徹的田野作业涉及地区广泛,在日本国内北部始于新潟、茨城,南部到达冲绳,在国外包括对中国海南岛黎族、中东伊拉克放牧民、东北非埃塞俄比亚南部村落的调查。正如上面提到的要"设定几处长期的田野调查地",他对这些地方的调查都是持续了长达二三十年的长期跟踪调查④,而且是亲自参与观察,因此他写的《与自然打交道》具有很强的感染力,将他本人的真情实感表现得淋漓尽致。长期的田野作业使得他超越了调查者与被调查者之间互为他者的关系,而与调查对象水乳交融在一起,成为了朋友。

总结篠原徹的研究,可以用"自然(认)知、技能、传承世界、环境"几大关键词概括,透过关键词我们又能够解读出他的出发点是对人与自然和谐共生世界的探求,是对人与自然交往的历史以及在这个过程中形成的传承文化、知识体系的解析。在他编纂的《现代民俗学的视点1 技术的民俗》中,收录的每篇论文"都是为了表达只有置身于自然界中才能获得的愉悦感",而之所以选择了《技术的民俗》这样的书名,也正是源于他的主张:"民俗技术的研究不应该只停留在对工具和使用方法的研究上,而应该进一步挖掘陶醉于自然世界中的人们其背后丰富的价值观和世界观。"⑤这是对偏

① 〔日〕篠原徹:《海与山的民俗自然志》,吉川弘文馆1995年,第275页。
② 篠原提到自己喜欢的民俗学家是坪井洋文,以上提到的两点便是来自于坪井的宝贵教诲。〔日〕篠原徹:《环境民俗学》,《知晓民俗学》,朝日新闻社1997年,第17页。
③ 〔日〕篠原徹:《自然和民俗——心意中的动植物》,日本Editor出版部1990年,第253页。
④ 《与自然打交道》一书中写道:"(我)去伊拉克共和国是在23年前。""和埃塞俄比亚的南部村落已经交往了10年,几乎每年都去。""对冲绳县八重山郡黑岛动植物和人类关系的调查已经持续了将近10年。"
⑤ 〔日〕小岛孝夫:《超越复合型劳作生计论》,《日本民俗学》2001年第227期,第35页。

重技术分析的研究现状的倒戈。正如他在研究中强调的："重要的是掌握与自然界相关的丰富的知识"①，借助少量的、简单的、随处可见的物品，甚至是不需要任何物品而与自然环境达成协调共存，正是这样的智慧、"身体技能"和"生态技能"②，才是生活在大自然中、与自然打交道的民众身上耀眼夺目的闪光点。在篠原徹的研究中，无论是对中国海南岛黎族人为击退蚂蝗使用的"魔杖"、黎族的旱作刀耕火种耕作方式的研究，还是对非洲热带雨林区的狩猎采集活动、水源的熟知，或是对日本渔民传统的渔场定位方法、人工养蜂、鸬鹚饲养等的研究，都表现了篠原徹对"和自然打交道的人"发自内心的热爱，对劳动人民生产生活中世代传承的有关自然、环境智慧结晶的尊重。

在研究方法上，篠原强调除去一般民俗调查中重要的访谈手段以外，自然民俗学更加重视参与观察的方法。例如在《与自然打交道》的开篇他就写道："接下来讲述的全部是我亲身经历过的事情。"③"民俗学在以往的研究中过于偏重'访谈'的方法，而缺少在民俗语境（现场）下的研究。……尤其在传统的生计劳作逐渐走向消亡的当下，对现场不进行观察其结果会导致什么？民俗学应该提高对访谈局限性的认识。本书的立场即为重视'观察'。"④在对冲绳进行调查及在冈山工作时，他都制作了许多植物标本，对照着记录的其方言名称，亲自到山林中体验观察。

篠原徹提出的"民俗自然志"，是将民俗与生态结合在一起的研究体系。关于该概念的内涵界定，篠原指出如果民俗志是指对从事一定劳作生计的人群所构成的社会集合的生活总体进行的记录，自然志便是和生活相关的动植物的科学记述，记述该社会集团在和自然对峙的生活过程中传承下来、通过观察获取的、自然认知的体系便是民俗自然志。篠原在研究中也明确了以相关理论和方法作指导：即研究对象为以海、山为代表的自然中存在的民俗知识和技能，尤以和生活密切相关的部分为重点；研究方法重视参与观察，记述自然认知的传承文化；研究目的是为了弥补在观察领域上以往民俗学研究存在的欠缺。

---

① ［日］篠原徹：《与自然打交道》，小峰书店2002年，第7页。

② 篠原徹认为："和自然面对面的时候，必要的工具和熟知工具使用方法的知识很重要。这种知识可以分为两种。一种是（我）称之为'身体技能'即靠身体记忆的技能，例如渔场定位依靠的长期经验。另一种称之为'生态技能'，即对自然界中对象生态、习性等的深刻理解。"［日］篠原徹：《与自然打交道》，小峰书店2002年，第107页。

③ ［日］篠原徹：《与自然打交道》，小峰书店2002年，第15页。

④ ［日］篠原徹：《海和山的民俗自然志》，吉川弘文馆1995年，第2页。

（三）资源管理体系的研究——菅丰、安室知

1. 共有资源的开发、利用、管理、维护视角下的应用民俗学研究——菅丰

菅丰在自己的博客中曾经写道，比起柳田国男，他更加喜欢宫本常一，因为宫本的研究更加具有实践性和现场性。他又进一步主张："现在是每一个学者应该自律自立进行切磋琢磨的时代，一味地追思'以往的有名的运动员'，停留在回顾和怀念的行为中，作为运动员是不会成功的。因此（我们）不需要柳田，也不需要宫本。"①菅丰以其犀利的笔锋，强调通过自己的实际摸索，留下属于自己的深刻足印，提出重视实证经验研究的学术观。

菅丰把自己的研究内容概括为三点：①人和动物关系史的研究。具体表现为对"处于从属、次要位置的生计劳作"体系的分析。②对地域的资源管理实态的考察。具体表现为对"资源共同利用体制机制"（commons）②的研究。③从跨文化角度以中国和日本为中心对东亚的调查研究。

在1998—1999年由他主持的日本文部科学省奖励研究A的课题中，作为附属、次要的劳作方式，菅丰对冲绳的斗牛和家畜喂养实施了实地调查。分析附属地位劳作原理时，他否定了以往生态人类学和民俗学研究中认定的"基于规避风险的考虑、受到商品经济的影响、对多样资源的适应表现"的阐释方式，而是从"内部赋予的价值观"角度，解释为民众自发地赋予这种次要、从属的传统劳作内部以新的价值观，把它们作为一种轻松愉悦的劳动方式。这种"内部价值化"是民众的不完全意识表现，而这种不完全性又恰好降低了对环境的负荷，促进了环境的保护和再生。

此外，菅丰长期以来对新潟县小千谷市斗牛③进行跟踪调查。对待斗牛，菅丰不是简单地从"民俗主义"角度分析，而是思考人们在文化资源面前应该如何评价、利用、管理。他借用了自然资源管理中的一个有效分析理论——顺应化管理（adaptive management），把斗牛看作是使人们获取幸福的对文化资源的一种顺应管理。为了对人与牛的交往关系史进行细致的实

---

① 菅丰博客2006年6月19日日志《〈朝日新闻〉报道〈作为现代学的民俗学〉的读后感》。

② 原为生态学、环境学领域内使用的概念，后来成为跨自然科学和人文社会科学的交叉研究中讨论的概念。菅丰在使用时把它界定为"由复数的主体共同使用、管理的资源以及这种共同使用、管理的制度"。相对于以国家政府为代表的"公"、以个人为代表的"私"，处于"公""私"之间的便是"共（同共有）"，其具象化即为传统的村落社会构成。而"共"成为"资源共同利用体制"的最大特征。

③ 新潟小千谷的斗牛活动是国家指定的重要的非物质文化遗产。据菅丰介绍，日本的斗牛活动不同于西班牙式的人与牛，而是牛和牛用角进行的格斗比赛，被视为神圣的活动。

证考察,菅丰自己也买了一头牛,成为了"势子"(负责拉开斗牛的人)的一员。由此,他探讨了建立在斗牛基础上的社会构成、社会规范,尝试了新的田野作业的方法和理论。

菅丰对地域的自然资源管理实态的考察主要建立在"资源共同利用体制机制"的概念基础上,以新潟县山北町大川乡村落为田野调查地,对围绕流经该村落的大川河洄游鲑鱼资源的利用、管理、维持体制机制展开了研究。在《河川的归属——人与环境的民俗学》(2006)代表作中,菅丰对在利用、管理、维护河流洄游鲑鱼这一共同资源中表现出的村民与村民、村民与共同体、共同体与国家之间的关系,以及对当地"资源共同利用体制机制"的生成和变容进行了细致的、历史的考证,通过实例对"资源共同利用体制机制"得以形成、维持的内部原理——"公""私""共"三者间的制约平衡实态进行了剖析,为解决现代社会中的公共性和环境破坏问题提供了启示。

每逢秋冬季节,在该地的2级河流大川河中,依据生态习性鲑鱼会从大海返回河川,然后顺河川下游溯流而上,到上游产卵,这样的"洄游鱼资源"为大川河沿岸的村民带来了共同的经济利益。但同时,由于洄游鲑鱼的总量不变,上下游沿岸渔户之间长期以来存在着捕获数量上的竞争关系。除去获取利益多少的竞争问题,当地还存在资源灭绝的危机,即如果在下游就把鲑鱼全部捕捞殆尽的话,会导致他们无法返回上游产卵,造成资源灭绝。因此,共同资源的管理利用制度作为一种规范,对达成平衡机制起着重要作用。

菅丰对不同历史背景下围绕大川河的"资源共同利用体制机制"(大川河的捕鱼技术、渔场使用的惯约约定)呈现的实态、影响条件、主体意识进行了实证考察,认为:"近世时代下'资源共同利用体制机制'首先是作为人们生活的一种保障体制,是人们为了克服私利、自以为是、私欲的综合困难,寻求协调而不得已确立的体制,是为经济活动、经济利益服务的体制。因此这时的'资源共同利用体制'核心问题是对'人与人之间的关系'如何作到可持续性的管理和维持。"[1]进入到近代,随着近代国家政治确立的"公益"理念的加强,"资源保护"的使命被附加在了"资源共同利用体制机制"之上。这时的"资源共同利用体制机制"性格表现为:"当地传统的价值与外来的近代价值之间的磨合,近代与前近代构成的纠葛。……对于大川乡的渔民来说,他们一方面接受政府自上而下灌输的'公益''资源保护'等外来概念,同时采取应对措施以有利于共同生活体福利的'共(同利)益'思想优先。因此近代

---

① [日]菅丰:《河川的归属——人与环境的民俗学》,吉川弘文馆2006年,第100页。

的'资源共同利用体制机制'依旧以追求'共益'为核心问题,是近代与前近代磨合过程中形成的'纠结的实体'(entangled objects)。"[1]

进入到现代,以往以经济利益为原动力得以维持的"资源共同利用体制机制"发生了改变。从80年代初开始,更多的渔民是在大川河沿岸的捕鱼活动中感受到一种"乐趣",以鲑鱼为契机建立起人与人之间更为亲密的交往关系,因此传统的、非合理主义的"固敥"(诱捕箱)捕鱼方式也才能得以传承下来。菅丰认为原本作为生计活动、为追求经济利益存在的捕捞鲑鱼行为,其中的"娱乐性""消遣性"要素日益增强,这是因为周边社会状况改变带来的自然而然的变化,而不是出于传承传统的目的而进行的人为改变。在利用、管理、维护作为共同自然资源的洄游鲑鱼的过程中,人、共同体、国家、自然之间形成了多样复杂的关联,并且随着时代的变化而改变,其最终目的是达到"资源共同利用体制机制"的持续性发展和制约性平衡。菅丰的研究旨在通过对这种体制机制的内部原理进行细致微观的分析,挖掘其在环境的可持续利用层面蕴含的价值,明晰"人们为了'共同'生存如何努力;社会如何掌控个人的利己、反社会行为;何种的社会规范、惯习约束被延续下来"的问题答案,从而应用于未来社会,为将来的"资源共同利用体制机制"的确立提供参考。

菅丰同时身兼中国数所大学的客座教授、特约研究员[2],对中国的自然民俗研究也投入了极大关心。例如通过太湖地区的湖羊饲养探讨中国人的动物观、中国人对"创造应该有的自然"的追求;对以木、竹为材料的根雕艺术的研究;对在人为和非人为的夹缝中诞生的文化、花鸟鱼虫文化的本质和建构的研究。菅丰通过对汉人巧妙利用原有形态并辅以人工加工制作成精美造型的根雕艺术的研究,剖析了汉人把"原生的自然"转变为"应该有的自然"的自然认识观;通过对斗蟋蟀娱乐活动的考察,揭示了汉人重视"应该有的自然"的认知观,侧重把自生自灭的"原有的自然"通过人为加工改变为"应该有的自然"的自然观的存在。

---

① [日]菅丰:《河川的归属——人与环境的民俗学》,吉川弘文馆2006年,第169页。
② 菅丰,2001年1月—2002年12月任中央民族大学民族学与社会学学院客座教授,2006年12月起至今任复旦大学艺术人类学与民间文学研究中心特约研究员。

2. 对生产劳作领域偏重技术的批判和对复合型劳作生计论的提倡——安室知

以往,对劳作生计的研究只是从某一单一生产类型入手①,例如对农耕生产的研究、对渔村渔民捕鱼生计民俗的研究、对采集和狩猎领域生计民俗的研究等,都是把农林牧副渔业独立分割开来,各表一方。20世纪80年代以来,劳作生计民俗研究开始确立以自然与民众关系为重心的复合型劳作研究理论。劳作复合论最初的提倡者为河冈武春,在20世纪70年代中期,他开始关注资源多样化的低湿地地区民众的生活实态,使用"农渔民""渔农民"的称呼,论述了民众为应对多样资源而展开的劳作复合方式。但是在河冈的研究中存在着重视技术和物资而忽视了人间主体的不足,因此20世纪80年代中期安室知立足于"民众生活中的风险分散"视点,对偏重技术论、体系论的复合型劳作理论进一步作了补充,并且将其发展成为复合型劳作生计论的主流学说。

安室知注重把一片区域的生产劳作方式从整体上给予综合把握,强调了民众如何最大限度地利用环境、整合自然,以不同的比重安排多样化的生产劳作,从而确定了民众为"规避风险"而采取的复合型劳作生计策略的学说。他论述道:"复合型劳作理论可以定位为民俗研究综合化的一种尝试","通过把以往的个别性劳作技术研究给予综合,从劳作生计的侧面明确人的生存之问题"②。他的这种"复合型劳作理论"被评价为"给以往的劳作生产研究带来了新的视点"。"安室开始对偏重技术志的复合型劳作理论重新审视,致力于以民众生活为立足点的劳作论研究,为今天的劳作生计研究做出了重大的贡献"③,"(从复合型劳作理论、从属性生计劳作视角出发进行的研究)必将为今后的劳作生产研究带来巨大的影响"④。

安室知的观点建立在长年的田野作业和对收集来的数据进行详尽分析的基础之上,通过对田野作业资料与理论之间的反复论证,剖析民俗事象的原理。例如对稻作农耕民中传承的猎捕水鸟民俗的研究,在1997—1998年度由其承担的日本文部科学省奖励研究A的课题中,安室知分别通过对鹿

---

① 20世纪70年代末到80年代,坪井洋文大力推进民俗文化类型论研究,受这一影响,有关生产民俗的研究在进入90年代以后,大都转向分类型、以单一视角展开的方法,例如农耕(稻作旱作)、渔捞、狩猎等。

② [日]安室知:《围绕水田的民俗学研究——日本稻作的展开和构造》,庆友社1998年,第269页。

③ [日]菅丰:《围绕自然的民俗研究的三大潮流》,《日本民俗学》2001年第227期,第20页。

④ [日]小岛孝夫:《超越复合劳作论》,《日本民俗学》2001年第227期,第33页。

儿岛县南种子町、新潟县上越市、滋贺县余吴町三处的民俗志实地调查，对水田背景下展开的稻作民狩猎水鸟的技术和意义进行了考察。考察结论指出，在传承有猎捕水鸟习俗的水田耕种民看来，水田不仅是他们收获稻米的场所，同时又是猎捕水鸟的重要场所，为此他们积极主动地管理和保护水田的环境和生态。在开展水鸟猎捕的稻作农耕地区，水鸟在民众的日常饮食生活中占据着十分重要的位置，是冬季里重要的动物蛋白质来源。[①]因此民众对水鸟的习性了如指掌，并且利用这种丰富的民俗知识更好地猎捕水鸟。

安室知通过大量的实地调查，批判了以往单一的类型化研究，为自己的研究贴上了醒目的复合型劳作论的标签。他以人的这种主体与环境的相关性为重心，借助生态系的视点，对多样劳作要素的结合方式展开实态研究。他在研究中强调利用千姿百态的环境系统，例如渔业与稻作农耕的结合——在稻田中发展渔业的案例，进而提示了和稻作相关的复合型劳作生计中表现出的"并列式复合"和"内部化复合"[②]两种主要形态。

"并列式复合"，安室知又称之为"外部化复合"，主要表现在山地丘陵地区，安室知以长野县有30户人口的坂部村为个案进行了考察。作为山区地形，为了保障自给自足的生活，村民利用大山和河川等自然空间，组合了采集、渔捞、狩猎、火田耕种等多样的劳作生产，其中以采集和火田耕种为最重要的生计方式。在这里，稻作耕种的历史很短，耕种面积很小，在比重上仅能等同于旱地作物的一个种类，此外在食物构成等方面也充分表现了山区多样的"并列式复合"的形态。

对于"内部化复合"，安室知对长野县约有40家农户的檀田部落开展了田野调查，对该地区劳作生计的表现形态进行了个案分析。他指出该地区尽管水稻生产的集约化程度很高，但是要想保障以大米为主食的生活，一年两季的大麦小麦的耕种是必不可缺的，同时民众还通过在田埂处栽种豆类作物，以获取日常饮食中重要的副食品和用于制作节日特殊食品的原料。此外，在种植各种农作物的同时，作为生计劳作的其他组成部分，农户还利

---

① 安室知在研究中参照了川喜田二郎提出的理论范式："在把分别独立开的单个生产劳作进行综合化的时候，可以以1. 资源的再生产性、2. 劳动生产性、3. 食文化中的营养要素为基本条件，对实际中的复合型劳作生产模式进行考察。"[日]川喜田二郎：《朴素和文明》，讲谈社1987年，第166—182页。

② "并列式复合"和"内部化复合"是指复合型劳作生计论中稻作部分和其他劳作间的相互关系表现类型。"并列式复合"指稻作与其他劳作作为生计活动占据同等的位置，并且在时间·空间·劳力三个要素方面，两者分别有相对独立的体系。相对于"并列式复合"关系，"内部化复合"是指稻作与其他劳作相比在逐渐强势化、单一化的过程中，其他的生计方式在时间·空间·劳力方面的要素都被稻作活动囊括的关系表现。

用水田的排水沟捕捞泥鳅,开展水田养鲤,采集水田中的田螺、螃蟹,以满足自家用动物性蛋白质营养的供给。像旱田耕种、豆类作物的栽培、丰富多彩的捕捞等劳作活动,尽管不能和稻作耕种相提并论,却很巧妙地被穿插在了稻作系统中,在商品经济、货币经济尚不十分发达的阶段保障了农户自给自足的生活①。

安室知对复合型劳作生计形态的分析主要基于是否有特定劳作方式的集约化体现,在日本具体来说即为稻作耕种的单一化程度如何。在"内部化复合"劳作中,稻作耕种的集约化程度高,劳作生计以水田环境为基础得以确立,稻作以外的劳作仅仅作为点缀。相对而言,"并列型复合"形态则存在于山地丘陵地带,由于缺乏支柱型劳作生计,表现为各种劳作生产方式的并列组合、人为空间和自然空间的综合利用。

安室知提出的"复合型劳作理论"对于今后的生产劳作民俗的研究无疑会发挥重大的作用,他的研究唤起了民俗学者们对参与观察法有效性的重新认识,得以重新反思以往研究中对访谈的一边倒和参与观察的欠缺。同时安室提倡以"民众生活"为出发点的研究态度和综合化研究视角,替代以往的"技术论"和"物质论"倾向。但同时,有很多学者也注意到了其中的不足,例如菅丰在评论中从对立面指出了安室知学说中的危险性:"安室知受到野本宽一有关生态学、生态人类学的重要影响,但这种影响好比双刃剑,一方面显示了安室对生态学的熟练把握,另一方面也导致了在他的研究中对生态学研究视角的过度强调。……由于过度强调复合劳作中风险规避的意义,而导致把(民众)原本对自然的多样化接触简单轻率地归结为一元化逻辑,造成短路。"②小岛孝夫认为:"安室对于人为何要劳作,为何不停地劳作等疑问没能作出回答。……作为分析方法,有必要捕捉民众的深层感受,解读民众要生存下来的背后的思想基础。"③

3. 景观论的倡导者、环境思想论学者——鸟越皓之

鸟越皓之既是民俗学家也是社会学家,他把景观论定位于民俗学和社会学的夹缝下的生存,既需要民俗学的知识,也不可缺少社会学的视角。"环境民俗学以民俗学的方式分析环境问题,它的宗旨在于通过将传统的知识技能活用于现代社会从而保护地域环境。"鸟越皓之在他的论述中把环境民

---

① 参照[日]安室知:《复合型劳作生计论》,野本宽一等编:《讲座日本的民俗学5 劳作的民俗》,雄山阁1995年,第253—264页。

② [日]菅丰:《围绕自然的民俗研究的三大潮流》,《日本民俗学》2001年第227期,第20—22页。

③ [日]小岛孝夫:《超越复合型劳作生计论》,《日本民俗学》2001年第227期,第37页。

俗学的研究内容分为三大方面：①发现传统生活中"不会伤及环境"又适宜利用的生活体系构成。对这些和自然密切相关、以传统方式进行的良性循环系统进行发掘和记述。②从自然和人两者的主体化思维角度出发，明确自然与人们之间的纠缠争执。这需要首先明确自然界的原貌，然后发现人与自然的平衡点。③解析以环境为媒介形成的人与人之间的关系。①

鸟越从1982年开始和嘉田由纪子合作，以滋贺县琵琶湖水域为中心，展开了长期、全面的地域环境调查，完成了《水和人的环境史——琵琶湖报告书》(1984)、《环境问题的社会理论——从生活环境理论的立场出发》(1989)、《环境民俗学的尝试——以琵琶湖研究为个案》(1994)等研究成果。他从人与环境构成的良性生态链、人与环境的共生、围绕自然（产物）的人与人之间关系的多样化角度，通过实证研究，对问题深处隐藏的人类生存的本质问题进行了考察。从相同视角出发，出口晶子对新潟县荒川的流域环境变迁进行了考察，以挖掘民俗生活中民众的自然观知识，致力于河岸的环境保护。

与其他学者相比，鸟越的民俗论中环保主义色彩相对浓厚，但又不同于一般含义上的生态学论。生态学论以把人与自然割裂开来、保护自然作为基本理念，但鸟越不反对人类利用和介入自然、生态，而是强调通过将固有的传统知识在现代语境下给予再生，起到保护地域环境的作用，提倡把民俗的符号、知识体系引入到环境论中。这种思想与他的景观论一脉相承，主张景观的形成应建立在民众的民俗知识体系之上，其研究的出发点即为"文化培育了自然"，人的行为带给自然、景观更加多姿多彩的内容。鸟越以森林、樱花树为例，阐释了人类的介入和行为干涉对自然的积极作用力。正因为人类对森林的介入和干涉，森林资源才得以保护，他认为相比于环保主义者的做法，民俗学的知识在森林保护政策中更能发挥有效的作用。

对于景观的界定，香月洋一郎认为："民俗社会中的景观，并非简单等同于呈现在眼前的地形、建筑物概貌。如果把重点放在对景观的认知方式上进行考虑，那么可以说在以往的民俗学中已经积累了庞大的研究资料。例如地名，便是从多个层面反映对该地域景观认知的语群。各种各样的风的名称，也原封不动展现了当地民众对当地水土的某种认识。"②在对景观中的水资源进行的研究中，鸟越认为日本民族"不仅得益于丰富的水资源，而且

---

① 参见［日］鸟越皓之编：《环境民俗学的尝试——以琵琶湖研究为个案》，雄山阁1994年。
② ［日］香月洋一郎等编：《讲座日本的民俗学4　环境的民俗》，雄山阁1997年，第17页。

能饮用到甘甜美味的水"①,他从水发出的声响、包含水的喜闻乐见的词语、从停滞的水向流动的水的转换、和水相关的意识调查、与信仰的结合、饮水文化等多角度,对水构成的生活环境发表了感想,表现了日本民众贴近水的情感。他还提到了自己2006年中国之旅时对无锡地下泉水的深刻印象,同时表现出无奈的遗憾:"最甘醇的水当属喷涌而出的水,在日本像筑波山附近、琵琶湖周边都有很多涌出的水,英国、中国也有很多这样的地方。无锡位于太湖之边,尽管政府要求使用自来水管的水,但市民还是希望饮用涌出的水。近期政府要对这些破旧地方进行改造,以前的村落要被改造成草坪,地下涌动的水源地将被填平。并且已经规划了高层住宅楼,进行统一搬迁。伴随而来的将是水源文化的消失,就像日本曾经有过的现代化。"鸟越从当地标志性的自然环境入手,挖掘了环境与民俗的互动。

第四节　时代呼声下诞生的研究

环境民俗学是日本民俗学研究进入到80年代后自然科学与人文科学密切结合的产物。正如坪井洋文所说的:"民俗学是一门通过人与自然、人与人、人与神(佛)的关联,描绘民俗世界的学问"②,自然史与民俗史的结合是重要的研究视角之一。环境民俗学在对人的生产、生活文化进行考察的时候,不再把生存环境、集合体的存在、娱乐意识仅仅视为附属的、次要的要素,而是更加注重它们的主体性、相互关联和作用。

我们可以发现,环境民俗学领域的代表学者多为理科出身,在知识体系结构方面具有生物学、动植物学的先天优势,因而也才能够在理论分析和概念阐释中做到大胆尝试、游刃有余。又如菅丰所说的:"对自然的关注,并不是对民俗学以往不曾涉及的对象的一次淘沙,而是可以看作对以往民俗学方法的思考,对民俗学自身意义的一次重新反思。"③与以往的民俗学研究相比较,环境民俗学突出了对环境多样性的认识,从单纯的技术论转向对人与自然的双向关系的认知,研究方法上加大了参与观察、定量分析的比重,更加有效地结合现实,推动了作为现代科学的民俗学研究。此外在众多的环境民俗学研究中,我们能够发现其中一个共同点便是对国内、国外的环境和

---

① 《Mizkan水文化中心期刊　水的文化》第27号,Mizkan水文化中心,2007年。
② 《日本民俗学》1997年第211期,第151页。松崎宪三在《现代民俗学入门》的书评中提到已故民俗学家坪井洋文对自己的教诲。
③ [日]菅丰:《围绕自然的民俗研究的三个潮流》,《日本民俗学》2001年第227期,第15页。

自然展开的平行调查。无论是篠原徹还是菅丰、安室知、鸟越皓之，他们在实地调查中都或多或少涉及到中国南方以及非洲等地区①，其中菅丰的调查地更是以日本和中国为主。这种比较的、综合的、平行的共时研究成为环境民俗学的一个特色。

环境民俗学的兴起与特定时期面临的社会问题当然有着密不可分的关系，但更直接的原因是民俗学自身的学科特质所致。民俗学是关注、研究民众自身生活的学问，是经世济民、自省的学问，因而当民众在生活或精神上面临困惑的时候，民俗学就要当仁不让地承担起解疑释惑的责任，其结果是以民俗学的知识推动社会的进步，更好地印证民俗学学科的现代性、实用性特质。

环境民俗学领域继承了柳田民俗学对山乡渔村的研究传统，同时我们也看到研究呈现出纷繁复杂的多维视角、源自不同问题意识的多元认知，这可以被视为以民俗学语言对解构主义之下分散和无秩序性特点的阐释。环境民俗学研究脱离了柳田逻各斯的力的支配，甚至是超越了一国之划定圈子来到了东亚、非洲，超越了民俗学科以外来到了人文社会科学、自然科学领域。后柳田时代是"每一个学者（应该）自律自立进行切磋琢磨的时代"②，在众人拾柴的努力重构下，环境民俗学在后续的文化资源论研究、文化景观保护研究中继续保持了余热，践行着香月洋一郎最初对环境民俗学的嘱托——"从民俗学的立场向现代社会传递某种讯息"③。

第五节　来自民俗自然志的讯息——篠原徹访谈录

2020年8月，为期一年的日本访学即将结束，我马上到了回国的时间，可是日本的疫情依旧不乐观。虽说感染人数并非可怕的数字，各个方面也都在可控范围之内，但毕竟是未知的新冠肺炎疫情。从日本文化的特点来看，又是十分谨慎与避免影响到他人的观念，所以非必要、非紧急的事情都选择了搁置。这也使得必须跨越省界移动才能完成的面对面访谈变得难以

---

① 例如，篠原提到他曾经在中国海南岛对黎族对付恶劣环境的技能进行的调查、对贵州省东南的苗族民众与自然关系的调查、对非洲地区的跟踪调查；安室知对中国西南纳西族、彝族生活文化的调查；菅丰在浙江省的调查，通过对桐乡湖羊的饲养方法、根雕、斗蟋蟀等进行的系列调查，考察了汉民族的动物观、自然观以及文化的建构过程。

② 菅丰博客2006年6月19日日志《〈朝日新闻〉报道〈作为现代学的民俗学〉的读后感》。

③ ［日］香月洋一郎等编：《讲座日本的民俗学4　环境的民俗》，雄山阁1997年，第16—17页。

实现。

在京都国际日本文化研究中心研究部教授安井真奈美的大力协助与积极推动下，我终于通过邮件方式联系上了篠原徹老师，并得到他的许可，顺利敲定了新冠疫情特殊时期下的访谈。我与篠原老师结识于2005年夏天，时光一下子回到了15年以前。还是在我的恩师汤川洋司教授在世时，他得知我因为写作博士论文需要赴日搜集资料，于是迅速帮我联系到日方资助，让我能在2005年7—9月三个月时间在日本集中思考论文写作事宜。这期间，他正好邀请了篠原老师来山口大学做暑期学校的集中讲座，我们就这样有缘结识了。我受汤川老师委托，进到教室帮忙拍一下授课时的照片，有时课后师生们会一起去居酒屋恳谈。转眼间超过一个生肖轮回的岁月已经逝去。

篠原老师长期关注于自然与民俗的关系研究，在《日本民俗学》期刊发表有环境民俗学研究动向的论文，是自然民俗学领域的代表性研究学者。这与他本人的学术背景有密切关联。篠原老师最初在京都大学就读的是理学部植物学专业，之后就读于京都大学文学部历史学专业，毕业后的第一份工作、也是篠原老师研究生涯的起点，是在位于日本冈山县真庭市北部山林地带的冈山理科大学的蒜山研究所做助手，他自己也曾经说过："生活在山村做助手的这三年时光，可以说决定了我以后研究的全部内容。"[①]在那里他走遍了多个深山林地，遇到了众多与自然为友、以自然界为生的民众，他们或从事木炭烧制、或是对野生植物的生态了如指掌。篠原从他们那里学习到了无穷无尽的知识，什么植物可以食用、它们集中生长在怎样的区域、什么时节去采摘、它们具有的丰富多彩的称呼，等等。从这种对自然抱有的强烈兴趣与求知欲望出发，他的研究特点表现为面对自然的整体性认知的"自然知"的探究，以及在原有民俗学研究中被忽视的渔民、农民劳作中有关"技能习得"的部分。本次访谈即围绕自然、环境、生态民俗的话题展开。

郭海红（以下简称郭）　得知您于2019年刚刚卸任滋贺县琵琶湖博物馆馆长一职，请您具体谈一下在任馆长时的工作。我们知道许多环境民俗学研究是以琵琶湖为主题开展的，并且形成了一定数量的研究成果。

篠原徹（以下简称篠原）　琵琶湖的综合开发始于1972年，日本政府投入1兆8千亿日元，历经25年时间终于在1996年完工。自此，原本存在于琵琶湖周边、作为琵琶湖自然生物重要栖息地的内湖，即那些流入琵琶湖的河川构成的泄湖和浅滩则几近全军覆没。据说它们数量多达近100处。作为

---

① ［日］篠原徹：《微醺的村落：超密集社会的不平等与平等》，京都大学学术出版会2019年，第241页。

近畿地区的引用水源,换句话说即琵琶湖的生物再生产的场域被破坏以后,为了研究未来湖与人的良性关系再造,作为一个研究场所,1996年琵琶湖博物馆成立。我认为这背后不乏国家以及滋贺县对于自己一手造成的严重的自然破坏后的赎罪意识。

在这样的背景下,琵琶湖主要就是以"思考面向未来的湖与人的良性关系"为重要目标,开展了各项研究活动。第一代馆长川那部浩哉是一位鱼类生态学家,他主导了琵琶湖的鱼类研究,以及嘉田由纪子为中心开展的环境社会学研究,都取得了显著的成果。其中"摇篮水田"项目是其中极富特色的部分,接下来"琵琶湖的保护与再生"项目再开展起来以后,"摇篮水田"的作用将会体现得更为突出。

受川那部浩哉的邀请,在2010—2019年期间我接任了博物馆的第二任馆长一职,围绕"人与自然的关系"开展研究。这九年时间,我主要完成了两大块工作:其一,大力宣传琵琶湖博物馆馆员的研究活动与动态;其二,考虑到博物馆成立已经20余年,所以对展示厅进行了重新装修和维护。针对前者,我们面向市民发行了名为《琵琶湖小册子》的丛书,同时馆员们也完成了许多学术专著,例如高桥启一《有大象也有鳄鱼、琵琶湖畔》、里口保文《琵琶湖何时出现》、前畑政善《琵琶湖巨大鲶鱼探秘》,合计有12本专著。对于展厅的重装,规划的是3期6年计划,原定于2020年新装开业,但由于新冠肺炎疫情的蔓延,这项工作有部分延迟。我于2019年3月退任馆长一职,展厅的重装开业也有了眉目,所以接下来的工作就交由后续人员具体负责了。

郭 20世纪90年代环境民俗学的研究备受瞩目,如今已经过去了20多年时间,您是如何看待这期间环境民俗学研究的变化与现状的?同时,我们可以看到针对该领域的研究有不尽相同的叫法,例如自然民俗学、环境民俗学、生态民俗学等,这种称呼的不同只是研究视角的不同,或是研究者个人特质的不同,而并非是存在着本质上的不同,是否可以这样理解?

篠原 你所说的90年代环境民俗学研究的盛况,我想应该是指以野本宽一为代表的"生态民俗学"、鸟越皓之为代表的"环境民俗学"以及我本人篠原徹开展的"民俗自然志"的研究。虽说冠以自然、生态、环境不同的称呼但其本质是相同的这种看法是不正确的。野本与鸟越对于涉及自然的民俗的认知,是将人类的民俗行为与惯习视为完全接近生物学生态系统的一环的属性。因而,他们对于自然相关民俗的理解其核心是可持续性生态系统的维护。对此野本也说,在他看来,人们利用自然的所有民俗皆出自该目的,所以表现出对传统的赞美;鸟越尽管没有百分百,但同样是基于利用自然的民俗是与自然巧妙协商的立场。而我的自然民俗志,是以讲述民众,尤其是相对贫困贫乏、被权力支配和歧视的那些人，他们作为生存方式如何通过自身利用自然、获得自然的恩惠的整体呈现为目的，很少涉及利用自然的民俗中指向可持续性智慧型利用的要素，我更多是将其视为对环境的破坏。简而言之，日本的近世16—19世纪，人们对于自然的利用主要是为了采集燃料或者生计上的需求，对身边的自然进行细微、竭泽而渔式的使用，从生物学立场上看的话，周遭的自然完全成为了贫瘠的牺牲品。中国的山林更是彻底的牺牲品，我在中国调查的时候也有这样的感受。而以野本、鸟越为代表的研究者的想法，却与这种事实正好相反，他们认为近世或近代农民的生活方式是一种与自然共生的模式。由此，我想到民众作为"生存的方式"形成了民俗，这本是无可非议的，问题是就像政治、权力上处于统治地位的人要求其他人给他们缴纳税金与贡品，从人的手中抢夺一样，在自然利用中也存在着这种抢夺，这是我们需要从利用自然的民俗中进行解读的。当下，全球化下的金融资本主义进行各种掠夺，我认为这就是目前地球变暖、极端天气频发、核电站事故爆发最终导致地球自然被破坏的元凶。所以说，我们的研究有着本质上的不同。

郭 最近我看到许多从资源化视角对自然、共有资源、共同体进行的研究，它与民俗学视角下的研究有着怎样的不同呢？

篠原 欧美以及亚洲，包括日本以及中国也开始步入全球化金融资本主义，他们在不具有话语权的地区以及发展中国家的农业、渔业、畜牧业领域正在渗透自然资源的可持续性智慧型利用方式，这种现状便是该领域受到关注的原因。以畜牧业为主的社会"共有地"的利用，哪里是什么智慧型利用？分明就是导致环境破坏的"共有地的悲剧"①。这篇论文发表的时候，正是欧美社会主张"土地私有化"持有论的正当性的风口浪尖之时，而这与后来该理论在日本的接受情形是完全相反的。日本在大正时代1912—1925年，盛行的是针对文化、学问的欧美赞歌与舶来主义，对共有资源的讨论是在那之后过了近100年时间，民俗学、社会学领域突然出现的现象。是对于全盘接受、无原则赞美或引用欧美理论时代结束后的替代品，想来十分可笑。日本农村保留着表象为共有性的共有土地固有制度，于是环境民俗学、环境社会学等领域就出现了运用共有资源论对此再评价的一些论述。日本的文化人类学至今也在重复这样的工作，还把翻译欧美的文化人类学最前

① 这里提到的"共有地的悲剧"应该即为"公地悲剧"。美国生物学家格雷特·哈丁（Garret Hartin），他主张优先考虑地球环境的整体利益，而对个人权利及行动自由加以限制，提倡宏观环境论。他以数学家的模型为例，论证了在共有的系统里面，如果尊重个人的合理意志为前提的话，这一系统下的环境将遭遇毁灭。这就是为世人所熟知的"公地悲剧"。

沿的内容当成学问。现在,民俗学也在重蹈覆辙,在我看来难以置信。我个人认为,民俗学、人类学现在向欧美学习的部分并没有多少,反而应该是日本面向世界有必要发出日本的民俗学、生态人类学自己的声音。

郭 我个人感觉许多学者同时兼顾民俗学与人类学的研究,这两个学科之间是否确实有着亲缘的关系?您如何看待二者的关联性以及学科之间的相互借鉴?

篠原 在日本,作为民俗学者或者民俗学研究者,同时从事民俗学与人类学研究的不如说是少数。都立大学即现在的首都大学出身的研究者有不少是二者兼顾的,但被称为民俗学研究御三家的筑波大学、国学院大学、成城大学,那里出身的人大部分还是自称民俗学者,研究领域兼顾人类学的人几乎没有,我是这样认为的。我个人是京都大学毕业的,这里的民俗学几乎等同于零,因为既没有这方面的课程也没有该方向的老师。研究人类学的,多是毕业于理学部的生物系、农学部的生物系、农村经济学、农村社会学等专业,文学部的考古专业与地理学专业的人也不少。京都大学的人类学者大多数来自生物学系,在人类学当中生态人类学方向占据的研究人数最多。以对非洲、东南亚或者新几内亚等发展中国家、历史上属于非文字社会的族群的劳作与生活的研究为主。劳作与生活的研究,因为研究对象是大自然,与生物世界的关联度高,所以生物系背景的生态人类学家就比较多。生态人类学者中也有一小部分是对非文字社会以外的,例如日本、中国、韩国以及欧洲等的文字社会中"人与自然的关系"开展研究的。我就是其中一个,成为了民俗学者。民俗学中的劳作部分,与生态人类学领域最为接近。我在研究日本的农民、渔民时是民俗学者,对海外例如埃塞俄比亚、中国的少数民族进行研究时则从生态人类学角度参与。民俗学、文化人类学领域对于"环境""自然""资源"进行考察时,研究者对于生物世界的素养与知识的缺乏,我认为是个比较大的问题。这与欧美以文化人类学、历史学为代表的人类中心主义的世界观关系较大,这也正是需要予以改变的。

郭 近年来,很少看到有关环境民俗学的成规模的论述或研究成果了,事实上是怎么一种现状?其原因又是什么?

篠原 一路主导环境民俗学研究的当属鸟越皓之了,他以"人手干预过的自然"为对象,主张"从传统性社会中发掘那些不会破坏到环境、又为民众生活巧妙利用的操作方式",以此为环境民俗学的核心。人类与自然对峙并从中获取能量,这其中并非总可以形成权宜,不如说那样的操作方式更多是事与愿违,也就是因为大家都明白了这一点,环境民俗学也演变成了当下的现状。关于这方面的内容,1994年《日本民俗学》第200期发表了我写的论文《环境民俗学的可能性》，其中有我对野本宽一以及鸟越皓之的批判，你可以读一下。"环境"一词原本就容易陷入环境决定论的陷阱，所以我通常避免使用该表述。采用自然与人的关系性或称之为"打交道"的表述，其初衷便是为了避免环境决定论的误区。我将环境与人的关系，定位为"主体的环境化、环境的主体化"的双向关系。这也是为了避免流于人类中心主义的民俗学、历史学倾向的有意为之。环境民俗学的论述在鸟越与野本之后也还有不少，包括他们弟子的论文，在读之前就已经能猜到结论，很多是预设了结论的。我与中国的学者也打过一些交道，不乏先有观点主张，论证随之而动的感觉。这在由我编写、东京大学出版会发行的《中国海南岛：刀耕火种农耕的终结》一书中，就与中国生态人类学家交流的内容有过具体阐述。可以将他们的论述与我们的论述做一比较。中方的论述应该在中国有公开出版。

郭　您的研究体现了结合生物学的显著的跨学科特点，其中对人与自然双向交往的论述给我留下了深刻的印象。您能否从方法论层面对日本民俗学有所建言？

篠原　我始终如一的研究主题即为"围绕人与自然关系性的民俗学研究"。此处的"人"指的便是与自然对峙下过日子的农民、渔民。农民、渔民掌握的劳作技术与知识不是通过学校教育获得的，包括他们的祖先同样也是在生活中自行实践获得的。是以自然为对手适用的劳作技术与知识，所以当然是生物世界的实践性知识，是农民、渔民经历了长期数千年的摸索与观察的结果。农民全程参与种植作物的成长过程，按照现代生物学知识我们也可以说他们采取的方法是符合科学原理的，但事实是他们创造之初并不是为了符合科学原理的。所谓"关系性的民俗学研究"是指，正因为参与种植作物成长过程的是那样一群"（无名的）民众"，所以完全不可能以历史学科的研究方式、通过历史学的思维确定具体的人、场所、方法。历史学在面对"人与自然的交道"这样的课题时，可以说毫无用武之地。当然，人与自然的关系的话题，也不会出现在历史文献中。文献是统治者用于榨取与掠夺税金的。历史学只对"权力支配下的自然"感兴趣，对作为征税对象与榨取对象的作物感兴趣，而不是对自然、生物感兴趣。

最近遭诟病比较多的就是历史学、民俗学研究过于倾向于人类中心主义，即便对人类以外的生物、环境表现出兴趣，也很容易简单地将之归结为环境决定论。也就是众所周知的历史学所擅长的历史的主体性讨论。对当下的历史学与民俗学来说，需要的是去人类中心主义与去欧美中心主义史观。

郭　请您用一句话来归纳一下日本民俗学的特质。

篠原　相对于欧美的民俗学是以民间流传的口承文艺为中心,日本的民俗学与以非文字社会为对象、人类学所进行的各种研究十分近似。日本民俗学关注农民、渔民社会传承的地方性知识、认知与行动,可以说是一部不被书写的百姓的历史。

郭　感谢您花费宝贵的时间接受我的采访。

通过当事人的讲述,我对日本涉及自然、环境的民俗学领域研究有了更细致的理解。其中对我个人来说获得的一个新的感悟,便是为了更好地理解研究本身,除了基于研究者论著文本的研读,还要细致体会研究者立场的不同,这里的立场不是指泛泛的国家立场而是指更细微的研究指导思想的不同。正如篠原老师说的,站在日本外部看(大概所指是我),把自己与鸟越、野本相提并论,他感觉很吃惊。因为在研究观点上他与另外两人有着极大的不同。他戏称自己是日本社会中被视为左翼的那一派,所以他的民俗学也可以划分到民俗学中的左派或自然派。他对自己在民俗学界的定位有过这样的调侃:"尽管我不认为民俗学的研究领域有正统、异端或干流、支流之分,当然也许会有人那样认为,如果从这个角度看的话,像我这样的一类明显地是归属于异端和支流的,当然我对此并不在意,被视为异端、支流,反而更彰显了民俗学特性,更加有趣。"① 可见,篠原老师的研究定位与研究特色在他的研究中是　以贯之的,非主流并且极具批判意识。

在指导思想上他也是批判全球化资本主义的。访谈中他提到,当下由于新冠肺炎疫情,社会的生产、流通、消费等经济结构层面都蒙受巨大打击,为了避免文明社会的崩塌,所以应该在某个地域、以小于国民国家更小的单位,构建自产自销的经济系统。在一个小的地域,如果粮食的自给自足率达不到100%,那么遭遇到传染病或核电事故的话,一定会带来文明的完全性毁灭。民俗学、人类学应该就文明应该有的方式提供思考的平台,否则便没有存在的意义。而遗憾的是,现在的民俗学、人类学在很大程度上成为某种强化现有体制、对现实表现出肯定主义一边倒的学问,也就成为无所作为的研究。

在2018年篠原老师写作的《民俗学断章》②著述中,他将自己对民俗学

---

① ［日］篠原徹:《民俗学断章》,社会评论社2018年,第7—8页。

② ［日］篠原徹:《民俗学断章》,社会评论社2018年。

的建言做了汇总性论述：人与自然打交道的方式可以划分为4种类型①，分别是活用自然的技术、调教自然的技术、与自然共同转变的技术、创造自然的技术。归根结底便是以民俗自然志的形式讲述人对于周遭自然环境利用的方法。他还进一步提到，其中最后一个即第4种类型的技术民俗则是今后应予以重点思考的，不仅因为人类的发展史是朝着这个方向不断过渡与发展而来的，还因为这或许是唯一可以延后人类走向灭绝的方法。我们的民俗学研究的方法，说到底是穷尽田野调查与生活现场，身处其中进行的思考与哲学提升。

---

① ［日］篠原徹：《民俗学断章》，社会评论社2018年，第101—163页。关于这4种利用自然的民俗类型，他在书中进一步做了个案研究补充说明。活用自然的类型，以日本蜜蜂的养蜂技术与蜂蜜采集为例；调教自然的类型，选取了鸬鹚捕鱼法的个案；与自然共同转变类型中，选取了古法农业的事例；创造自然的类型，以日本石柯(Lithocarpus edulis)林的栽种为例进行了说明。

第五章 解构的开放性:城市民俗学的兴盛

众所周知,日本民俗学之父柳田国男一直以来的关注对象就是一战后的日本农村和农民问题,这使他的研究对象范围也是以传统的山乡渔村为主。在此影响下,许多的调查与资料采集工作也都是在山乡渔村展开的。因此与村落民俗的研究相比较,城市民俗的研究一直滞后。曾经有人做过这样形象的比喻:村落好比大拇指,城市则如小拇指。柳田时代下大拇指代表的力量以及发出的声音遮盖住了小拇指,但伴随着社会的发展变化,村落并不总是落后的,城市也决不是村落的尾巴。大拇指虽大,却在慢慢地变化;小拇指虽小,却代表了人类社会发展的一种方向。因此进入后柳田时代后,新一代的民俗学者提出的理想境界便是:村落和城市都要发展,所以要给予同等重视。

"日本的民俗学在经历了20世纪70年代以后,终于把它的研究对象指向了城市生活,(城市民俗)田野作业的区域多是局限于传统的城市,比如在城下町基础上孕育形成的现代城市。……另一方面除去对传统城市的研究,对于巨大中心城市中鲜明的城市化空间的存在,如中央摩天大楼、行政商务聚集地、繁华中心构成的有机生命体等也开始给予关注。"①对于城市概念的界定,相关学科好像都有涉及但又不明确。②被称为城市民俗学研究第

---

① [日]宫田登:《来自民俗学的邀请》,筑摩书房1996年,第160页。
② 对于"城市"和"城市化"的内涵,多数学科都没有以明确的形式给出界定,而只是通过特征的概括或特点的归纳来完成的。1958年出版的《社会学词典》中,由佐藤智雄执笔的"城市化"词条概括了"城市化的两种类型:第一种类型是个人的城市化。伴随着农村人口的减少,来到城市的人们脱离了固有的乡土的传统、惯习、信念等,变得均质化。这种统一化、标准化的完成即为个人的城市化。第二种类型是地域的城市化。由于城市自身的膨胀,使得城市周边地区也纳入城市圈,并波及到农村地区。城市区域的不断外延使得地域社会被城市的文化和价值体系吸纳而失去原有的个性"。(第669—670页)园田恭一在他的著作《现代社区论》(1978)中,把城市化社会的特征概括为"居民的异质性、多样性、分散性、移动性、匿名性、环节性、私密的人际关系、社区感觉的淡漠化等"。(第145页)本篇论文的第二章第二节部分也将人类学家米山俊直的城市化理论做了提示。在正文中以民俗学家仓石忠彦的阐述为代表列举。

一人的仓石忠彦，从空间、时间、文化三方面对城市的特征进行了阐释："从空间上看，城市指的是商店鳞次栉比，高楼大厦林立，繁华街道上人潮涌动的区域；……和时间概念结合考虑，因为新的生活方式、外来文化或是个性的、创造性的文化都是首先在城市开始发源，因此在时间上城市总是超越在前、处在领先地位。……文化方面城市化的要素和特征更是得到了集中体现。城市中第二、第三产业的发达赋予那里的生活和文化更显著的城市特征，推动了功能的细分化、选择的多样化和信息的庞大化。"①城市民俗的所指便是在这样特点的空间、时间下传承的生活文化。②

在城市受到关注的初期，对于城市中是否存在固有的、跨代传承的民俗文化，对城市民俗的研究是否就等同于城市民俗学等学理问题曾经存在质疑和争论。但伴随着对城市实地调查的不断展开，对适用于城市文化事象研究的理论和方法的探索、积累，民俗学者之间逐渐形成了这样的共识：同村落一样，城市也是民俗学研究的重要组成部分；城市的民俗即使源头在村落，那也是经过了再创造后形成的，因此应该反思从一元论角度出发对于城市民俗和村落民俗同等看待的观点；民俗学研究不仅要关注稳定性的部分，还要关注动态变化的过程，可以说城市民俗的研究是现代化进程中必然产生的研究领域；应加强对城市民基础文化的发掘，以促进关于城市民心意现象的研究。

在仓石忠彦、小林忠雄、宫田登、岩本通弥、高桑守史、松崎宪三、大月隆宽等为代表的城市民俗研究学者的推动下，城市民俗研究形成了初步体系，出版了相当数量的著述和论文③，召开了若干次城市民俗研究主题的研讨会、谈话会④。1976年成立了地方性的城市民俗研究组织——金泽民俗探访

---

① ［日］仓石忠彦：《民俗城市的人们》，吉川弘文馆1997年，第8页。

② 仓石忠彦在这里定位的城市民俗的研究对象，我们应该把它归入狭义范围内的对象。在后来对城市民俗学学理的争论中，大月隆宽提出作为广义的范围对象，应该把城市化的村落民俗也纳入城市民俗的研究中，"城市民俗学"更准确的称呼应该是"城市化的民俗（学）"。

③ 参照"城市民俗学相关文献目录一览表"。由小林忠雄、岩本通弥、今村文彦共同制作，收录在《城市的民俗——金泽》（金泽民俗探访会编著，国书发行会1984年）一书中。

④ 1976年大塚民俗学会年会召开，研讨会主题为"城市和民俗学"；1981年4月第32届日本民俗学会年会召开，研讨会主题为"城市的民俗——以城下町为中心"；1985年大阪国立民族学博物馆召开了题为"城市的folklore"的研讨会。其他还有很多座谈会主题中没有出现"城市"的字眼但内容有所涉及，如2004年以"民俗学的现在"为题在国学院大学举行的座谈会等。日本民俗学会召开的谈话会主题，可以登录日本民俗学会网站"谈话会召开记录数据库"查询。

会;1978年发行了《城市与民俗研究》①专刊;1979年9月1日第124期《日本民俗学》学刊上,"城市民俗学"第一次被作为一个独立的领域单列出来,由高桑守史执笔对"城市民俗学的研究动向和课题"做了论述;1995年国学院大学成立了都市民俗学研究会,同年发行了《都市民俗研究》年刊,到2019年已经累计发行24期。

一方面城市民俗研究的呼声很高,另一方面在涉及"城市民俗学"的提法时,民俗学者们仍然保持着十分谨慎的态度,多采用"城市的民俗研究""城市化的民俗""城市与民俗学"等表现方式,而避开"××学"的表达。从宫田登的《城市民俗论的课题》的标题中也可以感受到同样的谨慎态度。进入90年代以后,"城市的民俗研究或者说城市民俗学作为一个新的研究领域没能充分确立起来,90年代以后成为暧昧的存在"②。而在城市研究的积淀之上,近年来以"现代"为焦点的研究浮出水面,城市民俗学与现代民俗学的界限愈加模糊。有的研究指出没有必要单列城市民俗学,而应该一并归入现代民俗学当中去。甚至出现了"'城市民俗学'应该逐渐被发展消化成为'现代民俗学'"③的主张,因为它们都具有以下共性:以现在为焦点、关注当前的现实、"不拘泥于以往的民俗,而是时刻应对研究对象的变化进行概念和定义的重新界定,不断刷新内容,表现出一种柔软态势"④。

通过以上概述,可以看出日本在城市民俗研究方面已经迈出了坚实的步伐,但同时"城市民俗学"论依然留下许多课题有待日后解决。

第一节　城市民俗观的雏形

一、柳田国男的城市民俗观

日本民俗学有关城市的研究,大多以柳田的城乡关系论为出发点或是建立在柳田国男所持的基本观点之上。柳田的民俗学研究涉及城市部分的内容不多,集中体现在《时代和农政》(1910年)、《都市与农村》(1929年)、《明

---

① 《城市与民俗研究》于1978年至1980年共发行了3期。由金泽民俗探访会编著发行。1994年发行了第8期。
② [日]汤川洋司:《传承母体论和村落的现在》,《日本民俗学》1998年第216期,第15页。
③ [日]阿南透:《理解"消费"的民俗学》,《日本民俗学》1998年第216期,第40页。
④ [日]铃木正崇:《总说》,《日本民俗学》1998年第216期,第6页。

治大正史世相篇》(1931年)①三本论著中,观点的构成主要体现为"城乡连续体论""归去来兮""村落人的心意"三方面。

　　1929年出版的《都市和农村》是柳田国男有关城市论述的代表性著作。在书中柳田强调了日本城市民的特异性:即生活在城市的人群或是二、三代前农村移民的后代,或是生活在城市里的农村人,在心意表现和精神层次上城市民和农村人是相同的。日本不存在像其他外国城市里看到的真正绝对的、土著的城市市民。书中表达的"日本的城市是由农民兄弟创造出来的"思想,是柳田关于城市的代表观点"都鄙连续体论"的充分体现。"都""鄙"分别指代城市和村落。柳田主张城市和村落是连续体的关系,城市存在于村落的延长线上,两者在人员、经济、文化方面都保持着经常性的联系,城市民俗的源头在村落,只有村落里才存在日本民众的基础文化,城市的生活文化只不过是村落生活文化的一种变形,因此理解了村落就能理解城市。柳田的所有城市观可以说都是建立在"都鄙连续体"的基础上。由于日本城市的形成离不开村落民众,而这些离开家乡的村落民众由于思恋故乡,由对城市的向往心转变为"归去来兮",出现了田园城市②指向。日语中有这样的谚语"繁华热闹的都城中有(我的)故土家园"③,也就是说日本民俗学的固有观点认为,城市与农村的相互关系是你中有我、我中有你,两者不是对立的,而是相互补充、依赖共存的。即使城市文化发展到极致,但其根本仍然是在村落,若缺少了来自村落的基础文化,城市的体系就无法完整。居住在城市的人在远离了自己的故乡家园后,对故乡的民俗生活才会有更加深刻的体会,因此城市的民俗是被建构在这样一种寻根指向、思乡情绪、村落民的心意之上的。

　　城市和农村究竟是统一的连续体还是断开的独立体?在后来的城市民俗学研究中,针对柳田的"都鄙连续体论",仓石忠彦作了发展,提出了"都鄙区划论"的城市村落对照研究法。仓石忠彦认为:"可以说城市与农村并不就是连续体的关系,城市构成的是独自的社会。只不过这个社会并不是靠它个体得以成立的,而是总是面向外界敞开,与外界相互影响。因此我们可

---

① "(在以往的)城市的民俗学研究中可以列举的成果主要有:柳田国男做的城市和乡村关系的研究(《都市和农村》1929)、城市发生史的研究(《时代和农政》1910)、城市民俗变化的研究(《明治大正史世相篇》1931),森口多里(1944)对东北小城市水泽所做的城市民俗的研究,还有近期千叶德尔(1971)对名古屋市城市内部丧葬仪礼的研究。"

② 田园城市论在日本与在欧美国家的含义所指不同。在日本指在城市范围内希望能有类似故土家园的一席之地的存在,表现的是城市民对故土家园的渴求。

③ 「京に田舎あり」という諺。

以把城市和农村看作是在相互干涉、相互影响的同时具有各自独立世界的社会。"①此即"都鄙区划论"。在经历了城市的成熟期,新一代城市民得以形成和稳固以后,城市不再只是作为村落的附属,城市的影响力愈来愈大,具有了和村落同样大的内涵。在这样的现状下,仓石主张城市应该被视为与村落相对照的不同空间,对城市的民俗文化给予同样的重视,进行等同的研究。

在《明治大正史世相篇》一书中,柳田国男成功地对19世纪末到20世纪初日本民众生活的实态、时代的脉动、心意的变化作了有机的、细腻的把握。柳田在书的序言中写道:"(自己的写作初衷是)想通过现代生活的一个横断面,即每天每天在我们眼前出现了又消失、消失了又出现的这些现实,书写另一种宏伟的历史。"②柳田选取明治大正时期人们认为是理所当然的那些日常琐事、漫不经心的普通生活片断,从这些事例出发凭借个人丰富的经验和敏锐的感受力,让这些看似平淡无味的生活百态迸发出震撼日本人心灵的巨大力量,成功地"复原"了那动荡的年代。对于世相篇的写作特色,色川大吉是这样解读的:"世相篇中在涉及衣食住的形态分类以及变化时,柳田并没有采取平铺直叙的写法,而是更加侧重民众对衣食住的情感变化,采用从内部进行把握的形式,使生活方式变得不断近代化的民众的面貌得以清晰浮现。在讲到住房时,对于木板门窗—纸糊窗—玻璃窗形式的演变,柳田从家长权的支配力被削弱的深层次出发,指出这种变化的结果使住房内部可以进行更多的空间分割,空间的增多使个休空间更容易从家长权的控制下分离独立出来,对近代化的进程从心意感受层面进行了阐述。其手法韵味深长。"③

受到柳田《明治大正史世相篇》生动细腻的写作风格的影响和震撼人心的内容的感染,历史学家色川大吉创作了《昭和史世相篇》,以20世纪50年代为分水岭把昭和期的60年分为前后各30年,尤其把目光对准了经历高速经济增长期的后30年日本在世态、风俗方面的变化,从人生仪礼、信息传媒、生活中"日常态·非日常态"的意识转变、城市空间构成、城市犯罪的角度,对昭和时期的现实问题、社会变动做了论述。宫田登在他的《来自民俗学的邀请》一书中设立了《民俗学和世相史》的章节,在最后的"世相的根基"

① 《第三十二回日本民俗学会年会研讨会城市的民俗——以城下町为中心》,《日本民俗学》1981年第134期,第18页。

② [日]柳田国男:《明治大正世相篇(上)》,讲谈社1976年,第3页。

③ [日]色川大吉:《"昭和史世相篇"的构想》,载《日本民俗文化大系12 现代和民俗——传统的变容和再生》,小学馆1986年,第61页。

中总结道："在纷乱无章的世态万象之下,肯定有个通道与地下水脉的某处相连。而发现这个通道,我们就能看到表层世态的方向。通过对世态最根层部分的深入挖掘,使得刻录在民间传承中的记忆得以苏醒。"①松崎宪三在《现代社会和民俗》第二章"现代的世相"中,从现代城市中存在的关于墓地的诸多问题和地域社会中企业、寺院表现出的新面貌入手,积极地面对和分析现实问题。在把握现代社会的变动时,松崎延续了柳田关于世相史写作的基本理念:"从平民百姓的感受层次的变化入手把握社会变动","固有的情绪、感受不会受到环境、理性认识变化的影响,而长期留存在个人内部"。②

在牛岛史彦《关于城市研究的课题——以城下町为例》(1986)的论文中,首先也涉及了柳田有关城市研究的三部曲著作,指出《时代和农政》《都市和农村》分别是从农村角度和从城市内部出发对城乡关系做的论证。他认为柳田在《时代和农政》一书中,从经济层面入手对历史上城乡的往来做了把握,其出发点是提议将"城市乡村结合成一个共同体并且在经济上也实现统一",把城市的产业资本也引入到农村,为了实现城乡的共同繁荣,甚至可以"在某种程度上对农民的土地所有权予以限定"③。这表达了当时身为农政官的柳田希望把城市和乡村作为一个整体进行国土经营、推进现代化国家建设的态度。

二、近代④以来的城市民俗研究

截止到20世纪70年代,日本民俗学内部对城市的研究成果很少,除去以上提到的柳田国男的三本相关研究著述,还有必要提到森口多里著《城市的民俗》(1944)、宫本常一著《城市的祭礼和民俗》(1961)、千叶德尔著《城市

---

① [日]宫田登:《来自民俗学的邀请》,筑摩书房1996年,第201页。
② 社会学家鹤见和子对柳田国男《明治大正史世相篇》的定位是日本固有的社会变动论,并对世相篇中的特征做了整理。①以前的社会变动论重视价值观、意识形态的变化,柳田的特点是从平民百姓的情绪、感觉层次上捕捉社会变动。②固有的情绪、感觉不受环境、理性认识变化的影响,而是长期地留存在个人内部。③认为社会发生变化、变动的根本原动力是民族固有结构的变化、内发发展的思想。④站在多元发展学说的立场,而不是一元发展学说的立场。⑤双向的把握集合共同体和个人的关系。⑥柳田的历史观中不包含用确切年份表示的清晰变化界限。鹤见和子:《作为社会变动论的〈明治大正史世相篇〉》(《柳田国男研讨会》,日本放送出版协会,1973年)、《社会变动范式》(鹤见和子、市井三郎编:《思想的冒险——社会与变化的新范式》,筑摩书房,1974年)。
③ [日]柳田国男:《柳田国男全集》第16卷,筑摩书房1969年,第48页。
④ 近代是指日本史上从1868年明治维新至1945年第二次世界大战结束为止的历史时期。

内部的丧葬习俗》(1971)。

森口多里的《城市的民俗》，作为第一篇关注城市民表现出的特有气质、城市特有的民风内容的论文，在城市民俗学史的研究中占有重要位置。他通过对自己家乡岩手县水泽町进行细致、详尽的调查，从历时的角度对这种被称为"老水泽人、老水泽民"内在气质的形成过程进行了论证。作为一位研究美学出身的民俗学家，他选取的很多事例也都表现出极强的视觉感受。例如他对节日盛装构思和丧服变化的关注，都是以民俗中的色彩感为出发点。此外，在森口的研究中还注意到了大都会东京对"水泽民"民俗文化形成的影响，他把水泽定位于介于都会与村落之间的地方城市空间，分别考察了水泽与两者的交流。森口从"民风、气质"入手研究城市民的心意世界，这也成为后续诸多研究借以参考的范式。例如对"京都民""老江户"城市民气质的研究，对东京都内不同空间"山手地区"和"下町地区"形成的不同风格的研究等。对于森口的研究，宫田登这样评价道："（森口）对民风、意识的描写，没有停留在简单的印象论，如果那样就与普通的纪行文没什么区别了。这篇城市民俗志的特色在于通过具象、实感把握一个人流汇集的城镇，从江户到明治的时代变迁、文明开化的进程，……通过衣食住行、时令节庆、婚丧嫁娶的具体条目讲述了水泽民的内心活动。"①

宫本常一在《城市的祭礼和民俗》中，对各个省主要城市的祭礼和民俗进行了收集和记录，在后记中他指出："这本书尽管有很多不足之处，但是作为全面了解日本祭礼的综合资料可以说是第一本。"②该书为了解以后各地祭礼的变化提供了参考。

千叶德尔的《城市内部的丧葬习俗》以名古屋市和丰桥市为个案，同时选取周边村落作为对照，对村落和城市的丧葬仪式进行了比较研究。他的贡献在于为思考城市内部如何传承民俗提供了有价值的视角。通过考察，千叶得出结论，认为在参与主体、禁忌观念、互助组织等方面，城市部和村落部表现出很大程度的差异，城市部的丧葬仪礼表现为建立在地缘关系上的近邻间的互助帮工，而不再成为义务，更多是由殡仪馆、丧事服务公司组织参与，演变为商业行为，各种禁忌意识和行为也逐渐变淡，成为了"城市化的民俗"。千叶把这种原本存在于村落当中的民俗原型，在城市中为适应城市生活而转变形态的现象，称为"禁忌民俗的城市化"。

① ［日］宫田登：《日本的民俗学》，讲谈社1985年，第172页。
② ［日］宫本常一：《城市的祭祀和民俗》，未来社1982年，第313页。

三、"考现学"研究

在考察城市民俗的先行研究时,20世纪30年代出现的"考现学"派和它积累的城市研究成果不容忽视。正如其名称所表达的,"考现学"是对现在、眼前所呈现的实态观察、记录和分析的学问。"考现学"采用对现场的精细观察、条目化的数字统计等方法,"通过城市民的行为举止、日常生活中的表现,分析城市人心灵层面的方法和目标"①,对后来的城市民俗学研究具有重大的参考意义和借鉴作用;同时"考现学"以东京为中心开展的城市民的风俗调查,也为社会学、心理学、地理学的研究提供了大量的辅助性资料。对于考现学的贡献,小林忠雄曾做过这样的评价:"考现学最初出现时是站在与以农村民俗的变化为研究对象的民俗学相背离的出发点,以观察城市民的日常生活实态、时刻变化的世俗动态为目的,因此其自身的现代民俗论(包含城市民俗论在内)性格十分鲜明,在这种意义上也可以把它视为城市民俗学的先驱吧。"②

"考现学"派③存在的时间不长,代表人物为早稻田大学建筑学系教授今和次郎④。他在1930年和考现学派的另一代表人物吉田兼吉编著出版了《考现学》一书,在书中记录了以银座为首的公园、咖啡厅、百货店、美术展览馆等场所的风俗世态,阐释了自己的方法论。该书成为考现学的主要理论著作。考现学主张对现有的社会现象、人生百态给予细致的观察、忠实的记录,相对于考古学是对古代遗迹文物进行研究,民族学(人类学)是对现实部落社会民族生活的调查,考现学则分别与它们在时间和空间上形成了一一对应。考现学的研究对象是面向"全社会的消费生活实态",在方法上主张尽可能地"用数字来说明那些现象",按照设定的调查项目,通过对路上行人的观察,解读世态风俗的变迁。作为具体调查活动之一,今和次郎曾在1925年初夏带领着他的学生对东京最繁华区域——银座街上行走的路人进行了长期、近距离的跟踪调查,调查包括他们的着装、步态、举止、表情、携带物品等诸多细节,并与在东京郊外实施的若干地区的类似调查进行了比较研究,积累了丰富的第一手资料。

---

① [日]宫田登:《日本的民俗学》,讲谈社1985年,第191页。

② [日]小林忠雄:《城市民俗学——城市的民俗社会》,名著出版1990年,第243页。

③ 1972年9月由今和次郎任会长的生活学会成立,该会继承了考现学派的学术传统,发行了名为《生活学》的机关杂志。生活学会的研究与城市民俗研究在内容上有所交叉。

④ 今和次郎是柳田的门生,同时他又提出了不同于柳田的"考现学"的理论。他的另一篇著述为《考现学入门》,1987年筑摩书房出版。

对于"考现学"与民俗学的关系,柳田国男曾经明确指出两者有交叉的部分,但在目的和方法上存在差异。两者都是从对现实生活的疑惑出发展开研究,但是在范围上,由于民俗学的目的是解析民族性和国家性,因此民俗学关注的世态是限定在人类历史长河中积淀生成的部分,相对而言,"考现学"的范围宽广,是对所有的世态的判明。此外在方法论上,"考现学"提倡的街头观察只是民俗学中民俗资料三分类法中的一个组成部分,与民俗学中包括的对民俗事象的溯源、变迁的研究,对历史传承的研究相比,"考现学"只关注眼前、现在,只做忠实记录,不与历史发生任何的关联。因此在柳田看来,"考现学"只注重了共时研究的一部分,设定范围过于空泛,焦点意识不够明确。

第二节　结构的打破:城市民俗研究的全面展开

一、社会背景:日本的城市化进程

对于"城市""城市化",文化人类学家米山俊直作过这样的阐述:"'城市化'现象是指城市中的生活方式以及其所伴随的价值观,波及到一直以来被视为非城市的地区,并逐渐占据了广大和主动位置的现象。'城市化'与'现代化''大众化'在含义上有很多部分重合,同时又囊括了家庭的'核心家庭化'、地区社会的'混住化'①、就业人口构成的'第三产业化',以及交通手段的'动力化'、价值观的'多样化'等词汇体现出的诸多含义。"②对于城市化的现象,米山俊直从人类历史的长河中溯源求证,指出在5500年前伴随着新石器革命不再从事直接的农耕畜牧生产活动人群的出现,城市化现象就已经出现。像从苏美尔、摩亨达罗等遗迹中发现的城市的起源,这时的城市化进程是以千年的时间跨度为特点。对于日本的城市化,米山经考证认为有两种形式:一种是出现在不同历史阶段、以百年的时间跨度为单位的城市化,其结果形成了以京都、镰仓、江户、大坂③为代表的日本历史都城;另一种则是20世纪中叶日本经济高速增长期带来的翻天覆地的城市化变革,最近

---

① 随着耕种土地的不断被开发,在传统村落集合体中涌入了越来越多的新居民,老户与新户、老住民与新居民混住在同一地域,在文化、意识等方面存在着差异。

② [日]米山俊直:《城市化和民俗——战后四十年为中心》,《日本民俗文化大系12　现代与民俗——传统的变容和再生》,小学馆1986年,第461页。

③ 大坂即为大阪,是明治维新之前的名称写法。

的这次城市化进程以十年为时间跨度,覆盖范围却近乎全日本。正如米山以上的分析,在经济高度增长期间,日本大量的人口从农村涌向城市,自20世纪60年代开始到70年代初,日本国内出现的这种大规模的人口流动,被研究者们形象地称为"民族大移动"。日本的城市人口出现急剧增加,十年之间东京圈、大阪圈和名古屋圈三大城市圈,人口便增加了1000多万,城市人口由1945年占总人口数的28%提高到了1970年的72%,城市化范围扩大,程度提高。日本仅用了短短25年就实现了在美国历时一个世纪才完成的城市化进程。正是这次城市化促使民俗发生了大变容,也使它成为城市民俗学繁荣的重大契机和城市民俗学研究的重要内容。

祖父江孝男在《日本人是如何变化的——从战后到现代》一书中,从具体的、琐碎的、身边的生活现象出发,考察了日本城市化和村落稀疏化的进程、其具体体现以及由此带来的巨大影响。例如书中提到在城市化开始的五六十年代,由于电视、电冰箱、洗衣机三大件的普及,使得人们的生活方式发生巨变,着装发型开始变得时髦,开始喜欢吃乳制品、冰镇食品,生活中再也见不到鼻涕鬼的踪迹,冬天手脚干皲、冻伤的现象也大大减少。随着城市化进程的加剧,到了六七十年代,高速公路开通,动车组开始运行,农户家里汽车、电话得到普及,超市的形式也被广泛接受。在更深层次的精神世界,农村里原有的交际方式、人际关系的构成等也在保持连续性的同时发生着改变。祖父江孝男通过个人的亲身实感得出结论,认为之前被视为两个完全不同世界的城市与农村,在经历了高速经济增长期后在生活方式上的差距变得几乎不存在。

这里值得注意的还有宫田登对城市化内涵的界定,他指出:"城市化一般更多地是从社会学和地理学概念考虑,在限定于民俗学时,聚焦为对居民内心状况改变的研究。"①宫田的阐释超越了普遍意义上对城市化的理解,切合学科实际,对以民俗学的视角看待、分析、研究城市化问题提供了理论指导。此外,在泉麻人编辑的《昭和生活文化年代记50—60年代》一书中,以一年十二个月每月一个大事记的形式,选取了生活、文化、政治、经济等主要方面的时事,具体、客观记录了当时的城市化进程,揭示了随之而来的社会诸多问题。

---

① [日]宫田登:《日本的民俗学》,讲谈社1985年。

二、学术背景:交叉学科的共同关注

(一)城市社会学的研究

日本的城市社会学者对城市化进程的关注,在不同的阶段表现出不同的关注重点。在60年代经济高速增长时期,他们主要以城市化、城市生活方式、地域权利结构以及社区形成等理论为核心;70年代以后随着城市郊区的发展,郊区的社区成为重要研究领域;80年代以后,东京的世界城市化发展,使城市中心再次成为研究的焦点。

城市社会学家的研究侧重数字基础上的严密统计和指标数据以及与政策导向的呼应。根据各种指标或统计数字从"宏观叙事"的层面,对城市开发计划实施带来的影响、城市的体系构成和综合分类、城市的功能体现和功能组织,城市的空间结构、城市的社区组织及职能,以及对东京的城市国际化集中研究方面都取得了显著的研究成果。但同时我们也感受到城市社会学研究中对城市构成主体——城市市民大众研究的欠缺,在城市生活文化研究侧面凸现的空白。

同样是对城市的关注,不同的学科有不同的视角。"城市社会学的出发点从实际出发是为了解决城市的现实问题。"[1]"社会学重视城市社会中的人际关系,地理学侧重支撑这种关系的位置要素。相对而言,民俗学在进入现代城市时,关注的是这个民众社会表现出的历史性、传承性,进一步说是民族性。"[2]1970年在大塚民俗学会的午会发言中,也有学者提到了"社会学(对于城市的研究)是为了把他们在城市研究和家族研究以及在其他方面的研究中得到的范式理论进行综合从而引导出普遍性理论"[3]。

(二)城市人类学的研究

城市人类学的研究在20世纪50年代末期初现雏形,进入到70年代后迎来了它的全盛期。人类学通过对"复合多变"的城市社会的关注,促进了对本学科以往学理问题的重新认识,推进了学科的理论进步。在城市人类学研究中,值得一提的代表性理论有米山俊直(1978、1990)确立的"小宇宙盆地论"的分析模式。"小宇宙盆地论"是对盆地地形构成下的地方文化集合的抽象化概括。米山通过对日本各地存在的约100多个小盆地地形形成的个别文化进行探讨,从中抽离出其共性构造,进一步对日本传统城市的构成

---

① [日]上野和男:《日本民俗社会的基础构造》,Gyosei 1992年,第170页。

② 《第三十二回日本民俗学会年会研讨会城市的民俗——以城下町为中心》,《日本民俗学》1981年第134期,第18页。

③ [日]《民俗学评论》第16期,大塚民俗学会1978年。

要素进行分析。"小宇宙盆地论"是对以城下町为代表的传统城市文化研究的范式,把盆地地形所在的地域看作一个文化的集合——小宇宙:"盆地的中心有领主的寓所和环绕周边形成的都城——城下町,那里有人、物、信息的交流。都城周边分布有以稻田为主的田地。再往外扩展为丘陵环绕,那里分布有桑田和果树林。……小盆地宇宙并不是只考虑盆地底部,而是把周围的山岳也包括在内的综合体的研究。因此这个宇宙中既有从事市场交易、流通领域的工商业者文化,也包含村落地区的农民文化、山林地区的狩猎采集传统。也就是说,这是个在弥生时代以后形成的农耕社会传统之上,又传承了绳纹时代以来的狩猎采集社会文化的一个宇宙综合体。"①它是以传统城市为中心,结合周边农耕文化、山林文化的集合体的研究形式。位于盆地的都城与中央都城保持着信息以及文化上的传播,继而在这一过程中形成了各自独特的传统,形成了地方文化的中心。许多地方城市像金泽、山口等其别名又被称为"小京都",便是当时与中央都城进行交流、接受并模仿中央文化的历史遗痕的体现。

对于城市化进程带来的不同变容,米山俊直从其发生地入手将之分为四种类型:①农村的城市化。即山乡渔村发生的生产的根本性结构变化(务农人数的骤减、农业技术体系、农事农时的变化)。②城市的城市化。传统城市以及中心城市的城市化再调整、再发展。③偏远地区的城市化。以孤岛、山巅为代表的城市空间的营造。④新城市的开辟。以填海造地、填埋筑城为代表的机场、城市的开辟。针对以上类型,米山采用的研究方法是以柳田的经典民俗事象三分类理论——即有形文化、言语艺术、心意现象的三个层面为基础,结合自己提出的生活学研究理论——即"人—人、人—心、人—事、人—物"构成的四体系说②,对城市化影响下民俗事象的变迁进行了考察。其间涉及到新旧事物不断交替出现、价值观进一步变得多样化、厨房的文化变革、城市化带来的公害问题、衣食住的文化革命、电视媒体的影响力、人际关系中的利益思想本位等诸多问题。此外中村孚美③等从人类学的观点出发所作的城市研究也具有重要影响,在此不一一列举。城市人类学的

---

① [日]米山俊直:《小盆地宇宙与日本文化》,岩波书店1989年,第254页。

② 米山俊直提出的生活学研究四体系的具体含义为:"人—人"代表的是对人际关系的研究;"人—心"代表的是对心理的、感性的世界的研究;"人—事"所指的是对时间轴上形成的生活节奏(如以一天、一年、一生为周期)的考察;"人—物"即为对物质经济系统领域的研究。

③ [日]中村美孚:《城市人类学的课题——撒哈拉以南的非洲城市民俗研究》,《民族学研究》1974年第38—3、4期。

研究修正了以往只限于对稳定结构进行研究的传统,弥补了对变化的、不稳定因素研究的欠缺。

三、热潮涌动:城市民俗学研究的铺开

近世江户时代以来,有了关于城镇民俗的零星研究,但数量有限。即使是进入到真正学科意义上的民俗学研究时代之后,由于受到柳田确立的"常民"研究方向的影响,城市研究实际上被排除在民俗学的研究对象之外。此外,也有学者认为,对于城市而言,进行广域的综合性调查在技术上存在一定难度,而分区域的调查又存在难以确保被调查对象的现实问题,加之多次提到的由于城市一直游离于民俗学科的关注视线之外,而导致许多未曾涉及事象无法被纳入现有的研究框架内,这也使得城市民俗学研究受限。①

一直到20世纪七八十年代之后,在经历了巨大的、急遽的城市化进程洗礼之后,有关城市民俗的研究在数量、范围、深度等方面才开始蓬勃开展起来,其特定的历史背景可以归纳为两条:其一,面对着日本社会城市化、现代化进程,传统村落的消亡和稀疏化现实,使民俗学者们开始强烈地意识到城市也是民众生活文化不可或缺的一部分,对城市民俗应该给予重新定位,对民俗学研究对象也必须要重新界定。其二,伴随着地域民俗学研究理论、方法的提倡以及对民俗多样性认识的愈加深入,对城市民俗的研究成为不可阻挡的趋势。宫田曾经指出,"可以把城市民俗学看做地域民俗学的一个构成环节加以研究"②。如上所述,除去来自学科内部自身的要求以外,外部相邻学科的城市研究也间接地刺激了城市民俗研究热潮的兴起。

对于20世纪70年代应运而生的城市民俗学研究热潮,在相关动向考察或阶段性学术史的研究中都有涉及和描述:

"民俗学在深刻的自我反思之下,开始提倡地域民俗学、城市民俗学、比较民俗学。"③(1981)

"作为日本民俗学的一个崭新领域,城市民俗受到关注,并且也逐渐获得了市民的认可,但在理论上还欠完备。"④(1983)

"在城市的民俗研究方面,尽管近年来呼声很高,但是这两年的表现除

---

① [日]波平惠美子:《重新思考"民俗"与民俗的再生》,《日本民俗学》2001年第227期,第242页。

② [日]宫田登:《日本的民俗学》,讲谈社1985年,第179页。

③ [日]樱井德太郎:《总说——动向与展望》,《日本民俗学》1981年第136期,第11页。

④ [日]宫田登:《总说——民俗学的新潮流》,《日本民俗学》1983年第148期,第6页。

去祭礼之外,其他的方面好像没有取得大的成果。"①(1985)

"在提及近年来民俗学研究的几个新潮流时,其中之一便是过去20年里形成了新动向的城市民俗研究或是城市民俗学。"②(1992)

八木透编著的《向田野学习的民俗学——关西的地域和传承》,其第一章"民俗学的历史和研究方法"中关于"新的民俗学的潮流",指出:"其中之一便是'城市民俗学'。开始出现了以城市为调查地的动向,……新出现的城市民俗学并不是仅仅停留在调查地和研究对象的改变上,而是包括民俗学的姿态、资料论在内,站在宏观的视野上从整体对学问体系展开的重新审视。"③(2000)

"1998年至2000年《讲座日本的民俗学》共十卷全部出版发行,值得注意的是极尽隆盛的'城市民俗学'的用语不曾在题目中出现,含义极其暧昧的'现代民俗学'的字眼也找不到。……有关城市民俗研究或城市民俗学,自从2002年发行了《城市民俗生活志》之后,一方面它对城市研究起到了很大的裨益作用,另一方面对今后的研究,它将成为休止符或是发挥更大的推动力还有待日后定论。"④(2004)

可以看出,城市民俗学研究从70年代中期开始起步,在经历了80年代雨后春笋般的成长之后,90年代趋于稳定,进入到21世纪收获了《城市民俗生活志》(2002)、《城市生活的民俗学》(2006)等专题综合性研究成果,现阶段最近的研究成果是2018年仓石忠彦所著《城市化下的民俗学》。

四、城市民俗学学术史研究成果概述

从学术史角度对城市民俗研究进行的片段性或系统性的考察成果中,尤其对以下成果的分析具有独创性,对把握研究脉络具有重要的参考意义。1979年9月发行的《日本民俗学》第124期高桑守史《城市民俗学——其研究动向和课题》;1985年1月发行的《日本民俗学》第157—158期大月隆宽的连载论文《"城市民俗学"论的本质性格》;上野和男专著《日本民俗社会的基础构造》中城市民俗社会论部分对城市民俗学的发生、发展史的梳理和学理分析。

---

① [日]千叶德尔:《总说——学界动向的一个方面》,《日本民俗学》1985年第160期,第5页。

② [日]福田亚细男:《民俗学的动向及其焦点》,《日本民俗学》1992年第190期,第9页。

③ [日]八木透编著:《从田野中学到的民俗学——关西的地域和传承》,昭和堂2000年。

④ [日]小川直之:《总说——"民俗"资料的重构和诸课题》,《日本民俗学》2004年第239期,第20页。

(一)高桑守史：对城市民俗学发凡初期的综合评述

《日本民俗学》第124期是对1977、1978年日本民俗学研究动向做总结的一期专刊。自从1975年《日本民俗学》学刊开始推出"日本民俗学的研究动向"专刊以来，通常都是以两年为一阶段，分门别类地对日本民俗学研究取得的成果、存在的问题、今后的发展方向等给予全面性的总结。在这以前，专刊栏目通常固定地分为总论、人生仪礼、衣食住、岁时节日、民间信仰、口承文艺、民俗艺能、生产民俗、村落家族等几个方面进行阐述。后来随着日本民俗学发展的多样化、细分化，1977年9月的动向专刊中增加了比较民俗学，1979年9月的专刊中城市民俗学第一次被作为与其他门类并列的独立领域设立出来①，并由高桑守史执笔对1977、1978年的研究现状做了回顾，因此这次专刊可以说在推进城市民俗学研究中具有里程碑的意义。

高桑在论文中首先对这两年民俗学界表现出的对城市民俗关注的高涨作了肯定，然后从方法论的发展、对城市民俗先行研究的积累、当时的社会大背景、相关学科的影响四个主要方面，阐释了城市民俗学研究的必要性和必然性。进而对70年代中期以来主要的城市民俗学研究成果做了梳理和分析，高桑指出现阶段很多讨论只是停留在"把城市问题如何原搬硬套进以往的民俗学方法和框架中"，而"面对城市这个新问题，重新去思考民俗学原有的方法概念等"的意识十分淡薄。"作为今天的城市，它已经成为现代的一种象征，事实上它已经转换成为一种不能再以村落社会的脉络对其进行限制的'大众社会'"，它要求"建构适合它自身的理论模式"②。文章表达了高桑对于学理建构的期待和对于现实中不尽如人意所流露出的些许失望。论文的最后，高桑指出城市民俗学研究中不能总找寻与村落民俗文化的共性，照搬在村落民俗研究中积累的概念和方法，那样永远不可能开拓出新的地平线；而是应该要正视与村落所不同的城市自己的构造，从而才能获得有关城市民俗学研究的创造性成果，为日本民俗学的发展注入新的血液。

---

① "日本民俗学的研究动向"特刊中设立的领域基本不变，一般由总论开始。除文中提到的1977年增加了"比较民俗学、冲绳研究的对象"和1979年增加了"城市民俗学"以外，1983年增加了"地方史和民俗学"、1985年加入了"民具研究"和"北海道的民俗文化研究"，1987年的门类与以前相比调整较大，没有再按照以前的基本框架，而是只设立了"日本民俗学的现状""历史的世界和民俗学""生活空间论""女性和民俗学""民俗学的可能性"五个领域进行了回顾和总结。进入到90年代以后，民俗学的动向专刊设立的门类更加多样化，像台湾民俗研究的最新动向、自然生态民俗学等，不再有固定的模式，也反映了20世纪末以来日本民俗学发展的分散化和复杂化。

② ［日］高桑守史：《城市民俗学——其研究动向和课题》，《日本民俗学》1979年第124期，第92页。

(二)大月隆宽:从基本概念出发对学术史进行的条分缕析

大月隆宽的突出个性,在民俗学界已有定论。他的专著《民俗学的不幸》(1992)、《全身心的民俗学者》(1994)、《昂首走进田野》(1997)①,不论是书名还是内容,都带给日本民俗学界巨大的震撼,激起了层层涟漪,表达了"年轻一代对于日本民俗学界漫长的沉寂现状所无法按捺的焦躁心情,也让我们感受到了其中蕴藏着的崭新的民俗学萌发而出的原动力。"②同样他的评论也以犀利的笔锋表现出个人的鲜明个性。

相对于高桑守史对1979年以前的城市民俗学研究给予的评价和肯定,大月则主要从存在的问题出发,以质疑和批判的目光审视城市民俗研究领域中出现的偏差,表现了对"城市民俗学"论的担忧。在大月看来,尽管从70年代中期城市民俗研究开始大规模兴起,到80年代中期经历过一定时期的沉淀,但"各研究者之间依旧没能形成一定程度的共同理解"。因此他的这篇论文目的就是:"针对日本民俗学在城市研究领域方面呈现出的这样一种交错混沌的面貌,通过对城市研究展开过程的缜密的论证找出病根,从而使城市民俗研究原本蕴涵的无限活力得以释放。"③其论证方法便是"通过对'城市民俗学'相关言论的考察",批判"城市民俗学"这一表述的误用和滥用现象以及由之引发的误导。

大月隆宽首先从学术史中"城市民俗学"提法的出现入手,结合关敬吾(1967年的学说)、仓石忠彦(1974年的学说)的研究成果指出,促成他们对城市民俗觉醒的直接契机是因为他们受到了樱田胜德、宫本常一④等人的暗示,从而把目光投向了城市。"而这一系列的'城市民俗学'论实际上是源于两种不同的焦点,简而言之可以归结为'变化'的焦点或是'城市'的焦点:①是以应对社会文化的变化,还是②比较与传统的山乡渔村不同的城市作为问题意识。"⑤正是因为两个焦点的媒介同为"城市",从而造成了两个焦点之

---

① [日]大月隆宽:《民俗学的不幸》,青弓社1992年;《全身心的民俗学者》,夏目书房2004年;《昂首走进田野》,青弓社1997年。

② [日]仓石忠彦:《民俗学的现状》,《日本民俗学》1998年第213期,第2页。

③ [日]大月隆宽:《"城市民俗学"论的本质性格》,《日本民俗学》1985年第157、158期,第82页。

④ 樱田胜德于1958年发表了《如何面对民俗在现代社会中的变容》的论文;宫本常一于1961年发表了《农村文化和城市文化》的论文,刊登于《中央公论》学刊。两位学者都是出于自己田野作业的深刻体会,目睹了由于社会文化的显著变化动摇了传承的根本构造,从而提出了作为日本民俗学应该如何应对的崭新课题。

⑤ [日]大月隆宽:《"城市民俗学"论的本质性格》,《日本民俗学》1985年第157、158期,第85页。

间的简单短路,引发了"城市民俗学"研究的混乱。

大月隆宽在指出城市民俗研究中存在着"变化"和"城市"这两个不同的焦点即出发点之后,把他的论点集中在这两个出发点之上重新对关敬吾①、仓石忠彦②、岩本通弥③、宫田登④等人的学说进行了分析,做出了评价,得出结论:①以对'城市'的关注为出发点进行研究的学者,其理论根底批判的立场就越弱。②以对'城市'的关注为出发点进行的'城市民俗学'论的研究,其内容中必然会剔除掉对立面的山乡渔村即非城市地区的'变化'的部分。⑤因此为了避免因为"城市民俗学"这个称呼的使用,反而导致"城市民俗学"沦落到固步自封的下场,研究者应该把自己的问题意识更加转向"变化",或被称为"城市化的民俗学"的研究方向,这样才不至于把我们一直以来作为研究根据地的山乡渔村的城市化中的民俗部分排除出去。大月隆宽以"城市"的焦点还是"变化"的焦点为切入口,对"城市民俗学"尝试进行了严谨的概念界定的工作。

大月对城市民俗学的阶段性学术史整理工作,突破了以往学术史写作的模式,使整个城市民俗研究开展过程的轮廓从根本上清晰起来,同时观点上具有的创新性,也为城市民俗中学理问题的思考带来了启发。

(三)上野和男、村上忠喜:学术大背景下展开的分析

上野和男的著述《日本民俗社会的基础构造》(1992)第三部分"城市民

---

① 大月隆宽对于关敬吾的城市研究给予以下评价:"关敬吾不仅向我们具体展示了'城市'中也正在不断涌现作为民俗学研究对象的社会现象,而且还探讨了对于这些事象在整体上如何给予定位,其意义值得评价。……关敬吾注意到了村落社会中民俗的消亡,城市社会中民俗的变迁和功能的变化,但欠缺了对村落社会内部社会文化变迁的关注。"

② 对于仓石忠彦的城市民俗研究,大月认为:"最初仓石的视角完全是对日常生活层面的文化变化的关注,……到后来仓石的焦点就完全转移到了'城市'。……仓石所指的'城市民俗学'完全固定在了与村落社会相对照的不同地域社会——'城市'中存在的独自'民俗'体系上。……当初对日常生活层面的文化变化的关注消失得无影无综。"

③ 岩本通弥的研究被大月认为以"变化"为问题意识。"岩本的论点是以现代社会都是在向着城市化方向不断'变化'着的社会认识为基础的。……关和仓石的研究从原本以'变化'为焦点过渡到了以'城市'为焦点,而在岩本、高桑的研究中在尝试提升到理论水平的研究过程中,又把焦点再一次对准了'变化'。"在大月的考察中,城市民俗学的问题意识在历时的角度上经过了"变化—城市—变化"的回归过程。此外对于小林忠雄的研究,大月间接地进行了批判。

④ 大月隆宽对宫田登的评论篇幅很短:"宫田以中世时期的江户为研究对象,但是他的问题意识却扎根于现代社会中存在的种种社会现象。"

⑤ 参照[日]大月隆宽:《"城市民俗学"论的本质性格》,《日本民俗学》1985年第157、158期,第91页。

俗社会论"由三个章节组成,其中第一章节为学理研究部分,是对城市研究的课题和方法的分析,第二、三章节是建立在田野作业和文献史料基础上的个案研究,分别围绕城市民俗社会的构造和对传统地方城市内部家族构成的中心展开。第一章节中有关学理问题的讨论包括了城市民俗学产生的内外因分析、在面对城市民俗研究时对以往分析概念和研究方法应有的修正、城市民俗学的定位和意义三大问题。其中分析城市民俗的观点特别值得注意,他指出:"日本民俗学在其成立当初就已经具备了研究城市的客观条件和必要性,只是由于当时急于完成确立学科体系的工作,才会把研究都集中在了村落社会。因此以前城市民俗学研究的一部分可能条件就存在,以前城市里就存在着作为民俗学研究对象的'民俗'(民间传承)"①,从而对城市民俗学的迟来提出了独到的见解。

此外村上忠喜②于2000年发表了论文《都城的民俗》,他在涉及"城市民俗学"研究小史的论述时,提出"城市民俗研究的兴起是在围绕地域民俗学学理问题展开讨论的大背景影响下产生的"观点。由山口麻太郎开端、福田亚细男补充完成的地域研究法(也被福田个人称为个别研究法),是80年代形成的日本民俗学研究的重要方法论,它强调"传承母体",认为:"在所有的文化要素中传承母体作为维持这些要素存在的社会集合,它的存在的明确化是判定是否形成民俗的重要、唯一的条件。"③

地域研究法的学说带给年轻一代民俗学者很大影响,这使得他们在田野作业中面对生活文化变容和城市化问题时感到困惑,因为学说中强调的传承母体已经面临动摇,很难找到踪迹。因此那些仍然坚持建立在对山乡渔村传承母体基础上的研究受到质疑,围绕着地域研究法的讨论,实际上反过来同时孕育了城市民俗学的研究。村上认为城市民俗学的兴起带来了研究范畴上"共时"和"历时"两个方向上的扩充:时间上在原有的传承文化的基础上加入了现代时段的要素;空间上把地域概念的城市收入进来。在接下来的阐述中,村上使用了同大月隆宽相同的视角,分别从"城市"和"变化"入手对部分成果做了简短表述,其中一个重要的结论是:"近期来的研究成

---

① [日]上野和男:《日本民俗社会的基础构造》,Gyosei 1992年,第170页。
② 村上忠喜,1960年出生于京都府,1984年于同志社大学文学院文化系毕业,1991年佛教大学文学研究科博士课程修完,1996年考入京都府文化遗产保护课工作至今。专业方向为日本民俗学(城市民俗)和中美洲民族学。成果有论文《都城的民俗》等,收录在八木透编《从田野中学习民俗学》,昭和堂2000年。
③ [日]村上忠喜:《都城的民俗》,[日]八木透编著《从田野中学习民俗学——关西的地域和传承》,昭和堂2000年,第324页。

果多为脱离了作为地域民俗学核心的传承母体、准确地说是从文化现象入手展开的，以对现代社会某个层面进行以解释为目的的研究。"①

（四）古川彰、小林忠雄：对城市民俗学基本面貌的概述和今后的展望

鸟越皓之编著的《为学习民俗学的人》（1989），作为一本民俗学导论书，主要从"民俗学及其方法""民俗学及其世界"两大方面对学科做了论述。第二部分"民俗学及其世界"分为四章，与第一章"山的世界"、第二章"海的世界"、第三章"村落的世界"等传统民俗学的研究内容并驾齐驱，第四章为"都城的世界"，对城市民俗研究从学术史角度进行了分析。执笔者古川彰从柳田国男的"城乡连续体论"出发，提示了当前研究中对城市民俗展开实证研究和从方法论入手对学理展开讨论两个立场的存在，并着重对前者的研究做了概述。在他的梳理中，值得注意的是他从城市的"田野"特点出发，强调"柳田指出的民俗学作为阐释世象百态的史学的"性格②，以及从"日常·非日常"体系的混乱、城市中的时令节庆构成、祭礼中表现出的城市要素等方面入手，对城市民俗特征进行归纳。最后他总结道："总而言之，城市民俗的积累还是太少。对于城市民俗学来说现在必须要做的是，在踏踏实实积累城市民俗事象的同时，构筑其特有的方法论，也就是说萃取城市本身提示出的方法。"③

小林忠雄在1990年出版专著《城市民俗学——城市的民俗社会》，其第六章"城市民俗学的方法论"中也涉及到部分学术史的试论，内容较简单。但在最后论述有关今后的展望中，小林归纳了五种民俗学在城市研究领域中的可行方案，在一定程度上反映了当前研究现状。他所做的归纳如下："第一，在城市民俗学研究尚未形成明确的方法论之前，无论是选取城市中任何的事象给予研究，或是使用任何的方法，只要能够引导出城市常民性的研究便都是可行的。第二，民俗学原本就是解读世相之学，自我反省之学，因此培养通过将自己生活场景中的有意识和无意识、内在感性、亲身体验的积累对象化，映射出城市民的言谈行为举止，进而提升到理论高度的意识是

---

① ［日］八木透编著：《从田野中学习民俗学——关西的地域和传承》，昭和堂2000年，第327页。

② 古川彰在文章中指出：研究城市民俗不能照搬村落民俗研究中适用的各种概念以及方法论，要对民俗学的方法论进行重新讨论。其中作为研究方法的地域研究法，以及民俗学原有的"阐释世象百态的史学"的特质，在城市民俗研究中得到了凸显。［日］古川彰：《都城的世界》，［日］鸟越皓之编著：《为学习民俗学的人》，世界思想社1989年，第187页。

③ ［日］古川彰：《都城的世界》，［日］鸟越皓之编著：《为学习民俗学的人》，世界思想社1989年，第187页。

极其必要的。第三,民俗学以城市为素材时,其中有关城市民众中传播的世间闲谈话、传说化或神话化了的讲述、城市病理(包括案件、犯罪)事象、繁华街区的风俗、新兴宗教的实态、祭祀等传统的变容、新的俗信的产生、独身家庭论、衣食住的变容、家畜(宠物)与人的交往、生活节奏感(时间民俗)等内容,被视为现阶段的有效研究。第四,在民俗的记录方式上,如果依然按照以往的分门别类方式记录城市民的实态,就会缺少现场的真实感。因此记录方式上允许不断摸索进行验证。因为城市的即所谓大众的,原本就是些极其日常琐碎的事象。第五,城市民俗容纳着庞大的信息构造和复杂的体制,不是通过个人的研究成果就能清晰呈现的。因此从这种意义上说,组成课题研究团队,制订周全详尽的调查研究计划就显得十分必要了。"①

(五)文献资料的整理研究

对研究成果的科学整理、汇总工作,一方面可以反映出对该领域研究的客观评价,另一方面对学术史的研究也会做出贡献。1987年出版的《新版民俗调查手册》,后半部分收录了"民俗调查文献目录和解题",列举了对不同领域的民俗进行调查时必备的参考书目。其中有关"城市的民俗"部分中指出:"因为城市民俗是一个崭新的领域,因此调查方法和研究方法在今天尚未得到积累"②,但是作为理解城市民俗和城镇民俗的一般性文献,分别列举了十本左右的书,并按重要程度的高低做了提示。1997年朝日新闻报社出版的《知晓民俗学》一书,在最后列出了解民俗学必读的50个书目,并且附带每本书的封面和200字左右的解说。其中涉及城市民俗研究的书目分别有:柳田国男著《明治大正史世相篇》,佐野贤治等编著的《现代民俗学入门》,仓石忠彦著《民俗城市的人们》,J. H. 布鲁范德著、大月隆宽等译的《消失的搭车客——美国的都市传说》,今和次郎等编著的《考现学入门》5本书,占了民俗学整体阅读书目数量的1/10。此外,小林忠雄、岩本通弥、今村文彦还共同制作了"城市民俗学相关文献一览"的目录学检索体系,提供了相关论述的一览表。文献的汇总为我们提供了另一个角度和另一副表情的城市民俗学研究的学术史。

---

① [日]小林忠雄:《城市民俗学——城市的民俗社会》,名著出版1990年,第249页。
② [日]上野和男、高桑守史、福田亚细男、宫田登编:《新版民俗调查手册》,吉川弘文馆1987年,第292页。

第三节　多元的思维：城市民俗研究的类型①与视角

一、关注口承：城市传说

城市民俗学发源于美国，美国的城市民俗学又首先源自对城市传说的研究。1988年大月隆宽等翻译了美国著名城市传说研究者J. H. 布鲁范德著《消失的搭车客——美国的都市传说》一书，书中对美国现代社会中广泛流传的"城市搭车客""炸老鼠""老太婆遗体的消失"等为代表的城市传说做了介绍，从而也引发了城市传说研究在日本的燎原之势。

事实上从口承文艺角度看，这一直是日本民俗学的研究基础和出发点，其从柳田国男的《远野物语》②（1910）时代以来即备受关注，被视为民俗资料三分类中"言语艺术"的重要组成部分。对于城市传说和口承文艺的关系，福田指出："（城市传说的研究）近年来以年轻一代的民俗学者为中心迅速开展起来，……它实际上是对口承文艺所包含的一部分现象的研究，只不过为了和以往提到的口承文艺带有的旧的分类和主题构成相区分，才出现了城市传说的表述。"③　由此我们可以看出，城市传说是口承文艺在新的社会环境下应对变化突现出的新类型，它不再假托"很久很久以前"发生的事情，而是对"现在"的"讲述"。"来自城市传说立场的研究，是试图对生活在现代城市中人们的意识、感受的探索，相当于柳田国男心意部分的研究，是值得给予关注的新动向。"④

---

①　1992年发行的《日本民俗学》第190期刊登了福田亚细男的《民俗学动向和问题点》论文，文章在述及近年来民俗学研究呈现出的几个潮流时说道："在过去20年间形成的新动向是城市的民俗研究或是说城市民俗学。"并且把城市民俗研究分为四个类型："第一种类型如果设定为从城市当中发现农村民俗的视角，那么接下来登场的便是通过文书记录等文字资料对近世城市特有的民俗、传承进行的调查研究和分析，20世纪70年代由宫田登开辟，可以被称之为第二种类型的城市研究。作为第三种研究类型是指20世纪70年代末对现代城市特有的民俗的考察。具体表现为对继承了近世城市传统的城下町等城镇地区的生活文化的研究。第四种类型表现为对城市社会典型构造创造出的标志性民俗的考察，像通过闲话、聊天等口承文艺形式传播的城市传说考察城市民的心意、情感的视角。"第10页。
②　《远野物语》是柳田国男在明治时代写下的传说集，书中收录了他从佐佐木喜善口中听来的有关岩手县远野市的119个传说故事，故事内容涉及到日本各地普遍存在的关于河童、山中女妖、儿童隐身等诸多的怪异存在，以及和当地密切相关的山川景物传说。
③　[日]《日本民俗学》1992年第190期，第11页。
④　[日]《日本民俗学》1992年第190期，第11页。

作为社会现实,这一类城市传说正在流传,并且深入到城市民内心。但在方法论问题上,如何看待它与传统的故事传承的关系、它是否具备传承的内涵等方面也存在争议。其中重信幸彦《作为方法的"讲述"》①(1994)的论文着重从学理思考出发,对城市传说的定位进行了探讨,被认为具有一定的启发性。他把对"城市传说""城市的世间话"(闲聊)研究分为两种立场:研究"传说、世间话"的立场和通过"传说、世间话"进行研究的立场。前者是对母题的分析,是和传承故事母题做对照重叠的研究,通过这种研究可以发现"传承",但这种立场容易使"现代"被简单地套入已有的模式中,其结果是无法了解"现在";后者通过"传说、世间话"进行的研究,是语言在先,通过境界论、他界论的分析,超越具体情况而把语言作为一种文化符号进行把握,从而实现对"现代"的"讲述"。他提倡对城市传说的研究不应按照以往口承文艺的研究范式进行,而应通过对这种时代语言的内涵进行考察,映射出"现代"的生活文化,城市传说研究的理想化目标便是作为研究现代社会的方法论的定位。

在提到具体的城市传说研究时,必须提及三位研究学者——宫田登、常光徹、小松和彦。他们分别从江户时期和现代的城市传说与世态百相的杂谈、学校流传的怪谈、妖怪的研究等不同侧面入手,对城市民的精神生活进行了把握。

宫田登在《来自民俗学的邀请》和《妖怪的民俗学》中指出:"大都市既然是人类创造的产物,那里就必然也会被创造出新的民俗——城市的民俗。"② 江户时代以来的传说,像噪声骚扰鬼(poltergeist)现象、"池袋出身

① [日]重信幸彦:《作为方法的"讲述"》,《口承文艺研究》1994年第17期,日本口承文艺学会。
② [日]宫田登:《来自民俗学的邀请》,筑摩书房1996年,第161页。

的女子"①"羽田机场的稻荷鸟居"②等，其主角多是狐、狸等有灵性的动物，与人们对万物有灵尤其是日本人对神灵附身、冤魂复仇的深厚信仰有直接的关系。现代城市中广泛流传的"孤独的老人"③"七个不思议"④"藏起大拇指"⑤和具有代表性的"裂嘴巴女子"⑥等口头传说，主要表现的是有关城市人不安心理的主题或是对城市无序开发、过度开发的批判。从江户时代流传

① 有关于江户时代从近郊农村到江户都城做佣工的女性的传言。因为当时从近郊农村去的多是池袋出身的女性，因此这类传言多被冠以"池袋出身的女子"。故事情节多为傍晚时分，家里池袋出身的女佣听到有声音便跑出去看，然后跑回来后说外面有很可怕的人，但当家里的年轻男主人出门看时却看不到什么异样。但是从当天夜里开始，那家的房顶就开始不断被乱石袭击，房顶炸开个洞，灶台上的锅突然自己煮开并飞到空中。这样的情形持续了三晚，请来做法的也不见任何效果。正当大家心急火燎、无所适从的时候，这家的一位年老的亲戚来访，问到家中是否有池袋出身的女子，回答有而且正巧就在三四天前被家中的年轻男主人刚刚染手。于是要求赶走池袋出身的女子，就在她离开家门的瞬间，这家的一切也恢复了正常。而且据说当全家都在乱成一团的时候，就这个女子独自在自己的屋间里呼呼睡大觉。类似的传说当时在江户传播很广，表现了进城受到欺负的女子的复仇心理。

② 东京羽田机场被开发之前是羽田新田村，据说村里祭祀有被视为守护神的狐仙庙。在机场开发时所有的村民都被迫搬迁了，但在搬迁狐仙庙时遭到了狐仙的反抗，据说只要开始搬迁，鸟居的施工就会出现飞机坠落等事故，传言是狐仙在作祟，因此直到现在，狐仙庙的鸟居还原封不动地矗立在羽田机场的停车场中央，成为让外国人不解的一景。

③ 孤身一人生活在城市中的老人所引发的社会问题。传说的主角都是单身老人。80年代流传的"红衣婆娘"讲述了某个中心城市汽车站前连椅上，经常会看到一个穿红衣、戴红帽、穿红鞋、拿红包的一色红老婆婆，据说是在等待战争中一去不回的丈夫和死去的孩子，当她看到和她孩子长相相似的小孩经过时就会将之带走，甚至有的人还讲到亲眼见到过这个红衣婆娘，称赞她漂亮时，老婆婆还道谢了等内容。

④ "七个不思议"指从江户时代起流传于城市民之间、不可思议的现象以及奇闻轶事，像是月明星稀的夜晚在路上走会听到人说话的声音；叶子只长一边，另一边不长等。被认为是人们对于自己过度开发城市产生的恐惧心理的表现。

⑤ 在日本有这样的说法，即看到灵柩车通过的时候要马上把大拇指藏到拳头里，否则的话自己的父母亲会早死或是见不到父母的临终一面，后来这样的说法在女学生中间又扩大到了在参加葬礼时、看到坟墓时、急救车消防车巡逻车通过时的场合也要这样做。宫田登解释这做法是为与不吉利、凶兆、灾难等相对抗的一种法术，通过握紧拳头放逐邪恶，压制不安的情绪。

⑥ 1979年春夏之际在日本广泛流传的城市传说，据说江户时代就有，后被拍成电影。关于其携带的凶器、嘴巴毁容的原因、出没的时间等有很多版本，特征之一是带着白色或茶色的口罩，20岁左右肤色白皙身材苗条的女性，目标是小学生。主要情节为某个学生在回家的路上被一个女子叫住，戴着大口罩的女子问到自己漂不漂亮，学生只看到笔直的鼻梁和清秀的眼眉就回答漂亮，然后女子就摘下口罩，继续问"这样还漂亮吗？"结果露出的是裂到耳根的毁容后的嘴巴，学生吓得逃命，但是据说裂嘴巴女子的奔跑速度很快，结果很少能有学生得以逃脱。

的城市传说到现代大都会的传说主题，可以看出城市民的精神世界从对超自然神灵的笃信到对现代社会表现出不安的一种过渡。在信仰人群上，"根据60年代中期和70年代中期所做的两次该领域的舆论调查表明，60年代对类似迷信说法表示关注或是笃信不疑的人群为老人，到了70年代年轻一代表示出感兴趣的程度提高，比起20岁年龄段的男性，受过高等教育的女性人群表示出的关注程度更强"①，这表明了一直以来女性与这种超自然力之间的关联。在《世间话研究的意义》一文中，宫田着重对"世间话"（有关世态百相的杂谈、闲聊）中世、近世时期在讲述人、听众、讲述内容等方面表现出的特点进行了历史回顾，指出："一直以来在口承文艺研究中，世间话不被重视，但是近年来在民俗学自身的反思下，世间话也被作为民俗资料加以利用，学界开始关注其背后蕴含的人们生活情感的研究"，②探讨世间话中反映出的城里人与乡下人的纠葛、民众的空间边界思想等问题。"对世间话的传播、发展中的变容、其构成要素中表现出的世界观等的研究不断资料化以后，它便可成为城市民俗文化研究新的重心。"③

　　常光徹著《学校的怪谈——口承文艺的展开和百态》（1993）一书分为三部分：世间的闲聊话；故事；传说、俗信。其中第二、三部分以传统的村落共同体的传承为考察对象，是对原有的口承文艺研究的继承；第一部分"世间的闲聊话"正如书名中鲜明的主题表达，是对"学校流传的各种怪诞传说"④做的系统研究，与城市民俗论相呼应是对口承文艺的"现代"的挖掘。1985年夏，当时身为中学老师的常光利用课下时间从学生那儿搜集听取各种传言故事，十几天的时间就搜集到了160多篇奇闻逸事，他把收集来的传言进行类型划分，同时结合对传言的背景分析，指出："（传言）使均质集团的（学生）紧张情绪瞬间获得释放。"常光徹还进行了"有关妖怪和不可思议的故事"的问卷调查，总结出学校作为一个制度化、秩序体的象征，同时又具有其"异界性"的一面，分析学生之所以热衷于传播怪诞故事，其原因是希望通过妖怪、鬼魂等怪诞故事来释放自己的活力，"是学生为了解除和冷却在学校这个制度体下精神上被负载的紧张情绪而创造出的不加雕琢的文化装置"。

①　[日]宫田登：《灵魂的民俗学》，日本 Editor 出版部1988年，第70页。

②　[日]宫田登：《现代民俗论的课题》，未来社1986年，第101页。

③　[日]宫田登：《现代民俗论的课题》，未来社1986年，第117页。

④　学校的怪诞传说有若干类型，像是以"厕所的花子"为代表的围绕女子厕所流传的怪事，以及在小学已经废弃不用的旧校舍中发生的恐惧事件，学校周遭的密林中的可怕经历等。学校的怪诞传说从另一个侧面反映出小学生们的成长过程以及结交好友的过程中必然遇到的心理上的种种困惑和生理上的不解现象。

同时他的研究也间接从另一个角度揭示了孩子在成长过程中必然遇到的种种问题,对友情和爱情的认知以及城市社会里儿童对自然界的向往。

小松和彦被称为妖怪学研究的第一大家,他批判了以往只对"神"展开研究、甚至否认妖怪研究的价值观点,在此基础上,从不受欢迎的"超自然力存在"的妖怪研究入手,为日本人的精神构造研究贡献了创造性的学术成果。《妖怪学新考》(小学馆、1994)第一部分中的"妖怪和城市",便是对现代生活、城市生活中存在的妖怪性的把握,他以城市传说、现代传说为代表的口承文艺为中心,进而扩展到对其背后的冥界观、来世以及与生死疾病关联的城市民认识论的探讨。

近期的代表性研究成果有2005年1月出版的野村纯一著《江户东京的传言——从"在这样一个晚上"到"裂嘴巴女子"》。从夏目漱石《梦十夜》中讲述的"在这样一个晚上",一直到现代具有代表性的城市型妖怪"裂嘴巴女子",作者选取了形形色色、怪诞陆离的传言,试图从中发现口承民俗蕴含的意义。2005年9月一柳广孝编著的《〈学校的怪谈〉在低声私语》出版,书中收录了众多学者对以学校为舞台生成的城市传说研究的相关成果。论集对于90年代在城市中小学生之间广泛流传的"学校的怪谈"系列传说,从相关的思想史、传说小说的媒体影像化、"怪谈"在口承文艺研究中的定位等多个角度,针对日本人的恐怖情结进行了论证。

二、关注体承:城市祭礼

(一)"祭"到"祭礼"的转变

传统的"祭"是指和农事相关,祈求风调雨顺,预祝丰收的庄严肃穆的祭祀过程,人们通过定期举行仪式祭拜当地的地域氏神,而获得地域氏神对它所掌管的村落民众的生产、生活的庇护,世代平安地生活下去。村落社会的传统祭祀只允许氏子身份的成员或家庭参加,是村落共同体的重要活动组成。

进入到中世末期,日本传统概念上的"祭(祀)"行为发生了重大的转变,被称为"祭礼"的庆祝活动已经在城市中出现。中世末期日本历史上经历了一次城市化时代,以往以京都为唯一根底的城市历史,由于地方城市的出现,开始进入到相对化时代。这些地方城市多数是由诸侯建立的城下町,在建筑、文化等方面都受到当时都城京都的影响,甚至后来很多都被冠以"小京都"的美称。以京都为代表的城市祭礼中的"风雅华丽"和"安抚魂魄信仰"的元素也开始由中央传到地方。柳田国男曾在《日本的祭祀》一书中阐述道:"中世以来的城市文化的发展是使众多土地上的'祭(祀)'行为转变为

'祭礼'行为的直接契机。……其中一个重要的改变便是被称为'观者'人群的出现。他们是不具有共同信仰，只是从审美角度进行观望的集合，祭祀行为也转变成为表演性质的祭礼活动。"①柳田在60年代已经指出了历史上的"祭"与"祭礼"的不同，只不过在他的研究中没有过多论及城市的"祭礼"，而是把研究重心完全倾斜在了"祭（祀）"的一方。

进入到现代社会后，柳田所指的"祭礼"不仅在城市有了更大的发展而且还波及到村落社会。随着村落社会的稀疏化，村落集合体趋于解体，尤其在20世纪70年代中期由政府发起和主导的"振兴地域""振兴家园""村落重建"②行为活动影响下，村落中的"祭（祀）"在形式和内涵上都发生了许多变容，甚至出现了被称为"伪民俗"的演出性民俗以及脱离了语境的模拟民俗。尽管最初许多民俗学者纠缠于"伪民俗"的去伪存真的争执，但是在这种现象的巨大影响力的现实面前，以及来自德国的"民俗主义"学说的影响之下，日本民俗学界也逐渐达成了共识，把这种城市化、观光化的村落祭祀活动列入研究对象的范围之内。

对于另一方面城市祭礼的分析，可以归纳为两种认识论。其中占多数的认识论建立在城乡连续体论的基础上，认为是远离故乡的缘故导致城市民心中存有不安心理，对乡土怀有的那份永远挥之不去难以割舍的眷恋之情，使得城市中存在很多特有的不拘形式的民俗活动。对城市民来说，记忆深处保留的对故乡的描绘，最能唤起他们心底对故乡亲近感的共通的因素就是"祭"，因此城市中的"故乡再现"的活动内容多表现为村落传统祭祀活动的变形或再加工，犹如村落祭祀一样一定要有神轿的出场。这样的祭礼庆祝活动既满足了他们对于故乡的向往之情，使他们能够陶醉在回归故乡的假象中，同时又能感受到与他人之间的纽带维系，获得了渴望的归属意识。与上述论述体系相对照，小林忠雄对城市祭礼的认识论则建立在对城市民特有的价值观的认可之上，指出："金泽人表现出的特定气质、追求祭礼活动中的'风雅华丽'、民众间传播信息的迅速化，都是城市民特有的随机应变气质、符合时宜的价值取向的体现。"③

无论是村落社会中变容了的祭祀活动还是现代城市中的庆祝活动，活动中占据多数的不再是地域居民，而是围观者，而且过程中的表演成分增

① ［日］柳田国男：《日本的祭祀》，角川文库1956年，第39页。
② 可以参照［日］松崎宪三：《现代社会和民俗》(1991)第一章第二节中的"'地域振兴'的动向"部分，对由政府主导的这一活动的意图所在、主要号召、各地的响应情况、具体措施都有个案介绍。
③ ［日］小林忠雄：《城市民俗学——城市的民俗社会》，名著出版1990年，第120页。

多。其仪式组成部分和信仰性要素以及庄严的气氛都被大大削弱,取而代之的是热闹喧嚣的神轿、山车出行、集体游艺活动,或是临时摆设的摊铺以及在文化会馆等的循环展演。

(二)有关城市现代祭礼的研究

波平曾经指出,受到日本民俗学科研究传统的影响,对于城市民俗的调查许多场合下还是较多局限于祭礼部分的内容。①这里即以对大城市特有的庆祝活动研究为重点进行梳理,有关村落部分在城市化后的变容研究,将放在本章第5节部分探讨。

对于城市祭礼的研究,古川彰曾经指出:"以城市为实地进行的(祭礼的)民俗学研究相对来说从很早的时期就开始了,……尽管如此,但是后来从民俗学角度对城市祭礼进行的研究却很少,究其原因是因为城市祭礼被认为不归属地域居民个人的信仰世界,因此很难把它作为基础的民俗文化范畴来把握"②,因此70年代之前有关城市现代祭礼的研究也多是在以中村孚美、米山俊直、薗田稔③等为代表的人类学家、社会学家和宗教学家中展开,70年代后在之前的研究基础之上,以松平诚等为代表的学者又各自从不同的角度对现代祭礼展开了研究。在后来的研究中,城市祭礼作为构成城市民俗的主要要素愈加受到重视。以下就城市祭礼研究的主要观点进行整理、呈现。

松平诚被视为城市祭礼研究领域的权威④。他的研究主要集中在以东京为主的日本关东地区,通过对传统城市祭礼活动的考察,对城市社会的组织结构等进行了系统分析。《日本民俗文化大系》11卷《城市和乡村——城镇的生活文化》(1985)收录了松平诚《祝祭城市的成立和变容》一文,集中体现了他的主要观点。在论文中,松平首先通过对近世末期以江户为代表的关

---

① [日]波平惠美子:《重新思考"民俗"与民俗的再生》,《日本民俗学》2001年第227期,第242页。
② [日]古川彰:《都城的世界》,[日]鸟越皓之编:《为学习民俗学的人》,世界思想社1989年,第185页。
③ [日]米山俊直:《祇园祭》,中央公论社,1974年;[日]中村美:《秩父祭》,《人类学季刊》1972年第3卷4期;[日]薗田稔:《祭与都市社会》,《国学院大学日本文化研究所纪要》1969年第23期。
④ 松平诚写有《祭的社会学》(1980)、《城市祝祭的社会学》(1990)、《现代日本祭祀考——创造了城市祭礼传统的人们》(1994)等多部论述,其中《城市祝祭的社会学》被授予今和次郎奖。

东地区等地的城市祭礼进行考察,论述了传统城市中特有的"祭礼集团"[①]、"町内"[②]的形成及其职责和功能,以及在此基础上建构起来的"祝祭"城市。然后指出在进入70年代经历了地壳变动般的巨大经济变革后,近世时期以来的组织结构已经走向崩溃,功能也已经丧失,但是令人不可思议的是近世城市社会孕育的生活文化尤其是城市特有的祭礼活动却取得了更大的发展,规模也变得更加盛大。松平通过对近世末期和现代的城市祭礼进行比较,指出了内容上的四点变化[③]。松平同时指出万变之下的"不变"是"一种精神过程的反复","做为孤立、离散的个人希望通过共同认同的见证获得所属感"的心意和追求,这是日本城市民自古以来的出发点。同样是以"祭"为媒介的心意构成,城市民的构造原理与村民百姓的正好相反。在论文最后,作者指出:新时期下的祭礼活动(不论是从参与者还是从组织者来说),其核心机构已经从以往限定的祭礼集团向外部极大扩延。……以往存在的牢固的社会共同结合体,变成了极具任意性、柔软性的易变的流动体结合而成的链条。"[④]

　　松平的研究多集中在城市祭礼的运营组织和居民自治组织的考察,社会学的模式相对浓厚。而宇野正人《城市祭礼中的传统指向——以神户祭为例》的论文则更加凸现了民俗学的研究特色。论文明确指出了对城市祭礼研究的必要性及其原因[⑤],对作为典型城市庆典活动之一的神户祭从1971年诞生到1979年共九次的活动以表格的形式做了简单回顾,在此基础上作者着重以活动中的变量和不变量为焦点,对历年的活动设立目的、变化过程及活动产生的影响做了考察。通过作者的介绍我们可以了解到,神户祭设

---

① "祭礼集团"指近世末期关东地区的传统城市中形成的具体负责操办祭礼活动的运营组织。松平诚指出,常见的祭礼集团内部分为三个层次,地位由高向低排列分别为元老层、主管层、青年团层。

② "町内"是近世城市中对祭礼的费用花销、地域收支安排起着决策和支配作用的组织构成。它由大户商家的户主组合构成,是该地区的核心象征和权力机构。

③ 松平诚总结的四点变化可以概括为:①祭礼活动中原来由地缘的生活集体负责的交通管制、治安维护、经费筹措、人群疏导等职责,转移到了地方自治体的行政机构一方,祭礼成为地方自治体为民众服务的场合。②观者人数巨大膨胀,观众的影响力提高。③祭礼活动中的表演团体由以往有地缘关联的班子无限向外扩延,很多来自不同渠道的毫不相关、五花八门的组织都加入进来。④女性的参与变得显著化。与以往女性完全被排除在祭礼正式舞台以外相比,参与祭礼活动的外围边缘得到扩展。

④ 参照《日本民俗文化大系》第11卷,第146页。

⑤ 作者在文中充分论述了对像神户祭这样的城市祭礼进行研究的必要性。其原因在于:①这种行政主导型的祭礼在全国大量存在。②城市祭礼已经不分城市或非城市区域而广泛存在。③对于以祭礼仪式之后的庆祝活动为看点的群体的存在不能忽视。

立的初衷完全是一种城市文化活动，与传统没有任何关系，只是借助城市的特色元素——港口城市设立的为期三天的市民狂欢节。但在后来的发展中，随着历届祭礼的举行，活动中行政性部分与地方性部分的构成发生了改变，行政组织逐渐从中心位置退居到二线，当地化的活动不断增加，并超过了行政性活动内容，由以往的"无神参与"渐渐演变成传统因素的大量介入。作者最后指出："神户祭活动中行政部分与当地部分的活动采取了相互补充，同时又是相互抗争的祭礼的构成关系。因为祭礼活动中蕴含的紧张关系，因此才会更加充满活力。"①神户祭中表现出的这种"亲和与对抗"的关系，正是宇野作为论点提到的传统指向。

三、空间理论：关于城市民俗空间构成的研究

对城市空间的理论研究可以视为"领域说"地域性理论②研究大背景下的产物。地域性理论研究强调"通过类型的或是领域的差异（而不是以时间差的方式）理解日本的社会、文化因地域的不同呈现的多样性"③，通过对日本的社会、文化存在的地域性差异的解析，更加明确日本社会文化的本质。"领域说"是地域性理论研究在进入80年代以后表现出的特点，对城市空间的研究起到了更直接的影响。

《日本民俗学》第171期（1987）刊登了伊藤良吉《生活空间论》的论文，文章分别对村落空间、城市空间及其生活空间近期的研究现状做了考察。其中在对城市空间论的论述中，伊藤首先肯定了有关城市空间（领域说、世界观）研究论述的增多，重点列举了相关论文中涉及到的城市的异质空间、

---

① ［日］宇野正人：《城市祭礼中的传统指向——以神户祭为例》，《日本民俗学》1980年第128期，第57页。

② ［日］上野和男：《日本民俗社会的基础构造》中对日本社会的地域性研究做过梳理。这里的"地域性研究"不是针对个别的地域社会、地域文化现象进行的地域社会论或地域文化论，而是以日本社会、日本文化因地域不同呈现的多样性认识为前提，从异质论的角度，从日本社会论、日本文化论的整体结构出发进行的考察。上野把对日本社会、日本文化的地域性研究分为两个阶段：20世纪50年代到60年代为第一阶段，主要以家庭、婚姻、亲属、社会构造的地域分布类型化为特点。先设定类型，再划定其对应的区域。类型说理论研究的目的不在于明确各类型的分布范围，而是证明日本的社会、文化在构造上存在的偏差；20世纪80年代前后为第二阶段，其特点是对第一阶段研究的精致化，通过特定文化要素的引进设定文化领域，文化要素的种类不同可以描画出不同的文化领域和地域划分，因此相对于第一阶段的"类型说"地域性研究，第二阶段被称为"领域说"地域性研究。

③ ［日］上野和男：《日本民俗社会的基础构造》，Gyosei 1992年，第1页。

边缘空间、中央区与周边区构成的空间体论述、"场""场所""场所性"①的内涵和分布特点，指出："和村落空间论的指向相同，城市空间论的焦点也集中在对边缘、边界场所的含义分析上。"

"境界论"一直以来是日本民俗学的重点探讨领域，宫田登的许多研究都涉及"境界论"思想，这也成为他的一大研究特色。《妖怪的民俗学——日本不可视的空间》(1985)中涉及了近世城市空间的境界论分析。宫田登以近世时期的大城市江户城为题材，通过对妖怪出现的场所性分析，论证了城市空间的象征论。指出："城市化进程使人们遗忘了神圣场所的存在，妖怪就会选择在这些场所，这些曾经承载了人们记忆和传承的地方出现。"宫田登从妖怪出没场所这一崭新角度入手，探讨了民俗社会的空间境界认识论。在《作为民俗空间的"边界"》(1983)、《作为城市空间的浅草》(1980)等论述中，作者讲道："对民俗空间的设定，是建立在我们对空间生活行为下隐藏着民众心意这一认识论的基础之上，……因此认识民俗空间，强调'境界空间'的存在，是对现代社会尤其是城市民俗研究所必不可缺的。"②无论是作为神圣空间的浅草(寺)，还是被认为不可思议现象频繁出现的桥梁、河川等场所，都具有边界性的含义，与民俗体系中的"非日常"概念有着联系。

与"境界论"空间思想相关的理论研究还有坪井洋文1982年提出的"曼陀罗构造"。这个观点是对包括稻作农耕民、刀耕火种旱作民、渔民以及城市民在内的民俗世界的整体定位，并且以生死为界对各个集合体在"现世"和"他界"两个境界中的对应关系做了考察。在坪井构想的民俗世界的概念分布中，稻作农耕民所在的世界是核心，占据了日本民俗文化最重要的位置，城市民所在的世界与刀耕火种旱作民世界、渔民世界都聚集在这个核心的周遭并相互发生关联。城市民的世界由来自各地的人群构成，他们的信仰对象是被称为"(集)市神"的概念神。对于城市民世界对应下的"他界"领域中的位置，坪井提出了"故乡、墓地回归"的假说(参考图)，城市人所理解的死后的世界即为埋入墓地或是回归故土。

---

① "场"指社会惯习长期作用和影响下形成的生活空间；"场所"指具体的由自然或地形等表示的个别、具体空间；"场所性"是个分析概念，表示边界、边缘空间的象征、抽象含义。

② [日]宫田登：《现代民俗论的课题》，未来社1986年，第75页。

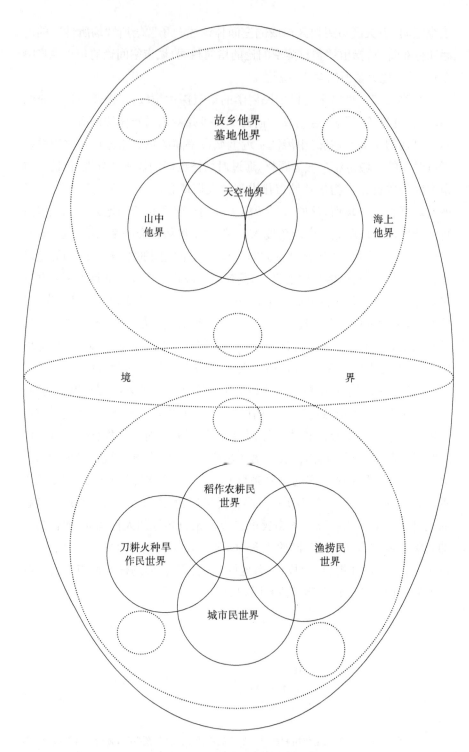

故乡他界
墓地他界

天空他界

山中
他界

海上
他界

境　　　　界

稻作农耕民
世界

刀耕火种旱
作民世界

渔捞民
世界

城市民世界

坪井洋文"日本人的民俗世界概念图"

仓石忠彦从城市民的生活空间角度对城市民俗空间的构成进行了探讨。日本传统的村落被称为村落共同体,其特征之一是有稳固的地缘集团,日本民俗学称之为"民俗继承体"(樱田胜德说)或"传承母体"(福田亚细男说)。正因为有了这样的民俗载体,才使得村落的民俗文化得以很好的传承。但随着20世纪50年代开始的举家离村现象以及废弃民房、废弃村落的不断增加,村落共同体逐渐解体,代之而来的是"社缘集团"(公司会社)或是"职场共同体"等其他集团发挥着统合作用。因此仓田忠彦在考察城市时,注意到构成原理上城市和村落存在的不同,指出城市的特征是不存在像村落传承母体那样的集合,而是借助各种不同功能的集团完成生活文化的连续性和传播性。相对于村落的构造,仓田结合城市人的行动方式、生活实态对城市的构造进行了分析。他根据发挥功能的不同把城市分为五大空间:居住地空间、职场空间、闹市区空间、文化空间、边缘空间,后来又加入了移动空间。仓田对各个功能空间都做了具体的内涵界定,同时对在不同空间时人们的行为规范、生活方式做了考察。他指出城市是个功能极其健全的空间,城市中的各个功能空间的划分是类型划分,空间的性格会因人的主体认识的不同发生改变。同时城市的空间构成呈现多层次,同一空间可以因为不同的利用方式而变身为不同功能的空间。

仓石忠彦于1993年提出了"民俗都市"的构想理论,认为在城市中同样存在着民众的基础文化。他在阐述"民俗都市"论点时,从儿歌、文学作品入手,以奇特和新颖的视角,通过歌词中唱到的、文学作品中描述的人物的所见所感,找寻城市的特征、城市与村落的不同、感受生活在城里的人们的精神世界。论证中出现频率最多的字眼是"空间"和"故乡"。这也抽象概括了"民俗都市"观点的核心——城市中存在民俗,民俗借助于城市构成的"功能空间"得以连续和传播,城市民对"故乡"的眷恋之情是民俗城市存在的基础。1990年《都市民俗论序说》和1997年《民俗都市的人们》的两本著作,集中体现了他的理论学说体系的构成。

四、空间个案:公寓住宅区、传统城下町、繁华街区、观光地等的民俗研究

宫田登曾经指出:"对城市民俗积极开展研究的学者,他们的视角可以分为两种。一、通过对具有悠久历史传统的地方城市内部的日常生活百态的分析,凝缩出所谓的'城市风格'或城市民气质。……二、人工创造出的城市空间,比如住宅公寓群、鳞次栉比的高楼大厦。通过对住宅区的民俗调查、对大街小巷的考现学调查把握城市民俗的立场。"①

为了配合在城市区域开展的个案研究,实地调查手册中也开始加入了城市民俗调查的参考纲目,1987年改版后的《新版民俗调查手册》,在1974年发行的旧版基础之上,"在'城市民俗'的领域就当前能够预想到的问题设立纲目进行了说明"。主要列出了"城市的组织和祭礼、家业(商人、手工艺人)、世间话、居民区的生活"②四大纲目,并在各个纲目下面进行了细分,列出了进行调查访谈的主要提问内容。

(一)对新兴公寓区、居民住宅区形成的民俗文化的研究

原国学院大学教授仓石忠彦被宫田登称为城市民俗学研究的第一大家,他对城市民俗的研究即始于对城市新兴的居民小区、公寓住宅区的生活文化的关注。1967年仓石搬入郊外新建住宅区,以此为契机,他开始了在公寓住宅区生活的经历,也逐渐留意到城市在组织机构、生活节奏等诸多方面表现出的特点以及与农村的差异。仓石通过他对长野县上田市美铃住宅区的实地调查,于1973、1974年接连发表了《住宅区的民俗》③、《"城市民俗学"的方法》④的论文,受到了学术界的极大关注。他对住宅区民俗的研究掀开了城市民俗研究体系化的扉页,被视为"城市民俗学蓬勃发展的直接契机"⑤。

《住宅区的民俗》一文是以公寓住宅区居民的人际交往方式为主要内容、对区内50户家庭进行观察记录的基础上写出的调查报告。在人际关系调查中,仓石借助交往方式中表现出的"只是打打招呼""聊聊天""一起喝个茶""有自家人意识""断绝交往"等符号的含义,通过对居民的行为展开观察,指出住宅区内形成的小集合多为近邻集合,尽管影响到这个集合的相关因素有若干⑥,但其主要特点是由主妇们构成的集合,公寓社会是以妇女和儿童为中心的社会。其原因是由于城市民"住职不一致"(居住地和工作地点分开)的特点,在公寓住宅区中男性的存在显得很薄弱,留守在家的主妇和儿童便成为公寓住宅区民俗生活的主要参加者、组织者和民俗的生产者。

---

① [日]宫田登:《现代民俗论的课题》,未来社1986年,第12页。
② [日]上野和男、高桑守史、福田亚细男、宫田登编:《新版民俗调查手册》,吉川弘文馆1987年。
③ 《住宅区的民俗》于1973年信浓史学会发行的《信浓》杂志上发表。
④ 《"城市民俗学"的方法》于1974年《柳田国男研究》第六期的杂志上发表。
⑤ [日]高桑守史:《城市民俗学——其研究动向和课题》,《日本民俗学》1979年第124期,第87页。
⑥ 仓石忠彦根据对公寓区的近邻集合产生影响力的大小顺序,把相关因素进行了排列:①主妇的年龄②孩子的有无和年龄③白天主妇是否留守在家④副业⑤丈夫的职业。

在1978年发表的《生活和居住空间》一文中,仓石从居住空间的利用方式入手,对公寓住宅区的民俗生活进行了调查研究。他对空间配置进行了类型划分,同时通过与传统的民居空间利用方式的比较,对空间中的"神圣、世俗"观念的体现和分配的理论进行阐释,指出了在这方面表现出的民俗部分残留的现象。

仓石在研究中指出:公寓住宅区表现出的民俗生活区别于村落,但其中又能感受到基础文化的存在。受到仓石在住宅区民俗研究上的方法论启发,随后围绕着民俗的再造和民俗的遗留的诸多类似个案研究开始陆续出现,像宫山博光的《住宅区民俗的形成过程——新兴住宅区的表象》等。对于仓石的研究,小林忠雄给予了积极的评价:"住宅区的调查研究是极其重要的。……对于现代社会在几年时间内就会发生的变化进行观察和记录,是民俗学不可推卸的责任。"[①]同时在方法论上指出:"这些住宅区研究都是建立在与原有农村民俗不同的民俗变容的提炼和比较的方法论基础之上的。……(仓石)把今和次郎提倡的考现学的调查研究纳入到民俗学的调查研究中,这可以看作是当前进行城市化民俗研究的有效方法。把考现学的调查对象放在民俗学理论体系内,经过充分讨论,必然会形成崭新的集中住宅区民俗调查的方法体系。"[②]此外,宫田登对仓石以住宅区为例对城市传承母体研究所做的尝试也给予了较高的评价,认为是"值得瞩目的个案研究"。[③]

(二)对传统城市——城下町的代表性研究

城市具有人员流动频繁、成员构成复杂、多阶层多元化的特点。从个体看,因为城市里老住户(居住时间超过三代)占的比例较少,因此从传承性角度考虑我们会认为城市里不可能有什么民俗,也形不成城市的所谓传统。但民俗的传承除去以个体的渠道还以集体的形式实现,因此在现实中只要是经历了一定期间后,城市都会形成各自的风格特色,城里人也会表现出不同的气质作派。这种城市独有的风貌、不同城市的居民表现出的不同城市气质,对它的形成历史和体现方式的研究也就成为传统城市研究中的重要组成部分。

对传统城市进行的民俗研究可以粗略地分为两部分:对历史都城的研究和对幕府时代以来形成的大批地方城市——城下町的研究。对历史都城

---

① [日]小林忠雄:《城市民俗学——城市的民俗社会》,名著出版1990年,第247页。

② [日]小林忠雄:《城市民俗学——城市的民俗社会》,名著出版1990年,第247页。

③ [日]宫田登:《日本的民俗学》,讲谈社1985年,第176页。

的研究大部分集中于中世的京都和近世的江户两座城市，其中以江户城的研究内容居多，对城下町的研究则以对石川县省会金泽市的研究开展得最为显著，研究成果最为丰硕。为简洁起见，在小节题目中将都城视为城下町的特定形态，这里统一表述为对传统城市——城下町的代表性研究。

关于对京都的研究，在《日本民俗文化大系》11卷《城市和乡村》第一章"作为生活母体的城市"中，作者川添登根据《万叶集》《日本纪略》等文献资料的记载和画卷的描绘，对8世纪末的迁都京都、都内民众间流行的御灵（冤魂）信仰、京都民众的城市化生活方式、京都代表性文化祇园祭、京都民四季的生活情趣、都城中世俗空间与边缘空间的分布等当时的城市风貌和城市民的心态做了描述。在第四章"朝臣、武家文化和变容"中，作者水江涟子等从贵族、武士、普通市民不同阶层出发，对他们的相互关系、各自的节日习俗、娱乐方式做了考察，向我们展现了城市历史上不同社会阶层的不同民俗文化。有关江户的都城城市民俗研究则更加体系化，除了宫田登在《江户岁时记——城市民俗志的尝试》一书中（1981），从时令节庆入手对都城的城市民的生活感觉、心意现象、江户气质做的考察外，1985年还召开了以"江户城市民的内心世界"为题的座谈会，围绕江户时代的社会秩序、民众信仰、阶层构造、季节性祭祀活动等展开了交流。此外，《日本民俗文化大系》第11、14卷则分别从不同的角度对江户城的历史面貌做了阐述。第11卷《城市和乡村》第二章"祝祭城市的成立和变容"的作者松平诚，对江户型生活集团的组织构成进行了考察；第六章"江户歌舞伎和庶民的美意识"的作者服部幸雄，通过对歌舞伎剧目的表现主题、表达内容、演出服装的色彩考察，对近世都城的城市民内心深处隐藏的追求向往、色彩的认识观、美的意识观展开了细腻缜密的考证。第14卷《技术和民俗（下）——都市、城镇、村落的生活技术志》共分两大部分，其中在第二部分"都市、城镇的技术和民俗"的专题中，列出了135个词条，其中有关江户城的有生活用水、照明用蜡烛、提灯、瓦匠木工油漆匠、商人服饰、服装染色、拉锯制作、竹子玻璃制工艺品、按摩服务、儿童玩具、烟花工匠、吉祥物制作、商户招牌等内容，对城市生活必需的方方面面用品的传承历史、制作工艺进行了图示、分类等全面说明，许多词条追溯到当时城市的技术民俗部分，内容全面，图片、数据、图示资料翔实，具有珍贵的资料价值。

日本的城市分为传统城市和新兴城市。①传统城市根据其形成历史不同,通常又被分为城下町、宿场町、门前町②等类型,但是各个城市类型的划分并不是绝对的,有时会融合了其他类型在内,具有复合型性格。70年代以来,对传统城市的研究多集中在其中的代表性类型——城下町的研究方面,更具体地说是对金泽的研究。在关于金泽的研究中,研究角度既有历时性的,也不乏共时性研究,同时既有来自金泽市民自发的参与活动,又有民俗学者的理论研究。金泽成为对传统城市民俗进行系统性调查研究的代表个案,同时也是城市民俗研究的一个基地。当地还成立了市民性的学会组织——"金泽民俗探访会",由市民参与,向市民呼吁关注身边的传统文化,发掘当地的民俗文化,并定期召开座谈会、汇报会,面向市民开设免费讲座,组织民俗探访活动,创办了《城市和民俗研究》等专门刊物,用以保存、记录民俗成果,保护当地的传承文化;成立了"都市民俗文化研究所"机构,对当地历史和现代的众多民俗事象都进行了踏实有效的调查研究。例如他们对金泽地区婚礼仪式变迁的关注,约定每年设定不同的题目,听取长老们的讲述,发动民俗搜集志愿者依照题目展开搜集活动,等等。这些民众性参与方式都扩大了传统文化的影响力,更好地传播了当地的文化,形成了良性循环。

作为学院派的研究成果,《日本民俗学》第129期(1980)推出"城下町民俗"研究专集,收录了四位学者关于城下町的理论研究成果和调查报告;《日本民俗学》第134期(1981)登载了第32次日本民俗学会年会"城市的民俗——以城下町为中心"主题研讨会的会议记录,收录了会上发言的三位学者的发言稿和主持人点评、讨论环节的文字记录。1980年这次年会被宫田登评价为"第一次以'城下町'作为研讨会主题,具有划时代的意义。以城下町为首包括港口城市、驿站城市是我们进行城市民俗研究恰当的田野作业场所"③。此外,《日本民俗学》第166期刊登了牛岛史彦《关于城市研究的课

---

① 传统城市通常指的是中世或近世时期形成的以城下町、门前町、宿场町等类型为代表的有一定历史传统的城市,新兴城市指的是没有很悠久的历史背景,在江户末期或明治时代以后形成的城市。

② 这些类型是依据城市最初出现时的形态来命名的。城下町是指幕府时代下由诸侯大名在各地建立的城池基础上形成、发展起来的城市。城市中央是大名居住的城池,外圈居住着负责保护安全的武士,再往外住着从事商品交易的商人以及进行生产的农民。宿场町即为驿站城市,是由历史上交通发达处提供留宿场所的驿站发展而来的城市部落,城市中心是各种客栈、驿站旅馆,周边有负责提供马匹等后援设施的邻近乡村。门前町是指由寺院庙宇门前的集市、庙会发展繁荣形成的城镇。

③ [日]宫田登:《现代民俗论的课题》,未来社1986年,第54页。

题——以城下町的个案为例》。以上所说的有关城下町的研究论文,都是日本民俗学家从各自的关注点出发在开展了具体实地调查后形成的成果,其中尤以小林忠雄对石川县的金泽市、岩本通弥对茨城县古河地区的城下町民俗文化研究成果最为集中,贡献突出,在此做重点分析。

《城下町的社会和民俗——以茨城县古河地区的常民生活志为例》是岩本通弥在研究生期间进行的调查研究成果。在论文中岩本首先提到了城下町与港町、门前町等城市特色的不同:作为港口城市发展起来的港町以及由神庙寺院门前繁华的集市发展起来的门前町,在当今社会依然发挥着它们的作用;但是城下町在历史上曾经发挥的作用、时代赋予它的功能在当今社会已经不复存在,尽管从景观上看城下町现在与历史上的面貌没有改变,许多城下町依然还保留着"城(堡)"的建筑,但是以往的社会内部的阶层划分已经不复存在。岩本的论文便是以这种历史上的传统城下町为对象、针对今日呈现出的面貌做的考察。因此在问题意识上,岩本以现在为焦点,围绕着"城镇的社会构成"和"城镇的人际关系",目的是对城下町古河地区的结合原理做出论证。在方法论方面,面对城市传承表现出的"碎片化"特点,岩本摒弃了以往和歌森太郎为首提倡的"民俗资料的史料化"[①]调查方法,而是使用录音磁带,通过说话者的自由讲述,以每个人为单位,从每个人对民俗知识的"价值内部化"的角度把握丰富的城市民俗。在内容上,岩本重点对作为城镇居民自治体现的城镇守护庙和自治会所的形成和功能体现,被称为"架子工、消防员"的带头人物的定位以及他和商家、城镇社会如何发生各种关系,婚丧嫁娶中表现出来的城镇功能秩序,以及商家、工匠家、旧武士家在习俗和观念上表现出的不同等方面进行了具体论述。最后在论证城市的秩序关系、城市的功能究竟是在怎样的原理下实现时,他指出:"(在对古河的考证中可以看出)城市的规范可以归结到防火防灾的观念,……从火灾以外的其他警灾防卫中也可以看出(城市的秩序化)是靠生活防卫组织实现的。……村落的生活环境是靠生活互助组织得以规范的。"[②]

小林忠雄是金泽民俗研究的组织者、代表人物。他的研究主要围绕近

---

① 和歌森太郎主张民俗资料应该史料化,提高它的严密性。可以通过"在相同条件下就同一个主题尽可能地向多个话者访谈"和"再把这样的访谈结果得到的数据综合提取相一致的内容"的方式实现。这样得到的民俗资料才被认为是客观的民俗资料。但同时也有些民俗学家提出:"民俗学不应该只把客观的现实作为课题,还应该要思考凡人的主观的意识以及幻想或愿望。"(中野卓、千叶德尔)

② [日]岩本通弥:《城下町的社会和民俗——以茨城县古河地区的常民生活志为例》,《日本民俗学》第129期,第45页。

世、近代的金泽及其周边地区展开,通过研究向人们展示不同于农村的城市民俗的存在。在小林看来,城市社会的流动性特质增加了对其把握的难度,又因为城市的构造与村落社会共同体的构造之间存在的显著不同,会使我们在面对城市考量相关分析指标时不免感到困惑。由于无法使用柳田民俗学下存在的传承母体体系对城市的民俗事象展开分析,所以在这样的情况下,选择对城市民来说能够表现其价值观的色彩、声响、味觉、触觉、嗅觉的五官感受下的事象,是否更能贴近城市民俗的实态,这便是小林的基本观点。

小林的出发点可以看作是对城乡连续体论的挑战,是对以往只认可城市与村落间文化共通性的共性研究的宣战。他发表有《城市民的心意世界和民俗社会——以北陆的传统城市金泽为中心》《传统城市中的民俗构造(一)——以金泽的时令节庆为中心》《传统城市中的民俗构造(二)——以金泽的民间信仰为中心》等多篇论文和著作。对于金泽在时令节庆上表现出的特点,小林指出:在社会构成上由于商家组成的行业协会具有很大的约束力,因此岁时节日、信仰活动等通常都是以行业协会为单位进行,但在对传统节日传承的表现形式上商家往往把他们演变成商业形态,表现出很大的随意性和灵活性。在分析传统城市中的传承母体时,他通过对参加葬礼的人员所属组织进行分类,设定了五个集团类型:①亲属集团,②行业集团,③地缘集团,④文化集团,⑤信仰集团,其中对文化集团的分析在城下町研究中具有很大的创新性。小林突出强调了文化集团是城市和村落构成差异的显著表现之一,"在城市民的日常生活中文化集团占据着重要的位置,有时比血缘、地缘、信仰关系的交往更加日常化,是生活周期中必不可缺的构成,同时充满城市气息。文化集团的活动甚至构成了社会传承的土壤根基"①。因此他从方法论角度指出:可以通过对各个功能集团习俗的分别把握,对城市传承母体进行把握。

小林的研究值得肯定的有以下几方面:他重视民俗的可变性、肯定城市民特有的价值观、肯定城市中多层次非连续性的传承母体的存在等。也有学者例如阿南透,对小林忠雄《城市民俗学——城市的民俗社会》(1990)书中的研究提出质疑:"书中以金泽的前近代要素为主展开描写,但是对于这种已经无法直接进行调查的过去,作者是如何进行调查、实现复原的令人不

---

① [日]小林忠雄:《传统城市中的民俗构造二——以金泽的民间信仰为中心》,《日本民俗学》1981年第134期,第14页。

解。……在资料的引用上存在着问题。……在时令节庆问题的探讨中,缺乏令人信服的说明。"①

关于金泽的城市民俗研究,宫田登在《对于"城市的民俗·金泽"的探讨》一文中做了概括性总结。他分别提到了以金泽为调查地从不同视野展开的传统城市的研究:向井英明从符号论入手运用mental map方法对金泽的空间象征做的论述;砺波和年通过金泽流传的"ハツタロウ"(初太郎)城市传说对该地区反复再生的母题、城市民性格的把握和剖析;竹内康平从漆器工匠、小林忠雄从染坊工匠事例入手,对作为城市居民典型代表的工匠手艺人所做的个人生活史纪录;梅田和秀对城市的祭祀理论、宫山博光对公寓住宅地等热点领域的考察;小林忠雄从①金泽人的色彩感②区别于村落的传承母体③被称为"小京都"的金泽与京都的关联④金泽人的气质特点等诸方面对金泽民俗所做的整体、全面的把握。最后宫田评价道:"这些为解读城市民心意所做的努力应该得到认可,观点值得倾听,它为我们的城市民俗研究提供了线索。"②总而言之,对城下町的专题研究为以后同村落的比较研究提供了个案资料,为验证民俗学的方法论、理论体系的普遍性原则提供了可供参考的依据。

(三)对繁华街区的研究

村落的特点是以生产活动为基础,城市的特点则是以消费活动为中心。城市中最具典型性的消费空间当属繁华街区地带,因此对繁华街区的考察是对城市标志性文化研究的重要组成部分。

繁华街区是"城市"概念中的标志性元素,也是城市民俗文化集中体现场所之一。因此有关繁华空间如餐饮一条街、酒吧一条街、消遣中心娱乐场所等的研究论述有很多。其中1987年出版的神崎宣武著《繁华区的民俗》一书,便是对繁华街区霓虹灯下呈现出的民俗文化的探讨。作者从1979年开始对位于东京都汤岛被称为天神下的酒吧一条街进行实地调查,对繁华区的人际关系构成、以繁华区为生活中心的人的生活方式都有了深切的体会。书的写作没有按照学术文章的基调,而是以轻松随意的风格,借助穿行于繁华街区为娱乐场所配送食品为生计的老年妇女的眼睛,对光顾酒吧的客人、酒吧的营业老板和侍卫生、穿插于灯红酒绿的娱乐场以提供服务的特定群体的生活方式进行了探讨。他的这种研究视角、研究对象史无前例,弥

---

① [日]阿南透:《小林忠雄著〈城市民俗学——城市的民俗社会〉》,《日本民俗学》1990年第183期,第107页。

② [日]宫田登:《现代民俗论的课题》,未来社1986年,第60页。

补了以往日本民俗学研究内容上的欠缺。

2002年《都市民俗生活志》(共三卷)出版,三卷分别从空间、功能、时间的侧面对复合性、多元化的城市社会生活尝试着给予了真实的记录。第二卷《都市的活力》以生活在城市里的人们自己书写的生活日志为中心,收录了和城市相关的社会学、地理学、生活学、风俗学等的研究,还包括了胡同和工匠、商业和繁华街、色情场所与娱乐场所相关的民俗生活志,对理解在城市角落默默无闻工作着的工匠艺人和被视为城市脸面、充满活力、色彩斑斓的繁华街区生活有重要参考价值。

(四)观光与观光地民俗研究

日本一直以来是"旅游"文化发达的国家,只是在"旅游"的形式和意图方面过去和现在表现不同。中世、近世的"旅"的含义近似"游历"内涵,是指"离开家乡,在外经历磨练,体验艰辛的成长过程",以个人的旅程居多。现在许多谚语中使用的"旅"依然是这种"接受磨难"的含义,如"你所心爱的孩子一定要让他踏上旅程经历风雨",以及宗教信仰者历经跋涉朝圣的过程也被称为"朝拜之旅"。进入近代尤其是现代以来,"旅行、旅游"的含义成为主要用法,与"旅"的艰苦印象相对照,"旅行"是一种舒适、惬意的身心放松,享受消费带来的满足感的过程,它的形式多表现为以家庭为单位或是团体旅游,这也正是观光民俗学的考察对象。

日本自高度经济增长期以来,伴随着经济实力的提高,外汇市场的日元升值,日本人的国内海外购物、观光、休闲游热潮也席卷全国。在20世纪60年代末期开始兴起的"家乡再发现"的观光热潮,结合着地方政府"重振地域""村落复兴"的开发政策,引导着国民的观光热点开始向重访故乡、唤起对故乡的回忆的方向转移,旨在通过重新审视以前所摒弃的乡土文化,发现自己根底文化的所在。在这样的过程中,一方面以民俗为卖点的观光设施受到追捧,另一方面地域的传统文化作为观光产业链的一环,也发生着不可逆转的改变。近年来从观光角度进行研究的主要有神崎宣武[①]、石森秀三[②]为代表的个人与以"日本观光文化研究所"为代表的机构,他们在观光、开发领域的研究中都产生了重要的影响。

日本观光文化研究所作为近畿日本旅行公司的下属组织,成立于1965

---

① 神崎宣武,1944年出生于日本冈山县,毕业于武藏野美术大学,师从已故民俗学家宫本常一,曾任旅行文化研究所所长。代表作有《江户的旅行文化》《繁华区民俗史》《观光民俗学的涉猎》《土特产——赠答和旅行的日本文化》等。

② [日]石森秀三:《观光的二十世纪——二十世纪诸民族文化的传统和变容3》,Domesu 1996年。

年,由宫本常一担任第一任所长。研究所的理念和目标就是通过"游历"对日本、对世界、对个人进行重新认识,发现问题,展开研究;同时通过和更多的人交流,探访不同水土所孕育的生活文化和历史,成为地方与地方、国家和国家进行文化交流的促进力量。研究所发行有《漫步 看 听》月刊,同时研究所各个成员带着各自的研究课题走出去,在探访中积累了一定的学术成果。

神崎宣武是观光民俗研究的代表人物,在《观光民俗学的涉猎》一书中,神崎记录了自己参加的一次为期十天的团体旅游经历,对行程地点的文化进行了细致观察,与同行及当地人进行了交流,记述了购物、夜消遣、大宴会厅会餐等旅游的各个环节下基于民族性的感悟。神崎遵循的研究方向有两个:对各地的节日活动、名胜古迹的介绍,这种场合可以利用民俗学的知识进行线路景点等的策划;对旅游团体人群心理层面的挖掘,包括对特定环境下激发的文化碰撞,特定的旅游民俗体系的尝试。

此外,山本圭造在1990年出版的《日本观光论——现代日本的庆祝活动》中指出:"现代日本的这种旅游观光现象已经不再是一时的流行热潮,而是可以称之为'恒常的观光指向'的社会现象。"①山本在书中对近年来观光产业复兴的背景原因作了分析,并且根据观光对象的不同把观光行为分为10种类型②。此外在《日本民俗学》第236期的"民俗主义专号"中,他从"民俗主义"观点出发对观光产业与传统文化之间的纠葛讨论与个案研究进行了概括性总结,另有西村真志叶③等人的译著、文章可供参考。相对于"民俗主义"视角下的研究多侧重"变容"探讨的倾向,观光民俗的研究则相对单

---

① [日]山本圭造:《日本观光论——现代日本的庆祝活动》,K.Y.Office 1990年,第5页。

② 山本圭造在分析观光产业复兴的背景时总结了八种原因:①寿命的延长、闲暇时间的增多。②个人收入的提高及其带来的经济上的富余。③思考方式、意识形态的变革。④交通线路、交通手段的发达。⑤私家车的普及和道路条件的改善。⑥观光设施的完备化和宣传效果。⑦旅游业内人士的业绩提高和信息的渗透。⑧丰富多彩的活动的举行。山本在考察观光类型时把它分为十种:①参观庆祝活动的观光。②温泉观光。③学习类型的观光(包括对产业设施的参观)。④美食购物型观光。⑤围绕宗教设施寺庙的观光。⑥历史遗迹型观光。⑦运动休闲型观光。⑧农林渔业型观光。⑨自然风物观光。⑩国外观光。

③ [日]西村真志叶:《民俗学主义:日本民俗学的理论探索与实践——以〈日本民俗学〉"民俗学主义专号"为例》,《民间文化论坛》2006年;[日]森田真野:《民俗学主义与观光——民俗学中的观光研究》,西村真志叶译,《民间文化论坛》2006年;[日]西村真志叶、岳永逸:《民俗学主义的兴起、普及以及影响》,《民间文化论坛》2004年;於芳:《民俗主义的时代——民俗主义理论研究综述》,《河南教育学院学报》2007年第3期。

纯,接近地域民俗学的研究体系。

五、关注传统(时间):城市化进程与民俗的流变

村落社会、山乡渔村一直被视为传承文化储量丰富的矿产地被日本民俗学研究重点开采,在资源的根基转瞬间被动摇后,以往的村落民俗学者开始从消亡、变化、融合的视角对这种矿产地的后续进程进行解读,在村落与变容的新课题研究中继续前行。因此在本章节中对于明确的村落社会空间下民俗变化的研究,依然把它列入村落民俗学的研究范畴中,而仅对强调城市化与民俗变化的关系研究做提示性介绍。

1975年第102期《日本民俗学》刊登砂金文昭《试论城市化地区的民俗变化》一文,从时令节庆角度对一个城市化影响下的村落进行了考察。分别对传承着的节日活动、消亡了的节日活动从性格上进行了分析和分类,指出:"消亡了的民俗事象可以再生,即通过对这种民俗的再生产的观察,可以帮助我们理解时令节庆的现代意义。"①不足的是论文整体篇幅较短,论述也显单薄,缺乏创新性的观点。

1995年8月《日本民俗学》第203期登载的服部诚《城市化和民俗的变容——以春日井市下市场为例》一文,值得关注。论文从生活环境、时令节庆、人生仪礼等方面极其全面完整地对名古屋市近郊的村落民俗变容进行了考察,对二战后该村落民俗的变容、消亡、过程、阶段、理由做了把握。作者的切入点是瞄准城市化进程下的"混住化"现象,通过分析民俗生活的变容和传承,解读其深层次下隐藏的民众的心意活动。作者指出由于城市化范围的波及,新居民大量进入到村落,即使在没有集中进行住宅开发的地段,新居民(非农业)住户也都已经占到该地段总住户的58.2%。新旧住户的并存使得村落原有的生活秩序受到破坏,村落自治变得不可能,"原本均质的村落社会向多样化的城市社会过渡"。一方面老住户之间为了维护自己长久以来的老交情,勉强继续维持着街坊邻里的交际活动,使与之相关的节日、仪式活动得以传承;另一方面为了与新住户协调好关系,村委会把以往由村落共同体组织的传统活动作为新旧居民的联欢娱乐活动开展。通过对城市化和民俗变容的有机分析,服部进一步指出了这种研究的必要性:"城市化进程影响下的大城市近郊农村,必然都会出现不同于以往外来户入村的新形式的住户流入。必然会给老住户带来困惑,而老住户的感受又进而体现在民俗的面貌改观上,因此从城市化与民俗变容的角度进行调查研究

---

① [日]砂金文昭:《试论城市化地区的民俗变化》,《日本民俗学》1975年第102期,第4页。

十分有必要。"①

最新的城市民俗学著作当属由新谷尚纪、岩本通弥编著的《城市生活的民俗学》(共三卷,2006年9月全部出版发行),里面收录了多位学者从不同研究角度获得的最新研究成果,其中也包含了从以上视角展开的若干研究,对理解城市民俗学最新研究动向有一定的参考价值。三卷的书名分别为《城市和故乡》《城市的明与暗》《城市的生活节奏》,包含一小部分外国学者的研究在内,每卷共收录8篇论文。其中第一卷着重从城市民和村落人的心意表现出发,对城市人渴望回归田园和村落人心怀对城市的憧憬的两种思想基础、感情纠葛下表现出的各种事象,以及城市中的"同乡会""找寻故乡"行为给地方带来的改变、城市人的信仰追求进行了思考。其中松崎宪三《县人会和同乡团体》从城市社会的功能集团——传承母体角度,富田祥之亮《村落的生活革命——生活的城市化》、佐藤雅也《地方城市的现代——军都、学都和仙台》从城市化下的变容角度,森田真也《从行乐到故乡观光》、门田岳久《城市民的信心——新巡礼热潮》分别从城市民的心意追求角度,对相关问题进行了考察。第二卷的论文多是以对城市中的标志性场所、文化为主进行的城市多样性研究,如青木隆浩《酒和繁华区》、横田尚美《流行和繁华区——作为mode发生源的城市》、李英珠《老字号店铺的讲述》等。第三卷书名尽管为《城市的生活节奏》,但相对于人生仪礼部分,较多的是对城市民生活方式的改变进行的考察。

第四节　开放的思想:城市民俗学概述

一、多维视角与跨学科研究

近年来,学术研究中的跨学科交叉研究倾向变得愈加突出。在对日本城市民俗学70年代中期以来的发展轨迹进行梳理、探讨时,也会时常感到困扰,有时很难区分这是人类学家做的民俗学研究成果还是民俗学家做的社会学研究成果。来自不同学科的渗透交叉现象在城市民俗学的领域中尤其得到了突出体现。相邻学科的研究理论和方法频繁在城市民俗学的论述中交叉出现,学科间的界限变得模糊不清。

---

① ［日］服部诚:《城市化和民俗的变容——以春日井市下市场为例》,《日本民俗学》1995年第203期,第97页。

民俗学强调对"基础文化"的把握以及对深层的精神世界、心意表现的追求，因此一直以来都视祭祀仪式和信仰的研究为重中之重。但随着祭祀行为中仪式的式微，取而代之的向娱乐、华丽指向部分的扩张，传统的"祭"越来越被"祭礼"淹没。城市民俗学一方面仍然执著于对"祭礼"过程中信仰部分的研究，另一方面开始进入到对庆祝活动中表现出的城市特有的文化构成研究中，而在城市人类学界也已经积累了众多的祭礼专题研究。

此外以仓石忠彦开展的住宅区民俗研究为例，可以看出城市社会学领域一直以来对住宅社区的研究表示出极大的关注；在小林忠雄对传统城市的传承母体所做的分类中，除去不包括学校集合，其他的则和城市社会学中对集团分类的基本观点重合；在对世相百态的研究中，来自民俗学周边的建筑学、生活学等现代学科也是表现出千丝万缕的瓜葛。

总之在对城市的共同关注中，民俗学和人类学、社会学、建筑学、生活文化学已经不能再简单地一分为二，不仅如此，"为了扩大城市民俗学的（研究）领域，与城市人类学、生活学（考现学）、城市社会学等相邻学科开展紧密的跨学科研究，其必要性已经成为有目共睹的现实"①。

二、名实之辨：缜密的概念界定

日本民俗学的传统之一是对民俗词汇和概念词汇的推敲，它不仅为日本民俗学研究赋予了鲜明的个性，同时对促进学科的完善和发展功不可没。在对词汇内涵及外延进行清晰界定的过程中，问题意识更加明确，学理研究得以加强。同时对词汇概念的界定也并不总是保持固定不变，而是做到了对应变化作出调整，就像绕月卫星对自己运行轨迹的修正，做到了与时俱进。

在城市民俗研究中，大月隆宽对"城市"一词含义的整理和明晰起到了以上所说的推进学理深化的作用。针对80年代中期日本对城市民俗研究有了一定的体系但又存在着若干混乱不清的状况，大月认为："正是因为各个研究者之间对'城市'一词不加批评的滥用而导致了语义论上的混乱"，因此他通过对不同语境下"城市"一词的含义进行缜密界定，对词语使用者不同的研究出发点进行考察，提示出不同语义下"城市"民俗学其可能的研究方向和研究体系。

大月隆宽把城市民俗研究中不同语境下的"城市"语义的用法分为三种：Ⅰ.作为历史存在的"城市"。Ⅱ.代表现代社会的"城市"。Ⅲ.作为一

---

① ［日］宫田登：《现代民俗论的课题》，未来社1986年，第56页。

个地域类型存在的"城市"。进而指出这三种不同的"城市"语义又提示了"城市民俗学"可能的三种研究方向：Ⅰ.语义下的发展方向可以视为对与社会史、全体史相邻的研究。Ⅱ.语义下的发展方向可以作为现代民俗的尝试。Ⅲ.语义下的发展方向可以视为向地域民俗学论研究的靠近。大月理论的构成体系如下：

| "城市"的用法 | 关注点释放的方向 |

Ⅰ.作为历史存在的"城市"→A：对与社会史、全体史相邻的研究
传统的"城市"——通过把近代以前形成、具有深厚历史的"城市"纳入研究视野内,帮助把握整个民俗社会层次上的文化的形象。

Ⅱ.代表现代社会的"城市"→B1：往 Modern Folklore 的转向
主要是对文化传承构造发生的变容给予关注,抛弃立足于城市—农村两分类法上的认识论,通过考察近代以来,尤其是大众社会进程中以往陈旧的文化要素的存在方式,尝试对"民俗"概念的重新定义,从而有可能实现日本民俗学整体上的换位。

Ⅲ.作为一个地域类型存在的"城市"→ B2：向地域民俗学论研究的靠近
（"民族志学"的民俗学）
对于"变化",通过更加实证的社会科学的方法进行考虑的话,可以在地域民俗学论的框架内借助社会—文化—个人这样的社会科学的视角实现向"民族志学"的民俗学的转变。

注：A表示的是基于历时研究焦点上的研究方向
B表示的是基于共时研究焦点上的研究方向

三、从传承性到变异性的转变

作为传统,日本民俗学一直以来以有固定居所、世代遵循稳定的生产、生活方式的集团为研究对象,而漂移不定、不具有稳定性的群体或是昙花一现的事象则被排除在外。人口流动剧烈、社会构成多样、不具有稳固的传承载体的城市,在传统的日本民俗学研究中理所当然地遭遇被遗弃的下场。学界中一直以来都持有共识：城市里不存在民俗。其主要原因有两条：①居

民更替过于剧烈,流动性大,使得城市中很难找到、保留住举行祭祀活动的社会团体。②每个人的生活时间被分割成工作地和居住地,使得人们对他们居住地的城市缺乏归属意识,对共同举行活动、祭礼,参与公共组织不感兴趣。①可以看出这是受到"传承"概念的影响而自然得出的结论。②

但是进入到五六十年代以后,学者们面对社会现状,在注重传承性的同时开始更加强调变化,60年代初由樱田胜德、宫本常一等学者提出"应对变容的民俗研究"的课题,他们更加清醒地认识到对"传承"的概念应该给予进一步讨论。因为在传承的载体——常民、传承活力来源的土壤——村落社会都面临着消亡的现实下,再去强调或只局限于世代相传的稳固的传承无疑等同于守株待兔,走入自我灭亡的穷境,而且也不符合日本民俗学作为现代科学的学科特点,不符合柳田学说中"解决现实问题"的初衷。因此对"传承"的反思以及积极地应对变化、视"变化"为"不变"的思想转变,从根本上促使了城市民俗研究的高涨。"对'传承'概念的讨论在某种意义上说也就是对民俗学研究范围的讨论。也只有在对传承的概念进行充分讨论之上,现代社会和城市才会真正成为民俗学的研究对象。"③

在这样的方法论反思之下,学者们认识到:尽管大多数的城市存在历史较短、人口流动频繁的特点,但有居民生活其中,有居民就有生活文化。"流动中也有传统。有的民俗正因为缺乏归属意识才更加被需求。"④这样的生活文化或是城市独自生成的,或是农村民俗的移入,都构成了城市不同的风格和民风。宫田登在《都市民俗论的课题》一书中,在论述怎样把握都市民俗时讲道:"为什么要在城市尝试民俗学学科的研究?是因为我们知道在我们设定的城市空间里只要存在着从事日常生活的人群,必然就会有其自己的民俗文化。这个时候,城市独自生成的民俗,及存在于城市周边、从事与城市不同生计的村落民俗在平移后又变形的结果,都应该成为我们的研究对象。"⑤

通过对"什么变""什么不变""怎样变"的探讨,会加深我们对基础文化

---

① 参考福田亚细男:《市街地的社会生活》,载《佐野市史民俗篇》,1975年出版,192页。

② 平山和彦在《传承和惯习的理论》(1992)中对传承概念做过讨论:"传承"通过传播·继承的行为得以实现。"传承"特指世代之间由上代人传给下代人的方式,空间上的传承应该列入传播的范畴。

③ [日]仓石忠彦:《民俗学的现状》,《日本民俗学》1998年第213期,第11页。

④ [日]岩本通弥:《城下町的社会和民俗——以茨城县古河地区的常民生活志为例》,《日本民俗学》第129期,第34页。

⑤ [日]宫田登:《都市民俗论的课题》,未来社1982年,第84页。

的理解、对心意世界的把握。变化着的是常青的,如何应对变化是向日本民俗学提出的新课题,也是决定日本民俗学能够走多远的关键。以"变化"为契机对传统民俗学的基础理论进行重新反思,从而实现日本民俗学体系的"整体调整"。

第五节　从生活中感悟与捕捉民俗——仓石忠彦访谈录

　　仓石忠彦作为日本著名民俗学家,在道祖神信仰与城市民俗研究方面造诣深厚,尤其在日本城市民俗领域的提出、田野调查的推动和学理的思考方面发挥了重要而且具有领导性的作用。通过与他的访谈,可以明晰自20世纪70年代以来至今日本城市民俗研究的分期、重要概念、以及面临的困惑,为我们所面临的城市化进程下民俗学学科的进入方式提供有益的借鉴。

　　仓石忠彦,1939年出生于日本长野县,毕业于日本国学院大学文学部,曾担任长野县公立高中教师、长野县史常任编委、国学院大学教授,现为国学院大学名誉教授。

　　仓石先生的民俗研究无一例外不是来自对身边生活的感悟。最初对道祖神的研究是因为受到家乡该信仰十分盛行的影响,他于2007年组织成立了"道祖神研究会",创办了《道祖神通信》《道祖神研究》的会刊,其成果集中体现于《道祖神信仰论》(1990)、《道祖神信仰的形成和展开》(2005)①。仓石的城市民俗研究源于对公寓住宅区生活文化的关注。1968年以搬入郊外新建的住宅区为契机,仓石开始了他本人在公寓住宅区的生活经历,与此同时他逐渐留意到城市在组织结构、生活节奏等诸多方面表现出的与村落的差异以及特点。仓石通过对长野县上田市美铃住宅区的实地调查,于1973、1974年接连发表了《住宅区的民俗》《"城市民俗学"的方法》论文,为20世纪后半期日本城市民俗研究的兴起拉开了序幕,并且自此以来一直活跃在城市民俗研究的第一线,成为城市民俗研究领域不可逾越的核心性人物。仓石忠彦的代表活动有:组织参与了"思考城市之恳谈会"及后续的"现代传承论研究会""涩谷学研究会""城市民俗学研究会"等;代表著述有:《投向城市民俗学的目光》(全两卷,1989)、《城市民俗论序说》(1990)、《城市生活民俗志》(全三卷,2002—2005)、《现代城市传承论——民俗的再发现》(2005)、

---

　　① 《道祖神信仰的形成和展开》(2005大河书房)、《道祖神信仰论》(1990名著出版)中,仓石忠彦着重从名称、起源、节日活动、地域性等方面展开了道祖神信仰研究。

《城市民俗研究的方法》（2009）①等。近年来随着自身年龄增加带来的身体感觉的改变，以及对行走在涩谷的行人举止的观察积累，仓石的研究重心转移到了身体本位，开始对身体不同部位如手指及其意涵进行细致分析。仓石所关注的一系列问题，都与他对于民俗学的基本理解——民俗存在于我们的自身生活之中——有着密不可分的关系。

在日本，城市民俗研究从20世纪70年代开始受到关注，并延续了二三十年的研究热潮。如今在经历了一定研究积累以后，有关学理的分析问题更加凸显出来。相信这种思考对中国当今的城市民俗研究会有促进和借鉴作用。2012年4月，利用在日本做访问学者（博士后）的时机，笔者特意去东京拜访了仓石夫妇二人，并围绕他的研究重心——城市民俗研究做了访谈。

我与仓石老师结缘于对其论文《"城市民俗学"的方法》的翻译，之后每年都会互致新年问候，还多次收到仓石老师特地从日本寄来的其本人近期研究成果的著述。

郭海红（以下简称郭）　仓石老师退休有几年了？

仓石忠彦（以下简称仓石）　三年。现在每周还有一次研究生的课。昨天是新学期开始的第一次课，一下子来了十多个人，当然接下来人数肯定会有所减少。这与我的预期大不不同，我希望人数能大幅减少。

郭　为什么您希望人数少一些呢？

仓石　以往基本上有4—5个人，人数少可以能很好地结合学生的需求设计课程。校方希望以讲授的形式，但我个人比较爱偷懒（笑声），不愿意多说。因为研究生阶段不再是单纯接受知识，我希望听他们多讨论，然后给出我的一些建议，或希望他们在讨论中能够形成自己的问题意识，而我只是为他们在解决问题时提供某个突破点。

郭　是的，研究生阶段不应像本科那样以灌输为主，而是引导他们如何

---

① 《城市民俗研究的方法》（2009岩田书院）是关于城市民俗研究的一部基础性论文集，分为柳田国男的城市论、城市的民俗、城市民俗学的诞生、城市民俗学的方法四个章节，收录了在该领域极具代表性学者的理论性思考文章。其与更多关注民俗事象的《城市生活民俗志》（全三卷，2002—2005明石书店）在形式和内容上形成了互补。《投向城市民俗学的目光》（全两卷，1989雄山阁）以仓石为主编，以"混沌与生成""情念与宇宙"为主题，贯穿起城市民俗研究发展的历程。《城市民俗论序说》（1990雄山阁）是仓石长达20年有关城市民俗学研究的民俗调查与理论思考的集大成之作。《现代城市传承论——民俗的再发现》（2005岩田书院）是现代传承论研究会的成果体现，分为城市的发现、城市的传承性、传承的当下三大主题，收录了包括年轻学者在内的有关"城市、现代、传承"争论的跨学科研究成果。

具有自己的问题意识，并传授研究方法。退休后您还会继续参加学会年会的发表吗？日常生活中还会继续进行研究吗？

仓石　每年的年会不再参加了，发表的机会也少了。因为我这个年龄不需要在学会发表了。现在我只是普通的（民俗学会）会员，每年交会费的会员（笑声）。我觉得老人做得太多的话，年轻人得不到成长。俗话说初生牛犊不怕虎，三十岁左右是作为研究者发展最快的阶段，思想也活跃，最具潜力，应该不畏惧前辈自由发展。我发表《住宅区的民俗》的时候也在三十岁上下，福田亚细男确立个别研究法也在这个年龄段。

尽管参与学会的时间少了，但是作为个人的研究我一直在继续，我现在的兴趣点在于"身体"。民俗学以传承的文化事象为研究资料，而这些文化事象，不仅仅通过文字形式传播，还通过如语言、行为、感觉、形象来传播、继承。其中很大部分都与身体相关。就拿制造的物品来说，比起机器制造出的产品，民俗学更关注的是直接通过身体制作出的物品，因而在民俗学研究中，身体占据有重要位置。但以前几乎没有人关注它。即便是把身体作为研究对象了，也只是把它作为工具看待。但身体的存在并不止于此。例如我们常说"眼睛是心灵的窗口"，这说明了眼睛并非仅仅被视为视觉工具。同样耳朵也不单单是听觉工具，嘴巴也并非只是摄取食物、发出声音的器官。我们称厚耳垂的耳朵为有福气的代表，认为"祸从口出"，这都说明身体并不仅仅是简单的器官存在，而是文化的存在。我的研究兴趣一直以来有两块：城市民俗和道祖神信仰，现在作为新的兴趣点我开始关注身体的文化存在的研究。

郭　确实如此，在道祖神信仰和城市民俗研究方面能够看到您大量的研究成果，您能不能就研究兴趣再详细谈一谈呢？

仓石　我对民俗学研究的兴趣，最早源于民间信仰和岁时节日中的仪式传承，那是因为从中能够发现日本文化的原始形态，这点对我具有很大的吸引力。其中之所以对道祖神研究显示了更为浓厚的兴趣，那是因为在生我养我的故乡——长野县，道祖神信仰十分盛行，我小时候就参加过有关道祖神的活动。

我一直认为民俗学研究始于身边日常生活中的民间传承。可以说这与我在国学院大学民俗学研究会接受的井之口章次①老师的指导不无关系。

---

①　［日］井之口章次（1924—），日本著名民俗学家，兵库县人，毕业于国学院大学。在日本各地从事民俗调查，曾担任三鹰市文化遗产委员会委员、杏林大学教授。代表作有《民俗学的方法》（1977）、《日本的丧葬》（1977）等。

尽管我在农村生活了很长时间，但在1968年搬入集体住宅居民区以后，在与农村截然不同的生活环境下，我的日常生活发生了改变，我认为这样的地方也会存在着民间传承，于是开始了发掘民间传承的调查。当然那时候我还没有认识到所谓城市民俗学这一新的研究领域，只是认为日本人生活的地方就应该存在着日本的民俗。这里不像农村那样生产基础和社会环境具有均质性，从事着不同职业、来自全国各地的人们所经营的生活也完全可以成为我的研究对象。因为在此之前尚未有以集体住宅区为对象的民俗学调查，所以我决定从身边的"田野"入手，创造各种条件，把握住宅区概况。因为我的出发点是民间传承如何得以传承下来的社会语境的研究，所以尤其关注入住者的出身地、工作地、其生活圈和传承圈的构成以及人与人的交际状况。

　　我对身体传承产生兴趣实际上是最近的事情。当然这也和民俗学的研究方法相关，但更直接的原因是我感受到自身身体的衰弱。身体健康的时候几乎不曾被关注的对象突然间对我来说变得十分重要。因而我开始对日本人是如何认知自己身体这样的命题产生了浓厚的兴趣。通过资料整理我发现，原来的民俗学对身体传承的研究成果可以说近乎没有，至少是没有成体系地进行把握和研究。众所周知柳田国男关于民俗的三分类法：有形文化、语言艺术、心意现象，这既是调查方法的阐释，即我们要通过眼睛、耳朵、心灵，通过身体来发现、把握生活中的民间传承，同时又是内容构成的划分，是基于五感的分类。而在这个三分类中，身体更多地是被作为发现民间传承的主体来强调，而作为客体的身体的存在，则被淹没在作为民间传承的文化事象中，对于作为社会性、文化性存在的身体本体的研究视角是不明确的。同样和歌森太郎的分类方式——经济人的生活传承、社会人的生活传承、文化人的生活传承，也只是基于个别文化事象的分类，而缺乏对生活主体的身体的强烈关注。回顾自身以往的研究，例如我在考察人生仪礼的时候，基于灵魂肉体分离的思想基础上，也往往只关注灵魂的层面，对于肉体仅仅把它视为灵魂的躯壳一般性带过。通常大家认为只有灵魂才等同于一个人的存在，而在日常生活中我们的个体识别是具有外形即身体性的人。既然肉体无法与个人的存在相分割，所以当我们以传承文化为研究对象时，有必要将这种肉体的、身体性的功能和感觉纳入到视野当中。

　　对于作为日本文化的身体，以往的研究仅限于几处身体部位和文化事象。最近开始有人对"举止"进行研究，如常光彻通过气息、声音、喷嚏、手指、窥视等各种各样的举止剖析其文化内涵，而从肉体角度对身体进行的文化研究很遗憾尚未看到有价值的内容。最初我重点对手指，如小指的传承、勾起手指窥视、具有攻击性的食指进行了研究,继而是通过流行歌曲中提到的手与手完成的动作来思考人们对手的认识,接下来我还利用雨天乘坐电车时的经历,观察乘客持伞、打伞、放置伞时手的习惯动作,并进行了进一步考察。我想通过对最为接近我们自身存在的身体的重新审视,能够明确日本人对身体本质的理解。

今天由于科学技术的进步,作为生物体的我们的自身存在不可避免地被淹没、被吞噬,而身体传承的研究,我认为对于重新认知自我,从而迎接前景更加美好的生活,提供了重要的启示。

对于我所感兴趣的道祖神研究、城市民俗研究、身体传承研究这三者之间是怎样的相互关系,我没有特别考虑过。三者乍看起来好像是完全互不相干的题目,但是伴随着城市化的发展,现在我们的生活也已经全盘城市化,原本从城市生活中探寻传承文化就是我的民俗研究的出发点,因而从任何角度讲城市都是不可或缺的存在。此外道祖神信仰也是在城市性环境中生发出来的,在它的传承和传播过程中无法排除城市的要素。在考虑到性器官形态外形和性器官形态奉纳事象的存在时,道祖神信仰于是与身体的传承也发生了关联。

不管怎么说,作为现代学的民俗学,立足于现代日常生活发现问题,通过历史的积淀寻找答案,终究无法排除现代的城市文化。从这个意义上说,城市民俗研究也是民俗学中重要的研究部分。

郭 嗯,是的,我的博士导师也曾经强调"民俗学中的身体性",当然他的出发点是为了批判地思考近期中国学界过分宣扬的"物质性""非物质性"概念,指出"身体性"才是民俗学的本质所在,与您的兴趣点在某些地方会产生接点。接下来想就仓石老师多年的研究领域——日本城市民俗研究的若干问题请教。日本城市民俗研究从70年代开始崭露头角,曾经一段时间表现得比较沉静,但感觉进入21世纪以后,陆续出版了一些论文集,研究又变得热闹,有些抬头的趋势,对此您是如何看待的?

仓石 进入21世纪后城市民俗研究的成果看起来确实涌现出不少,但其中很多是以往研究成果的汇总体现,我认为这个阶段的繁荣景象更多地是体现了面向下一个山峰登攀前所做的过程性总结的特点。我对城市民俗研究的初衷在于希望通过城市这个对象,建构不同于村落的民俗文化体系。遗憾的是至今为止我还没能找到答案。在这种现状下,大部分的日本民俗学研究者对城市的民俗失去了兴趣,正在逐渐向现代民俗方面转移。但是现代民俗的研究并不能明晰城市的民俗文化体系。也或许是他们认为在思考日本的民俗文化时,根本就不需要明晰城市的民俗文化体系?如果是这样一种考虑，也需要首先证明它的无意义化。而只要没有人证明，只要这个问题还没有失去它的意义，现在就拉上城市民俗研究的大幕未免为时太早。因而从自警的立场出发，也需要与城市民俗重新面对面，所以我需要对以往的研究成果进行整理和再检讨，也集中形成了一个成书热潮。

20世纪70年代到80年底是唤起大家对城市民俗关注的一个时期，是城市民俗作为民俗学的研究对象获得公认、获得市民权的时代。因此这个时期我们关注从城市的生活文化中发现民间传承的存在，从这个意义上也可以看做是民俗学研究对象扩大膨胀的时期。其代表性成果在《投向城市民俗学的目光》（雄山阁1989）一书中有集中体现。

90年代以后城市民俗的研究进入了发展通道，有关方法论的讨论也得以不断积累，该时期可以理解为力图确立学科体系的时期。与此同时也是城市传说备受关注的时期。其中代表性的活动可以认为是1990年成立的"思考城市之恳谈会"，后来该组织演变成了"现代传承论研究会"。这段时期的成果在《现代城市传承论》（岩田书院2005）一书中得到了集中体现。但另一方面，遗憾的是这些研究对于整个日本民俗学研究界来说，并没有起到相应的影响。

2000年以后，一方面城市民俗作为既定事实已经占据了它的一席之地，但另一方面对于其方法论建构的热情也在逐渐消散。90年代曾经那样备受瞩目的城市民俗，此时其研究热情已经开始散去。其原因可以考虑有这么几点：首先第一，在快速的城市化进程中，和城市形成鲜明对比的村落文化在迅速消亡。原本城市在民俗学界受到注目的原因之一是为了使其与村落文化相对化。相对化的对象都已经不存在、城市的状况也都变得很普遍的话，也就没有必要特别地称之为城市了。也就是说，就现状而言，即使不冠之以"城市民俗学"，几乎所有的研究也都已经把城市考虑在内了。在这个意义上说，民俗学研究中城市的存在已经变成了一件理所当然的事。第二点是我们必须要反省的，因为我们没能给大家建构"城市民俗学"新的体系所在，使之被淹没在民俗学研究大家庭里。一直以来，民俗学从极其普通的日常生活中不断发现着新的日本文化的姿态。我们以城市民俗为研究对象，最终却没能向大家展示一个崭新的城市生活文化世界。这不能不说是一件遗憾的事情。从另一个方面也说明了日本民俗学依旧没能完成自我的重生。研究对象改变了，但是对新的研究方法的追求却十分淡薄。这导致现在的日本民俗学，难以明确其在新的时代下应该发挥的作用。其所面临的似乎被文化人类学吞并的危机，正是因为没有将时代的变化充分引入到研究中来造成的，这是我们作为研究者的怠慢所致，我一直也在深刻反省。

郭　这是不是也是您的痛处所在？一直以来，您致力于冠以"城市民俗学"体系的建构，为了界定研究对象的"城市"，你试着从空间、时间、文化的角度出发进行过阐释："从空间上看，城市指的是商店鳞次栉比、高楼大厦林立、繁华街上人潮涌动的区域；……和时间概念结合考虑，因为新的生活方式、外来文化或是个性的、创造性的文化都是首先在城市开始发源，因此在时间上城市总是超越在前，处于领先地位。……文化方面城市化的要素和特征更是得到了集中体现。城市中第二、三产业的发达赋予那里的生活和文化更显著的城市特征，推动了功能的细分化、选择的多样化和信息的庞大化。"[①]时至今日您认为：对城市中民间传承的研究尽管已经取得了公认，但城市民俗学作为一问学科体系并没有形成。请问您对一门学科体系是如何理解的？是否现在您仍然执着于"某某学"的思考？

仓石　日本民俗学界另外当然也有类似"环境民俗学""生态民俗学""现代民俗学"等的说法。但是既然称之为"某某学"，我认为就必然应该确立独立的学科体系。没有确立而称之为与其他学问不同的"某某学"，只不过是图省事的表现。

我认为要想称之为"某某学"，至少要有独自的对象、目的、研究方法，同时凭借相关研究成果的积累获得社会的认可才可以。城市民俗学的研究对象是"城市的传承文化"。因此有独自的研究对象。但实际上"城市"的概念并不明确。地理学科有作为地理学的"城市"概念。但是对于以探究文化传承性为己任的民俗学来说，不能直接套用地理学中的"城市"概念。曾经我也尝试从空间、文化角度将民俗学中的"城市"概念界定为"城市的生活模式"。但是现在尚未被学术界所接受。因此即使想对研究资料的"城市民俗"进行调查，无奈"城市的民俗"范围都尚未明确。于是只能是将存在于城市化空间的文化事象视为"城市的民俗"。但是并非所有存在于城市的都即为"城市民俗"，也不能断言城市空间以外就没有"城市民俗"，因为乡村也已经城市化了。现在对城市民俗进行的田野作业，其方法和调查内容与以往以村落为对象的调查并无大的差别。而如果这样也能称之为"城市民俗学"的话，那我们就要问了，原来的"民俗学"又该做如何理解？宫田登的研究十分多样化，他所写的《城市民俗论的课题》是城市民俗研究中的先驱之作。这本书最初的书名是《城市民俗学的课题》，但是他考虑到上面我提到的学问体系尚未确立的观点，调整了书名。对于称为"某某学"，宫田登的态度也是十分慎重的。

---

① ［日］仓石忠彦：《民俗城市的人们》，吉川弘文馆1997年，第8页。

我认为能够称之为"某某学"其条件还有两个,要有自己独自的研究目的和研究方法论。过去我曾经尝试着去确立"城市民俗学",因为我认为尽管这项工作十分困难,但却是必须要做的工作之一。宫田登曾经对我说:"你是不是对'某某学'过分执着了,看出信州人(长野县出身的人)的犟劲了。先开始研究也未尝不可。"研究确实要进行。但是如果说这是城市民俗学的研究,我认为城市民俗学的概念还是应该予以明确。否则研究目的不明确,也无法确立学问体系。一旦产生误差,差距会越拉越大。

民俗学的研究对象毋庸置疑是民间传承。因而城市民俗学也同样。但是应该是"城市"的传承。和歌森太郎①曾经说过既然是传承事象,就应该上下传三代。但是被划为城市传说的"裂嘴巴女子"传承,别说三代人,其流传最多也不过二十多年,那这样是不是就不能称为传承了?还有作为民俗学传承主体的"常民",及"最为普通的农民",那么城市的常民又是怎样的存在呢?过去柳田国男自己也说过"天皇"也具有"常民"的一面,但是天皇与百姓的文化显然有很大不同。研究对象不同的话,民俗学中使用的概念也需要重新加以思考。过去在日本民俗学迎来新的发展之际,宫田登总是发挥着重要作用。遗憾的是宫田登已经离世。现在的日本民俗学界所欠缺的正是像他那样,能够立足大局、建构民俗学体系的研究者。

在"城市民俗学"学问体系中,围绕独自的研究对象的讨论已经有了很多。关于研究目的,即通过城市的民俗文化探明日本的民俗文化,尽管不尽完善但是其独自性基本上被接受。只是学问独自的方法论尚未得以确立,还只是处在"城市民俗论"阶段。

正如井之口章次曾经指出的:民俗学的资料来自生活在每个时代的民众的生活经历以及变迁历程。既然这样,走在时代前面的城市生活的改变,也必将对思考今后日本生活文化的走向提供重要的资料。因此对于城市的关注,不可以轻言放弃,我们需要的是坚持不懈的调查和在此基础上成果的累积。归根到底我所关注的是"日本民俗学",所以我所做的有关"城市民俗学"研究也是为了达到更深入的"日本民俗学"境界的一个中间过程。确立"城市民俗学"并非唯一目的。

郭　确实如此。您对"城市民俗学"的执着实际上是源于您对日本民俗学科体系建设的长远思考。正如20世纪70年代日本民俗学处于迷惘之时,您开始了对城市生活文化领域的探索一样。您曾经说过自己之所以将目光

① ［日］和歌森太郎(1915—1977),日本著名历史学家、民俗学家,毕业于东京大学,曾任东京教育大学教授。致力于村落历史和百姓生活史的实证研究,尤以修验道研究著称。

投向城市,是因为对于绝大多数人群的生活文化不能漠视的缘故。伴随着时代的变化,民俗学的研究视角也必须要适时地予以调整,实际上这是存在于您思想深处的动力。以前代表性的"城市乡村连续体论"观点认为:城市民俗位于村落民俗的延长线上,对此您曾经提出"城市乡村区分论"。经过40年的研究,是否可以认为城市拥有自己的民俗?有关城市乡村关系您是如何看待的?同时上野和男①认为城市民俗研究的意义在于对以前村落民俗学中归纳出的理论进行修正和验证。对此您是怎么想的?

仓石　前面也说过了,我开始城市研究的契机,并不是基于深刻的理论之上。民间传承存在于人们生活的任何地方。当然即使不是村落也存在民俗。像这样的非村落性的生活场所——后来发展为"城市"概念的地方也必然会存在民俗。那里的民俗究竟又是怎样的?这就是我最初的想法,不过是个十分单纯的问题意识。

城市化社会的发展中,过着城市生活的人增加,过村落生活的人必然就减少。从这一点说,对"城市"的关注,也可以说成对大多数人的生活文化的关注。但是这里的"大多数人",并不仅仅是从数量上说,而是指生活在城市这种时代发展前沿的人们。他们的城市生活也是由传承文化支撑的。尽管如此以他们为对象的民间传承的调查研究并没有进行。这样是无法了解"日本"的民俗文化的。排除了城市生活的"日本的民俗文化",能是真正的"日本的民俗文化"吗?也可以说正是这种疑问,促使我关注"城市"。

一直以来,民俗学以村落为主要对象,我因为强调城市的存在,所以看起来仿佛是主张"城市乡村区分论",基于"之前进行过调查研究的地区=村落"、"之前没有进行过调查研究的地区=城市"的图式划分的话,确实是城市乡村区分论,但那只是形式。曾经是农民的我深刻地感受着城市文化与村落文化之间的密切联系。因此我个人认为日本民俗文化的存在表现为城市乡村连续体的倾向更为明显。对照城市文化与村落文化,明晰日本的传承文化时,"城市乡村连续体论"是不能被忽视的。但另一方面,以连续体为前提,城市生活文化的独自性就难以存在。从整体上把握和理解日本的民俗文化,就必须要对日本民俗文化中村落的民俗文化进行重新定位。也可以说我对城市的民俗文化研究的主张,包含了使村落民俗文化相对化的一个侧面。因此表面上看起来,我主张是城市乡村区分论,实际上将城市与村落区分考虑只是手段。

---

① ［日］上野和男(1944—),社会学家、民俗学家,毕业于东京教育大学,曾任明治大学副教授、国立日本历史民俗博物馆教授,研究领域为家族构造与祖先祭祀。

或者说我更多关注的是支撑城市和村落的共通文化的存在，也就是基础文化领域。我的出发点是对基础文化的追求，对城市民俗研究的定位也是基于这个出发点基础之上。而在思考基础文化的时候，理所当然要将城市生活文化与村落生活文化对等考虑，也才会将城市与村落的民俗分开来考虑。

通过把城市民俗作为研究对象，对原有的民俗学研究成果和现有体系进行再验证，从而确立崭新的日本民俗学研究体系。这对更加明确把握日本的基层文化是必不可少的。这里又重复说了，欲明晰与村落文化相匹敌的城市文化体系，仅仅将城市文化定位在村落文化的延长线上是不够的，有必要对以往调查和研究都不够充分的城市的生活文化、传承文化进行重新把握。但是要做到这一点，应该考虑到不同于村落的研究方法。不仅如此，要把村落文化体系与城市文化体系进行比较，继而才能确立日本传承文化的新的研究体系。由此既能检验、修正原有民俗学的研究成果，又能引导确立新的日本民俗学。从这个意义上说，我与上野和男的想法基本上是一致的。

在思考城市民俗学作为一个领域的独自性时，我曾经提到一点：即通过将城市生活纳入要研究的对象中，以完善民俗学体系。但是城市和村落的民俗文化并不仅仅是并存的关系，还互为补充。即使无需特别强调探究城市民俗的体系，就以原来的山乡渔村为研究对象，也会在一定程度上修正日本的根基文化、民族性。退一步讲，即便最终没有产生修正的作用，也会使日本的民俗呈现得更加清晰、更具普遍性。田地变住宅、建筑物林立、人口增加、商店增多，被这样的城市化席卷之后民俗是否会转瞬间发生改变？民俗会不会消亡？也可以通过城市的研究寻求答案。因此对城市传承文化体系的把握，不是最终目的，而是检验以往的民俗学研究成果和面向确立新的民俗学研究的里程碑。但遗憾的是，时至今日尽管已经过去了40年，却依旧没能到达这一里程碑，只能说是自己的怠慢。很多都值得反省。

郭　实际上对于城市民俗的研究，其意义不仅仅止步于研究领域的扩大和研究对象的再思索，其本质是学者对建设自身学科的不懈追求和对民俗学作为"在野之学""现代学科"性格的肯定。说到民俗学的现代学科特点，您在《我个人的城市民俗学研究史（二）》中写道："进入21世纪，对于城市民俗研究的热情有些衰减，学者们所关心的是现代民俗研究。因此看起来城市民俗学仿佛被现代民俗学消融了一般。无视城市领域的存在，把所有的一切统一化解在'现在'这样一个时间空间里，果真能切实有效地把握城市民俗吗？"①请问您是如何看待城市民俗（学）与现代民俗（学）之间的纠葛和定位的？

仓石　我认为城市民俗与现代民俗从根本上说性格是不同的。城市民俗是与"城市"这一我们生活的场所密切相关的民俗，现代民俗则是通过"现代"这样的时间概念被认知并接受制约。民俗学调查、研究的对象就是"现代"的城市、村落。民俗学就是以现在生活中所存在的多种多样问题以及当下的生活为研究对象，并从中寻找答案的学问。从这个含义说民俗学本身就是"现代民俗学"，不需要再特别强调。不存在纠葛，如果有的话，也只是对"民俗学"和"城市"认识观的不同吧。

郭　作为日本大城市——都市形象的代表，东京当仁不让，而涩谷地区作为东京都的繁华中心、娱乐中心、时尚中心，更是城市民俗研究中不可忽略的对象。请您谈一下近期涩谷学研究会进行的研究。

仓石　涩谷学研究会成立于2003年，由国学院大学文学部、经济学部、法学部关注"涩谷"的学者共同构成。在之前的1994年，我组织国学院大学民俗学专业的硕士生成立了城市民俗学研究会，并于1999年作为下设机构成立了以"涉谷"为研究对象的涩谷研究会，由此开始对"涩谷"为标志的文化事象进行研究。"涩谷"并不单指"涩谷区"的行政区划，而是指以涩谷站为中心的、一个极其狭小的区域，那里独特的文化现象。例如1999年聚集在这里的烟熏妆少女们。她们的妆容打破常规，头发染为白色，脸庞涂黑，嘴唇涂成白色。她们以这副打扮不惜走2个小时以上路程聚集到这里，这种奇异的流行开启了涩谷印象，涩谷的年轻人文化被视为现代日本城市文化的象征，受到了来自日本以外的关注。为了积累城市民俗研究的成果，我们开始了对涩谷的调查、研究。对地名、老店的变迁、行走在涩谷的路人的样子和持伞方式、涩谷的各条小巷、涩谷留下的涂鸦、儿童游戏场所、作为碰头地点的涩谷车站、音乐厅、咖啡店、墓地等进行了观察、访谈的调查研究。不仅以民俗学的视角，还以文学、电影、照片的视角尝试了对涩谷的表述。从某种意义上讲，涩谷是个充满了虚虚实实的世界，另一方面这也是"城市"的实貌。

郭　能不能请您谈谈同时期日本以外国家的城市民俗研究情况呢？

仓石　我开始关注城市是在20世纪70年代，那时我还在长野县，确实还没有精力去把握外国的情况。另一方面与我当时对民俗学的理解——以

---

① ［日］仓石忠彦：《我个人的城市民俗学研究史（二）》，城市民俗学研究会编：《城市民俗研究》2012年第17期，第29页。

自民族文化为研究对象的学问也不无关系。理解日本文化，首先要以日本的生活文化为对象，我是这样想的。因此我主要关注了城市人类学和城市社会学，对当时美国、欧洲以产业化、媒体、政治等作为民俗学研究对象的动态也略有所知。那时外国有关的"城市"民俗研究成果几乎没有被介绍到日本。后来伴随着和韩国、中国民俗学者交流的增多，得知同一时期这些国家都没有开始对城市民俗的研究。

当然，这里说的城市民俗研究是指在"城市"这样的生活空间进行的民俗学研究。所以像美国那样在殖民地基础上形成的、多民族共存的国家，其社会本身便具有"城市性"，可以说美国民俗学从最初就内含了城市民俗学的性格。

郭　有关城市的生活文化，与其说是民俗学的特有性，不如说是建筑学、社会学、历史学等众多学科领域皆有涉及的跨学科研究，那么我们又该如何从中读取我们民俗学学科所特有的要素呢？

仓石　以生活文化为对象的学科，当然也研究村落的生活文化。作为生活文化的文化事象，多元复杂。选择何种文化事象，考察哪一方面，有的研究方法十分单纯，也就被简单地冠以了建筑学、社会学、历史学等学科名。在日本，有个和民俗学关系更近的学问，这便是考现学、生活学。民俗学注重生活文化的连续性，考察多样的文化事象积累传承至今的形成过程与作用。不仅仅依靠文字，更是重视语言、行为、感觉、形象等方面，就是因为民俗学主张文化事象通过传承这一行为得以积累。以文字以外的、各种身体行为中心呈现的传承事象为研究对象的只有民俗学。也就是说，民俗学最突出的特征是对文化传承性的研究。

郭　这又回到柳田国男为我们提供的日本民俗学是"传承文化的研究"之起点也是终点了。日本民俗学的精髓被柳田国男称之为"经世济民之学、心意之学"，被和歌森太郎称之为"历史民俗学"。您所认为的日本民俗学的精髓是什么呢？

仓石　关注文化的传承性，与研究者要明确各自的问题意识密切相关。从大方面说，是对文化的传承性即连续性的文化的变化样态感兴趣，还是对变化中的具有稳定性的那部分感兴趣，因问题意识的不同而不同。前者是对历史性、后者是对基础文化的关注。这与历史学与文化人类学有重叠之处。仍要追究民俗学独自性的话，可以说是"现代学、自我内省之学"。日本民俗学是在日本近代化过程中，与一味接受外来欧美文化的思潮做对抗、以重新评价日本固有文化为己任确立的。重新看待现在的日本生活文化，寻找"为何日本人创造了这样的文化？今后应该如何存在？"的答案，这才是日本民俗学。以自民族、自国文化为对象的民俗学，应该是基于不同的问题意识。即便是研究方法上有共通之处，解决的问题不应该是相同的，甚至应该说就是差异的。柳田国男所说的世界民俗学，我认为就是存在于多样的民俗学基础之上。因此日本民俗学还具有日本文化学或日本学的性格。当然日本不是孤立的，至少有必要把以中国、韩国为代表的东亚国家的文化也纳入视野中来。

郭　最后请您谈谈今后城市民俗研究的趋势和走向。

仓石　对城市民俗学独自学科体系的关注，很遗憾地说是越来越少，今后也难以期待。但是伴随着村落生活的城市化进程，民俗学学科自身已经对城市文化敞开了大门。会有更多人致力于"城市民俗"的发现。研究对象得到扩展了，但"城市"的概念从最初被提示出来至今尚未取得进展。我们一定要明确城市民俗的研究方法，以及伴随而来的城市民俗的传承母体、传承系统等课题。有很多方面有待研究，现在只有不断向前进。

结束整个访谈，可以强烈地感受到行走在困难重重的日本城市民俗研究理论思考道路之上，仓石老师的那份"爱之深恨之切"的痛楚、不变的坚持与执着，以及仓石老师从身边着眼、从小事入手，感悟与捕捉民俗的鲜明的个人研究特色。仓石老师与民俗学是一种常态下的亲密接触，这不也给了我们这些学人以理解民俗学的启示吗？访谈持续了一个小时，告别之前，仓石老师搜罗了他近期的研究成果和自编的教材赠送给我。带着沉甸甸的珍贵书籍，我离开了仓石老师充满书香味的公寓。不远处的街心公园里，樱花盛开，灿如云霞。我由衷地祝愿：仓石老师的研究生涯，将如这烂漫的樱花走向极致！

第六章　重构主义下的个体与整体：
乡土语境与文化资源化语境

结构主义重在对整体性的强调，如同盖房搭架子，需要初步确立范围、规则、边界、形态、功能，这种"（结）合"的底色像极了20世纪前半叶柳田民俗学研究。解构主义强调个体性，可以是打破了重来，例如对原有住房结构的拆解、破坏，也可以是打通了贯穿，例如在原有结构基础上的分化、置换，呈现的是"（解）散"的脉络。重构主义强调个体与整体的协调，最终结果是实现感性认知与理性需求的相得益彰，是超越了结构层面之外的另一种"合（作）"。由此，乡土语境与文化资源化语境下的民俗学，具有了解构主义视角下的不系统性与不完整性，同时更体现了情绪与体制、根基与末节、认知与结构之间相辅相成、互相合作的重构思想。后柳田时代，解构与重构思想在日本民俗学界相继发挥作用又相伴随行，唱出了日本民俗学第二个五十年的主旋律。

乡土与文化在不同的时代背景中呈现多变的关系结构。就近期而言，两者的意象在社会认知层面更加趋于接近，或者说具有了不可分割的连带关系。正如民俗学家岩本通弥主编的《故乡资源化与民俗学》、文化人类学家山下晋司主编的《资源化的文化》，以及青木隆浩组织下的"人文、自然景观的开发与保护以及文化资源化的相关研究"的共同研究课题，都是有针对性地围绕当下乡土、地域社会与文化、观光之间的生态现状与发展方向进行的思考。这也是民俗学进入21世纪以后参与社会问题发声的重要组成部分之一。当下的日本，需要从相对主义视角出发思考如何看待乡土与故乡两者的表象与本质，这样的乡土观背后有怎样的社会现实与逻辑架构，以及这样的乡土观重构下延伸出的心理意识与行为活动。

第一节　"故乡"认知的衍变：兼顾与乡土的关系

在城市化的社会转型中，故乡与乡土不仅触及了民众层面的深刻感受，也引发了学界与社会的诸多思考。日语解释中,"故乡"与"乡土"都具有出生、成长之地的语义,其文化阐释的不同多来自语言学以外的学科。有观点认为:故乡是相对较早时期日本就存在的表述,而乡土则是进入近代以后受西洋(德国)概念影响选择形成的产物①;也有观点认为:犹如围城内外,故乡是背井离乡的人意识中的念想,乡土是作为乡里人的属性被认知的念想②;还有的认为故乡是作为个体记忆,而乡土则建立在共同体意识基础之上。

故乡与乡土密不可分。除去上述提到的共性与差异以外,更多的与近代社会以来两者各自的认知变化有重要关联。有学者强调:"从社会科学的角度理解,故乡伴随着时代的变化,会发生各种变容或者被变容。"③"故乡并不是不言自明的存在,也不是预设好的存在,所以故乡的概念是随着历史变迁一路变化而来的。"④

曾经成田龙一将故乡与都市空间相结合,对都市空间存在的、围绕故乡的正反面复杂矛盾的情绪与认知进行了解析。⑤本章则从另一端即故乡与乡土关系与语感的转变入手,以社会文化的变化分析和政策导向下的群体认知为侧重点,结合都市化⑥大背景,对"故乡"认知的变迁展开考察。

一、故乡与乡土关系的阐述

日本民俗学研究最初被称为"乡土研究",立足于以山乡渔村为主体构

---

① [日]依冈隆儿:《对于近代日本"乡土/故乡"概念的基础性考察——着眼于与德国的关系》,德岛大学《言语文化研究》2008年第16期。

② [日]松本博明:《何为"乡土"——与"故乡"的和解之场》,《国文学》第53卷10期,第28页。

③ [日]重冈徹:《最近百年的"故乡"叙事——对于人生原点的"故乡"所带动的农业、农村再生的展望》,《农村计划学会杂志》2012年第31卷,第457页。

④ [日]成田龙一:《都市空间与"故乡"》,《故乡的丧失与再生》,青弓社2000年,第13页。

⑤ 参考[日]成田龙一:《都市空间与"故乡"》一文。文中认为,1880、1930、1960年代,都市空间表现出各不相同的故乡意识,从以"同乡会"为标志,一部分精英开始意识到故乡的存在即被发现的故乡,到伴随新一代东京人的诞生出现了"故乡丧失"的都市人群,最后到都市人兴起的"探求故乡、故乡再发现"热潮以及以女性为主体展开的"地域故乡化实践"活动。20世纪60年代日本社会出现了这样一种意识,即想念中始初的故乡应该是纯净不污浊,没有被世俗化的地方,而都市是一种无序的状态,混沌猥琐,所以都市不是自己的故乡,自己的故乡是在都市以外的地区。一方面都市人对于故乡有这样一种乡愁情结,但另一方面都市中也存在因为其他各不相同的原因导致的与乡愁不统一的反面情绪。都市空间中,占据主导的正面情绪的故乡观与割裂的、对抗的反故乡观矛盾并存,后者更多被前者的声音所淹没。

⑥ 在涉及日本城市化问题时,考虑到更加贴近日本语境下的城市化表达,本文会选择性地使用都市化表述。

成的传统村落社会（乡村）研究。乡土不仅指代日本民俗学的田野调查对象，还包含了研究主体自我意识中蕴含的对日常生活世界的理解。佐藤健二指出，进入20世30年代，由于教育界对"乡土教育"①的过度解读，有关乡土的认知范围得以进一步扩大，但同时其内涵也变得杂乱无章。而这一"乡土教育"热潮兴起的源头，正是 1932年柳田国男在山形县所做的一场名为"乡土研究与乡土教育"的演讲。柳田在这一演讲中，主要针对民俗学科范畴下的"乡土"进行了阐释。②柳田指出，"乡土"与其说是民俗学的研究对象，不如说是方法论的概念，即民俗学的研究是以乡土为媒介和手段，去感知生活在乡土的民众的身体感受、情感意识与行为记忆，最终达到理解生活与过去的这一目的。在民俗学科的方法论中，"乡土"指的就是每个人的身体、感官被赋予素材之后内化的日常，以及在实践中熟练运用继而不断进行再生产的意识感受。在民俗学科的范畴领域内，"乡土"与柳田设定的民俗三分类法的第三部分"生活意识""心意现象"含义相近，而与此相关，"故乡"的出现则是受到社会流动性的增加，以及相对集权性的国家民众对"地方"特权性的依存的影响，在不断酝酿聚集的乡愁情绪下，"故乡"被推到了大众的视线当中。相较于"乡土"，"故乡"的概念也只有在对特权性进行认知的时候，其身体性的行为记忆与感受才具有意义。因此概括而言，初期民俗学"乡土研究"中的乡土，既不指代地域也不表明研究主体的资格性，其聚焦的是每个人、每个人在各自成长环境下自我主体建构完成的身体感受性。乡土是乡民意识感受的集合作用体，也正因此乡土是日本民俗学重要的学习实践素材。

让我们将初期民俗学的话题切换到历史进程与社会认知中，伴随着乡

---

① 柳田国男在演讲中所提到的"乡土教育"，目的在于发现乡土、地方的多样性，而实际上在官民多方参与之下，"乡土教育"被附加了"日本人的生活""作为民族一员的历史"的普遍性逻辑，甚至不排除在"乡土教育"名义下从政治性出发开展的国民化行为。参见[日]佐藤健二《乡土》，小松和彦、关一敏编：《面向新的民俗学——在野之学的26课》，Serica书房2002年，第311—321页。

② 1932年柳田国男进行了名为"乡土研究与乡土教育"的演讲。他在此次演讲中主要提出了两个观点。其一，所谓"乡土"，是指一种方法论或者说是方法论层面上的概念领域，而并非指具体的出生地或现实中的地域。其二，为了避免自我文化中心论以及陷入一种封闭内敛性的"家乡自豪"，我们需要多借用比较的方法。这里的第一个观点与后来岩本通弥《以"民俗"为研究对象即为民俗学吗？》一文中的研究逻辑具有延续性和类似性，都旨在强调乡土研究不是研究乡土，而是在乡土或是通过乡土进行研究，更妥当的说法是去理解乡民的感受意识，是一种方法论的提示。参见[日]佐藤健二《乡土》，小松和彦、关一敏编：《面向新的民俗学——在野之学的26课》，Serica书房2002年，第311—321页。

土社会的日渐式微、城市化的提高,乡土研究中偏重"相对于都市的乡村,相对于中央的地方,以某一地缘社会为单位的研究"语感越来越突出,并进一步衍变成为"对象化、概念化"的存在。正如折口信夫对乡土的见解:"所谓乡土,是来自都市的称呼,充其量不过是指农村、乡村、乡下这样的词。生活在忙碌的都市中的人们,理所当然的认为乡村生活是那样静谧、充满了奢侈般内心平静的所在,而无比地怀念和渴望。正是这样的心态催生了乡土这个词。也就是说乡土这一特定表述被都市人赋予了古朴生活感、特指保存与传承古法旧式的情绪指向。如此一来,对于乡村怀有一种尊敬和被治愈的感觉,从而乡土这一词汇更多地被使用开来。"①

再来看故乡,"故乡"一词原本具有清晰的概念界定,即为"出生、长大的地方"。尽管其语义没有发生根本性变化,但我们不得不说在社会发展和转型过程中,它也已经于无形中被附加了具有时代特色的含义。例如,重冈徹说道:"1955年以后,伴随着人口由农村向都市的移动,农村成为了我们认知的故乡",又如岩本通弥在《民俗、文化的资源化》开篇第一句话里所说的"在当下,故乡备受瞩目"②等,由此我们可以感受到故乡已经成为具有特定含义的隐喻。在这个意义上说,故乡更多地成为带有乡土性的存在。安井真奈美更是坦言:"80年代以后,故乡的表述几乎没有脱离过与都市、都会相对照的田舍、地方的话语体系,这值得我们给予关注。"③

日本学者依冈隆儿把故乡、乡土作为一个整体,从对德语Heimat(故乡、乡土)一词的考察入手,列举了其对应的三组词汇:近代、都市、异乡。通过反观故乡、乡土对立面的方式,同时结合弗洛伊德"自我与他者看似为对立的两者,实则深层次上是互为相通的"哲学理解,展开分析:近代并非与传统(故乡)无关,在近代化的过程中传统被民众所需求、被创造出来;在经历了都市化、文明化之后Heimat开始被发现,并且具有了为民众自我认同的内涵;故乡同时又是来自异乡立场上的话语,是Heimatolas(故乡丧失)之后所生成的想象。可以看出,在德语语境中,故乡与乡土作为一个整体共同建构出了其对立面上的三组概念,同时从另一方面很好体现了"后"学思潮的

---

① [日]折口信夫:《乡土、神社与乡土艺能》,《折口信夫全集笔记篇》第六卷,中央公论社1972年,第248页。转引自[日]高崎正秀等编:《日本民俗学的视点3 故乡的发现》,日本书籍1976年,第4页。

② [日]岩本通弥、山下晋司编:《民俗、文化的资源化:以21世纪日本为例》,郭海红译,山东大学出版社2018年,第3页。

③ [日]安井真奈美:《被消费的"故乡"》,[日]成田龙一:《故乡的丧失与再生》,青弓社2000年,第113页。

特质。①

松本博明曾经试图将故乡与乡土进行区分,对于两者的关系,特别指出:"在近代,前者(故乡)被后者(乡土)所吸纳,统一归并为了共同体的想象。"结合现实我们可以看到,现代社会"故乡"更多被作为一个文化概念和分析概念解读,被置于自然生态、乡愁怀旧、观光旅游语境中予以言说。从这种意义上说,故乡被赋予了乡土的寓意,乡土概念的核心之一便是故乡,两者有了更多元的交错、更立体的架构。

二、日本现代化与都市化概说

通常在表达我们普遍认为的现代化含义时,日语使用的是"近代化"表述,强调的是由封建体制、封建意识形态向资本主义的民主科学、个性自由的社会形态的转变。日本的现代化进程可以追溯到以明治维新为标志的日本近代社会的确立,由此日本走上了由政府主导的现代化道路。

聚焦战后日本的现代化,其经济得到了迅速恢复和发展。1955年,出现了第一次经济发展高潮。1968年日本赶超西德,成为资本主义国家中的第二大经济强国。1973年日本结束了长达二十年的高速经济增长期,继而完成了全国规模的城市化。伴随着日本成长为经济大国,故乡与现代化有了更近距离的接触,故乡在日本人生活世界和精神层面的存在被重新认知。

针对都市化,研究者们基于各自学科背景和视角的不同有不同表述。文化人类学家米山俊直从社会现象入手,对日本的都市化进行了描述:"都市化,一方面与'近代化''大众化'在含义上有重叠,同时又表现为家庭的'核心家庭化'、地域社会的'混住化'、就业人口构成的'第三产业化',或者交通手段的'机动车大众化'、价值观的'多样化'等诸多现象。"②都市化的这些表现,与之前以共同体秩序、熟人社会、传统的行为、情感的行为、第一产业为核心的传统村落社会相比照,带给民众的是一场生活革命。此外都市化发展的不同阶段,也会无意识地改变民众与故乡、乡土的时间与空间纬度,影响对故乡的认知。

按照都市化进程的阶段性和模式转变,日本的都市化进程可以划分为:1. 集中化阶段:20世纪50—70年代,以现代工业在城市的集中为代表,人口集聚的城镇化,大城市产生。2. 郊区化阶段70—80年代,人口的超密度集

---

① [日]依冈隆儿:《对于近代日本"乡土/故乡"概念的基础性考察——着眼于与德国的关系》,德岛大学《言语文化研究》2008年第16期。

② [日]米山俊直:《都市化与民俗——以战后40年为中心》,[日]谷川健一编:《日本民俗文化大系12 现代和民俗——传统的变容与再生》,小学馆1986年,第461页。

中使得住宅建设向郊外农村地区发展,出现田园线及田园城市,郊区成为现代化城市,中等城市得到发展,东京进入逆城镇化阶段。3.逆城市化阶段:90年代,伴随着新技术革命、消费时代需求,人口向乡村地区扩散,小城镇大量出现。日本开始步入后工业化时代,第三产业崛起,现代服务业成为日本城镇化新的驱动力。[①]由此看出,不同阶段人口流动速度和走向有所不同,因而对故乡认知的分期产生影响,也在情理之中。

日本现代化与都市化进程,完成了由农业向工业进而向城市社会的渐次过渡,其中围绕故乡的认知也走出了意味深长的轨迹。期间,故乡与乡土呈现出密切的勾联,体现出日本从经济大国向政治大国、文化大国发展的策略取向。

三、基于故乡认知变迁的分期研究

从20世纪50年代日本全国规模的城市化开始至今,在政府政策的调整和民众情感的诉求变化中,故乡之于国家、民众的认知也经历了不同形态的改变,同时又与乡土观念和意识保持了密切的联动,成为分析当下的重要切入点。

(一)50年代前:前故乡史阶段,"故乡"等同于乡土,呈现出传统村落社会的基本形态

追溯到17—19世纪的江户时代,除去江户已经是一座颇具规模的繁华都市以外,日本绝大部分区域都还只是传统农耕集落。山乡渔村是每个人的家乡,是维持生计、生产生活的地缘空间,也是后来被建构起来的"日本民族的原风景""日本人心灵的故乡"的始初。

都市发展史学家成田龙一指出:故乡的称呼、故乡的观念,被认为形成于近代以后的19世纪中期,是伴随着人口流动开始的,在19世纪80年代故乡的问题被正式提出。在此之前,故乡更多是指生活的家乡,是模糊的无意识存在。

20世纪前半期的二次世界大战期间,故乡更是被日本国家主义的概念所替换,其内涵一度扩大为日本的国家象征,这也与日语中"国"一词含有"故乡、家乡"的词义不谋而合。从这时起,与故乡、乡土相伴随行的便是国家色彩和政治性

(二)50—70年代:稀疏化的实体故乡

众所周知,城市过密化与村落稀疏化是日本城市化发展带来的显著问

---

① 周东春:《日本:高度聚集型的城镇化》,《中国经济时报》2014年8月25日。

题之一。该时期数量众多的年轻人有组织地奔向大城市，被他们遗弃在身后的故乡，真正成为了空心，成为了老弱病残的根据地。农业从业者老龄化现象以及由于人手不足带来的农业兼业化现象更进一步加剧了传统劳作的衰退，正如田毅鹏指出的："（稀疏化）实质是在现代社会急剧变动的背景下，大城市与偏远乡村空间关系的重构。"[①]村落稀疏化带来的后果是使他们的故乡"丧失了社会再生产和自我调节能力"，活力丧失而走向衰弱，社会关系与地域文化也难免走向解体。更有甚者村落沦为废墟。岩田重则在《过疏·废墟·故乡》一文中指出，由于河川大坝的建设，举家离村等现象的发生，在60年代后半期到70年代前半期，荒废村落的数量达到顶峰。该时期故乡处在西洋文明和城市文化的双重冲击下，风貌萧瑟，风光不在，作为实体存在的村落面临瓦解。

一方面故乡的物质躯壳越来越碎片化，另一方面其灵魂传统在该时期依旧保留有寄居之所。表象上，城市与村落，在空间纬度形成了疏离，但深层次上，对于迁居城市的新移民，在早期他们与故乡依旧保留有浓密的亲属关系和社会关系的维系。即，表层上的身体确实远离了故乡，但深层次的心灵却依旧是依托故乡的。因为"抒发他们乡愁的具体的场所（人物、社会关系）还健在"[②]。对此增田有过考察："即使远离了故乡来到都市地区居住，人们也依旧无法拭去对血缘的乡愁。人们不是努力在崭新的土地上全身心地开拓新的地区社会生活，而是更加深了对逝去的血缘关系的依恋。"并指出这种家—乡观念也正是日本与在精神和物理层面都断绝了与故乡关联的美国郊外居住者的本质不同。同样，对于离乡来到都市的新移民的内心感受，见田和千田也表现出一致的见解：以"家庭至上主义""私有化、私人空间"为标签的表现倾向，看似是独立主义的社会指向，实际上正是从相反角度印证了人们对家乡和亲属关系的依恋，是他们与家乡依旧处于脐带连通的血脉维系状态的体现、心理上尚未断奶的反面脚注。[③]

重冈徹曾经从数量上对与故乡相关联的研究成果做过数据分析，指出："在书籍和报道一类中，（以故乡为检索词检索得到的）书籍的数量在70年代后半期迎来了一个高峰，新闻报道的数量则在90年代后半期剧增。"其社会背景分别表现为："70年代后半期农村人口的骤减与都市人口的骤增在该时期都开始转向舒缓。90年代后半期的高峰，正逢社会由舒缓期再次转变

① 田毅鹏、韩丹：《城市化与"村落终结"》，《吉林大学社会科学学报》2011年第2期。

② ［日］安井真奈美：《被消费的"故乡"》，［日］成田龙一：《故乡的丧失与再生》，青弓社2000年，第107页。

③ ［日］千田智子：《故乡论再考》，《御茶水地理》1996年第37卷，第108页。

为扩大倾向的时期。"①这也说明，正是在70年代集中城市化阶段结束后，社会心理层面有了一个缓冲通道，人们开始对这段时期的社会发展、自我定位回过头来梳理和反思。

从上面的阐述可以看出，该时期故乡仍旧定位于以山乡渔村为主体的村落共同体。而另一方面，除去对特定的个体故乡—家乡，基于心理、精神层面的眷恋以外，对都市对立面的乡土(性)，整个社会表现出的是否定和消极的评价。认为乡土是封建制的代表，是前近代、需要合理化的对象，被纳入到贬义的价值体系中。

(三)70—90年代：对象化、概念化的心灵故乡

立足经济发展背景下都市、郊外、农村的风景变化与故乡的关联的研究视角，长谷部正指出："(日本)进入到20世纪70—80年代，关于故乡的认知发生了改变。一直以来只对自己出生地怀有眷恋，作为思念和怀想对象的故乡，转变成为不仅有农村，而且包含城市在内，全日本各地都可以被称作故乡的现象。"并称之为"全面故乡化"或"全面郊区化"。这其中既有都市故乡观的出现，也提示了故乡从实体存在到概念化的转变。

从社会构造层面看，同样可以索骥到这种转变的线索。该时期高速经济增长期的第一代都市新移民迎来了家庭第二代的出生。由于成长环境的不同，两代人对故乡的认知自然也形成了差异。父辈的故乡认知是"村落聚落的山川"，而子辈对故乡的认知只能是"混凝土构成的空间"。伴随着子辈的成长，作为父辈的第一代都市新移民，他们的家—乡依恋情结也趋向解体。由此使故乡认知过渡为对象化和概念化的存在成为必然。继故乡之后，原本内心层面留存的乡土性也失去了它的实体存在，成为人们意识中对象化、他者化的概念。故乡与乡土在个体身上反而达到了整合统一。

已经停留在概念化层面的故乡、乡土，在政府政策的推动、商业资本的渗透和民众情绪旨趣的影响下，进一步建构成为"再发现"的对象，和具有了实践性的行为感受，这可以通过以下几方面看出。

首先，受经济高速增长的后续影响，"稀疏化"几乎成为当时的流行语，在这样一种社会构造的矛盾之下，综合存在的各种问题，日本政府先后4次制定并出台了应对稀疏化的对策与措施。制定了以"地方的时代(即摆脱中央集权1978)""文化的时代(即摆脱经济大国1979)"为关键词的基本思路，意在引导民众关注乡土的创生，形成社会层面对村落及地方社会关注点的

---

① ［日］重冈徹：《最近百年的"故乡"叙事——对于人生原点的"故乡"所带动的农业、农村再生的展望》，《农村计划学会杂志》2012年第31卷，第457页。

倾斜。重冈徹指出："90年代以后的社会动向延续了80年代的基调，其中例如市民农业、绿色旅游、园艺趣味等来自都市的对农村（农业）的单向关注表现尤为突出。"这便是很好的印证。

其次，日本国家铁路公司于70年代在全国范围开展了"发现日本——美丽的日本和我"的宣传推介活动。在活动主旨中这样写道："在旅途中发现日本丰富的自然资源、美丽的历史和传统，体味人情，让它们与自身融为一体。"并设计了"心灵故乡之寺院行""来自故乡自豪之情的邀请函""远方乡土的气息"等主题。尽管活动初衷更多被视为商业行为、旅游策划，但设计的目的地已经不再是一般含义上的观光景点，而是以全国众多地方性地域为体验和认知对象，客观上起到了挖掘传统文化和促进自我民族性认知的作用。林真希在研究中归纳为："目的地的特点表现为重视地方性、大自然、遍及全国各角落。其中很多地方的魅力在于能够链接上记忆中故乡的那种美妙。"①由此可以更加肯定，以"发现日本"为口号的旅游策划，内含了对深层文化和精神故乡的探究，满足了民众渴望亲近乡土的需求，以此为共同因子将城市化与民众的自我认知巧妙地结合在一起。

通过"故乡的再发现"强化的是概念化、对象化了的故乡。换句话说，对于城市的年轻一代，血脉维系的农耕聚落型故乡已经不复存在，取而待之的是乡土化了的异乡。再有，受到整体社会情绪的感染，1963年开始到1982年，日本NHK电视台制作播出了《新日本纪行》系列纪录片，镜头从南到北，以细腻的感受收录了日本广阔地域上的自然风土、民俗生活。19年的播出内容，深深触及了民众内心，呈现了作为观念存在的故乡、乡土带来的感动，也积累了珍贵的民俗资料。由此种种可以说，相对于前一时期具体化、实体的故乡与乡土，该时期乡土已经成为日本民众的心灵故乡，而故乡自身也随之升格为一个概念化、对象化的存在。

（四）20世纪90年代—21世纪初：文化化与资源化的故乡

对于21世纪初的故乡认知，重冈徹认为："尚未形成明确的观念，只是具有了某种方向性。硬要做一界定的话，只能说是呈现多样化的故乡认知。"展开来说，例如故乡丧失（没有故乡归属）、潜在化的故乡（都市成长为故乡）、寄予希望的故乡。与重冈徹的观点有所不同，被置于故乡与乡土关系架构下的故乡，凸显的是它的文化因子。重冈徹曾经从空间构造角度分析故乡观，认为故乡观的空间建构包含风物、人士、故乡文化、本地产业四个

---

① ［日］林真希：《围绕"发现日本"企划活动中观光视角与对象的研究》，《第22回日本观光研究协会全国大会学术论文集》，2007年。

要素。如果说之前故乡的乡土面孔更多展示的是自然环境、乡土特产，那么到了这个阶段，它展示出的面孔便是作为文化的自然环境、乡土特产以及传统和产业。简而言之，即民俗的文化化与文化的商品化。"民俗"与"传统文化"都已经衍变成为地域振兴的"拿来主义"。

冈田浩树围绕地域振兴有过类似的阐释："日本绝大多数的地方自治政府，都会将地域活性化，即将振兴地方的内容纳入其施政方针。这种地域活性化的施政方针从20世纪80年代开始变得十分盛行。最初其重点是放在基础设施的建设、企业的招商以及当地产业的培育等经济层面，但进入20世纪90年代以后作为地域活性化的手段，观光产业受到了前所未有的关注，其结果是导致地方传统文化的特有性一面被刻意强调，借助所谓的地域文化的'发现'和'再认识'，地域文化的资源化①开始大行其道。"生活成为远离实践之场的文化，具有了变身为资源的属性。

该时期故乡的文化属性被强调和放大，与更广纬度上政府政治的"文化立国""文化的时代"有必然联系。具体说，无论从文化政策还是乡村政策看，体现出的都是一种乡村与文化的趋近，本质是村落共同体自我意识的强化。对于战后日本的文化政策，中村淳曾经指出：80年代以后至今（20世纪末）其主要表现为"要求地域社会必须保护好文化"，地域社会在这里所指是地方社会，地方社会又可以看作是乡土社会大而泛的存在。结合岩本通弥对日本农业、农村相关法律法规的梳理，我们又可以得知，90年代中期日本上层建筑提倡的是"作为文化的农业"，即："农村的存在本身，便是以传承祭祀、民俗艺术为代表的继承日本文化的场域，是保存传统文化的场域，对城市人来说，也被定位为心灵的故乡。"②为了强化这种认知，政府部门积极引入绿色旅游、乡村旅游、生态博物馆模式，旨在增进城市与农村山村的交流，建构全民的文化自我认同。1990年环境省推出了"生态旅游"奖励政策，农林水产省推出了"绿色旅游"奖励政策。2001年日本文化厅实施了"故乡文化再振兴事业"，由此地域社会的生活事象也理所当然地被纳入"传统文化"的外延，对此森田真也认为：表面上看来是提倡"传统文化"与"地域振兴"，实际上是国家将认定的"传统文化"资源化，进而流露出与观光经济接轨的意图。2007年国家层面制定了《观光立国推进基本法》，2008年新成立了国家机构观光厅。这一系列的举动，我们都可以认为是日本完成经济大国目

---

① 资源化，即产业化、商品化。

② ［日］岩本通弥：《"故乡文化重振事业"政策制定过程及其后续》，岩本通弥编：《故乡资源化与民俗学》，吉川弘文馆2007年，第62页。

标之后,在迈向政治大国的过程中对文化立国重要性的认识。

一系列的措施收到了一定成效。例如"有农生活"理念开始兴起,以"100万人回归故乡推进循环运动支援中心"NPO法人(成立于2006年)为代表,提出了"回故乡去生活"的口号,所倡导的便是"故乡生活缔造新日本"的理念。故乡从"面向都市(人)的故乡(乡村)"的客位模式,逐渐转换为自发的、由内向外的主位思考,成为城乡互动中的一端。故乡不单单能够提供作为商品的民俗,而且能够提供进行生产和生活的场域。故乡又回归了实体概念,开始恢复其公共和共享模式。与最初所不同的是,这时的乡土(性)已经从落后守旧、没有文化的代名词,经过理想的洗涤转变为一种文化的存在,并因此被赋予价值进而可以商品化;传统生活的文化化和长期以来国家政治应对稀疏化的政策倾斜,帮助实体故乡的创生能力开始得到一定程度的恢复。故乡具有了文化化的乡土性,具有了与城市共生的条件。因此同样是面对文化资源化的政府导向,民众不仅结合自身利益和共同体传统有了更多的自主选择和意愿表达,而且地域社会同时也表现出强烈的自我意识。因为对于地域社会来说,所谓的国家、国民国家,有时是作为干涉自己的外部存在,有时又是包含了自我的同质的地域社会构成的全体。前者是区别于自我的他者,后者是小我融入大我的没有自他区别的存在。1992年日本加入世界遗产申请与保护制度,以期为地方社会更好地传承、建构文化景观。由于其具有的法定性、官方性,也就成为后来文化资源化发展的主要平台。该时期被作为资源化筹码的主要要素是"文化的景观"之概念以及"传统建造物群"地区。这些资源很多存在于以乡土为代表的故乡,又以中间农业与山地农业地带分布居多。

一系列的措施也产生出了诸多问题。对于该时期故乡与乡土在"文化化的故乡""资源化的故乡"建构下的结果表现,有诸多民俗学家进行了研究,以批判的观点居多。

①例如围绕经济学家牵头、国家行政实施的绿色旅游政策①,青木隆浩从理论和实践两个层面表示了质疑。尤其对于绿色旅游在理念与实践第一线所表现出的背离,结合其在长野县的实地调查,指出:由于绿色旅游在实

---

① 参见[日]青木隆浩:《绿色旅游政策能否守护一方?》[日]岩本通弥编:《故乡资源化与民俗学》,吉川弘文馆2007年。绿色旅游政策的出台源于政府为了解决地方稀疏化问题。作为政策具体实施机构的"城乡交流机构"是这样定义绿色旅游的:"停留在山乡渔村,体验农林渔业以及当地的自然与文化,充分享受与当地人的交流。"同时国家还出台了《关于促进整合山乡渔村停留性休闲活动基础的相关法律》(1994),并由农林水产部提供国家财政资金。

施环节的单一化和程序化,使其缺乏吸引力;绿色旅游变相成为大型休闲设施的建设,脱离了"城乡交流"的初衷;与其依托作为国家事业的农林水产部的优惠政策,还不如当地的自救措施更为见效。因而从实际看来,绿色旅游的实践并不为当地人所接受,在自然保护和耕地保护方面的有效性也令人怀疑,"以地域文化与自然为观光资源"的绿色旅游以失败告终。

②又如,以日本标志性风景"梯田"的资源化实践为对象的研究。菊地晓通过对石川县"白米的梯田"之民俗生活变迁的调查,指出:梯田作为文化景观被建构起来;面对同一片梯田景观,村内乡民与村外游客有着不同感受,前者更多感受的是困惑;当地的文化成为了"客体的文化",地方性在全球化话语体系下被迫接受一种强加的表象;所谓"美丽""自然""传统"是政治因素掩盖下的、搁置了矛盾的、压在一方水土一方人身上的重荷。并把它命名为"表象的农业赞美",其中被忽视的是民俗承载者主体的声音。"梯田"的资源化,反映出的是全球化潮流中政治、经济、社会、文化的再建构,以及在这种结构矛盾中被迫不得已应对的地方实践的困境。

③再如,对另一个牛气冲天的世界文化遗产"白川乡合掌建筑"的来自民俗学的考察。首先,才津祐美子指出:一直以来各种称呼的获得和政府官方的认定是故乡实现资源化的捷径,而其中"世界遗产"的招牌权重最大。1995年岐阜县白川乡成功申请入选世界遗产名录,此事前前后后给当地民众生活和意识带来了令人意想不到的影响。由此引发作者思考:将自己的生活纳入到世界遗产的光环之下、成功实现资源化的对面,等待我们的是什么?仅就该地区而言,资源化的前提是保护,与保护随之而来的是各种限制行为的出台,这也正是对民众日常生活的影响。但同时,"获得文化遗产或世界遗产的官方称号,将日常存在变身资源化,就意味着不得不将所有权的一部分割舍使其商品化"。其中的纠葛、确权困扰着无法离开这片土地的当地民众。

④又一围绕观光资源化研究的代表作,是森田真也对冲绳县竹富岛种子祭的调研,同时这也是从正面给予积极评价的个案。作为日本"重要无形民俗文化财"(重要非物质民俗文化遗产1977),种子祭体现的正是地方共同体秩序与社会潮流之间的博弈。其成功的关键在于种子祭尽管成功入选无形民俗文化遗产,但地方共同体却没有因此将之等同于吸引观光客的观光资源,并不以此为商品,对观光化采取了缓释的态度。其本质是地方共同体采取的自觉性策略与无意识的对"生活场域"若即若离的态度。"生活场域"是解释他们行为方式的基础,它不以国家与地方、现代与传统的两元对立为取向,而是以两者的交界为自己的立足点,把握分寸,以有意识和无意识的

组合方法实现主体的诉求。它给我们的启发便是："获得文化遗产的官方认定,只不过是实现(地方共同体)多样价值中的其中一条途径。不将其视为绝对价值标准,不依赖财政补助,不是作为观光利用。"①

对于21世纪初民俗文化化、文化传统化、故乡资源化的样态,岩本通弥进行了深刻的反思,他指出："文化遗产保护法中包含有'保存与活用'一项内容,但是当这种活用泛化到了观光地、地区的活性化领域以后,是否文化遗产还能够得到真正保护? 只强调了活用的、当下的'文化'政策,尽管其指向是地域的活性化,但是其结果却是造就了一个只是供城市民观光,也仅仅只有依靠观光才能维系下去的地域,难道不是吗?"②岩本的批判折射了对被客体化了的故乡的担忧,同时又是对消费型故乡③现象的预警,传递出主体意识故乡观的学科关怀。

四、稀疏化的故乡—心灵的故乡—文化化与资源化的故乡:为谁而在的故乡

经过上述梳理可以看出,故乡的认知衍变除去由社会发展带来的自变因素,更重要的是国家政治政策的导向之他变要素使然,这也很好地呼应了近期日本"政治与民俗"研究领域的凸显。为了改变村落稀疏化的社会问题,日本政府将政策风向标转向地方与村落振兴,从而将对故乡的认知从作为实体存在的乡土过渡到对象化、概念化的心灵故乡,正如依冈所说:"在国民国家的建构过程中,不仅'民族''文化'被利用,'乡土'也被委以重任。"④在民众心理层面孕育完成了乡土观念以后,国家或地区又以文化的名义强化故乡所带来的身份认同,期于实现城市与乡村的共生,体现的是一种政治

---

① [日]森田真也:《"文化"的认定与实践——生活之场中的"非物质民俗文化遗产"》,[日]岩本通弥编:《故乡资源化与民俗学》,吉川弘文馆2007年,第154页。

② [日]岩本通弥:《"故乡文化重振事业"政府制定过程及其后续》,[日]岩本通弥编:《故乡资源化与民俗学》,吉川弘文馆2007年,第47—48页。

③ 对于消费型故乡,安井真奈美这样认为:"即一个人与他的出生地没有关系,只要出钱任何人都可以自由地购买属于他的故乡。这样的故乡通过媒体介质不断被生产出来,在现代社会中注定是被消费的命运。"[日]安井真奈美:《被消费的"故乡"》,[日]成田龙一编:《故乡的丧失与再生》,青弓社2000年,第105页。被消费的故乡始于1979年,大分县在"村落振兴"这面大旗下推出了"一村一品"运动,这一形式被视为地域振兴的成功个案,也开启了作为消费型故乡始祖的"故乡认领制度",后来还有了"特别乡民制度",接纳都市民为其提供故乡。

④ [日]依冈隆儿:《对于近代日本"乡土/故乡"概念的基础性考察——着眼于与德国的关系》,德岛大学《言语文化研究》2008年第16期,第106页。

的言说。

但无论如何,乡村得以发展,故乡的创生能力得以恢复,也吸引了更多人返回家乡振兴地域。2015年雅虎日本又推出了"故乡再发现"的特别企划,就日本47个都道府县的魅力展开特色推介,其背景是响应由政府提倡和施政的"定向于地域活性化,地域居民生活等紧急支援支付金"计划。宣传语上写着:"日本的故乡,隐藏了很多你还不知道的魅力,让我们踏上寻找那样的故乡魅力的再发现之旅。"故乡魅力再发现,着眼的是群体故乡的、乡土性与商品性的双重魅力。换个角度看问题,这依旧是关于故乡的故事性的延伸,是一种政府政策与故乡商品化相结合的变形。

今后的故乡应该何去何从?岩本通弥下面的话会给到我们一定启发:"故乡绝不是(由相同物质构成的)一块岩板,是由拥有多元思考的人们首先是他们的生活场域,同时又是多样的利害关系的积聚之地。"①不可思议的是这又与佐藤健二在"乡土"词条中给出的一句提醒完美契合:"乡土应该回归其内含分裂、抗争的概念原点。……我们需要将民俗学科中'乡土'的概念与潜规则认知下的共同性意识形态进行剥离。……在分析乡土变迁时,我们需要认识到乡土内部存在着矛盾、紧张与支配服从以及竞争等的关系构图,并以此作为认知前提。"②故乡可以是实体性的存在,同时在理解乡民的身体感受时为我们提示了地方的特权性,因而两者有着丝丝相扣的密切关系。回到当下的社会语境,基于故乡的认知变迁,一句话,尊重故乡作为"生活场域"观念的确立是关键。站在民俗承载者主体角度,切身感受民众之心意,才能保障故乡的持续发展,平顺地完成以人为本的城镇化的过渡。

第二节　城市化进程与乡愁能动性

一直以来,乡愁作为一种意境、情结、观念而不断被人感受、吟诵,近年来,伴随着全球化、后工业文明的推进,地权的流转导致越来越多的农民搬迁进城或所在地城镇化,乡愁更走近了每一个人,乡愁的概念也从少数人的诗意想象、文化把玩转变为更多人的切身体会、理性认知,蔓延到更大范围的实际生活中,其内涵也变得更加真实和具体。

---

① [日]岩本通弥编:《故乡资源化与民俗学》序,吉川弘文馆2007年,第5页。
② 参见[日]佐藤健二:《乡土》,[日]小松和彦、关一敏编:《面向新的民俗学——在野之学的26课》,Serica书房2002年,第311—321页。

新语境下的乡愁与城市化有着直接的联系,必须置于城乡关系中才能论述得更加全面深刻。截至2013年,中国城镇化率已超过50%,达到53.7%,相比1978年17.9%的城镇化率,中国城镇化率高速度增长,为世界城镇化史所罕见①。在这个过程中,从农村进入城市的农民工超过几亿人。在城镇化发展的同时,农村也得到快速发展和提升。对故乡的远离和故土家园的变容,使得"故乡、乡土"这种乡愁、乡情情结表现得愈发强烈。每个人意识中都有"故乡"的存在,"乡愁"的感受方式即使不尽相同,但在城市化大背景的今天,乡愁情感的凸显却是毋庸置疑的。正如有的学者所指出的,新型城镇化目标可归纳为两方面内容,其中之一是"要尊重'自然'的生态法则,处理好'现代性'与'乡愁'的生活方式失衡问题"②,不排除过分强调"乡愁"而无视"乡仇"的做法,又或者强加"乡愁"的存在,但不可否认的是乡愁与城市化建设是如此这般地如影随行。随着城镇化进程的不断深入,不仅要关注城市,更要关注山乡渔村。在城镇化相关论述中,有人提出"城市崛起农村没落是历史大势"③,这里还只是停留在"农村劳动力的外流,农村的凋敝,传统社会模式的变化"层面,更有学者从深层学理思考入手,预言"村落终结",并进一步阐释说:"所谓'村落终结'已远非简单的'空间变迁'和'关系变动',亦不是农民群体单一的'去农为工',而是一个异常复杂的社会总体变迁过程",同时,"乡村过疏化的实质是在现代社会急剧变动的背景下,大城市与偏远乡村空间关系的重构"④。这都向我们展示了城乡互动的认知观点。所以,乡愁的现代性作用亦应放置在城乡关系中去感受、去思考和论述。

一、民俗学视野下的乡愁认知

乡愁这一表述并不陌生,对其内涵、形式和溯源的研究成果也极为丰富。例如(1)从浪漫愁绪入手的美学研究,(2)从作家作品、乡愁主题入手的文学研究,(3)从身份认同、后殖民主义角度入手的文化学研究,(4)从溯源、历史生成入手的史学研究,(5)从社会转型、现代化进程入手的社会学研究,(6)从生存痛感、集体无意识入手的哲学、心理学研究,以及近期出现的(7)基于乡土传统、乡土文化传承与发展角度的民俗学研究。

统观相关研究可以发现:首先,以往乡愁研究中鲜见民俗学科的身影。

---

① 参考国家统计局:《中国城市统计年鉴2013》,中国统计出版社2014年。
② 张文明:《新型城镇化:城乡关系发展中的"人本"回归》,《华东师范大学学报(哲学社会科学版)》2014年第5期。
③ 刘远举:《城市崛起农村没落是历史大势》,《大家》2015年2月25日。
④ 田毅鹏、韩丹:《城市化与"村落终结"》,《吉林大学社会科学学报》2011年第2期。

这是由于曾经的社会与时代背景决定了乡愁更多涉及的是士人、文人、海外华人等特定群体,多出现在文学、美学、哲学、文化学、心理学语境中。其次,继21世纪初非物质文化遗产、城镇化与乡土传统研究之后,2014年初以乡愁为关键词的研究开始在民俗学科中崭露头角。民俗学特有的乡土情怀,必然使其站在民俗承载者主体立场,关注离土的农民如何延续其在土地上生长并传承千百年的乡土传统以及由此而来的乡愁。最后,现阶段研究多停留在视乡愁为静止的客体,从不同角度进行描述、记录、分析、阐释的层面,而缺乏从主体性角度入手,对乡愁进行能动性的挖掘。其中《中国社会的乡愁传统与现实问题》[①]提到了古代曾经运用乡愁来激励士兵;《城镇化"乡愁"的国际借鉴》[②]结合英德美日城市化建设中对"乡愁"的认知,尽管不十分清晰却也流露出作者对乡愁作用层面的关注,论述了对乡村的热情和向往与保护政策的出台、文化记忆的传承、生态原貌的维持之间的协调作用;以及《乡愁是一种美学》[③]中提到曾庆邦以"乡土"即"现代的乡愁"概念,成功帮助华裔马来西亚公民摆脱现实认同的危机,实现华人文化长远建设的历史,可以隐约看到乡愁的能动性层面。

意识是物质的反映,它一经产生,就成为一种能动的力量。乡愁作为人的一种意识,自然而然、生而有之地也具有了这种能动性。在本书中,相对于人的层面更加侧重的是社会关系网络,因此有倾向性地选择艺术人类学领域的"社会能动性(social agency)"理论[④]来思考乡愁的能动性。在城市化发展的社会大环境下,农村人口向城市聚集,农村地域向城市地域转化和集中,农村的生产、生活方式向城市社区的生产、生活方式过渡,乡愁也不再仅仅是愁绪的载体、美学的意境,它也具有了"行动力",这种"乡愁的行动力"就是"乡愁的能动性"。它与"艺术的能动性"近似,不是"普遍意义上所指的,具有'目的、思想、意识或感知'的人或动物才具有的属性",而是"一种

---

① 耿波:《中国社会的乡愁传统与现实问题》,《中国文化报》2014年2月18日。

② 金磊:《城镇化"乡愁"的国际借鉴》,《瞭望》新闻周刊2014年4月9日。

③ 黄万华:《乡愁是一种美学》,《广东社会科学》2007年第4期。

④ 艺术人类学的能动性理论由英国社会人类学家阿尔弗雷德·盖尔在1998年出版的《艺术与能动性——人类学理论》一书中进行了完整阐释。他主要以艺术人类学研究中的象征物、艺术家、观众以及创作原型四个主要要素为对象展开了能动性的分析,确立了艺术关系网模式下的能动受动作用的存在。参照关炜:《艺术人类学的能动性理论——浅论盖尔的艺术关系网》,《河南教育学院学报(哲学社会科学版)》2012年第2期。笔者认为,艺术人类学科提到的"社会能动性"内涵与哲学学科所说的"客体能动性"有着异曲同工之处,即不是有意识的能动性,而是基于内部矛盾而有规律的自我运动性。参照孙世明:《论客体能动性》,《理论学刊》1996年第5期。

相对的、有条件、有背景的概念"①。其条件便是中国安土重迁的传统意识和具有悠久历史的乡土文化,其背景则是城市病的泛滥、大拆大建的毁村运动、精神世界的缺失等,同时这又与18世纪法国唯物主义者狄德罗所说"我们就是赋有感受性和记忆的乐器,我们的感官就是键盘,我们周围的自然界弹动它"②之"客观能动性",进行了很好的呼应。正由于此,在城市化进程中,我们才应该更好更多地认知乡愁的能动性意义,倾听乡愁传递出的民众的心声,发挥其积极有效的社会现实作用。

日本于20世纪70年代完成了全国规模的城市化,在这一过程中,日本不仅迅速跻身为世界第二大经济强国,而且其传统文化也得到了很好的保护与发展。可以发现其中乡愁情结发挥了特有的能动性作用,与成功重构乡土文化的行为活动有着密切的关联性。日语语境下,乡愁多以"故乡情结""乡土意识"的表述代指,原样以"乡愁"两个汉字标记出现的频率并不多③,其中就有伊藤一男在研究日本诗歌时指出的:"应该没有哪个民族可以像日本人那样如此感受到乡愁吧。"④现代社会生活中乡愁如何体现、如何延续、对推进城市化进程和发展乡土文化起到了怎样的能动作用? 这是十分耐人寻味又具有现实意义的重要课题。日本走过的道路值得审视,以下将以日本的历史进程为参照对象,从乡愁主体性角度出发,考察乡愁在日本城市化进程中的生成机制及其发挥的能动性。

二、乡愁的生成机制

日本的城市化进程通常被划分为三个阶段:20世纪20—50年代的初始阶段;50—70年代的飞速发展阶段;80年代至今的成熟和再城市化阶段。⑤

① 关炜:《艺术人类学的能动性理论——浅论盖尔的艺术关系网》,《河南教育学院学报(哲学社会科学版)》2012年第2期。

② 北京大学外国哲学史教研室编译:《十八世纪法国哲学》,商务印书馆1979年,第369页。

③ 原样使用"乡愁"标记的日文研究可见以下著述:[日]田野登:「『郷愁』の企業化に関する形象の考察——大阪道頓堀かに料理店の場合」(汉译篇名《对"乡愁"的企业化变身的形象考察——以大阪道顿崛螃蟹料理店为个案》),《日本民俗学》2001年第225期;[日]加藤幸治:「郷土玩具の新解釈——無意識の"郷愁"はなぜ生まれたのか」(汉译篇名《乡土玩具的重新阐释——无意识的"乡愁"因何得以产生?》),日本:社会评论社,2011年。

④ [日]宫田登:《为何"心灵的重塑"会盛行——不安和幻想的民俗志》,小学馆1993年,第195页。

⑤ 参考孙波等:《日本城市化的演进及启示》,《经济纵横》2010年第12期。付恒杰:《日本城市化模式及其对中国的启示》,《日本问题研究》2003年第4期。

考虑到城市化的波及范围和影响力度,以下重点对前两个阶段的认知观进行考量。

城市观和故乡观对立统一的辩证关系形成了现代语境下的乡愁,决定了乡愁的存在实态,乡愁的能动性又作用于城市化的实践,民众的乡愁情结是连接城市观与故乡观的文化因子。以下将通过对城市观与故乡观的考察,阐明乡愁的生成机制。

(一)柳田国男的近现代史观——基于《明治大正史世相篇》的解读

柳田国男的近现代史观对日本民俗学中城市观的形成和体现、乡土观念的延续和发展发挥着重要的作用。他的《明治大正史世相篇》是解读该思想的重要依据之一。在城市化初期他就指出:"从人口数量和利害关系考虑,也应该多说一些关于乡村的事情。很多乡村人认为,书籍仿佛就是从城镇带来的纪念品,因而谈论的话题也自然偏向城市一方。这样看来我们也应该提供一些乡村内容的书让城里人去读。"①其中流露出其近现代城市观下朴素的乡村情怀。

20世纪二三十年代,正值明治之后的大正时期,日本政府积极学习西方现代科学技术与知识文明,在现代化、工业化、机械化的冲击以及合理化思维模式的影响下,社会众多方面开始出现结构变动,传统农耕社会、原有生活风貌也在不经意地发生着改变。

柳田尝试通过世态史的研究方法,洞察社会变革,表达其对近现代社会发展的观点。他通过对民众日常生活中触觉、视觉、味觉等感官的变化,服装、生活用具、居住空间等生活资料的变迁,光线、山水、码头等自然风貌的改观研究,以具体可见的生活文化为参照物,描绘社会变迁的轨迹,透过民众内心的心意变化,觉知民族文化的重要性。这也正是《明治大正史世相篇》在历史学、社会学、经济学等相关学科领域同样备受关注、得到高度评价的原因所在。

当时的现代人或者一味推崇所谓的西方价值观,追求工业时代的社会进步,或者容易被旧式的兴趣喜好所束缚,沉迷于怀旧和叹息中。面对时代变革下民众面临的迷茫,以及社会价值观呈现的混乱,柳田一方面从森林面积的减少、现代人与自然的对立入手,力图唤起民众曾有的自然情怀,使更多民众认识到人与环境是和谐共存、水乳交融的共同体,另一方面又以客观现实的态度,基于民众立场,肯定新生活必然会留下新痕迹,评价生活的改

---

① [日]柳田国男:《明治大正史世相篇(上)》,讲谈社1976年,第8页。

善是"人类赋予老去的自然的至真至诚的礼物"①。柳田国男以其立体、多重的思想，体现了其合理的近现代史观。不仅如此，柳田还以前瞻的目光、敏锐的感受和特有的觉知，提醒民众在匆匆前行时，也间或停下脚步，环顾自身生活的变迁，培育自身的感悟，思考"什么是新生的美好，什么是被忘却遗失了的珍宝（珍贵存在）"②。由此强调：日本的社会变革要因地取材，因国而异；"不要因为缺乏关注，而无畏地破坏我们未来的幸福"③，这也就具有了更强的说服力。

对于柳田国男在《明治大正史世相篇》中表达个人近现代史观所体现出的特点，鹤见和子总结了以下五点：①重视感受的变化，采用的是可视性与意会性比较的研究范式。②侧重于对经过长久积淀形成的、存在于基础文化层面的民众情感、情绪传承的挖掘。③强调日本传统、固有文化的内发性发展对社会近代化进程起到的促进作用。④相对于现代化领域的单向发展理论，柳田更加强调多向发展可能性的并存。⑤柳田认为，人类的历史并不是一个以确切更替的时代可以简单切割的结点形态，这种变迁是一个包含转型变革过程的漫长的时期。④

柳田国男的近现代史思想观深深扎根于日本传统文化，立足于对民族性感受之理解的基础之上，其采取的世态史研究视角，一方面密切贴近民众主体的生活文化，另一方面又结合了柳田个人的预见与觉知，对日本近现代化的协调发展颇有裨益。

（二）日本民众的城市观——"城乡连续体论""归去来兮""村落民的心意"

日本民俗学有关城市观的研究多以柳田国男的城乡关系论为出发点。柳田涉及城市部分的研究集中在《时代和农政》《都市与农村》《明治大正史世相篇》⑤三本论著，其观点体现在"城乡连续体论""归去来兮""村落民的心意"三方面。1929年出版的《都市和农村》是柳田国男有关城市论述的代表性著作。在书中柳田强调了日本城市民的特异性：即生活在城市的人群或

① ［日］柳田国男：《明治大正史世相篇（上）》，讲谈社1976年，第138页。
② ［日］柳田国男：《明治大正史世相篇（上）》，讲谈社1976年，第136页。
③ ［日］柳田国男：《明治大正史世相篇（上）》，讲谈社1976年，第136页。
④ 参考［日］鹤见和子：《漂泊与定居》，筑摩书房1977年，第88—98页。
⑤ "（在以往的）城市的民俗学研究中可以列举的成果主要有：柳田国男做的城市和乡村关系的研究（《都市和农村》1929）、城市发生史的研究（《时代和农政》1910）、城市民俗变化的研究（《明治大正史世相篇》1931），森口多里（1944）对东北小城市水泽所做的城市民俗的研究，还有近期千叶德尔（1971）对名古屋市的城市内部丧葬仪礼研究。"《日本民俗学》1979年第124期。

是第二、三代以前农村移民的后代，或是生活在城市里的农村人，在心意表现和精神层次上城市民和农村人是相同的。日本不存在像其他国家城市里看到的真正绝对、土著的城市市民。书中表达的"日本的城市是由农民兄弟创造出来的"思想，是柳田国男关于城市的代表观点——"都鄙连续体论"的充分体现，在这里，"都""鄙"分别指代城市和村落。柳田主张城市和村落是连续体的关系，城市存在于村落的延长线上，两者在人员、经济、文化方面都保持着经常性的联系，城市民俗的源头在村落，只有村落里才存在日本民众的基础文化，城市的生活文化只不过是村落生活文化的一种变形，因此理解了村落就能理解城市。可以说柳田的所有城市观都是建立在"都鄙连续体"论基础之上的。

正如日本谚语"繁华热闹的都城中有（我的）故土家园"①中所表达的，都市依靠村落的支撑，城市与农村的相互关系是你中有我、我中有你，两者不是对立的，而是相互补充、依赖共存的。即使城市文化发展到极致，但其根本仍然是在村落，若缺少了来自村落的基础文化，城市的体系就无法完整。居住在城市的人在远离了自己的故乡家园后，对故乡的民俗生活才会有更加深刻的体会，所以即使现实中的故乡已经不再是曾经的故乡，城市民却依旧把"归去来兮"挂在口头上。因此可以说城市的民俗是被建构在这样一种寻根指向、思乡情结、"村落民的心意"之上的。

同样面对20世纪30年代中期日本列岛开始进入城市化阶段时的社会问题，和柳田同时代的、另一位民俗学大家涩泽敬三②，从独特的思维角度阐述自己的观点，他认为初期的城市化形态与癌细胞的扩散机制具有相似性："小的村落与城镇，在某个时期受到某种刺激快速发展，如同人类细胞的异常增殖一样，不知停止。原发性癌发生转移并迅速增殖的样态，可以在都市与村落的关系中找到投影。很多时候，大都市苦于村落中没有的'毒细胞'的毒素扩散备受折磨。只有不断从村落有新鲜的人群进入，冲洗掉恶化了的都市血清时，都市才能健全，都市也才可能得到移植。"③我们可以理解其中提到的新鲜的村落人群，他们发挥的重要作用便是带来了村落民的心意与文化，这是与城市文明病形成鲜明对照的存在，安抚了城市民不良的欲望、抚慰了他们的乡愁。

继第一代民俗学者之后，宫田登着重从城乡的价值定位、城乡各自不同

① 日语表达为：「京に田舎あり」。

② ［日］涩泽敬三(1896—1963)，日本银行总裁、大藏大臣、物质民俗学开拓者、阁楼博物馆创始人。

③ ［日］宫田登：《来自民俗学的邀请》，筑摩书房1996年，第158页。

的不安心理入手,考察了城市与农村的关系以及城市民与村落民的心意特征。宫田登指出,20世纪30年代,"生活在都市的人,会想念乡村生活的宁静、清澈、农家乐,置身乡村辛劳、贫困、寂寞、百无聊赖中的村民,渴望能感受到都市的明亮、便捷"①,当时的都市与周边村落,在经济与文化方面都保持着密切的联系,大家寄意于建设舒适的都市生活与村落生活,希望过上都市生活中纳入田园味、乡村生活中导入都市范的日子,城市与乡村处在价值体系的对等位置。但是伴随着战后日本大城市集中发展模式的推行,巨大都市与村落被原生态山地隔开,分别矗立在山的两边。对于村民来说,原有的栖息着狐狸的自然空间被高大的摩天大楼构成的异质空间替代,同时他们的视线也被淹没,从而让他们感到恐惧和不安。同样大城市流传的"消失的搭车客""玛丽""七个不思议"②等传说、灵柩车通过时要藏住大拇指等观念,也暗示了城市民由于远离土地生产而导致的无依无靠、无根浮萍般的不安情绪。城乡民不同形式的"不安"表层下,深藏着的是他们共通的对乡土的眷恋。

(三)日本民众的故乡观——"故乡"的再发现

客观来说,故乡观包含有矛盾的双重性,考虑到乡愁及能动性所归属的价值体系,这里更多涉及的是无法回乡、不回乡立场下的感受。20世纪后半期日本形成了三次柳田(国男)热,这不仅仅是源于学界思潮,更是与城市化大背景、民众对乡土文化的渴望有密不可分的关系,对民俗学的推崇正是日本民众追求乡愁、追寻历史记忆的体现。

伴随城市化进程中愈加突出的故乡观念、乡土意识,首先我们会思考"故乡"与"乡土"的关系问题。《日本民俗学的视点》第三卷《故乡的发现》对两者的关系进行了阐述,其中对"乡土"的认识更多侧重了对照方法的使用和对其抽象内涵的理解。对于"乡土"究竟是什么?文中借用了折口信夫的见解:"所谓乡土,是来自都市的称呼,充其量不过是指农村、乡村、乡下这样的词。生活在忙碌都市中的人们,理所当然地认为乡村生活是那样静谧,充

① [日]宫田登:《来自民俗学的邀请》,筑摩书房1996年,第156页。

② "消失的搭车客"源于美国现代社会广泛流传的城市搭车客传说,以鬼故事为主,主要情节是说天黑之后司机有时会遇到搭车客,但中途搭车客会奇怪地消失,当司机发现时多是来到了墓地,又或是在目的地通过别人得知这是一个已经死去若干年的人,等等,这反映了当时人们对其生活环境的关注与想象。"玛丽"即为80年代日本大城市流传的"红衣婆娘"的别名。传说描述的是孤身一人生活在城市中的老人,反映的是都市空间具有代表性的社会问题。"七个不思议"指从江户时代起流传于城市民之间的、不可思议的现象以及奇闻轶事,像是月明星稀的夜晚在路上走会听到人说话的声音;叶子只长一边,另一边不长等,被认为是人们对于过度开发城市产生的恐惧心理的表现。

满了奢侈般内心平静的所在,而无比地怀念和渴望。正是这样的心态催生了乡土这个词。也就是说乡土这一特定表述被都市人赋予了古朴生活感、特指保存与传承古法旧式的情绪指向。如此一来,对于乡村怀有一种尊敬和被治愈的感觉,从而乡土这一词汇更多的被使用开来。"①正如近来我们经常提到的"乡土文化",或是早期日本民俗学常用的"乡土研究",乡土所指不是单纯的故乡含义,"乡土意识""乡土性"及其外延的"民族性""基础文化"才是其深层研究意义的体现,也与接下来池田弥三郎从抽象内涵对乡土所作的阐释不谋而合。池田指出:众多无名的凡俗之人汇聚成集合,这个集合的感受和表现是每一个无名氏曾经生存来过的证明,也是日本人内心的原风景,是我们的"乡土"。"乡土"是民俗探访游历的目的地,也是民俗探访游历所要发现的存在。②

柳田国男在阐述自己的近现代史观时,也借用了故乡观与乡土这一标尺。面对乡土社会的变容,以及对未来城市化进一步发展的预测,他在第四章"风光推移"、第五章"故乡异乡"展开了集中论述:"保留自古以来的传承,是使故乡变得更美的手段之一,这也是以往的经验教会我们的"。"都市的公园大多建在以往的旧城遗址之上,在小山丘上兴建土木工程,必然有其缘由。尤其不谋而合的是,那里都曾经是当地历史记忆的中心所在,那里的一草一木,都不言而喻地承载了过去的大事件,为我们播撒了今天乡土情怀的种子。"③这将其史观与乡土认识更加密切地结合在一起。

将故乡与乡土紧密连接在一起的因子是人情味,是浓浓的乡愁。尤其是后工业时代卜,当乡愁存在的土壤不再肥沃,也使人们最容易回归传统,期望从中获取力量。1995年日本民俗学会召开了以"追问故乡"为主题的年会,围绕现代日本人的故乡观和乡土意识展开了多角度的学理讨论④。其中田中宣一在《故乡以及故乡观的变容》中提到的两点内容让人深思。其一,现代的日本人正在不断丧失着故乡感,或许现代人的关注是"升华"到了对日本文化、人类社会的层面,但对自己身边日常生活中的地域应有的情感和依恋却在一点一点地缺失,其结果是使现代人失去心灵可以依靠的港湾而

---

① [日]折口信夫:《乡土、神社与乡土艺能》,《折口信夫全集笔记篇》第六卷,中央公论社1972年,第248页。转引自[日]高崎正秀等编:《日本民俗学的视点3 故乡的发现》,日本书籍1976年,第4页。

② [日]高崎正秀等编:《日本民俗学的视点3 故乡的发现》,日本书籍1976年,第4页。

③ [日]柳田国男:《明治大正史世相篇(上)》,讲谈社1976年,第139页。

④ 爱知大学综合乡土研究所在成立50周年纪念之际,召开了"故乡论"学术研讨会并出版了《思考故乡》(2002)论文集,着重对"同乡"观念和"同乡会"社会组织展开了讨论。

更多陷入不安情绪中①。其二，作为日本城市化进程中的重要问题之一，不同的只是都市或山乡渔村的空间差异，相同的是人们身上与自然融为一体的那种野性味的渐渐远去。可以看出，尽管在意识层面社会或民众已经认知到城市化发展下乡土记忆传承的必要性，但现实中依旧没能充分实施。另一方面，故乡观又表现出了多样、复杂的实态，不同性别、不一代人、不同处境下的故乡观也不尽相同。在这样的认知前提下，研讨会从三个角度展开追问：第一种是远离故乡的人如何看待故乡。第二种是身在故乡、为了重振故乡付出努力的人的动态。第三种是从家、祖先的概念以及女性的问题如何理解故乡。这也是如下三篇论文的核心论题。②仓石忠彦《都市生活者的故乡观》借助对流行歌曲歌词的分析，提炼出城市民的故乡观以及他们的乡愁情绪，进而将之与新社区建设契合在一起。于是有了"以留下深刻记忆的东西为参照物、以让自己怀念的场所为中心、通过举行仪式活动的观念、形式再造故乡，通过迁移居住、以意向性的追求方式实现故乡再造"。八木透《家·女性·墓地——对女性而言的故乡》基于面向女性的问卷调查尝试解读女性视角下的故乡观："在视某地为故乡的缘由中，'是自己出生长大的地方''有很多美好的回忆''那里有父母、熟人、朋友''心灵得到慰藉''大自然的怀抱'是被调查者的主要回答。"换句话讲，这既是乡愁情绪的具象表现，也是新社区建设时重要的参考坐标。落实到行动层面，可以从自然景观、人际关系、共同记忆的维护、建构与发展入手，更好发挥乡愁的能动性。

由于日本突出的"城乡连续体"认知以及城市化不可逆转的发展进程，故乡观更多地被提炼、升华为乡土观，乡土意识下的乡愁情结也随之表现得更加集中和突出，其能动性作用也得以更多地凸显和活用。

三、乡愁的社会能动性

20世纪50—70年代日本全国性城市化，不仅使日本迅速跻身为世界第二大经济强国，而且其以乡土文化为核心的传统文化也在一定程度上得到了保护与发展。在这一过程中，可以梳理出乡愁这一线索，其发挥的能动性作用，与成功重构乡土文化的行为活动有着密切的关联性。

宫田登认为："民俗学研究既是方法也是运动，民俗学的存在是文明民族被赋予的使命。"③把这一观点延伸出来，即民俗学是现代社会的一剂良

① 参考［日］田中宣一：《故乡以及故乡观的变容》，《日本民俗学》1995年第206期。
② 参考日本民俗学会：《第47届日本民俗学年会特集》，《日本民俗学》1995年第206期。
③ ［日］宫田登：《为何"心灵的重塑"会盛行——不安和幻想的民俗志》，小学馆1993年，第214—215页。

药。宫田登、河野真都曾经指出：城市民最大的特点是不安的心理状态①，负面惊悚的都市传说也多是基于这种不安孕育出来的。通过上面的研究，我们可以知道乡愁情结的酝酿必然会帮助城市民抵消不安。20世纪后半期城市化进程以来，民众的乡愁情结如何得以调节？又发挥了怎样的能动性作用？可以通过对民众心意诉求和学科应对措施的分析展开考察。

（一）保护、传承、发展乡土文化

景观是乡愁的重要载体之一。1950年日本制定并实施《文化遗产保护法》，并于2004年进一步加入"文化景观"规定，目的是避免国土开发和城市规划建设中，大拆大建对特色景观造成的摧毁。文化景观概念的提出，补充了以往只是对物品个体、民俗资料的割裂性保护，而是将鱼放回到水中，对"鱼在水中游"的广阔空间实行有机整体的保护。

20世纪六七十年代与集中的城市化进程密切呼应，日本形成了民俗资料保护与抢救热潮，完成了全国范围民俗地图的制作、手艺传承的调查、节俗表演仪式的记录。同时期还掀起了全国范围的地方史志民俗篇的编纂热潮，各地相继建立民俗博物馆、乡土资料馆，注重在社会教育层面普及民俗文化。其表现形式是政府主导、学者参与，但究其内涵是民众的意愿流露，是民众追忆、发展乡土文化的情感使然。例如《地域博物馆的作用及其可能性》一文，面对为何短短30年里各地会新增大量博物馆，其建立的背景是什么的问题，分析道：经济的要素当然不容忽视，但更根本的背景原因是"时代的大变革。生活（文化）的急剧变容，使得置身其中的人们内心产生无法填补的空白，而把这种情感寄托于博物馆。尽管我们知道新旧交替是常理，但是改变如此光速，难免让人措手不及。这种变化，排山倒海般地冲走了每个人凭依的过去与现在的结点、甚至是作为心灵鸡汤的故乡情怀"②。正是这种急遽的社会变革使得民众的价值观开始部分地摇摆向"过去"的时间和"故乡"的空间，也才形成了该时期收集与记录的热潮。大家共同怀有的"乡愁"，同时使得民俗资料的搜集和展示呈现出多元化构成。事实是，很多博物馆、资料馆建立在新兴的住宅城市区中，在这样的时空体系下，民俗资料的收集、保存和展示要兼顾各自的故乡情怀，如果只是圈定在行政规划的条条框框内，则无法满足地域民众的需求。因为，"不仅仅局限于老住户，包括新住户、迁移户他们对于自己的故乡都有感怀，同时对新的迁移之地的文化

---

① 参考［日］河野真：《"不安"开辟出的地平线与障壁——对日本民俗学来说何为现代（1）》，《文明21》2010年第25期。［日］宫田登：《现代民俗论的课题》，未来社1986年；《来自民俗学的邀请》，筑摩书房1996年。

② ［日］斋藤卓志：《地方博物馆的作用与其可能性》，《日本民俗学》1994年第200期。

也会产生兴趣,自然之中就会将现有居住地与自己的故乡作比较"①。柳田的一句话很好地概括了乡愁之于日本民俗博物馆的指导作用:"在各自的乡土,或者透过乡土人的感觉意识,从中学习到崭新的内容。"②

六七十年代的保护抢救工作,为文化遗产的留存贡献了力量,从保护、记录、抢救、展示角度保留了民众的生活记忆,也间接缓和了民众的乡愁情结。但同时也需要反思,由于政府和民俗学者过分偏向于现代民众的怀旧追忆指向、着力记录曾经的生活方式,而在与时共进层面忽视了对生活在当下的民众融入都市社会时的情绪、心意层面的积极与建设性探究。因此在后来的研究中,民俗学更加关注了精神层面,让乡愁延续在当下生活文化中。

(二)促进新社区建设和地域振兴

正如柳田国男所指出的,(城市化进程最鼎盛时期的)都市人的最普遍类型是长期居住在城市却无法融入城市的一种,其缘由便是视自己身后的故乡为自己年少时光那般爱恋着的乡愁情结。③所以六七十年代的乡愁更多转换为对承载着乡土文化的乡土资料的搜集、记录和展示形态抒发出来。对应第二代或之后的城市人群,他们的故乡情结就发生了改变,这是因为母亲在为孩子演绎"故乡"的角色中发挥了积极的作用,从这个意义上说,乡愁是具有能动性的,乡愁情结与人们对所在地域的精神依恋、倾注的情感之间有无形的勾连关系。进一步说,新社区建设的成功与否,很大程度取决于民众对城市、社区归属意识的确立与否,不排除实体故乡的存在,而是做到以新社区为自己的心灵故乡,将彼乡愁转化为此乡愁。

仓石忠彦曾经指出:"当你失去故乡的时候(或是大坝的建设导致故乡被淹没,或是失去了土地,或是原有的村名不在,或是曾经的故乡今非昔比),人们会怎么做? 结论是重新建立故乡、迁移居住。"④这里传递出两个信息:一方面肯定民俗的创生性,另一方面就是发挥乡愁的能动性营造心灵故乡。"如果把我们的思绪感怀过多放在故乡一方,其结果是都市永远都只能是聚集了一群两边不靠的居民的场所而已。"⑤为了避免都市发展成为这样松散的空架子,为了应对大规模市町村合并政策导向下导致的故乡的变容

---

① [日]岩井宏实:《地方民俗博物馆存在的问题》,《日本民俗学》1976年第106期。

② [日]岩井宏实:《地方民俗博物馆存在的问题》,《日本民俗学》1976年第106期。

③ 参考[日]柳田国男:《都市与农村》,http://www011.upp.so—net.ne.jp/kaijinkimu/kuni09.html阅览日20140709。

④ [日]仓石忠彦:《都市生活者的故乡观》,《日本民俗学》1995年第206期。

⑤ [日]柳田国男:《明治大正史世相篇(上)》,讲谈社1976年,第168页。

或消亡,就要调整乡愁的能动性,减轻人们对出生地故乡的眷恋,帮助其转向新家园的建设。

围绕乡愁情结与新社区建设、地域振兴的相关性认知,社会已经形成共识。①在具体操作层面,日本多是通过节日或是推行"一村一品"②的活动实现。前者多集中在都市范围,发挥了促进社区居民融合的作用,后者多落脚于城市化带来的稀疏化乡村地域,发挥了重振家乡的作用。

汪涌豪说道:"当远离乡土,什么时候最容易触动中国人的乡土之思。东西方一些研究者已指出过,首先是节日,这个很好理解,如果西方人不能在圣诞节回家,伊斯兰兄弟不能在开斋节回家,我们的东方邻居日本人不能在盂兰盆节回家,都会引动人掀起浓浓的乡愁,写成热血的诗章。"③反之,我们可以理解,浓浓的乡愁使得人们更容易趋近节日,节日是强化地域纽带、营造更加浓厚的人际关系的有效手段。参与节日能够为民众寻找到心灵的依靠,消减城市民特有的不安情绪。笹原亮二从现代性和都市化的角度入手,以首都圈周边的一个新兴社区为对象,选取了该地80年代崭新生成的一个民俗艺能大会为个案,对其节庆④活动实态进行了长达十余年的调查。在分析演出盛况的原因时,作者指出:"不排除伴随文化设施的建立、会场位于地铁站前交通便利的优势、难得一见的来自远方的民俗表演、主办方宣传动员得力等理由,此外还有一个缘故——其举办地位于一个由众多来自本市以外的人口集聚构成、快速都市化的地域。对新社区没有依恋的新住民,被民俗表演呈现出的地气亦即乡土感受所吸引聚集,有这个原因的存在。对新住民来说,既可以轻松参与,又能够体味到适度的乡土情结,(社区民俗表演大会)成为他们认知、感受自己现在居住社区的有益契机。"⑤从一个侧

---

① "城市的改造和建设理应体现居民对家园的集体记忆以及对故乡的美好想象,社区营造就是朝此方向努力的结果。"见[日]西村幸夫:《再造魅力故乡——日本传统街区重生故事》,清华大学出版社2007年。"社区营造是居民们落实在行动上的对家园的记忆和憧憬。"见胡澎:《日本城市改造的启示》,《博览群书》2009年第7期。

② 即通俗说法的"造村运动"。其由山乡渔村开始,原本是为了振兴落后地区经济、改善人口稀疏现象,由民众自发、地方主导、政府扶持的行为,因为收到了良好的效果,后来逐渐推广到更多地区,包括乡镇、城市都形成了相同的理念,出现了"地域振兴""城镇振兴"的说法。

③ 汪涌豪:《中国文化中的乡土意识与情怀》,《文汇报》2010年4月18日第012版。

④ 日本节日一般含义上可以分为两大类:具有信仰要素、涉及神明的祭祀节日;无神明要素、以庆祝活动为特点的节庆节日。文中统一使用节日表述,在涉及都市区域时,也会选择使用节庆表述。

⑤ [日]笹原亮二:《民俗艺能大会的民俗志——都市化区域社会中民俗事象的存在实态》,《讲座日本的民俗学10 民俗研究的课题》,雄山阁2000年,第99页。

面较好阐释了乡愁能动性在促进新社区建设中的作用。

"一村一品"从增强自豪感入手,振兴了地域经济,凝聚起乡愁情结。"一村一品"的活动在20世纪七八十年代首先由大分县发起,原本经济衰退、人口稀疏的地方发展成为生活安定、环境优美、经济发达的地区,"一村一品"也成功推广到了日本更多偏僻、稀疏的町村,获得安顿城市化大后方的意外收效。神崎宣武以自己的家乡冈山县美星町的再造重生为个案,解读了"一村一品"。从中能够感受到实现民众"回归故乡"的条件不是尽力维持故乡原貌,而是通过有选择性的舒缓式发展来最大限度地增加故乡的魅力,其中村落文化人的出谋划策和政府的扶持政策是重要的两架马车。"造村运动"成功了,家乡自豪感随之油然而生,也就能酝酿出更多更持久的乡愁,缓解城市化进程下形成的村落稀疏化的社会问题。

两者共同之处是民众的自发意识为主体,政府参与和支持是辅助性存在,每一个共同体成员的主体能动性才是成功与否的关键。这是值得我们参考的经验。民俗文化承载了乡愁,通过更好地活用民俗文化,以此建设新社区、重振地域和故乡,民众自然而然也就记住了乡愁,每个城市、乡村也就拥有了能够感受到乡愁的未来。前提是这种活用要基于民俗承载者主体的意愿,而不是政府的一厢情愿。

(三)强化民族的自我认知

民俗学的目的其一就是挖掘深层文化、本质文化,民俗学具有的新国学性格也说明了其对民族性的重视。尤其正值现代化、城市化集中推进的社会变革时期,对故乡情怀的依恋在探究民族认知、自我认知、反思当下生活方式中发挥了作用。

乡愁情结转换为更好认知自我的动力。日本国家铁路公司于20世纪70年代在全国范围推行的"发现日本——美丽的日本和我"的宣传活动。尽管活动初衷更多是商业行为、旅游策划,但是客观上起到了挖掘传统文化和促进自我民族性认知的作用。活动主旨中写道:"在旅途中发现日本丰富的自然资源、美丽的历史和传统,体味人情,让他们与自身融为一体。"设计了"心灵故乡之寺院行""来自故乡自豪之情的邀请函""远方乡土的气息"等主题,不再是一般含义上的观光景点,而是以全国众多地方为体验认知的目的地。林真希在研究中归纳为:"目的地的特点表现为重视地方性、大自然、遍及全国各角落。其中很多地方的魅力在于能够链接上记忆中故乡的那种美妙。"①由此可以看出，以"发现日本"为口号的旅游策划，内含了对深层文化和精神故乡的探究，以此为共同因子将城市化与民众的自我认知巧妙地结合在一起。

乡愁情结在促进学者和民众关注并思索环境、生态问题中发挥了能动性作用。记忆中的故乡是自然环境优美、天然资源丰富的地方，人们在同自然打交道的过程中积累了技艺和智慧。正是因为进入了工业化、机械化和合理化思维时代，一方面记忆中的故乡在远去，一方面人们又努力在身边的生活中予以再现。人们心中对自然的乡愁，促进了对环境的关注，反之对自然环境的重新审视又填补了乡愁之苦，例如对里山（近山）价值和劳作方式的重新审视，对亲近自然的活动的提倡，以及以自然环境为主题的博览会的召开，对各种劳作方式中体现出的民众智慧与自然观的再评价，都是从自然、生态、环境层面对故乡空间的立体建构，乡愁的作用力改善了自然环境。我们自身也已经认识到："'乡愁'不是过去时，而是现在时和将来时，它更为重要的命题是，如何在激荡的时代浪潮中重建一个有活力、有希望的故乡"②，从另一个意义上说，成功的城镇化建设应该是"故乡、乡土"的重建。所以说浪漫愁绪的乡愁不仅仅停留于美学世界，更是在现实生活中悄无声息地发挥着积极的能动性。

四、乡愁对城市化建设的意义

乡愁对城市化建设具有良性调节作用。在综合分析日本的城市观、故乡观与乡愁情结之后可以发现，日本"城乡连续体"认知论奠定了日本民众"村落民的心意"故乡观。在应对城市化进程与乡土文化保护与发展关系中，乡愁情结、乡土意识构成了一条潜藏的、贯穿始终的主线，是城市化建设和谐发展的重要参照物和标尺，在促进保护政策出台、文化记忆传承、生态原貌维护、新社区建设中发挥了不可小觑的能动性作用。

乡愁对城市化建设的意义表现出阶段性特点。前期多基于保护和抢救的视点，如村落民俗志的写作，民俗资料的搜集、整理、记录，建立民俗博物馆、乡土资料馆的讨论，地方史志的集中编纂。中间阶段集中于对民族认识的探究，通过对传承事象变与不变的思考，深入摸索乡土文化传承与发展的规律性特点，借此明晰民族性内涵。后期更侧重发展和实践角度，关注民俗

---

① ［日］林真希：《围绕"发现日本"企划活动中观光视角与对象的研究》，《第22回日本观光研究协会全国大会学术论文集》2007年。

② 金磊：《城镇化时代"故乡"如何重塑？顺应自然系关键》，《瞭望》新闻周刊2014年4月8日。

的变容、新旧居民的融合、环境民俗、城乡民俗的连贯性、传统生产生活中的民众智慧等内容，并积极参与到地域振兴、一村一品、新社区建立等活动中。乡愁对城市化建设的作用力，在随之而来的逆城市化、再城市化阶段中也都是显而易见的。例如日本近年来提倡"都市与农村共生""有农生活"的新理念、"回故乡去生活"的口号，更有NPO民间团体提出口号："故乡生活缔造新日本——现在，请关注故乡生活这一充满怀念的新生活方式。"①乡愁蕴含了对故乡、乡土及其所代表的人文自然的归属感和亲近感，促进社会转型下的地域再生，帮助我们更好地理解"村落终结"。

现阶段对于乡愁，我们形成了如下讨论：如不能因为乡愁而不讲是非②。在此基础上，也已经感受到：乡愁的对象已不仅仅局限于真实的家乡，更是扩展到了心灵的绿洲。日本的城市化历程让我们进一步认知：乡愁不是回顾过去的，而是面向未来的，是具有行动力的正能量。发挥民俗学的学科优势，通过深度访谈，深入观察，深切参与，了解乡土文化传承和变迁过程，获取在复杂的城镇化进程中一般民众的内心感受，依靠民俗学的乡土情怀为城镇化发展战略与乡土文化的保护与协调发展提供助推力。

第三节　民俗文化资源化的体制机制

民俗学家青木隆盛在人文、自然景观的保护与开发研究中曾经指出："自然认知观是文化性的"，这与波平惠美子在疾病、死亡研究中所强调的"健康、疾病的认知是文化性的"观点异曲同工。曾经，这一说法的背后影射的是对极端开发主义思想的批判，而现在这一观点被从另一角度重新赋予了积极内涵，那就是人类介入开发的"自然"以及大规模的土木建筑工程，完全可以从人类的文化创造以及遗产角度赋予新的解读，而这也正是被众多行政部门、自然科学家称之为文化资源、观光资源的现象，这一社会风潮在日本有愈演愈烈的趋势。如同梯田、自然遗产及文化遗产的认定、水电大坝、稀有地形地貌、湖泊等，都在文化主义的滤镜下赋予了新的价值。而民俗学的参与会对这样的社会生态给出更具实践性的建议。

---

① 参考俞慰刚、秦建刚：《日本社会城市化的历史轨迹——以战后东京城市发展过程中的城乡社会互动为中心》，《华东理工大学学报（社会科学版）》2009年第1期。

② 魏策策：《评博士返乡日记：别因乡愁不讲是非》，《中国社会科学报》第711期，2015年3月9日。

一、背景导入

当今,地球环境的可持续发展受到热议,随之而来的是人们对资源的关注度不断提高。在此背景下,提到资源,多是指石油、森林等天然资源(自然资源),而很少把文化当作资源来把握。但是,文化资源的保存和管理绝不是新问题,许多大学已开设文化资源学、文化资源论、文化资源活用论、文化政策相关专业或研究方向,或设立相应学院、研究中心等,还成立了文化资源学会等学术组织。

2000年4月,日本东京大学申请开设了文化资源学研究专业,旨在推进文化资源学的基础研究与应用研究,培养21世纪活跃于国际文化领域的专业研究者和高级从业者。在东京大学设立该专业后不久,"文化资源"一词在学院派之中就得以普遍运用,例如熊本大学研究生院社会文化科学研究科开设了文化资源讲座,神户大学研究生院文化学研究科的合作讲座中也出现了文化资源论等。此外,与人类学渊源颇深的国立民族学博物馆也在2004年设立了文化资源研究中心,其宗旨为:"将从全世界收集到的,与人类文化有关的资料、情报、知识及经验视为可开发的资源,以促进其社会上的活用为目的。"①

21世纪前后,"资源化"一词在日本民俗学的表述中日益凸显。一方面在文化传承语境中,借助"遗产""文化遗产"等官方价值认证体系,乡村的传统、历史、技艺、景观等各种事象得以"资源化";另一方面在地域振兴体系下,伴随着国家或地区对乡土观念的重塑,文化的资源化与"故乡资源化"形成联动,其对地域社会带来的影响和作用也不尽相同。有的区域实现了文化传承与地域活性化的良性结合,有的区域陷入被建构的境地而导致原有地域文化沦为"客体的文化",又有在不同阶段乡村借助文化传承获得了长足发展而在后续阶段面临着权益保护的困扰。

在探讨"文化"这一资源时,需要注意的是,我们不能将以文化为主要研究对象的人类学、民俗学等学术体系与文化遗产等应用体系对立起来,而是要将它们联系起来,综合考虑。2007年3月,分别由岩本通弥、山下晋司担任主编的两本书《故乡资源化与民俗学》《资源人类学02 资源化的文化》同时出版。两本书的共同特点是对文化的资源化与调动利用进行的个案调查与学理思考,可以说是日本学界近些年来从资源论角度认识文化的最具代

---

① [日]佐藤健二:《文化资源学的构想与课题》,[日]山下晋司编:《资源化的文化》,弘文堂2007年,第41页。

表性学术成果。接下来将围绕以上两本书,展开资源化新路径下有关日本民俗学重构的探讨。

二、文化、民俗与文化的关系的基础认知

"文化"这一概念或许可以被视为学术概念中航空母舰级的存在,广袤而深刻。因此有的学者试图使用大篇幅从正面论述,如中村淳讲道:"1952年,Alfred L.Kroeber和Clyde Kluckhohn对'文化'的定义进行了批判性的探讨,当时在平装书中使用了超过400页的篇幅加以论述。"有的学者则避重就轻地从"文化"概念的周边入手,以包抄的形式接近核心,例如下文中提到的在文化人类学的课堂上,对文化进行的辅助性说明:"如'未开化的民族'和'作为文明人的我们'有着同等的文化;无论是'艺术家'还是'作为门外汉的我们'都能够平等地创造文化;'穿和服梳丁髻的往昔的日本人'和'生活已经彻底西洋化了的我们'都同样地传承着文化。"以这样的隔空的"文化"概念,培养形成对文化的"文化人类学式的思考"。

传承民俗文化,首先需要明确的是"民俗文化"对象本身,从构词角度考察该复合词可以被视为并列构词,即"民俗与文化",而实际应用中相较而言视其为修饰性、限定性构词的理解或许更加广泛。那么这一复合词的主干便是"文化","民俗"是文化中的一个分支或层面。通过对日本实证研究的考察,可以发现日本民俗学语境下更多强调了"民俗与文化"的关联性与由此及彼的衍变,提示了两者由和而不同到民俗主义下的偷换概念、意义迁移的衍变轨迹。相信这一角度的论述也会为理解我国"民俗文化"的概念提供启示,而不是仅仅将"民俗"与"文化"合二为一,对"民俗文化"的理解给予一种理所当然地接受与默认。

(一)文化与文明——不同时期下"文化"在日本地域社会的定位[①]

结合对日本文化政策的梳理,中村淳将近代以来的日本地方社会主要分为前后两个时期:第一个时期大致在1960年代前,表现为以"地方应变得更加有'文化'(文明)"为代表的观念引导;第二个时期大致在1980年代之后,表现为"地域社会必须妥善保护其'文化'"这一认知的确立以及一直延续至今的政策导向。对于这种不同,中村主要通过对其背后隐藏的国家指向性的合理与否进行了反思。

首先,作为第一时期的政策动向,中村列举了以下三个运动:从1900年

---

① 参见[日]中村淳:《以文化的名义——日本地域社会被强加的两个课题》,[日]岩本通弥编:《故乡资源化与民俗学》,吉川弘文馆2007年。

代末到1910年代推行的"地方改良运动";从1910年代末到20年代的"民力涵养运动";从1940年代末到五六十年代达到高潮并一直持续至今的"生活改善运动"。从字面意思我们也可以看出,这个时期的政策明显偏向生活方式和物质层面,突出了对西方生活方式、价值观、工业文明的学习。

第二时期文化与地域社会的定位,与前者对照则是发生了方向上的逆转。其中在两个时期中间是六七十年代的空白期间,日本的城市化进程与"文化的犁地"是引发转变的社会背景与导火索。第二时期涉及文化与地域社会的指导理念即为"地方的时代(去中央集权)""文化的时代(去经济大国)",在这样的理念推动下,"由物质充足向心灵充实转变"被确立为主流口号,"文化"衍变为"孕育丰富精神(而不是充足物质)的文化"的崭新的概念。由此我们可以推测"文化"的内涵越来越趋近"传统"与"传承"。

(二)词义的"历史层累"视域下的"文化"认知①

前面部分提到,对"民俗文化"这一概念不应仅仅是将"民俗"与"文化"合二为一,对"民俗文化"的理解给予理所当然的接受与默认,而是应该予以更基础的探讨与细致的刨根问底。这一想法正是受到了佐藤健二对于"文化资源"这一概念批判性接受的启示。佐藤认为,为了避免导致"文化资源"这一复合词流转为"概念黑洞",更好地强化其中可追根溯源、提供线索的乐趣和彰显其特异性的内涵,应该探寻这一概念的真正含义。又由于"文化"与"资源"两个词语在把控性、宽泛性上确实存在的特殊性,佐藤选择了借助词语本身发展的历史(词史),以词义的"历史层累"的研究视角考察"文化"与"资源"概念的历史性、社会性价值。

对于"资源"一词,佐藤从战时体制入手梳理了这一认识的萌芽、所指以及与资源密不可分的"调动利用"的内部机制。对于"文化"一词,作者同样紧密结合战争记忆对其"战后性"含义予以了诠释。可见,当词语的概念界定以含义变迁的方式体现时,会具有更多的灵活性与立体感,其中准确把握促使词义发生变迁的时代节点与历史事件显得尤为重要,这里佐藤选取了战争体制。省略其中的论述过程,从结论看,佐藤认为战后日本的"文化"概念具有了特殊的"战后性"含义:"(日本应当以'文化国家'为目标)这里指出的文化国家的'文化',是与过去对教育政策进行支配的'战争'这一国家要求相对抗的价值理念,它和'和平''福祉''道义'的实现是等值的。"②"资源"

---

① 参见[日]佐藤健二:《文化资源学的构想与课题》,[日]山下晋司编:《资源化的文化》,弘文堂2007年。

② [日]佐藤健二:《文化资源学的构想与课题》,[日]山下晋司编:《资源化的文化》,弘文堂2007年,第32页。

一词的广泛使用出现在第一次世界大战时期,在"总体战"思想的支配下以经济性为代表、政策法律组织以及人力劳力等都被视为"全面总动员"框架下的有效资源,予以储备并随时调动利用。即战时体制下"'资源'一词在与'国家''调动'有关的文脉中呈现出一种膨胀型特征"①。在之后的一段时间内"资源调查"名义下的很多调查实践、对殖民地等的调查,也被赋予了资源一词延伸出的培育、管理的含义,"也就是说,在向产业社会转型的过程中,'资源'这个词被具有战争意识的国家用在了'上层'的总动员之中。"②进入21世纪后,伴随着对资源一词新的定位,回归知识本源的资源认知逐渐确立形成,也就形成了作为学科体系的文化资源学,旨在搭建共同的资料资源平台,在此之上实现"对战略性原点的回归"。

(三)资源化视角下的民俗与文化的关系③

民俗是否等同于文化? 当民俗文化与国家文化、日本文化等同起来又会有什么不同?

针对前者,冈田浩树从民族性立场出发认为两者不同,被继承流传下来的"民俗"并不是一开始就被当成"文化"。"民俗"是指近代以前流传下来的风俗、惯习,是由外部研究者进行的民俗学的研究对象。而"文化"是被外部赋予的概念,是近代的产物。④对于从"民俗"向"文化"的转变,冈田结合其对岐阜县飞驒地区的调查个案,指出了以下两方面原因。一、是用外部"眼光"、运用文化逻辑进行讲述的知识分子和媒体记者的言说。二、是将民俗评价为"文化遗产",放置在日本文化的语境中予以评价的国家文化政策的导向。地方民俗向"文化"的转变过程,也是当地民众在言说自我时将外价值的"文化"建构完成的过程。在冈田看来,民俗存在于以日常性为基础、面对面的共同体地域社会中,但当在给地域"赋名"或由那里的居民"自称"时,地域就已经被完全消解在了日本这一全体社会中,民俗也就升级为了日本

---

① [日]佐藤健二:《文化资源学的构想与课题》,[日]山下晋司编:《资源化的文化》,弘文堂2007年,第34页。

② [日]佐藤健二:《文化资源学的构想与课题》,[日]山下晋司编:《资源化的文化》,弘文堂2007年,第38页。

③ 参见[日]冈田浩树:《从民俗到"文化"的转变——飞驒地区的作用呈现》,[日]岩本通弥编:《故乡资源化与民俗学》,吉川弘文馆2007年。

④ 民俗学视角产生于"发现"自己文化中的"他者"这一过程。民俗学式的思考是在近代这一特定的历史条件下,将中流或上流阶级所见到的他者视作"常民"或"民",从而建构起来。[日]岩竹美加子译:《民俗学的政治性》序言,未来社1996年,第29页。不过民俗的客体化与战前日本民俗学的成立密切相关。由于本书着重讨论的是从民俗向文化的转变,因此将不涉及民俗学式的思考以及民俗的客体化问题。

文化语境下的讲述,甚至开始与世界对接。

　　民俗文化化、文化资源化的过程容易让人们将民俗简单粗暴地整合为国家文化、日本文化。民俗向文化转变的过程,不只受到地域内部推动,更受到外部体系(政治、经济)的推动。例如自上而下的国家官方认定、权威评级排名。关于这点,中村淳围绕"文化商品化"的策略进行分析时,在涉及"售出文化"的代价部分总结了3条内容,第2条为:"原本属于地方内部的文化,在以下两个语境中被外部化,即(a)在国有化过程中作为国家/国民的所有物,(b)在观光化过程中作为游客的消费品。"①同样,岩本通弥在面对强制性推进的、表层的、景观性的美化农村政策中,也感受到了危机,这种政策代表的正是国家文化、日本文化立场下的意志与话语权建构。中西裕二通过确立"多元的民俗论,多元的日本论"观点,辩证地指出:"不假思索地确立'日本文化'与民俗文化之间的连续性,会导致民俗文化的独有性陷入危险的境地。不加批判地将民俗文化收纳进国家性的文化概念中,对此民俗学者应慎之又慎。始初我们在民俗调查的第一线,就完全不需要将各地的地域文化纳入日本国民国家框架下的文化概念之中,或者去确立完成某种本质主义。"②他以此表达了民俗文化不可能与地方史、日本(国民)文化、国史进行对接的观点。由于资源化视角下民俗文化不仅在所属主体、在性质层面也难免被简单地、更甚者以意识形态的方式被"国家文化"一言以蔽之,由此对于资源化视角下的民俗与文化的关系,初期更多是受到了来自民俗学内部的批评。

　　抛去价值判断、正确与否,进入21世纪后民俗与文化之间的纠葛与困扰以及两者之间相对关系的转变,其本质是"存在"与"调动利用"的不同,是"认知"层面发生的改变。

三、民俗文化资源化的体制机制

　　对于老龄稀疏化现象突出、或者是被认为"临界村落"的农村山村,政府层面会出台政治性发展建议或是现金给付制度,当地民众或自治体也会因地制宜地寻找出路,统称为地域活性化与地域振兴。最初的地域振兴是为了缓解偏僻的山乡渔村的人口稀疏化问题,后来逐渐演变为面向城市另一端的村落建设的举措。其本质是国家对于农村的保护策略,其路径有例如

---

①　[日]中村淳:《以文化的名义——日本地域社会被强加的两个课题》,[日]岩本通弥编:《故乡资源化与民俗学》,吉川弘文馆2007年,第21页。

②　[日]中西裕二:《多元的民俗论,多元的日本论》,[日]岩本通弥编:《故乡的资源化与民俗学》,吉川弘文馆2007年,第230页。

面向城市居民大力宣传村落作为"心灵故乡""传统文化源流"的定位;结合世界遗产名录、各种非物质文化遗产认定制度,以有效地活用民俗文化来保障农村的健全发展等。

(一)"故乡"路径——"民俗性"与政治性的在场

70年代以后的农村是被置于城市居民视线下的农村,是更多处在城市—农村两元体系下的农村,是更具故乡性、乡土性、民俗性的农村。20世纪80年代,日本在"地方的时代"口号带动下,推动"城镇振兴与村落振兴"事业开展得如火如荼。经过一段时间的实际运作与实践探索,以基础设施的完善、企业的引进、本地产业的培育为初衷的、经济视域下的城镇振兴与村落振兴,在形式上最终还是流为文化的观光资源化。90年代日本政府又推出了重视利用农村的自然与传统文化的绿色旅游政策与生态旅游,希望借此实现城市乡村的有效交流,保护农田,带动村落振兴。2001年日本政府正式推出"故乡文化重振事业",将民俗文化更多作为一种资源助推地域活性化的发展。在这一系列的过程中,山乡渔村一方面是作为地理距离与实体层面上的、城市对立面的存在,另一方面又被拉进到城市居民的情感与内心世界,成为精神层面最贴近的隐蔽的存在。21世纪以后的地域振兴,正是源自这种基于故乡情感与制度下的资源化过程。

岩本通弥对于"故乡热潮"有过十分尖锐的阐述,评价了现代日本文化政策的施行与变迁,分析了"故乡"如何被国家的政治资源借用:

> 全国各地正在推行的申报世界遗产活动、梯田文化景观保护运动、慢节奏生活、慢餐(产销同源)、昭和怀旧行为、时兴的各种五花八门疗愈活动,还有其他一些带有怀旧色彩的实践活动等等,同时甚嚣尘上。打开电视,看到的也多是"故乡之瑰宝""住在乡间吧"这样的电视节目,近年来其数量猛增,同样是基于国家大层面上的政策改变。①

菊地晓同样将"梯田热潮"与WTO(世界贸易组织)体制下日本农业政策的调整关联在一起予以阐述,他指出:

> 1999年7月16日,国家公布了《粮食、农业、农村基本法》,对此前基于《农业基本法》(1961年)的日本农业政策进行了改头换面的调整。

---

① [日]岩本通弥、山下晋司编:《民俗、文化的资源化:以21世纪日本为例》,郭海红译,山东大学出版社2018年,第4—5页。

同法第三条(多样性功能的发挥)规定:"对于国土保护、水源涵养、自然环境的保护、良好景观的形成、文化传承等,作为在农村通过农业生产活动而实现的食材及其他农产品供给功能之外的多样性功能,鉴于其对国民生活与国民经济发挥的稳定作用,将来必须加大力度予以合理推进。"农业政策跳出了产业政策的束缚,甚至被标榜为环境政策和文化政策。①

经历了城市化洗礼,对故乡性的认知也由实体存在沉淀为精神寄托,以及对"民俗性"的渴求。因而国家政策的出台很好地得到了民众的呼应,国家、地方、民众合力助推了故乡性的建构、乡愁情绪的蔓延。

(二)"资源化"路径——非遗机制与"文化性"感受

在政府政策引导与地方社会积极响应下,以山乡渔村为主要构成的特定故乡概念得到推广,而围绕故乡进一步的展开则依靠基于文化内涵的资源化视角。

某一存在被有目的地加以利用调动才始称为资源。"资源化"论点的重要性在于:"'资源'内涵着一种可能态,即,现在人们还未将之把握在手中,并且对此毫无自觉。正因如此,这一部分才显得尤为重要。"②我们可以理解为唤醒——对自我记忆的唤醒、他者视角的过滤、文化的外价值化等,或者是对被弗洛伊德称为自我意识含义下的,在社会意义上被忘怀、或被埋没的资源的基础性的发现。又或者与罗杰•基辛"知识性社会学"中主张的"各类文化都附带着历史性的情况,我们必须运用批判地经过推敲了的理论框架,来看待被嵌入了社会性、经济性及政治性的诸多结构③的文化现状"有异曲同工之妙。基辛认为,意义是以分层结构的形式不均匀地分散着的。我们也可以进一步将其理解为这一观点使文化的资源化成为可能。资源化过程也即为"意义的社会性嵌入"行为,共有性与公共性是其得以确立的前提。此时,来自文化的各种方式的建构成为了很好的工具。在这一过程中,既有作为日本文化、国家文化的民族性文化基础,又有分层结构或者地方性知识中特质性的部分。

---

① [日]岩本通弥、山下晋司编:《民俗、文化的资源化:以21世纪日本为例》,郭海红译,山东大学出版社2018年,第296页。

② [日]佐藤健二:《文化资源学的构想与课题》,山下晋司编:《资源化的文化》,弘文堂2007年,第47页。

③ 着重号为原文所标。Keesing, R. M. Anthropology as Interpretive Quest, *Current Anthropology* 28(2), 1987, p.166.

这样的资源化并不是最近21世纪以来的情形。20世纪60—70年代日本各地兴起的地方史志、民俗志编纂,80年代最具代表性的大分县一村一品活动,90年代"发现日本""日本新纪行""绿色旅游"等,都带有前资源化的性质。只是进入21世纪之后,更多借助非物质文化遗产体制下的民俗事象展开的地域振兴,引发了研究层面对"文化资源化"视角的关注。

这种文化资源化,从方向性上可大致分为两种:自上而下的国家施政、"官方认定",与自下而上的振兴会、传承文化保护会等。[①]前者例如文化厅于2001年颁布的"故乡文化重振事业"、当下最具含金量的"世界遗产"名录体系;后者例如白川乡对合掌造聚落的自发保护以及各地自发地对地域文化的保护。当然在资源化的过程中,不排除有双向的交错。资源化分析中,不可缺位的是资源化主体的存在,即将对象作为"资源"认识、赋予意义的主体,有的场合下使"稀缺"[②]意识显露出来的"构造"本身也是主体。或许非遗机制就是这样的构造之一。"故乡、民俗性"在城市化以后的日本也会是一种"稀缺",非遗机制下的结构将这种"稀缺"转换为"文化性"呈现出来,是一种资源化的实践。

在资源化路径下,民俗更多的作为文化得以传播、受到保护、被商品化销售、大张旗鼓地传承,在"文化性"与"稀缺"的暗示隐喻下,旅游观光也随之发展起来,文化传承与地域振兴的距离也被拉近。当然,随着不断的文化资源化或者故乡资源化实践活动的开展,社会与学者也已经认识到,资源被消费的同时也需要予以再生产和创生。或者我们也可以视之为资源化利用下的积极向量。

四、学理层面的探索性个案研究

(一)动态机制下的文化研究

森山工撰写的《"文化资源"使用法——殖民地马达加斯加"文化"的"资源化"》一文,围绕20世纪10—30年代期间法国对于殖民地马达加斯关于女王移葬问题的态度、运作方式,分析了当地的"惯习"如何得以"资源化",文化资源化的社会性构图以及如何理解文化的资源化主体与资源化战略问题。马达加斯加是位于印度洋西南海域、非洲大陆近海的一个岛国。在沦为殖民地之前,马达加斯加当时最大的政治势力为伊麦利那(Merina)人建立的王国。1896年马达加斯加被法国殖民,1897年伊麦利

---

① 此处为大致划分,并非有明确的分界线,也不排除两种结合的方式。

② "稀缺"并不是简单的量化,亦指渴求、不满足性、感受性的不足,甚至是记忆。

那王国被法国灭亡,伊麦利那王国的最后一位君主、女王拉娜瓦罗娜三世被流放并再也没有回到过马达加斯加,于1917年在阿尔及尔逝世,并被埋葬在当地。1938年10月,第二次世界大战期间,根据法国本部殖民地机构的指示,在马达加斯加殖民地行政政府的主持下,拉娜瓦罗娜三世的遗体由阿尔及尔的墓地中被挖出,并被运回马达加斯加。1938年10月30日当天,灵柩到达安塔那利佛火车站,首先被安置在火车站内的大厅。次日10月31日,灵柩被移至王宫领地内,在下午的正式典礼之前允许一般民众前来祭拜。移葬仪式于下午2点开始。在将遗体最终安置于王宫墓地之前,马达加斯加的法国统治者总督凯拉站在临时布置的灵柩旁,对聚集来参加典礼的人们进行了演讲,表明了对已故女王的移葬是法国政府对"让死者回归故土"这一马达加斯加"惯习"的接受。通过对这次以移葬为中心的"文化"的"资源化"考察,森山指出:在当时,当地一方面是民族主义势力要求对殖民地进行"同化"甚至"独立",另一方面是殖民地政府希望推行"协同"。在这样的背景下,法国以及殖民地政府对于请求移葬的一封请愿书,选择了一个社会相对稳定下来的时期,以当地各民族之间、殖民地与法国之间的"协同"为出发点,最终许可了对已故女王移葬的问题。同时特别强调了这是对马达加斯加人将遗体安葬于祖地这一自古以来当地惯习的尊重而非与伊麦利那之间的瓜葛。

可以看到贯穿全文一成不变的思考方式,是森山将"文化资源"作为一种以行为为指向的概念加以把握。在"资源化"这一动态契机下,重点对资源化的主体即谁对"文化资源"加以了"资源化"进行分析,并进一步条分缕析了"资源化"指向的对象、"文化"的所有者、"文化"主体间的转换,提出了围绕"谁"的四重发问机制:①谁,②将谁的"文化",③作为谁的"文化"(或者转化为谁的"文化"),④以谁为目标进行"资源化"。

在该研究实践中作者的重要指导思想便是使用"文化资源"这一用语,文化可以在某种意图之下被赋予资源的性质,可以予以觉知和有效利用,其中文化被赋予的"资源化"视角的最显著特征是其中的转换机制,即为动态机制下的文化研究。

(二)主体性参与与文化的客体化

堂下惠在《近山的资源化——以京都府美山町的观光实践为例》一文中,考察了"近山热潮"的大背景下,美山町出现的涉及多个组织、团体参与的远足旅游以及由此引发的利益主体间的竞争与面临的问题。大家经常提到的美山町的观光资源,主要指以下两个内容:①1993年被认定为重要传统建筑物群保存地区的"茅葺之乡——北村",②自1921年起与京都大学缔结了借款合同的芦生研究林。追溯远足旅游的原型,可以知道这原本是当地民众为了对抗堤坝开发建设、保护当地森林而开始的森林散步活动,后来又有了美山町立自然文化村这一综合观光机构以及与其有合作关系的专业旅游机构的加入。由此,不同主体间因为利益诉求不同,当地民众、专业旅游机构、研究林租赁方的京都大学等,对于近山环境的定位、远足旅游的看法也不尽相同,甚至相互间产生了误解、竞争、对立。作者在这一个案研究基础上指出:"观光中的自然资源,被不同主体出于各自不同的目的进行筛选、利用,因此可以将其看作文化资源。……经营文化资源的多个主体,在文化资源的生成与利用架构中,根据各自的目的采取相应的立场,从这个立场出发进行文化资源的利用,从而使自己在竞争中存活下来。然而,近山这一在观光中产生的文化资源对于当地居民而言是世世代代生活的场域,今后也依旧继续在近山生活下去,这点很重要。……在将近山资源化的过程中,应当把在近山生活的主体(当地居民)与其他主体区别对待,并给予他们特权。"强调了主体性参与的本质与意义。

冈田浩树在《从民俗到"文化"的转变——飞驒地区的作用呈现》一文中,选取了岐阜县飞驒地区的高山祭、"飞驒世界生活文化中心""飞驒高山祭礼之林"三个事例进行探讨,三者的共同之处在于对当地传统祭祀屋台进行展示。作者的目的在于揭示从民俗到文化的转变机制——对当地民众来说,原来的生活、民俗都被曝光在以外部"眼光"、运用文化逻辑进行讲述的知识分子和媒体记者的言说之下,并被放置在日本文化的语境中受到国家文化政策的牵制时,民俗被评价为"文化遗产",逐渐转变为"文化"。作者分析道:以观光为目的,将屋台在祭祀活动以外的时空进行存放展示或者建立仿造品的旅游公园,实质是将民俗作为一种"文化"看待,面对这种"文化",将自己作为一个客体进行自我反思。不仅建构外界予以对象化的"文化",同时还建构面向外界的、表达自我的"文化"。文化的客体化现象在三个事例中都普遍存在,正因为如此才引发了不同机构、邻近地域相互间的困惑与指责。可以看出作者的观点认为,民俗体现的是立足于极小规模的、日常性的、面对面的共同体,或者说以主体性参与为表现形式;而文化,更多隐喻了建构性逻辑和客体化的外壳,在更广阔的语境中被评价、被享有。民俗与文化无法简单地等同,在思考地域文化时,或许我们更应该回归其民俗差异的原点。

第四节　重构主义下的个体与整体——岩本通弥访谈录

2020年7月31日星期五，7月的最后一天，也是日本气象部门宣布关西地区梅雨季节结束的那天，同时还是东京都当日新冠肺炎感染人数升至463人、创历史新高的一天。早上9点，我如约通过Zoom方式开始了对日本民俗学者岩本通弥教授（以下省略尊称）的线上访谈，持续时间近2个小时。

与岩本教授的结识，最早源于我在博士论文写作中对都市民俗领域的关注，其中读到他有关传统城下町内被称为"鸢"的工匠①群体发挥的社会功能的论述。之后2018年，在未曾谋面的情况下我们合作、编译出版了《民俗、文化的资源化：以21世纪日本为例》的译著。而第一次与岩本教授面对面交谈，是在2019年11月2日，我赴京都国际日本文化研究中心（以下简称日文研）访学期间，在大阪府吹田市国立民族学博物馆，受岩本教授之邀一同参加合作研究会。之后，原定于2020年3月赴东京访谈的计划，由于日本新冠肺炎疫情的加剧与反复，最终调整为7月以线上方式实施。访谈内容主要分为日常（生活）研究的学术谱系、民俗与政治、民俗与社会三个部分展开。

日常（生活）研究的学术谱系

郭海红（以下简称郭）　首先，感谢您接受我的访谈，谢谢您给予的大力支持。下面请允许我直接进入提问内容。众所周知，您最近主要的研究课题为"日常与文化"，与此同时还举办有各种学术研讨会，出版了名为《日常生活与文化》会刊，接下来还计划推出以日常（生活）为主题的民俗学教材。请问您开始关注"日常"的契机是什么？

岩本通弥（以下简称岩本）　说到契机的话，回头看看，可以归纳为三点。

我一直以来关注的都是亲子自杀问题，可以说并不是以民俗为研究对象。至今，我的主要研究课题仍然是以亲子为中心的家族内杀人事件。1995年我来到东京大学之后，由于指导学生学习与论文写作的原因，课堂上不得不避开某些特殊性话题，而更多涉及一些普遍性话题。所以当下我在这一方面的研究有所停滞，退休之后我想可以更加专注之前的研究。

亲子自杀事件属于非日常态下的领域，但又确实是生活实践中积累形

---

①　[日]岩本通弥：《"鸢"的社会史——城下町古河地区的社会与民俗》，《日本民俗学》1981年第134期。

成的日常价值规范的突出、极端化显现，这与日本社会结构中作为日常生活准则的"不给别人添麻烦"的社会规范关系密切。大正末年的20世纪20年代之后，亲子自杀事件急剧增加，与这种规范的强化不无关系。我对于那个时代由内务省推动的民力涵养运动以及文部省的生活改善运动进行了细致的调查，也是为了探究"避免麻烦别人"之规范是如何建构起来的，可以看作是对家庭内杀人这一关注点的延续。

但是，我的这种研究取向，在民俗学内部实际上并未得到认可，他们认为岩本的研究没有以"民俗"为对象，处在民俗学的学科研究边缘，也以此很难获得评价，而我自己内心对此也部分认同。

我对于亲子自杀的研究，在《日本民俗学》的研究动向专刊号中一次也没有被提及过，在《比较家族史研究》期刊的文献目录中即便有所提及，到了民俗学部分的文献一览中便又不见了踪影。我个人是把它作为家族研究一部分的，但是那时候既没有人引用，也没有人关注，说实话年轻时候的我很受伤，甚至怀疑自己的想法是不是从根本上就错了。就在有这种想法甚至要放弃的时候，东京大学的文化人类学研究给予了我肯定的认可，认为我的研究内容非常有趣。

从国立历史民俗博物馆转到东海大学，那四年时间我都在集中进行亲子自杀的日韩比较研究。就在那时候和学生的讨论课上，我读到了柳田国男在《民间传承论》中对"殊俗"一词的使用。这既不是借用字也不是印刷错误，而是菅原道真在《类聚国史》中用于表达"化外之民、异民族"的语词。这样一来，我对于"民俗"的指代内涵又有了新的解读，有关民俗学的认知也随之发生了改变。

1997年在日本民俗学会年会上，我以"以'民俗'为研究对象即为民俗学吗？"为题进行了论文发表，1998年该口头发表以论文形式得以刊登。这是我第一次从正面表达我的质疑，也就是说一直以来民俗学只是基于学科所认定的"民俗"为考察对象，从来只对那些祭祀节日、日本文化或日本人特性的内容作为研究主流。而我要确立的民俗学的目标、模式，一如柳田国男在《明治大正史世相篇》中的示范，他从衣、食、住入手，囊括了对生活环境及风光变化的微观、家乡与他乡、新交通与文化搬运者、酒、恋爱技术、家、生产与商业、劳力的分配、贫穷与疾病、对同伴的羡慕之心、超越团体的能力、生活改善的目标等，网罗的完全是对"日常"的论述。

在上面那篇论文中，我所表达的就是我对民俗学重建的观点。20世纪90年代之前，说到"民俗"就是关注那些祭祀节日，而对于这样的民俗学的固化思维我表示反对。我主张回归柳田民俗学中他主张的、正面直视事象之外化的现象,对于"知晓""熟悉""理所当然"下的深层的真理予以洞察的立足点。尽管柳田对于"被视为知晓、熟悉、理所当然"的"理所当然性"表达了疑惑以及研究的必要性,但由于把握起来有一定难度,或许在这里他也有些止步不前。当然,柳田也提到过"历史中的平凡"的说法①,以及其他有关日常的论述,对此目前我尚未有充分把握。

在对"理所当然性"的理解延长线上,我推出了"日常"表述,这与2007年我第一次到访德国、受到他们的民俗学影响有关。在德国,他们不只使用民俗学表述,还频繁使用Alltag(日常),例如慕尼黑的博物馆举行的"古代埃及日常(Alltag)特设展"。在《面向大学生的民俗学》②的教科书中,有下面一段定义:

民俗学是研究多样构成的民众集团之日常生活的学问,它所关注的是过去与现在的文化的表象。民俗学探究的是众多的民众所视为理所当然的存在,为何成为了理所当然?换句话说,我们一起共同生活的空间、体验的空间,当下是如何确立的?或者之前是如何建构而来的?③

2010年阿尔弗雷德·雷曼(Alfred Lehmann)受邀到访日本,他在汉堡大学主持着"日常讲述的档案化"项目。2011年我去汉堡进行了半年的访问考察,在此期间围绕理所当然与日常的关系,确立了更深刻的思考。简而言之,以日常化这种包含变化在内的观点看待的话,它的内涵就是"成为理所当然",将变化的过程纳入进来,难以对象化的理所当然与日常就得以呈现出来。曾经奇异的存在成为理所当然,或者原有的理所当然不再理所当然,尤其是后者,因为相对容易把握,在原有的民俗学研究中也多有涉及。例如柳田提出的方言周圈论,通过关注相同事象的细微地域差,把以为是理所当然的却并非理所当然这一事实的一个侧面呈现到民众眼前。柳田在著作中称自己的研究为自我省察的学问,通过向读者提示微妙的差异,触发民众对自己的理所当然产生认识上的变化,这也是我对柳田做出的另一种解读。

在这样的解读之下,柳田的文章就都演变成了对于"日常"的论述。上面说到"历史中的平凡",平凡的含义便呈现出两个向度。其一,在原有的历史学所朝向的、追踪大事件的语境下,那些被排除在历史以外的私人的、细碎的事情。其二,平凡即为日常,包含成为理所当然的过程在内的动态化描述。柳田在1929年《入赘考》④中就曾经指出原有的历史学研究中"历史"的

① [日]柳田国男:《平凡与非凡》,《定本柳田国男集》第24卷,筑摩书房1938年。

② Helge Gerndt, *Studienskript Volkskunde Waxmann*, 1997.

③ Helge Gerndt, *Studienskript Volkskunde Waxmann*, 1997, P25.

④ [日]柳田国男:《入赘考》,《柳田国男全集》第12卷,筑摩书房1929年。

不在场,从而致力于崭新的、个人的史学构想,我认为这或许就是日本的、柳田的、民俗学的特征。

郭　可以看到,您对于日常的理解与以日常为关键词的研究来自多方要素的交叉影响。能否再往前追溯一下,谈谈您开始研究亲子自杀的契机?

岩本　我是1974年考入大学的,当时有两个事件对我影响较大。一个是1973年当时频繁发生的储物柜弃婴事件,另一个就是在东京召开的国际心理学会年会。会上有学者发言指出,日本监狱收押的女性犯人与其他国家相比,数量明显多出很多。究其原因是日本的亲子自杀未遂者占据了很大比例。因而报纸、媒体的报道从1973年开始出现了较大的转变,1974年我考上大学的那年,朝日报社以"母性丧失的时代"为题,进行了集中的连续性报道,有关家族、家庭的形态发生了巨变,其中一个原因与报纸的报道与媒体的报道不无关联。此外,当时我选了一门中文课,教授中文课的中国老师大概也是读了报道以后,问我为什么日本人会选择亲子自杀?得知中国人没有这种做法,我对亲子自杀更加在意。后来了解到柳田国男注意到大正末期亲子自杀开始增多起来,于是把它作为了民俗学的研究课题之一,由此我也开始对其产生了浓厚兴趣。一直到高中时代,我都喜欢看志贺直哉写的小说,尤其是他关于家族、父子关系的描述对我触动很大。那是关于明治、大正时代的父权结构问题,描写了个人成长之后,对于强势父权的反抗和情绪上的焦躁不安。原本我对于家族关系就比较感兴趣,进入大学以后,正逢这个话题被媒体频繁炒作,我对于中文老师提出的疑问也没能很好地回答,后来在民俗学课上得知柳田国男对此的讨论,以及原本通过志贺直哉读到的相关内容,这三个要素共同作用,引发了我对家族问题更深入的关注。

郭　在选择亲子自杀事件研究以及后续过程中,您也遇到了许多困惑与波折吧?这对于您的整体性民俗学研究产生了怎样的影响?

岩本　原本我在筑波大学毕业之际,是想以亲子自杀为题写作毕业论文的,但导师认为这是个有难度的课题,对我来说为时尚早,而且我是个城里孩子,所以建议我先去农村做田野,于是我在新潟县的一个山村吃住了2个月时间,围绕亲属关系进行了论文写作。硕士论文是以亲子自杀为中心完成的。千叶德尔,也就是我的指导导师与宫田登都认可内容有趣,同意我的想法。在筑波大的时候,大家都认可那是民俗学研究,完全没有问题。毕业后就职,最初在佐仓的日本国立历史民俗博物馆担任助手的工作,毕竟步入职场,老师们说我应该在日本民俗学会的场合下发表论文。第一次参会发表论文,一位国学院的老师最先向我提问,大致内容是对我的发表是否是民俗学的研究提出质疑。在历史民俗博物馆期间，福田先生也认为我所从事的研究主题非民俗学内容，是民俗的应用，是游离于民俗学之外的边缘性质的研究，而提到民俗学的研究，指的则是两墓制、婚姻制度等这样的内容。福田先生是我尊敬的学者之一，所以我自己也怀疑自己所从事的研究主题处于边缘位置，好像很难说成是民俗学，那时一直都有这样的担忧。

后来30岁左右，我转到了东海大学，期间我发现了"殊俗"这一词语的表达，它使得我开始质疑之前的想法，而产生了重新思考民俗学界定的想法。"殊俗"即为"化外之民"，指的是教化作用波及不到的异民族领域，日本领土以外例如百济、新罗、高句丽等朝鲜半岛相关之地，对这些日本之外的异民族以"殊俗"命名予以论述。通过研究我得知这是自古以来流传下来的表述。区别于"殊俗"，《类聚国史》中另有"风俗"的语词，指的是区别于和歌山吉野地区居住的、大和民族以外的日本其他民族，例如当时被称为"虾夷"的阿依努民族，古之萨摩、现之九州鹿儿岛地区生活着的"隼人"人群，即居住在日本国内的异民族称之为"风俗"。在《类聚国史》中，以风俗讨论"化"、以殊俗讨论"化外之民"。菅原道真在其担任大臣期间，主持编制了《类聚国史》的史书，类似《日本书纪》《古事记》《续日本记》等，作为一国之史为中央政府的勅撰史书，形式上以部成书近似百科词典。以与虾夷的关系为例，何时发生了何事？对于历史书中提到的相关内容都会在《类聚国史》中予以汇总，其中涉及与中国、韩国等外国的关系部分时，将之划归为"化外之民"门类，并以"殊俗"称之。"殊俗"的表述在柳田国男的文章中也有提及，即将外国的民族志标识为殊俗史。最初，我以为殊俗或许是某一部族的前朝移民的含义，仔细查阅资料以后，学习到这是一个历史词汇。这样看来，所谓民俗，指的是日本国内的普通的"大和民族"、民众的内涵，风俗则是日本国内区别于大和民族的异民族，而国外的异民族则以殊俗称之。我猜测这或许是中央概念在日本的借用，大和文化波及不到的即为"化外之民"。这样一来，对于民俗的认知也与之前有了天翻地覆的转变，于是我写作完成了《以"民俗"为研究对象即为民俗学吗？》的论文。因为研究的是民俗，所以就是民俗学，这样的观念处于支配地位，那么亲子自杀就不能算作民俗学，对于如此这般的逻辑我表示逆反。

20世纪70年代之前，在绝大多数研究者的认知中，民俗学研究的就是婚丧嫁娶、时令节庆、通过仪礼等所谓的庆典感、仪式感强的内容，只有这些特色感强的研究，才能帮助理解民俗学，这也就是日本所理解的基层文化。对此，我抛出了我的观点，柳田国男在《民间传承论》中提到的"理所当然"难道不才是民俗学的本质吗？宫田登在《都市民俗论的课题》中也主张使用视频、聚焦日常。而对于基层文化，柳田国男从未有过，只言片语的提及。反而是大塚民俗学会时代，东京教育大学的和歌森太郎以及樱井德太郎等人在20世纪60—70年代从德国译介而来，即与表层文化相对的是基层文化，这一语词在20世纪60年代被日本普遍接受。表层文化指的是都市的各种流行等，民俗学研究的便是留存在农村的基层文化，是这样的一种逻辑。这在柳田国男去世以后成为一种主导性观点。回归柳田国男的《明治大正史世相篇》、方言周圈论的比较研究，所采用的都是围绕文化从都市向外传播的视角，也就是说都市是在柳田的视线之内的。但在柳田之后，20世纪60—80年代原东京教育大学、现筑波大学培养出来的研究者，研究农村的基层文化才是民俗学，成为了他们的统一口径，他们的反刍本末倒置了争论的本来面目。70年代我开始入读大学，所谓基层文化就是研究农村的，农村才留存着基层文化，表层文化是易变不稳定的，如此这般的观点占据了主导，我产生出强烈的逆反。对此宫田登等人也开始表达反对的意见，认为那样的认知存在着很大的瓶颈，同时提倡城市民俗学。

郭　现在这种状况是否有所改变？民俗学是否确立了崭新的认知？

岩本　我在继续亲子自杀研究的同时，开始从根本上审视民俗学本体，包括我后来对于都市民俗学、现代民俗学的涉及。我说自己不是主流，可能许多人听了会有怨气。担任着日本民俗学会的会长，同时做着东京大学的教授，这样评价自己是否有些问题。

我一直坚持站在竞技场的边缘为民俗学摇旗呐喊，同时我也相信像我这样的研究，总有一天会融入到民俗学之中，而这一变化在现代民俗学会的机构体系中得到体现。现代民俗学会成立于2008年，从某种意义上说，它被视为大塚学会的接任人，截至2020年3月，学会期刊《现代民俗学研究》已发行至第12期，其中刊登的论文超越了以往的民俗学框架。正是因为有了现代民俗学会，才听到了批判日本民俗学陈旧的声音，民俗学研究才得以多元化发展。2011年我曾经在《日本民俗学》的研究动向专刊中论述了这样的进步，我认为现代民俗学会的研究极大超越了我的想象，在向前不断发展。日本民俗学会原来有会员2000人左右，现在降到1600人左右。相比而言，现代民俗学会成立之初有会员120人，现在已经达到200人，相当于日本民俗学会人员一成以上的比例，他们对于以现代为对象的民俗学抱有强烈的关注。

东京大学也承办过日本民俗学会年会，有关"学院民俗学与在野之学"的主题，希望引入新的气象，也进行了新的研究框架的探索。当然日本民俗学会中也有部分会员反对这样的想法，对现代民俗学会有抵触心理，执着于原有的民俗学研究方式。现代民俗学会以筑波大的人员构成为主,例如筑波大的教授古家新平、筑波大的副教授后来转到武藏野大学的已故学者宫本袈裟夫等,如此看来也可以说成是筑波大空降成立的学会,在此基础上他们推出了上述的学会期刊。此外还有部分来自东京大学的组成会员,他们对于在野的学问的学科框架有不同见解,也促成了他们的加入。筑波大之外的会员同样占据了半壁江山,总之是对现代性关注的人加入的学会。该学会以筑波大出身的人居多但又不限于此。2020年7月我当选为现代民俗学会会长一职,当然我也是毕业于筑波大,秘书处当下也设在筑波大,不过现在新的一期秘书处成员也在探索新的学会形态。

郭　从那时开始到现在,您的研究不断拓展,涉及广泛的领域,诸如亲子自杀、城市民俗学、民俗主义、学理思考、文化资源化、政治与民俗、日常与文化等,那么在这些研究中,您是否有共通的学术性考量或一以贯之的指导性标准?如果有,那是什么?

岩本　我的大部分研究都围绕着亲子自杀,以此为中心展开,这也是我研究的主要的一贯性,我的研究的绝大多数领域都是对该主题的周边部分的补充和穿插。上面我也曾提到,例如对商家的研究,我是把它与家族的封闭化、非亲属如何被家族构成排斥在外的过程相结合予以理解,所以属于与亲子自杀联动的写作活动。与亲子自杀不相关联的部分,例如民俗主义、文化资源化的问题,说到底是对社会上出现的、以界定与借助"民俗"开展资源化的运动行为的一种牵制。因为那样一来,自柳田以来确立发展的民俗学其学科定位难免不会发生变质,为此我发出批判的声音。

郭　请允许我再回到有关日常的提问。请问,日常与考现学、世相篇的研究方法、研究视角存在何种交叉?顺便一提,昨天7月30日晚上,南方科技大学王晓葵教授举办了网上系列学术沙龙,由中山大学刘晓春教授发表了题为"探究日常生活的'民俗性'——后传承时代民俗学'日常转向'的一种路径"的学术报告。自由提问环节,北京大学高丙中教授又进一步提出了相关的两个追问,即"日常生活中'民俗性'的发现"与"民俗研究中'日常生活性'的发现"的两种不同说法,以及他们之间是否存在区别与相同点的思考?其本人也尝试对二者的逻辑进行了阐释。

岩本　我认为日常生活性就等同于理所当然性[①]。我所理解的日常,在

---

① 有关理所当然性,高丙中也有撰文论述:"我第四要谈的是理所当然性。日常生活的理所当然性,或者说当然性(把"理所"放在括号里),taken—for—grantedness,是指日常生活作为既成事实被认可、接受。"具体请参照高丙中《日常生活的未来民俗学论纲》,《日常生活与文化》研究会编:《日常生活与文化》2017年第4期。

先于日常之前的概念便是柳田试图通过民俗学进行把握的"理所当然"这一概念。我将之替换、发展为日常一词。我于2014年开始了"日常与文化"①的研究课题，《日常生活和文化》的会刊在2019年已经推出了第7期。刚才你所提到的前者说法中民俗性的问题，我认为所指就是民俗学的研究特质，一路走来对理所当然性的思索便是民俗学。但是认识到理所当然是件很困难的事，所以我才会讨论与韩国的亲子自杀的不同，或许希望借助与他国的比较研究以消解日本的理所当然性。认识到理所当然具有一定的难度，因而研究也就推进得十分缓慢。所以我在去德国的时候，发现在德国无论什么都是使用日常展开讨论，例如黑尔格·根特(Helge Gerndt)的日常讨论与研究。

前者的说法指涉日常生活中针对民众的节日对立面的日常态，后者没有特别强调日常态，应该是指向理所当然性，所以是区别于"日常态-非日常态"体系而以理所当然性为要点。"民俗研究中'日常生活性'的发现"，我的理解就是理所当然性，在讨论的时候我认为可以再把视野放宽一些，扩大到前者"日常生活中'民俗性'的发现"。

我与中国、韩国学者一起开展合作研究。今和次郎的生活生态学的研究在日本的建筑学界和韩国都得到了长足的发展，被称为"生活用品"的研究，即对于房间里的所有用品都进行记录，把一户人家的家当调查得一清二楚，这样的研究内容，每年都会由国立历史民俗博物馆编辑推出两期学术期刊。2002年大阪的国立民族学博物馆展出了"李先生一家"特别展，完整记录了公寓中的所有物件，对李先生一家的生活样式进行了360度无死角呈现。之后生活样貌的研究作为日常研究(在韩国)确立起来。

说到我现在的课题研究中日本的日常研究的特色，那就是与瞬间性、特定场域下的表演的研究形成鲜明对比的、长时段下宛如明治大正史世相篇中的研究。恐怕这种研究在韩国、中国都没有。明治、大正长达60年的生活样貌，发生了怎样的变化，都在该书中有记录。我视其为日常研究，我现在的科研团队中就成立了一个课题小组，重拾《明治大正史世相篇》开展细读，当然是云端隔空的形式。韩国有韩国的生活家当研究，中国有中国的日常研究，日本的研究亮点是什么？我觉得世相篇可以是一个范本？原本应该是写一部《平成昭和史世相篇》，经过充分考虑之后认为在此之前还是有

① 岩本通弥有关日常概念的研究前后获批过日本文部科学省的两个课题，分别是①2014—2017，"东亚'作为日常学的民俗学'的建构——日中韩与德国的研究协同网的确立"，②2018—2020，"'作为日常学的民俗学'的创发性研究——世相史的日常、日常实践、生活遗产生态学的国际协同"。

必要细读《明治大正史世相篇》。实际上,社会学的人也在关注《明治大正史世相篇》,还有历史学者、建筑学者在内。包括中国台湾学者在内,我们一共6个人,已经开展了一年半的工作,来给《明治大正史世相篇》添加注解。在这过程中,我自己也有深刻感受,那就是原以为自己已经读过的内容,但是在别人读来却另有不同感受。柳田国男思考的是什么?是如何展开论述的?现在我们正在对第一章的汇总进行复核,不久我们每个人的《明治大正史世相篇》论便会问世。如果对日本的日常研究进行界定的话,我认为《明治大正史世相篇》便是这一研究的参考范本。

郭 十分期待《明治大正史世相篇》崭新的注解本的完成。对于日常研究的日本模式,我已经有了形象的理解。中国的研究中也指出日常、理所当然性难以对象化、相对化的问题。听了您上述的阐释,我想是否可以这样理解?即对于自己来说的理所当然,通过与中国、韩国等的比较,得以相对化和明晰,比较是一个有效的切入方式。相较于世相篇的时间纵轴,也可以对眼前的生活以表演的感觉予以把握。今和次郎更多是对于物质性的把握,您更多偏重感受、生活态度等侧面。

岩本 研读柳田国男的书会发现,不同地方的人同样去读,会读出不同于其他地方的差异,书中内容涉及了微妙的差异和地方差异,所以说柳田国男的书预设了理解理所当然性的伏笔。对于当地民众来说,因为太过理所当然,有时难以留意到,但借助书中时常涉及到的其他地方的汇总,如同方言周圈论那种集约型的内容陈述,就会引发对各自理所当然的顿悟。所以在你的理解之上,再加上空间微妙的差异,也是对理所当然性的一种点拨。把日常的外延不断扩展出去,会形成各种多样的研究视角。只是,中国社会科学院的户晓辉认为,德国的日常研究过于偏重日常生活,存在某些问题。这种讨论也可以在日常与文化的框架中展开,因此我认为可以有各种研究视角。

郭 空间、时间维度上的比较,促进了理所当然性更易被觉察。顺带说一下我的感受,您对中国学者的认知度还是相当高的。

岩本 大概是吧。持续7年的合作研究,让我的熟人也多了起来。说到底还是最初受到的影响比较大,这很重要。

民俗与政治

郭 接下来我们过渡到"民俗与政治"的部分。之前,您对21世纪以来以故乡重振为标签的、或者称之为文化运动或社会运动进行了相关论述。其中,有较大篇幅涉及国家推出的大政方针、中央省厅制定的关联制度等内容,您如何理解民俗与政治的关系?

岩本 说到故乡重振事业,我的立场十分明确,就是一种批判的态度。故乡重振只是表象,其本质就是以美化地方(故乡)的方式招揽游客,是一种短视的民俗主义的外化和政策导向。之前我也参与过轻井泽、野泽温泉、佐渡、伊豆下田等地的调查,细细想来,尽管每一处都是观光地,但是从他们那里获得的对于观光的看法,却也都是反对将观光置于故乡重振事业的语境之下。①

观光最为本质的特点是"流动性",即在不同条件下容易发生变化的难以预料性,在上面提到的那些观光地我也学习到了观光被迫接受的盛衰波动。对于不具备观光要素的农村地区,以对"基层文化"的挖掘进而予以操作,想要实现可持续性的地域建设,纯属浮萍无果明月无根。作为观光地,一定是要有观光属性、具有集客体系与服务,以及相伴相生的知识储备才行,而对于缺乏如此文化资本的农村地区,想要持续性地招揽住游客,很明显具有难度,让人不得不感叹这种处境下某一主体所给出的招牌也只有这个"民俗"的资源化。对此我只能表示,金钱的投资只会让当地愈加贫困,事实便是从临界村落到消亡村落的恶化。

不否认有些村落成功实现了绿色旅游,但对大部分村落来说,这还是一个失败的政策。我便是本着不能轻易听信花言巧语而是进行批判的一种态度,结果近20年时间过去了,通过观光化成功的村落我几乎没有听说过。作为世界遗产的白川乡与韩国的安东河回村情况不同,他们背后有国家的强大支持,而其他地方就没有这种待遇了。

为了不引起误解,我需要补充一句。例如后新冠肺炎疫情时代,如果转型为地方分散型社会或者其他形式的故乡地方重建,我也会赞同,而并非是对所有的故乡重振事业不加区分地一律反对。

对于故乡与民俗的关系,我实际上是分为两个阶段看待的。当非物质文化遗产还归属民俗学可控的范围内时,我是有表达我的观点的,但在2013年日本和食入选了世界非物质文化遗产以后,我就不太表达我的观点了。对于国内的《文化遗产保护法》下规定的文化遗产问题,本着希望两者关系融洽发展的初衷,我也有过论述,但现状还是与民俗学渐行渐远。但是我认为,2016年德国以协同组合参加的世界非遗的申请与入选,其中体现出来的

---

① 观光事业与故乡重振,两者靶向的不同,牵涉的是不同的用力主体与用力方式。观光的发展带来的对故乡振兴的影响与以故乡重振为目的的观光事业的推动,分别处于不同的逻辑体系之下。这里想要强调的是观光地主体反对在故乡重振的语境下讨论自身的发展。

民俗学与政治之间采取的距离感,有许多可供借鉴之处。那就是学术的严谨转换为对于政治的可控性。回过头来看东亚,民俗学却是处于政治的操控之下。我现在的心境如同2014年岳永逸写作的《忧郁的民俗学》一般。

郭 这样说来,我还记得您写过一篇论文,题目便是《"文化立国"论的忧郁——基于民俗学的视角》①,"忧郁"二字的重叠也算圆了您这个心境。刚才您提到,政治与民俗学本位下的非遗申报之间作用力改变的问题,您认为从民俗学本位出发,如何看待文化遗产的定位呢?

岩本 我主要反对的是把文化遗产用于旅游开发,我认为这样做有些问题。原本旅游就包含许多不可预料性,在此之上再引入民俗,怎么想这都是不现实的。借助世界教科文组织的非遗政策支持,以发展、壮大民俗学,这当然不是没有可能。试想10年以后教科文的非遗热难道不会降温吗?如此一来,众多的民俗学者他们要何去何从?这是不小的问题。在我组织的"日常与文化"研究会上,我也会和中国、韩国的学者进行交流,大家也都一致认为,日中韩的世界非遗项目很大程度上受到政府的左右,和旅游等其他内容挂钩,原本应该是由民俗学科主导、对教科文的相关政策进行审议,然后引入正轨的路径,但现在完全反过来了。以亚洲为例,完全是政府主导,推动事情的进展,如此一来10年、20年后民俗学有可能就岌岌可危,我对此感到担心。日中韩在2006年世界《保护非物质文化遗产公约》启动之后立即加入其中,而德国民俗学,由于经历了祭祀节日等战前被纳粹利用的经验教训,他们在2016年即花费了10年时间,为避免重蹈覆辙,经过充分讨论,之后才以工会即类似生活协同组合的名义申报了非物质文化遗产。经历了意外的事件,他们认识到首先要在民俗学内部经过充分讨论,来引领政治,这才是正确的做法。经历了5年、10年,对非遗进行反思也是必然的,再过5年、10年,那些参与非遗的众多民俗学者会发生更大的变化,他们应该何去何从?当然中国有自己特殊的情况。我们首先要考虑民俗学的职责,不要被政治左右,而是要借助政治,这就是我的基本看法。

在此之前,日本《文化遗产保护法》中也有涉及民俗学相关的部分,例如民俗文化遗产、民俗资料等,在很大程度上反映了民俗学学科应有的水准。其他如遗迹、天然纪念物等方面也会有地理学、地质学等学科从学术角度为政治提供指导,但是这种学科的指导体系被大幅度瓦解,有时我们会真切地感受到民俗学的无能为力。现在,社会上与民俗学无关的内容更是占据了大头,非遗、和食,甚至插花、茶道、书法,更多转变为这种旨趣下的遗产申

---

① 参照《神奈川大学评论 特辑:日本与日本文化》,神奈川大学2002年。

报,对此我认为这已经远离了民俗学的射程,超出了民俗学的讨论范围,这便是我当下真实的想法,完全不得要领,只有选择放弃。

郭 对于民俗与政治的关系问题上,柳田国男自身的研究是否也存在某种明显的倾向性?尽管他没有涉及基层文化的概念,但对于国民性、民族性的问题也时常有所论及。

岩本 20世纪40—50年代柳田曾经就"何谓日本人?"展开过讨论,但在之前30年代的论文中,针对当时许多人都讨论的国民性、传统等内容,柳田国男明确地不置可否,不予以关注,我认为他的这个立场在《明治大正史世相篇》时期达到了最高点。随后是1934、1935年的《民间传承论》《乡土生活的研究法》中,他都是与国民性、传统的讨论保持有距离。但是,到此为止和在这之后的柳田国男,尽管是同一个人物,说不定是向前发展的。我所能够评价的、同时也是相对易懂的是对民俗学形成期为止的柳田国男的了解,到了战后被称为新国学论三部曲①的部分,我也已经无法把握,尤其是最后那部著作《海上之路》,其中的确有对日本人溯源的追问。我的导师、地理学者千叶德尔,他曾经往来于柳田身边,对当时的情况比较了解。据他所言,晚年柳田出席稻作研究会的时候,讨论过《海上之路》,柳田自己就对弟子们说过,那是他个人性质的研究,不要把它看做民俗学的学科研究。柳田不仅是民俗学家,他本身还是写作了《远野物语》的一位文学家,是一位浪漫主义者,同时又具有十分现实的、真实的部分,他时常在这两种气质之间游移,这在他的写作中也有充分体现。晚年他所从事的稻米的研究、《海上之路》的研究等,据我听闻的信息,无非都是他个人的兴趣研究,他本人也对此有明确的表态。由于他深层次中怀有的这种浪漫情结,使得他总是游移于二者之间,我是这样看待的,许多人也是这样评价的。

京都日文研的大塚英治先生也是相同的论调。分裂成两个极端,就会有那样的表达。在民俗学科的确立初期,为了与研究古代的折口信夫形成差异化,柳田选择了以现在为中心的民俗学的研究路径,我对柳田的关注也是集中在这一部分。而到了《海上之路》及被称为战后新国学论三部曲的著述,则已经超出了民俗学的文献范畴,其中不少部分是基于文献的考察,说这是民俗学内容或许也没问题,我个人认为这已经不在我的防守区域之内了。

---

① 指1946—1947年柳田国男以"新国学论"命名的三本著述,分别是《祭日考》《山宫考》《氏神与氏子》。

民俗与社会

郭　下面转到民俗与社会的关联话题。在进行社会性问题研究时，您所秉持的民俗学视角是什么？您所关注的，例如亲子自杀、家族问题、老老介护等，它们许多时候集中于社会评论、社会福利与社会政策领域，那作为民俗学的关注对象，在方法论层面有何不同？

岩本　1970年德国民俗学在法尔肯施泰因（Falkenstein）召开年会，对民俗学进行了下面这样的重新定义：

> 民俗学是对客观的表象（form 形态）与主观的表象中反映出的文化性不同价值传播的考察，其中包括对其背景原因和过程的考察。旨在帮助解决社会文化领域出现的各种问题。①

对此，我有如下解读，过度解读也说不定。所谓主观的表象就是民俗学研究一路积累下来的对故事、传说的搜集之中体现出的认知，将讲述、话语以及各种表演视为实践主体的态度、见解，即为主观表象。

客观的表象，一方面可以认为是类似于统计型的客观事实，另一方面也可以把它视为面对客观事实，人们如何看待事实，如何解读它的对象与事件，以及对现象与事件如何予以说明，如此这般的一种主观的讲述。那么在这一点上，民俗学与社会学是否就会有所不同？在课堂上也会称之为事实与真实的关系……

社会学研究以计量分析为主要方法，历史社会学与历史言说的说法近年来也相对流行，但本质上还是对客观性事实的重视。我对于日韩自杀事件等新闻报道的分析，目的在于面对表现为相同形态的亲子自杀（韩国称之为同伴自杀），其所在社会的不同文化与时代对此是如何言说的？其所赋予的含义伴随着历史发展又是如何变化的？这一类相关问题的明晰，这样看来关注的焦点是不同的。

社会学对言说的切入视角，在言语论或表演理论之后，开始重视戈夫曼

---

① Dow and Lixfeld, German Volkskunde: A Decade of Theoretical Confrontation, Debate, and Reorientation(1967—1977), Indiana University Press, 1986:2. 参考已有中文译本是这样翻译的：民俗学这门学科是将"各种文化价值观（包括它们发生的动因及过程）以主位或客位的形式进行的一种传播，其目标在于帮助解决社会文化的诸多问题"。[美]利·哈林（Lee Haring）：《民俗研究与翻译研究》，杨柳译，《温州大学学报（社会科学版）》2011年第24卷第2期，第31页。

提倡的讲述现场,以及现场的"演出"与"表象"。与此相对,雷曼自身把讲述研究明确定位为"与表演理论不同的领域"①,认为"讲述,完全取决于交流进行时的瞬间状态,以及当下其背负的历史背景所附加的印记"②,进而对后者尤为重视。2005年法政大学出版社出版了雷曼著《森林的民俗——德国人的自然观与森林文化》的日译本,书中特别注重对各个讲述背负的历史语境的多重性与约束性进行剖析,对此我深有同感。

郭 您曾经借助韩国电视剧《蓝色生死恋》考察过日韩家族亲情的不同,某种意义上说是对亚文化层面上社会现象的关注。您认为日常体系的研究是否可以囊括亚文化的部分?

岩本 对于《蓝色生死恋》,我并非出自对亚文化的有意识为之,而只是将其作为一个话题的导入进行了些许考察。就像民俗学以文学为研究对象一样,我只是将电视节目作为了分析对象,并非对亚文化有特别的想法。我的初衷是即使短小的言说,不仅是报纸,包括社交媒体,我们都可以基于民俗学视角给予讲述,进行分析。

例如在这学期的课堂上,当然是线上授课的形式,我选取了如何看待乘坐公共交通工具时接打手机的话题,让学生选择是赞成还是反对,然后给出两个问题,在此基础上提交自由形式的小论文作业。收集这两种讲述,借用雷曼的"参与"概念,进行了民俗学分析。所谓"参与",是指"自己如何看待那个问题,对某一事件表现出的主观性态度"。我所进行的分析便是对于自身赞同或反对的意见选择,学生们使用怎样的语言表述(措辞)赋予对象或事象以一种说明。

如你所知,日本规定:"乘坐电车、公交时基本上是禁止使用手机通话的"。因此作为前提,我也提示了这种情况说明:"车内WiFi环境有了显著改善,在老弱病残孕优先座席附近,对于要求手机电源关机的规定也放宽为'车内拥挤时请关闭手机电源',但对于车内通话,现状仍旧是要求'在设定静音模式的基础上,避免接打电话'。"然后以自由回答的方式提出了下面两个问题。

问题1."为什么乘车时可以交谈,但却不允许接打电话?你是如何看待的?"

问题2."如果今后就是否解禁乘车时接打电话的规定进行讨论,你是赞成还是反对?就你的观点与理由进行简单陈述。"

---

① [日]岩本通弥编著:《作为方法的讲述——超越民俗学》,Minerva书房2020年,第158页。

② [日]岩本通弥编著:《作为方法的讲述——超越民俗学》,Minerva书房2020年,第54页。

我的目的不在于统计赞成或反对的计量问卷结果，而是考察他们使用怎样的语言表述对自己的选择结果予以说明。207人的回答当中，暂且不管是赞成或反对，使用"迷惑"（给人添麻烦）一词进行说明的有55个人，使用"不快"（让人感到不舒服）以表述近似感受的有44人，使用近义词"配虑"（照顾到别人的感受）、"manner"（交往礼节）的分别有30人、38人。也就是说，有8成以上的学生，已经把"不给被人添麻烦"这种规范予以内在化，并以此作为分析原理使用。像这种内容，民俗学也可以从自己的视角进行分析。

　　郭　在亲子自杀的研究中，您有过对日本、中国台湾、韩国比较的论述。您认为比较研究中有哪些需要注意的点或重要问题？如何从方法论层面进行考量？

　　岩本　说到比较研究之前，我都是统称为都市民俗学或现代民俗学，也就是说，时刻以现在为把握对象。虽说是现代研究，那也总是转瞬间即成为过去的事情。对日本与中国台湾的亲子自杀进行比较研究的是台湾的文化精神科医生林宪，我只是介绍过他1982年写作的一篇论文，并应用他提到的分析法进行了日韩的比较。他认为日本的亲子自杀呈现出下降的趋势，希望日本的学者能够对此展开研究和讨论。[①]

　　1982年林先生这篇论文发表时，日本当时的亲子自杀每年平均超过300起，2000年降到了年均30—50起也就是十分之一的规模，到了2018年已经降到一位数，共有8起13个人。这里提到的亲子自杀，指的是30—40年龄段的家长和孩子一起选择自杀。而2000年左右开始呈现频发态势的是被称为介护杀人、介护自杀的行为，老龄化下出现的老人护理老人的现状最后导致超出身心承受极限而走向杀人或自杀极端的事件。据统计，其发生比率为每两个星期会有一起。

　　现在，介护自杀不断增加，已经发展成为深刻的社会问题，传播媒介与社会学也都在给予关注，但是对于日渐消失的社会问题，他们一定不会给予关注。对于历史上长时段的事件，只有民俗学予以关注，从这样的问题中可以发现家族的形态。作为具有历史性展望的课题，只有民俗学者才可以完成。

　　郭　关注当下，同时置身于历史长河中进行思考。提到当下，2020年初开始，新冠肺炎疫情在世界范围内大流行，对此如何从日常生活的角度予以关注？我所在的京都，我也关注到民俗学领域对此内容的敏锐反应。6月京都民俗学会召开了线上第325次学术交流会，主题即为"避免外出时期下

---

①　林宪：《文化精神医学的馈赠》，海鸥社2004年。

的祭礼表演——着眼于后新冠时代变化的社会"，日文研7月召开的共同研究会上，也有学者选择"感染病流行下的文化现象之疫病退散符"为主题进行了论文发表。

岩本 前面我说到雷曼在他的入门书中，就切尔诺贝利核电站爆炸事故进行了民俗学的论述。他指出，物理学、工程学、经济学、法学、政治学、生物学、医学等诸多学科都对该事件表示了关注，但其中恰恰欠缺了对"微小个人""普通民众"具体的"日常的事实""文化的事实"的关注。书中绘制了切尔诺贝利核电站事故蕴含的文化传递过程的流程图，给出了他的研究步骤。日本国内研究中也有类似关注的内容，例如及川祥平等译介的论文《围绕切尔诺贝利核电站事故的"文化传递"：民俗学研究中问题综合分析类型论的提示》，收入及川祥平、加藤秀雄等编著的《东日本大地震与民俗学》[①]一书中。所谓"日常的事实""文化的事实"，强调的是我们普通人所接触到的，并非是纯粹的事实，而是由社会建构而成的事实。他以放射能为例，指出这里所说的放射能，便是由社会、文化要素建构起来的、渗透了印象与价值评判的"放射能"。

雷曼在《森林的民俗》一书中，也提到了切尔诺贝利爆炸事故带来的影响，以及不同的社会阶层与影响区域对于森林有不同的印象与意识，这种不同怎样通过信息的获取（事实的认知）、在此基础上的判断（选择与评价）、文化观念的外化，以及相关观念的利用与消费等环节得以确立，对于诸如以上的一系列过程，从受控于象征性历史的语境中进行了描述。例如，环保运动的团体，如何被调动参与到各种生态保护的运动中来，等等，都有表述。

回到新冠肺炎疫情，在此影响下我们的日常如何发生改变？就可以套用雷曼的描写类型论进行记录。当然，中日韩三国应对新冠肺炎的方式也不尽相同，或许从现在开始我们就有必要做好准备，围绕三个国家不同的民俗志的记述方式形成比较课题研究。

郭 感谢您耐心、细致的讲解和回应，让我对日常的研究有了更进一步的理解，同时在民俗学内涵以及方法论研究层面也深受启发。最后还有三个小问题，其中两个也是我采访中设定的常规性提问。首先，恭喜您2020年4月出版了新书《作为方法的讲述》，拿在手中感觉十分厚重。我现在还只是读了前言与绪论部分，我注意到书的副标题是"超越民俗学"。第一个问题，我想请问这一表述的含义是什么？是对于一直以来以传承、共同体、表演为重心的民俗学研究的重新审视？亦或是摒弃学科间藩篱、旨在建构

---

① ［日］及川祥平等编著：《东日本大地震与民俗学》，成城大学全球文化研究中心2019年。

民俗学与其他学科之间可以共同对话的平台？还是为了打破日本民俗学会与口承文艺学会之间的壁垒?"超越"的深层含义是什么？

岩本 先说结论,"作为方法的讲述"标题是由我提议的,但是"超越民俗学"的副标题,很遗憾这是出版社的提议,当然我也认同这一标题在一定程度上反映了书中内容。学术讨论要打破学科间藩篱,你提到的第三个选择确是事实,日本民俗学会与口承文艺学会之间几乎没有交流,对于讲述的研究完全没有交集,而只是一味地推卸给口承文艺学会。包括记忆,这么重要的民俗学概念,也完全没有进行过讨论。对于"讲述"这一语词,民俗学也只是拿来主义,丝毫没有深入的研究。为此,我以"讲述"入题,也算从民俗学内部对此重新审视。并不是说雷曼的民俗学好,我们需要雷曼,是为了修正日本民俗学对此的怠慢。以此为出发点,10年前举办了这一主题的学术研讨会。

郭 原来如此。最后两个常规性提问。请您选择一位您"喜欢的民俗学者"并说出理由;如果用一句话来描述民俗学,你会选择怎样的表达？

岩本 除了柳田国男以外,与其说"喜欢",不如更多是从受到极大影响的角度来说,他就是我本科阶段的导师千叶德尔。当然,研究生阶段的恩师宫田登的影响也有,但是确立我的民俗学研究根基的是千叶老师的民俗学风格。我之所以对亲子自杀产生兴趣,也是因为听了千叶老师在他《切腹漫谈》①中,赋予狩猎传承中的动物解体的极具魅力的娓娓道来。那本《对抗的原像》②,书中他对与野兽对抗的狩猎活动与人类之间的战争进行了比较,真正是一部杰作。我被他圈粉,完全是来自他卓越的灵动力。

"自我省察"最为恰当,对于民俗学的学科特点来说。

郭 感谢您简洁明了的回答。由于时间关系,内容也不再展开。尤其是您选择的"自我省察"这一语词,我感觉也在意料之中,它与您的日常研究息息相关,至关重要,在前面的论述中也已经有了充分体现。再次表达我衷心的感谢。

岩本老师是一位定期为日本民俗学把脉的学者,这与他立足民俗学外部、关注民俗学研究的态度或许不无关系。他的研究更多是通过对点或事象的阐述,助力民俗学方向性上的把握。在这个意义上来说,他与确立了学科体系的柳田、推动了学科转型的福田有着某种类似。其治学严谨,学术敏

---

① [日]千叶德尔:《切腹漫谈》,讲谈社1972年。

② [日]千叶德尔:《对抗的原像》,平凡社1991年。

感度高，尤其将对他者的借鉴与对一国民俗学的传承这看似矛盾的两者自然地结合在一起，将两者的合力体现得淋漓尽致。这从他对德国民俗学的推介、对中日韩民俗学合作研究的推动，以及他所关注的家族、回归日常等研究中可见一斑。

访谈的最后，岩本老师仍旧念念不忘，问到我有关中国的亲子自杀问题。此时我回想起2019年11月在大阪与岩本老师的第一次面谈。当时是午饭时间，为了说明他的研究近况，他在餐桌上把重要的词、容易混淆的词直接写在餐巾纸上。第二天研究会时，我坐在他的旁边，看到他全程一直在认真聆听，对发言内容仔细地做笔记，重点部分使用不同颜色标注。我不由得感叹，岩本老师是这样一位有着严谨学风、孜孜不倦的民俗学者，也正因此他从边缘走到了核心。

结　语

一、后柳田时代日本民俗学的批判、发展与创新

这里，结合以上整体论述的完成，再次对本书中涉及的"后柳田时代"的概念做一简单概括。本书中，"后柳田时代"一方面是按照时间序列指的是柳田国男离世之后的日本民俗学阶段，另一方面是从民俗学指导思想层面入手，包括民俗学的认识论、方法论、实践论角度，指的是"后学"日本民俗学阶段。前者可以准确到柳田离世的1962年为起点，后者的划分标准受到个体多样的认知影响不尽一致。可以是1958年，日本东京教育大学首次在大学教授民俗学专业即学院派民俗学诞生的时间；也可以是60年代末70年代初，地域研究法逐渐成为主流，取代了柳田民俗学中极具代表性的比较研究法；或者是70年代，日本完成社会转型，西方相邻学科研究理论不断渗透，由此带动民俗学进入调整与反思阶段。本书在参考日本学者有关学术史研究论著的同时，结合作为中国学者立足中国民俗学发展进程的立场以及资料获取的现实情况与客观条件，设定的是70年代以来的一个较为宽泛的起点。

如上所述，通过解构与重构视域下学术史的梳理与比较研究，我们可以勾勒出后柳田时代下日本民俗学走过了批判、发展与创新的轨迹。从学科建设角度审视，日本民俗学的批判、发展、创新研究，从以往的靠一人之力转变为集众人之力，描画了学科的解构与重构实践。另一方面站在国家战略发展层面，日本民俗学的批判、发展、创新研究，呼应了国家城市化进程、循环生态社会建设、地方社会振兴、文化民族主义推进等政治话语的确立。

正如导论部分的研究方法中提到的，广义上说本书是有关日本民俗学的学术史研究，但其所聚焦的是民俗学思想的提炼，因而本书没有按照一般性民俗学概论书中的条目划分或者领域划分面面俱到，而是从中提炼出能够区分柳田民俗学与后柳田时代日本民俗学不同特质、思想的标志性主题，以此为中心展开比较研究与文献研究。基于这样的研究思路，本书具体分

为三个层次展开论述,其中第一个层次便是:选定具有后柳田时代特质的主题展开详细论述,从中梳理出与柳田民俗学的关联性、延续性、特异性。

围绕本书选定的这五个主题,日本学界也已经有一定程度上的认知。例如针对"民俗学近期的倾向",宫田登在《现代民俗论的课题》开始部分列出了三点,"第一,对非农民生活文化的再思考。……第二,对作为理解我们生活文化极其重要的概念日常态·非日常态的再思考。……第三,把城市纳入研究领域,对城市民俗的再思考"①。学会期刊《日本民俗学》的研究动向专刊中也曾经分别提到过环境民俗学、城市民俗学研究;岩本通弥在《故乡资源化与民俗学》一书开篇第一句话就写道:"故乡——现在正受到极大的关注";福田亚细男在最新的学术史研究回顾中也写道:"20世纪70年代到80年代民俗学出现了三个新的研究领域,众多学者参与其中"②,其分别是地域民俗学、都市民俗学、比较民俗学。由此也可以感受到本书选定的若干主题其所具有的后学特质的代表性与典型性。这五个主题出现在后柳田时代,自然是柳田时代下所没有涉及或少有关注的领域,但同时又是以某种方式与柳田民俗学研究保持着传承关系。它们所表现出的对柳田民俗学的离心与向心的力量,正是思考后柳田时代日本民俗学与柳田民俗学的关联性、延续性、特异性的参照。

首先,在城市民俗学领域,1973年仓石忠彦发表了《住宅区的民俗》一文,标志着城市民俗研究的发凡,经历了八九十年代的精进期,进入21世纪,城市民俗学研究开始呈现出平稳发展的态势。城市民俗学的研究,把以往位于学科边缘位置甚至被排除在外的城市区域纳入到研究对象中来,使得民俗学成为研究身边、日常、随处可见的生活文化的名副其实的学科。现阶段的城市民俗学研究,以对大都市和传统城下町的研究为主,更具体表现为对城市的庆祝活动、城市中新兴住宅区民俗、城市传说、城市中具有标志性的繁华区民俗的研究。在研究理论和方法上,在实地调查的基础之上不断探索适用于城市的研究范式。例如理论方面,在反思传统民俗学研究中强调的"民俗继承体""传承母体"基础之上,强调城市中尽管不存在以共同劳作为基础的(村落)共同体,但城市的传承是借助各种不同功能的集合实现,相对于横向的传承,以个人、家庭为单位的纵向的传承表现突出。城市中的传承母体与城市的多样化特质相一致,表现为多层次、多元化。在方法论上,提倡结合城市特点,发挥"考现学"方法的有效性、侧重个人生活史的

---

① 〔日〕宫田登:《现代民俗论的课题》,未来社1986年,第10—13页。

② 〔日〕福田亚细男:《民俗学的过往与展望》,岩田书院2014年,第81—82页。

写作,等等。城市民俗学研究的形成体现了70年代以来日本民俗学研究多样化的特点,其意义在于不是把城市视为一个集合体进行割裂的民俗世界的研究,而是通过对城市所表现出的民俗要素的再发现反过来重新审视村落民俗,从而确立民俗学的普遍性研究理论。

关于日本民俗学的核心和基础分析概念,在"日常态、非日常态"研究范式的基础之上,1972年波平惠美子在日本民族学会召开的研究大会上第一次提出了"日常态(世俗)、非日常态(神圣)"以外的第三元素"污秽/晦气"。以此为契机,七八十年代由众多学者参与展开了三态体系的讨论,从而确立了赋予不同内涵的三态分析范式,尤其以樱井德太郎的"日常态、能量枯竭态、非日常态"影响力最大。"日常态""非日常态"是由柳田国男确立的分析概念,分别指一成不变,平常的时间、空间和适逢时令节庆、人生仪礼等祭祀性、特殊性的时间、空间,两者界限分明,形态上具有鲜明的可对比性。在两态的争论中,以伊藤干治为代表,众多学者阐释了两者间可以相互转换、互为补充的关系。樱井德太郎在此基础上通过赋予第三元素"能量枯竭"的含义,对三态体系阐释如下:"日常态下的生活是构成日本民俗的重要部分,而在维持日常态的过程中,需要消耗、支出能量。当能量减弱甚至枯竭的时候,即意味着正常的生活、生产状态无法维持下去的时候,为了能再次返回到日常态的生产生活中,就必须通过设定非日常态的日子或举行仪式重新获取力量、完成充电的过程",进而强调了民俗学作为草根的文化,应该对"日常态"下的民众生活给与更多关注的观点。

该主题的研究通过在"日常态、非日常态"两态体系中确立新的第三态要素,衍生出更多的可能性,建构了更加合理、多元的分析概念体系,发展了柳田的代表学说,使得日本民俗学的方法论更加完善。"日常态、非日常态"是日本民俗学研究中重要且具有标志性的分析概念之一,并且在当时的民俗事象分析中被证明颇为有效,在现在的研究中也是不可或缺的方法论。面对柳田确立的权威、经典的学说,经过"波平、樱井之争",旧的理性被打破,原有的两态研究范式中的非逻辑因素得以纠正,推论出更加缜密合理的理论体系,三态分析体系的建立最终促进了民俗学研究方法论的进步。

90年代初,自然、环境、生态等字眼开始集中出现在民俗学领域中,与生态学中提到的生态环保概念以及环保者的立场和主张不同,也与以往民俗学中仅仅在村落概貌中给予的简单化、概述性描述有很大的差异。环境民俗学的研究是以构成复杂的自然环境的基本要素为主,通过对环境与人的生产、生活的关系进行有机的、连续的、多样的、综合的把握,更加明确民众的技术构成、行为方式、生活实态和生产民俗。一时间,原本是自然科学领域的研究开始加入了人文科学的视角,以往被忽视的自然的主体性浮出水面。以野本宽一、篠原徹、鸟越皓之为代表的民俗学者,分别从"民俗学中的生态链""与自然打交道的民众的'在野的博物志'""景观论、环境保护中的民俗符号及其积极作用"的独特视角出发,提出了环境民俗学的构想,并且这种关注一直持续到今天,在短短20年左右时间积累了大量的实证性研究成果。不同的学者关注的角度不同,因此研究的命名不尽相同。例如,野本宽一从生态学中生态链的连锁反应、自然周期、宇宙运行等入手,分析民俗事象,阐释民俗生成的原动力,把自己的研究称为生态民俗学。篠原徹则通过对以自然为生、与自然为伴的民众生活的关注,记录下了民众在与自然打交道的过程中生成的地方性知识,高度赞扬了他们的身体技能和生存智慧,因而他把自己的研究定位为自然民俗志的研究。

此外,从环境中与人类发生关系的自然环境入手,野本宽一分析了环境、景观与民众信仰两者间的关系、民众神圣感的生成与环境的关系,并称之为信仰环境论;鸟越皓之提倡人对景观的参与、民俗知识在景观中发挥的独特作用,并称之为景观·环境民俗论;安室知和菅丰则对传统劳作生计研究中偏重技术论、物质论的现状进行了批判,与生产中的自然环境要素密切结合,分别考察了复合性劳作生产的实态和COMMONS理论(资源的利用、开发、管理、维持的制度体系)。尽管切入角度、关注侧面有所不同,但其共同点都是对人与环境相互关系的分析,可以统一称为环境民俗学研究。该领域研究面向现代社会,更加强调民众地方性知识的积极影响和劳作生计中的娱乐要素,通过将生态学、环境论、社会学思想引进民俗行为和民俗体系,更加微观和细致地考察了人与自然、人与人的相互关系,丰富了生产民俗和生活民俗的研究理论,对思考人类生存的本质提供了实证性成果。

另一领域民俗文化多元论的研究是对日本民俗学方法论体系进行的建构。柳田民俗学围绕稻作农耕民的研究展开,甚至忽视了其他种族、文化的存在,以至于形成了日本=瑞穗国、日本文化=稻作农耕文化一元论的幻象。但伴随着考古遗存的不断发现,六七十年代民族学家冈正雄"种族文化"理论,中尾佐助、佐佐木高明为代表的"照叶树林文化论"理论的提出,使得稻作以前=绳纹时代下的杂谷耕种、块根类作物栽培的农业形态进入到学者们的视线中。在日本学术界对以火田耕种为代表的旱作农耕文化关注的大背景下,坪井洋文从民俗学的学科角度出发,通过对"芋头正月""日本人为何选择了稻米"的思考,推论了旱作农耕文化体系的存在,从同等价值的多元论体系确立了"年糕正月"对"芋头正月"、稻作农耕民文化对旱作农耕民文化的民俗文化多元论学说。坪井的研究修正了柳田的稻作文化一元说,把对日本文化的研究由一元论发展为多元论，为日本民俗学提示了新的方法论体系。70年代末80年代初坪井的一系列研究著述，对日本民俗学界产生了深远的影响，带动了之后旱作文化研究的高涨、以及从地域类型论展开的日本东西/南北的多元文化论研究，推动了日本民族基础文化的研究。直至今日，围绕坪井学说的讨论仍在继续，尤其在劳作生计领域，90年代以安室知为代表提出了"复合型劳作生计"的观点，针对"类型论"强调了"复合"的研究视角。

承接上文中提到的第一个层次，本书设计思路的第二个层次便是：结合解构主义与重构主义视角，进一步考察主题在研究实践中的表现路径，即批判、发展、创新的研究实践。上述围绕五个主题的分析实际上也已经同时完成了对第二个层次的论述，总结表述的话，那就是坪井洋文主张的民俗文化多元论体系更多体现了解构主义的怀疑、否定、打破的精神与表现方式；"日常态、能量枯竭态／污秽（晦气）、非日常态"分析体系更加注重以发展、补充的方式消融等级对立，将之前的二态对抗转换为具有流动性与不可完全分离属性的宽容、自由、多元格局，趋近于重构主义下个体与整体的协调；最后从全新领域进行再创造的是70年代城市民俗学、环境民俗学的兴起与90年代之后民俗文化资源化视角的凸显，它们以创新路径践行了解构的开放性与重构的多元性。

二、关于日本民俗学基因的两点思考

以辩证和发展的眼光，剖析柳田民俗学与后柳田时代日本民俗学的思想传承与革新脉络，试论日本民俗学自我基因的再发现与确立，是本书设计思路的第三个层次。

这里所说的自我基因，其焦点瞄准的是学科的本质主义，而非民俗（事象）的本质主义，对此有必要阐明。因为，对于有关民俗的本质主义的追问，在当下并非被视为问题所在。例如，刘晓春曾指出："民俗学需要放弃'民俗主义''本真性'等观念，从这些观念建构的'遗留物'的束缚中摆脱出来，进入到告别'民俗主义''本真性'，以'日常生活'为方法的'后认同'时代……"[①]在某次讲座的问答环节中[②]再次表明，对民俗的本质主义的纠缠是

---

① 刘晓春、崔若男：《以"日常生活"为方法的民俗学研究》，《文化遗产》2017年第1期，第69页。

② 2020年7月25日南方科技大学社会科学高等研究院举办了线上"民俗学与当代社会"系列学术沙龙第一季，其中第七讲为张举文的"民俗研究的核心到底是什么"讲座，刘晓春在作为与谈人参与的讨论中涉及了该观点。

视民俗为固化存在的表现,其带来的是阶级、权力的负面作用。门田岳久[1]也表达过同样的观点:"追求过去指向的本质主义、被揶揄为民俗的标本分类的要素主义、以固有信仰为名标榜的文化民族主义,是近20余年针对民俗学研究整体的若干批评观点……"[2]正是21世纪前后,中日两国几乎相继出现的、对民俗学从"遗留物"到"日常""实践"等方法论和研究范式的转向,让我们思考学科的本质主义——自我基因有了更多的必要性。

20世纪初,日本开始诞生民俗学研究的萌芽,到三四十年代在柳田国男的统领下日本民俗学学科体系日臻完善,进入六七十年代它不得不面对"研究对象消失的学科危机"。到了21世纪,可以看到日本民俗学不断完成着解构下的重构,重新呈现出明确的研究方向与摆脱危机后的相对稳定性。

对比针对柳田民俗学的解构与日本民俗学的重构后的不同,是不是可以思考以下几方面内容:柳田提倡村落民俗研究,包括初期的山村山民研究到后期的稻作农耕民研究。现代民俗学全面关注山乡渔村的调查,说得极端一些是城市化视域下的村落研究。柳田设计组织了山村、渔村、离岛地区三次大规模的全国性民俗定点调查,关注对象是当时的民俗事象及其时间维度的变迁。现代民俗学调查更普遍的是基于学者个体兴趣点之上的跟踪调查、跨文化视野下的比较研究以及地方自治体机构需求下的民俗志书写、围绕国家政治战略与文化发展导向下的问题研究以及国际间的学术交流与成果共享。柳田时代下以对民俗进行全面收集、忠实记录,继而绘制民俗地图、编纂地方史志、考证历史形态的演变为主要研究方式,现代民俗学则纳入了国家、民族、民俗主义、资源化、灾害与记忆、流行文化亚文化等更加多重的、崭新的要素。让我们精心梳理隐藏在变化的外衣之下不变的内心,变化下仍旧不变的那些,或许可以称之为日本民俗学学科基因的部分,亦是日本这个国度与民俗学这门学科结合下生成的DNA,以此可以促进我们更好地感知日本文化、社会、政治与民俗学之间双向性"因材施教"的过程与特质。

对于第二个五十年日本民俗学走过的批判、发展与创新的轨迹,可以有两个视角的解读。

其一,站在学科之外的言说,即站在国家战略发展层面,可以看到日本民俗学的批判、发展、创新研究呼应了国家城市化进程、循环生态社会建设、地方社会振兴、文化民族主义推进的政治话语的确立。

---

① [日]门田岳久,1978年出生于日本的爱媛县,现为立教大学观光学部副教授。

② [日]门田岳久:《特集·〈民俗宗教〉研究的新进展》,《现代民俗学研究》2014年第6期,第1页。

作为柳田民俗学以来一贯的研究出发点,其早期表现出的国学性格便是有力的证明,也有学者将柳田民俗学表述为"具有创造帝国日本之'国民'的意图"①,当下日本民俗学立足于国家与民众之间兼顾两者平衡的研究更是这种出发点的延续。不同的是,民俗学作为在野之学,不是以官学身份,它以自下而上的方式,从政治的受众立场出发,从效用层面、地方层面来改变社会,在实践中完成着对国家政治话语的反馈。

一个世纪以前,柳田就已经有了这样的观点:"国民人数的1/2再加上1个人的意见就能构成多数意见,但我们也不能因此就可以不考虑那1/2再减去1个人的利益。即使是1万个人中1万个人都有相同的要求,但为了国家的永续长存,我们也还要考虑还未降生的数千万人的利益。况且我们还有已经入土的数千亿万同胞,他们的灵魂也还在无限地牵挂着国家发展事业。"②这反映出柳田内心深处的家国情怀。在后来的环境民俗学中,这一思想也得到了很好地延续。

柳田民俗学体系下的代表性学者宫本常一(1907—1981)强调,开发行为一方面表现为改善农业生产经营和振兴偏僻地域的活动,一方面是对文明进步含义下的开发行为的批判。他认为作为民俗学今后研究的一个方向,应该更加关心这样的人群,诸如由于外部开发行为或追随政府的开发行为而导致生活无路可走,被逼退在角落里的那部分群体。民俗学研究应该关注他们的生活,倾听他们的心声,从他们的立场角度出发为当地的开发建言献策。宫本的这个观点正是当下参与地域文化资源化话题时部分民俗学者的学科立场,也是岩本通弥反思当下故乡资源化现状的立足点。但是以辩证的方法,从中我们是否又可以读出日本民俗学以自下而上的方式协调国家、社会、地方建设的某种学科自我基因的存在?

柳田国男曾经在与"考现学"做区分时,明确地提到一个观点:考现学与民俗学两者有交叉的部分,但在目的和方法上存在差异。两者都是从对现实生活的疑惑出发展开的研究,但是在范围上,由于民俗学的目的是解析民族性和国家性,因此民俗学关注的是要在人类历史长河中积淀而成的那部分。人类社会已经进入并将长期处于城市化社会建设中,以发展的眼光我们可以看到,构成柳田民俗学表象的村落民俗学研究即使改头换面,但是针对民族性与国家性的解析已经融入日本民俗学的基因内部。

其二,站在学科体系内的言说,即对日本民俗学的本质主义分析。承接

---

① 施爱东:《民俗学的未来与出路》,《民间文化论坛》2019年第2期,第74页。
② [日]鸟越皓之:《作为尝试的环境民俗学——对琵琶湖的调查》,雄山阁1994年,第32页。

第一个视角接着说,柳田国男认为民俗学的目的是解析民族性和国家性,在第一章"柳田国男的思想"部分中也曾经提到,柳田寄意于日本民俗学建构和旨在阐明的是"常民"的精神史,同时主张民俗学就是解明"常民的历史"的学问①,在福田亚细男对柳田所做的分阶段研究中也提到,柳田后期的研究旨在唤醒日本人作为日本人的自觉和民族认知的深层含义。在具体研究中,学科本质性的理解主要通过了解他们的生活文化,挖掘深藏在日本人精神深处的最为本质的东西,从而更好地理解日本人、日本文化。例如对生活时代的变迁研究、统合了口承书承体承方法的生活文化的认知、信仰与口承文艺中传递出的心意研究、结合旱作、稻作、渔捞、狩猎文化在内的日本多元文化研究、文化遗产制度下地域认同感建构的路径研究、东西/南北考的文化地域类型论等。日本民俗学的研究致力于明晰民族史观,形成完整的日本人、日本文化的自我发现和自我确立。

借助对日本民俗学科对外、对内两个视角的分析,我们是否可以顺其自然地将日本民俗学的学科基因归纳为以下两点:国家意向性下的民俗学学科定位;对自我民族认知的永恒追求。

第一个基因的归纳同时受到了现象学研究的启发。胡塞尔在《逻辑研究》的第二部分曾经指出,要对意识本身进行分析,而意识都有对象——指向性,这个属性就被称为意向性。即意识总是意向着某些对象,如果不考虑意识的对象,就不能正确地分析那些意识。意向性的核心在于"将某物作为某物解释"。我们之所以意识到某物,不仅仅是被对象影响,也是因为我们自己赋予对象意义的作用。日本民俗学在众多日本民俗学者的长期精神活动下也仿佛被赋予了意识,获得了意向性的指称,它所指向的对象便是国家的存在。探究这一意向性确立的更深层次的原因,与其说是现代国家制度的辐射与贯彻,不如说借助了大和民族这样相对单一的民族形态以及自《天皇记》《国记》就已经开始的天皇系统的观念渗透。同时还有一点需要说明,国家意向性下的民俗学学科定位并不是说民俗学的研究在为国家唱赞歌,事实上柳田研究反映出的多是对明治国家、政府批判的色彩,当下的环境民俗学以及民俗文化资源化研究同样具有这样的指向。②

说到第二个基因对自我民族认知的永恒追求,在第一章第三节中曾经提到,在柳田国男看来日本是一个日本,居住在日本这个国家的民众,具有

---

① 参照[日]福田亚细男:《民俗学者柳田国男》,御茶水书房2000年,第7页。
② [日]后藤总一郎:《思想史层面的民俗学》,《柳田国男研究——探索民俗的思想》1974年第6号,白鲸社,第134—143页。

的是同质的日本文化。各个地方、乡土的文化即使存在差异,那也只不过是同一文化圈内部的差异。柳田所要探究的也正是这样同质的日本人和他们具有的同一的日本文化,自然而然他原初的疑问也就落脚在对"日本人是什么""日本人从哪里来的"的思考。这两个问题或许从文化学和体质人类学甚至植物学研究中可以做出更好的解释,民俗学科则更多是从文化自觉的角度,旨在完成对自我民族认知的永恒追求。这里对"文化自觉"的理解即为费孝通先生的观点:它指生活在一定文化历史圈子的人对其文化有自知之明,并对其发展历程和未来有充分的认识。换言之,是文化的自我觉醒、自我反省、自我创建。这种基于文化自觉的日本民俗学研究,从柳田时代原初的疑问到后柳田时代的常民性以及本书中选定的五个主题研究中都有体现,所以说对自我民族认知的永恒追求,构成了日本民俗学区别与他者的另一基因。

我们可以认为对柳田这一顶梁柱的质疑与对柳田研究出发点的延续,分别构成了对柳田民俗学的离心与向心的力量。后柳田时代下,消失的是柳田国男的个性,保留下来的是融入日本民俗学基因内部的逻各斯,如同祖先崇拜中由死者身份到祖灵的升华。这里对日本民俗学基因的思考,并非是"'完美'的理论推想"①,也无意于"为'未来民俗学'论证出一个颠扑不破的存在价值"②,只是希望作为一个"针对未知世界的、尚未成为公共知识的、有待于进一步讨论和修正的探索和发现"③。

日本民俗学经历了第二个五十年的后柳田时代,开始进入到脱离柳田个性记忆、确立自我共性的通道。同时,伴随着解构主义的开放性与重构主义的创造性,日本民俗学的内部基因是否也能呈现更加多种可能与多元发展,让我们拭目以待。

---

① 施爱东:《民俗学的未来与出路》,《民间文化论坛》2019年第2期,第79页。
② 施爱东:《民俗学的未来与出路》,《民间文化论坛》2019年第2期,第79页。
③ 施爱东:《民俗学的未来与出路》,《民间文化论坛》2019年第2期,第78页。

参考文献

一、日文文献（以中译姓氏音序排序）

（一）日文著作

1.『アエラムック民俗学がわかる』,朝日新聞社1997年。

2.［日］安室知:『水田をめぐる民俗学的研究』,慶友社1998年。

3.［日］安室知:『水田をめぐる民俗学的研究—日本稲作の展開と構造』,慶友社1998年。

4.［日］安室知:『餅と日本人—「餅正月」と「餅なし正月」の民俗文化論』,雄山閣1999年。

5.［日］白石昭臣:『畑作の民俗』,雄山閣1988年。

6.［日］白石昭臣:『農耕文化の民俗学的研究』,岩田書院1998年。

7.［日］白石昭臣:『イネとムギの民俗』,雄山閣1994年。

8.［日］北見俊夫編:『日本民俗学の展開—筑波大学創立十周年記念民俗学論集』,雄山閣1988年。

9.［日］波平恵美子:『ケガレ』,東京堂1985年。

10.［日］波平恵美子:『病と死の文化—現代医療の人類学』,朝日選書1990年。

11.［日］波平恵美子編著:『病むことの文化—医療人類学のフロンティア』,海鳴社1990年。

12.［日］倉石忠彦:『都市民俗論序説』,雄山閣1990年。

13.［日］倉石忠彦:『都市化のなかの民俗学』,岩田書院2018年。

14.［日］倉石忠彦:『民俗都市の人びと』,吉川弘文館1997年。

15.［日］倉石忠彦他共編著:『都市民俗生活誌第一巻:都市民俗の生成』,明石書店2002年。

16.［日］赤坂憲雄:『東西/南北考—いくつもの日本へ』,岩波書店2000年。

17. ［日］赤坂憲雄：『一国民俗学を越えて』，五柳書院 2002 年。

18. ［日］沖浦和光、宮田登：『対談：ケガレ差別思想の深層』，解放出版社 1999 年。

19. ［日］川村邦光：『〈民俗の知〉の系譜―近代日本の民俗文化』，昭和堂 2000 年。

20. ［日］川添登編：『生活学へのアプローチ』，ドメス出版 1984 年。

21. ［日］出口晶子：『川辺の環境民俗学』，名古屋大学出版会 1996 年。

22. ［日］成田龍一：『故郷の喪失と再生』，青弓社 2000 年。

23. ［日］篠原徹：『海と山の民俗自然誌』，吉川弘文館 1995 年。

24. ［日］篠原徹：『自然と民俗』，日本エディタースクール出版部 1990 年。

25. ［日］篠原徹：『自然とつきあう』，小峰書店 2002 年。

26. ［日］篠原徹：『ほろ酔いの村―超過密社会の不平等と平等』，京都大学学術出版会 2019 年。

27. ［日］篠原徹編：『現代民俗学の視点一：民俗の技術』，朝倉書店 1998 年。

28. ［日］篠原徹編：『現代民俗誌の地平 1　越境』，朝倉書店 2003 年。

29. ［日］福田アジオ：『民俗学のこれまでとこれから』，岩田書院 2014 年。

30. ［日］福田アジオ編：『日本の民俗学者―人と学問』，神奈川大学評論ブックレット二十一 2002 年。

31. ［日］福原敏男：『祭礼文化史の研究』，法政大学出版局 1995 年。

32. ［日］宮本常一：『都市の祭と民俗』（宮本常一著作集 27），未来社 1982 年。

33. ［日］宮田登：『歴史と民俗のあいだ―海と都市の視点から』，吉川弘文館 1996 年。

34. ［日］宮田登：『ケガレの民俗誌―差別の文化的要因』，人文書院 1996 年。

35. ［日］宮田登：『江戸歳時記―都市民俗誌の試み』，吉川弘文館 1981 年。

36. ［日］宮田登：『現代民俗論の課題』，未来社 1986 年。

37. ［日］宮田登：『都市民俗論の課題』，未来社 1982 年。

38. ［日］宮田登：『新版日本の民俗学』，講談社 1985 年。

39. ［日］宮田登：『霊魂の民俗学』，日本エディタースクール出版部

1988年。

40.［日］宮田登：『民俗学への招待』,筑摩書房1996年。

41.［日］宮田登：『都市とフォークロア』,神奈川大学評論ブックレット2御茶の水書房1999年。

42.［日］谷川健一責任編集：『日本民俗文化大系2　太陽と月＝古代人の宇宙観と死生観＝』,小学館1983年。

43.『国立歴史民俗博物館研究報告』第27集「共同研究　『日本民俗学方法論の研究』」,1990年。

44.『国立歴史民俗博物館研究報告』第74集「共同研究　都市における交流空間の史的研究」,1997年。

45.『国立歴史民俗博物館研究報告』第78集「共同研究　都市における生活空間の史的研究」,1999年。

46.『国立歴史民俗博物館研究報告』第132集「民俗学における現代文化研究」,2006年。

47.『国立歴史民俗博物館研究報告』第156集「人文・自然景観の開発・保全と文化資源化に関する研究」,2010年。

48.『国立歴史民俗博物館研究報告』第181集「自然と技の生活誌」,2014年。

49.『国立歴史民俗博物館研究報告』第207集「共同研究　高度経済成長と地域社会の変化」,2018年。

50.『国立歴史民俗博物館研究報告』第124集「都市の地域特性の形成と展開過程II」,2018年。

51.［日］鶴見和子：『漂泊と定住と―柳田国男の社会変動論』,ちくま学芸文庫,1993年。

52.［日］後藤総一郎編：『常民大学研究紀要1　柳田学　前史』,岩田書院2000年。

53.［日］後藤総一郎編：『常民大学研究紀要4　柳田学の地平』,岩田書院2003年。

54.［日］後藤総一郎編：『常民大学研究紀要5　柳田学から常民の学へ』,岩田書院2005年。

55.［日］今和次郎：『モデルノロヂオ（考現学）』,学陽書房1986年。

56.［日］今和次郎：『考現学入門』,筑摩書房1987年。

57.［日］嘉田由紀子：『生活世界の環境学―琵琶湖からのメッセージ』,農山漁村文化協会1995年。

58. 金沢民俗をさぐる会編：『都市の民俗・金沢』，国書刊行会1984年。

59. ［日］加藤秀俊、小松左京編：『学問の世界：碩学に聞く』，講談社2002年。

60. ［日］菅豊：『川は誰のものか』，吉川弘文館2006年。

61. ［日］鈴木元彦：『稲の民俗誌』，秋田書房1978年。

62. ［日］柳田國男：『分類農村語彙』，国書刊行会1975（1937）年。

63. ［日］柳田國男：「都市と農村」，『柳田國男集』16，筑摩書房1969（1929）年。

64. ［日］柳田國男：『明治大正史世相編』，講談社1985年。

65. ［日］柳田国男研究会編：『柳田国男・同時代史としての「民俗学」』，柳田国男研究⑤岩田書院2007年。

66. ［日］六車由実：『介護民俗学へようこそ！「すまいるほーむ」の物語』，新潮社2015年。

67. ［日］礫川全次：『穢れと差別の民俗学』歴史民俗学資料叢書第三期第四巻，批判社2007年。

68. ［日］鈴木則子編：『歴史における周縁と共生：女性・穢れ・衛生』，思文閣出版2014年。

69. ［日］米山俊直：『小盆地宇宙と日本文化』，岩波書店1989年。

70. ［日］木村俊介：『インタビュー』，ミシマ社2017年。

71. ［日］鳥越皓之：『柳田民俗学のフィロソフィー』，東京大学出版社2002年。

72. ［日］鳥越皓之編：『試みとしての環境民俗学　琵琶湖のフィールドから』，雄山閣1994年。

73. ［日］鳥越皓之編：『環境民俗学の理論と実践』，有斐閣1997年。

74. ［日］鳥越皓之編：『環境問題の社会理論—生活環境主義の立場から』，御茶ノ水書房1989年。

75. ［日］鳥越皓之編：『里川の可能性』，新曜社2006年。

76. ［日］鳥越皓之、嘉田由紀子編：『〈水と人の環境史〉—琵琶湖報告書』，御茶ノ水書房1984年。

77. ［日］鳥越皓之編：『民俗学を学ぶ人のために』，世界思想社1989年。

78. ［日］内堀基光編：『資源と人間01』，弘文堂2007年。

79. ［日］坪井洋文：『イモと日本人』，未来社1979年。

80. ［日］坪井洋文：『稲を選んだ日本人』，未来社1982年。

81. ［日］平野健一郎ほか編：『インタビュー　戦後日本の中国研究』，平凡社2011年。

82. 『日本民俗文化大系11　都市と田舎＝マチの生活文化＝』，小学館1985年。

83. 『日本民俗文化大系12　現代と民俗＝伝統の変容と再生＝』，小学館1986年。

84. 『「日本」とはなにか：文明の時間と文化の時間』，人文書館2007年。

85. ［日］森栗茂一：『河原町の歴史と都市民俗学』，明石書店2003年。

86. ［日］森口多里：『町の民俗』，三国書房1944年。

87. ［日］森貞彦：『文化の型研究のすすめ』，星雲社2013年。

88. ［日］石井研士：『銀座の神々』，新曜社1994年。

89. ［日］石井研士：『都市の年中行事』，春秋社1994年。

90. ［日］室井康成：『柳田国男の民俗学構想』，森話社2010年。

91. ［日］山下晋司編：『資源化する文化02』，弘文堂2007年。

92. ［日］上野和男・高桑守史・福田アジオ・宮田登編：『新版民俗調査ハンドブック』，吉川弘文館1987年。

93. ［日］上野和男：『日本民俗社会の基礎構造』，ぎょうせい1992年。

94. ［日］松平誠：『祭の文化：都市がつくる生活文化のかたち』，有斐閣1983年。

95. ［日］松平誠：『祭りのゆくえ：都市祝祭新論』，中央公論新社2008年。

96. ［日］湯川洋司：『変容する山村―民俗再考』，日本エディタースクール出版部1991年。

97. ［日］藤森照信：『路上観察学入門』，筑摩書房1995年。

98. ［日］網野善彦：「〈稲作一元論〉の克服」，『日本民俗文化大系1』，小学館1986年。

99. ［日］望月照彦：『都市民俗学』全5巻，未来社1989—1990年。

100. ［日］網野善彦など編：『日本民俗文化大系12　現代と民俗―伝統の変容と再生』，小学館1986年。

101. 『未来』第404集，未来社2000年。

102. ［日］小林忠雄：『都市のフォークソサイエティ』，名著出版1990年。

103. ［日］新谷尚紀、岩本通弥編：『都市の暮らしの民俗学』全3巻，吉川弘文館2006年。

104.［日］新谷尚紀、波平恵美子、湯川洋司編:『暮らしの中の民俗学②　一年』,吉川弘文館2003年。

105.［日］小川直之:『摘田稲作の民俗学的研究』,岩田書院1995年。

106.［日］小松和彦、関一敏編:『新しい民俗学へ―野の学問のためのレッスン26』,せりか書房2002年。

107.［日］小池淳一編:〈歴博フォーラム〉『民俗学的想像力』,せりか書房2009年。

108.［日］小黒祐一郎著:『アニメクリエイター・インタビューズ:この人に話を聞きたい:2001—2002』,講談社2011年。

109.［日］小野重朗:『農耕儀礼の研究』,弘文堂1970年。

110.［日］小野重朗:『講座日本の民俗学5生業の民俗』,雄山閣1997年。

111.［日］新谷尚紀:『柳田民俗学の継承と発展―その視点と方法』,吉川弘文館2005年。

112.［日］新谷尚紀:『民俗学とは何か―柳田・折口・渋沢に学び直す』,吉川弘文館2011年。

113.『現代民俗学研究』,現代民俗学会2014年第6号。

114.［日］岩本通弥:『ふるさと資源化と民俗学』,吉川弘文館2007年。

115.［日］岩本道弥編:『現代民俗誌の地平3　記憶』,朝倉書店2003年。

116.［日］岩竹美加子編訳:『民俗学の政治性―アメリカ民俗学100年目の省察から』,未来社1996年。

117.［日］玉城哲:「水田稲作と〈むら社会〉」『日本民俗文化大系8』,小学館1984年。

118.［日］野本寛一:『稲作民俗文化論』,雄山閣1993年。

119.［日］野本寛一:『焼畑農耕文化論』,雄山閣1984年。

120.［日］野本寛一、福田アジオ編:『講座日本の民俗学4　環境の民俗』,雄山閣1997年。

121.［日］伊藤幹治:『稲作儀礼の研究』,而立書房1974年。

122.［日］伊藤亜人:『文化人類学で読む日本の民俗社会』,有斐閣選書2007年。

123.［日］野本寛一:『生態民俗学序説』,白水社1987年。

124.［日］野本寛一:『共生のフォークロア・民俗の環境思想』,青土社

1994年。

　125.［日］野本寛一：『海岸環境民俗論』，白水社1995年。

　126.［日］野本寛一：『軒端の民俗学』，白水社1989年。

　127.［日］有岡利幸：『里山（上、下）』，法政大学出版会2004年。

　128.［日］桜井徳太郎、谷川健一、坪井洋文、宮田登、波平恵美子：『共同討論—ハレ・ケ・ケガレ』，青木社1984年。

　129.［日］野村純一：『江戸東京の噂話—「こんな夜」から「口裂け女」まで』，大修館書店2005年。

　130.［日］一柳廣孝編：『「学校の怪談」はささやく』，青弓社2005年。

　131.［日］真野俊和：『日本の祭りを読み解く』，吉川弘文館2001年。

　132.［日］佐々木高明：『日本の焼畑』，古今書院1972年。

　133.［日］佐々木高明：『稲作以前』，NHKブックス1971年。

　134.［日］佐々木高明：『多文化の時代を生きる—日本文化の可能性』，小学館2000年。

　135.［日］佐野賢治他編：『現代民俗学入門』，吉川弘文館1995年。

　136.［日］中楯興編：『日本における海洋民の総合研究—糸満系漁民を中心として（上、下）』，九州大学出版会1987、1989年。

（二）日文论文

　1.［日］安室知：「稲の力—水田における漁撈活動の意味」，『日本民俗学』1989年第178号，日本民俗学会。

　2.［日］安室知：「稲作民の淡水魚食—保存技術と漁撈技術とのかかわりから」，『信濃』1992年第4418号。

　3.［日］安室知：「西表島の水田漁撈—明治四三年～大正七年」，『横須賀市博物館研究報告（人文）』1995年第40号。

　4.［日］安室知：「書評『稲作民俗文化論』」，『日本民俗学』1994年第197号，日本民俗学会。

　5.［日］安田えり：「書評：福田アジオ『民俗学のこれまでとこれから』」，『史泉』2019年第129号，関西大学史学・地理学会。

　6.［日］波平恵美子：「学会名称変更の是非について：審議提案の経緯と理由」，『民族学研究』2002年第66号4月刊，日本民族学会。

　7.［日］波平恵美子：「病気観の普遍性と多様性—医療人類学の立場から」，『こころの科学』2003年第109号，日本評論社。

　8.［日］波平恵美子：「比較文化論ということ」，『大法輪』2002年第69号8月刊，大法輪閣。

9. ［日］波平恵美子：「『民俗』の再考と再生をめざして」,『日本民俗学』2001年第227号,日本民俗学会。

10. ［日］波平恵美子：「男の役割・女の役割」,『日本民俗学』1994年第198号,日本民俗学会。

11. ［日］波平恵美子：「メアリー・ダグラス著『汚穢と禁忌』1972年」,『部落解放なら11』奈良人権・部落解放研究所。

12. ［日］才津祐美子：「近代日本における人文景観を中心とした『空間』の保存と活用の「『水辺』の生活誌―生計活動の複合的展開とその社会の意味」,『日本民俗学』1990年第181号,日本民俗学会。

13. ［日］才津祐美子：「『白川郷』における世界遺産登録の影響について」,『旅の文化研究所研究報告12』2003年。

14. ［日］倉石忠彦：「団地アパートの民俗」,『信濃』1973年25巻8号。

15. ［日］柴崎茂光等：「世界遺産管理における住民参加の可能性―鹿児島県屋久島の島民以降調査から探る―」,『地域環境』2008年13号1月刊。

16. ［日］川森博司：「現代日本における観光と地域社会―ふるさと観光の担い手たち―」,『民族学研究』2001年第66号1月刊,日本民族学会。

17. ［日］川合泰代：「世界遺産登録を契機に生まれた新しい宗教文化― 春日大社における春日山錬成会の活動から」,『国立歴史民俗博物館研究報告』2010年第156号。

18. ［日］長谷部正：「総ふるさと化の意味すること―小林秀雄の『故郷を失った文学』の現代的意義」,『農業経済研究報告』2014年第45巻。

19. ［日］重岡徹：「最近100年間の『ふるさと』の語られ方―人間の生きる原点としての『ふるさと』による農業・農村再生への展望」,『農村計画学会誌』2012年第31巻。

20. ［日］出口晶子：「書評『川はだれのものか―人と環境の民俗学』」,『日本民俗学』2007年第249号,日本民俗学会。

21. ［日］篠原徹：「環境民俗学の可能性」,『日本民俗学』1994年第200号,日本民俗学会。

22. ［日］篠原徹：「書評『生態民俗学序説』」,『日本民俗学』1987年第170号,日本民俗学会。

23. ［日］福田アジオ：「民俗学の動向とその問題点」,『日本民俗学』1992年第190号,日本民俗学会。

24. ［日］高桑守史：「都市民俗学―その研究動向と課題」,『日本民俗

学』1979年第124号,日本民俗学会。

　25.［日］高桑守史:「城下町の民俗」小特集,『日本民俗学』1980年第
129号,日本民俗学会。

　26.［日］宮山博光:「金沢における団地アパートの民俗」,『都市と民俗
研究』1980年第3号。

　27.［日］関沢まゆみ:「『戦後民俗学の認識論批判』と比較研究法の可
能性－盆行事の地域差とその意味の解読への試み」,『国立歴史民俗博物
館研究報告』2013年第178号。

　28.［日］谷部真吾:「祭礼研究の軌跡─中村孚美と米山俊直の祭礼論
を事例として」,『HERSETEC ：テクスト布置の解釈学的研究と教育』2011
年第5巻第2号,名古屋大学大学院文学研究科出版。

　29.［日］菅豊:「自然をめぐる民俗研究の三つの潮流」,『日本民俗学』
2001年第227号,日本民俗学会。

　30.［日］菅豊:「『水辺』の開拓誌─低湿地農耕は、はたして否定的な農
耕技術か?」,『国立歴史民俗博物館研究報告』1994年第57号。

　31.［日］菅豊:「『水辺』の技術誌─水鳥獲得をめぐるマイナー・サブ
システンスの民俗知識と社会統合に関する一試論」,『国立歴史民俗博物
館研究報告』1995年第61号。

　32.［日］六車由実:「『介護民俗学』からの問いかけ」,『都市問題』2013
年第104号9月刊,後藤・安田記念東京都市研究所。

　33.［日］六車由実:「『回想法ではない』と言わなければいけない訳」,
『看護学雑誌』2010年第74号7月刊,医学書院。

　34.［日］六車由実:「体に刻み込まれた記憶」,『看護学雑誌』2010年第
74号5月刊,医学書院。

　35.［日］六車由実:「老人ホームで出会った『忘れられた日本人』」,『看
護学雑誌』2010年第74号6月刊,医学書院。

　36.［日］門田岳久:「『宗教』の資源化・商品化・再日常化－巡礼ツーリ
ズム、及びその地域的展開からみた『生活』論としての宗教研究試論」,『国
立歴史民俗博物館研究報告』2010年第156号。

　37.［日］坪井洋文:「稲作民の再生儀礼」,『日本民俗研究大系2』国学院
大学1982年。

　38.［日］千葉徳爾:「日本民俗学における比較─稲作と畑作とを例と
して」,『民俗学論業』二号,相模民俗学会。

　39.［日］千田智子:「故郷論再考」,『お茶の水地理』1996年第37巻。

40. ［日］三田村佳子：「生業を分類するということ」,『日本民俗学』2001年第227号,日本民俗学会。

41. ［日］森栗茂一：「書評『試みとしての環境民俗学』」,『民族学研究』1995年。

42. ［日］森栗茂一：「開発・環境の民俗学的研究史（上、下）」,『近畿民俗』1995年第141、142号。

43. ［日］山本理佳：「佐世保市における軍港景観の文化資源化」,『国立歴史民俗博物館研究報告』2010年第156号。

44. ［日］神田孝治：「熊野の観光地化の過程とその表象」,『国立歴史民俗博物館研究報告』2010年第156号。

45. ［日］神田孝治等：「世界遺産と観光」,『旅の文化研究所研究報告15』2003年。

46. ［日］湯浅照弘：「潮汐と漁法」,『日本民俗学』1995年第202号,日本民俗学会。

47. ［日］田中康成：「文化財の総合的保存・活用とまちづくりについて」,『月刊文化財』2009年第544号。

48. 特集：NPOと文化財、歴史と文化を地域の元気に,『月刊文化財』2016年第632号。

49. ［日］小島孝夫：「複合生業論を超えて」,『日本民俗学』2001年第227号,日本民俗学会。

50. ［日］岩本通弥：「『文化立国』論の憂鬱―民俗学の視点から」,『神奈川大学評論　特集＝日本と日本文化―日本論の現在』2002年第42号。

51. ［日］岩本通弥：「都市民俗学の予備的考察」,『民俗学評論』1977年第16号。

52. ［日］岩本通弥：「都市民俗の具体相」,『風俗』1980年第62号。

53. ［日］岩本通弥：「地域性論としての文化の受容構造論―『民俗の地域差と地域性』に関する方法論的考察」,『国立歴史民俗博物館研究報告』1993年第52号。

54. ［日］岩本通弥：「戦後民俗学の認識論的変質と基礎文化論―柳田葬制論の解釈を事例にして」,『国立歴史民俗博物館研究報告』2006年第132号。

55. ［日］岩本通弥：「特集　日本民俗学の研究動向総論」,『日本民俗学』2014年第277号。

56. ［日］岩本通弥：「民俗学における『普通の暮らし』―岩本通弥・前日

本民俗学会長に聞く」,『建築雑誌』2015年第130号。

57. [日]野本寛一:「焼畑系年中行事考—小正月と亥の子」,『静岡県民俗学会誌』1981年第5号。

58. [日]依岡隆児:「近代日本におけるハイマート(郷土/故郷)概念の基礎的考察~ドイツとの関係から」,徳島大学『言語文化研究』2008年第16号。

59. [日]岩松文代:「懐かしい『家』に帰る旅—茅葺きの宿における郷愁の享受と提供」,『旅の文化研究所研究報告12』2003年。

60. [日]中井治郎:「〈ふるさと〉の文化遺産化と観光資源化—京都府南丹市美山町『かやぶきの里』をめぐって」,『龍谷大学社会学部紀要』2014年第44号。

二、中文文献（以姓氏音序排序）

（一）中文著作

1. 李国庆编著:《日本社会——结构特性与变迁轨迹》,高等教育出版社2001年。

（二）中文论文

1. [日]才津祐美子:《民俗"文化遗产化"的理念及其实践》,西村真志叶译,《河南社会科学》2008年第2期。

2. 陈勤建:《民俗学研究的对象与边界——民俗学在当下的问题与思考之一》,《西北民族研究》2014年第3期。

3. [日]福田亚细男:《日本民俗学的特色》,王京译,《民间文化论坛》2016年第4期。

4. [日]福田亚细男:《日本民俗学的形成》,王京译,《民间文化论坛》2016年第5期。

5. [日]福田亚细男:《后柳田时代的民俗学》,王京译,《民间文化论坛》2016年第6期。

6. 古开弼:《照叶树林文化与稻作起源传播——试论稻作起源传播研究的一个新视角》,《农业考古》2002年第3期。

7. 吕俊:《翻译学应从解构主义那里学些什么——对九十年代中期以来我国译学研究的反思》,《外国语》2002年第5期。

8. 孙敏:《柳田国男的日本近代法西斯主义国家批判》,《国际关系学院学报》2012年第3期。

9. 玄松南:《日本稻作的起源与传播》,《中国稻米》1997年第5期。

10. 肖锦龙:《补充、隐喻、重复——解构视野中的文学与现实关系》,《文艺理论研究》2008年第2期。

11. 张正军:《二十世纪日本学者对云南少数民族的历史文化研究》,《云南社会科学》2005年第6期。

12. 邹强:《解构与重构》,大连理工大学2000级硕士论文。

后 记

时光荏苒,转眼间,距离我2008年博士毕业,已经过去了一个生肖轮回的时光有余。经历了时光的洗涤,在师友的提携与关爱、个人的积累与坚持,以及各种机遇的眷顾下,有了这第一本专著的面世。它是我个人成长的见证。

从1997年进入民俗学学科领域算起,已过去20余年时光。我对民俗学的认知也经过了从外围到内涵、从感性到理性、从身心分离到渐次融会贯通的成长过程。在此期间,感恩各种机缘,让我遇到了众多良师益友,是他们给予了我无私的指导和热情的鼓励。日本山口大学汤川洋司教授、原国学院大学仓石忠彦教授、国际日本文化研究中心安井真奈美教授、中国社会科学院叶涛教授、北京师范大学刘铁梁教授,山东大学张士闪教授、高文汉教授,中国人民大学李铭敬教授,以及刁统菊教授、朱以青教授等等,他们在不同时期给予我学术上的启蒙和提携。以下仅以大事记的方式,简单回顾我个人学术成长中的几个重要节点,表达我的感恩与感激之情。

一、1997年10月—2000年3月,与汤川洋司教授的结识与珍贵的师生缘。25岁的我踏上了留学之路,是日本山口大学人文科学研究科地域文化专业的汤川洋司教授向我伸出了热情之手。在半年的课程旁听生期间,汤川老师认真负责地给予我指导,从民俗学的点滴入手引领我走进学术殿堂。后来的2年硕士期间,一如既往定期为我辅导,带领我们同一个席明纳的同学参加了七五三节日的神社调查以及传统村落的神乐表演活动,在我写作硕士论文时,他更是将自己的资料室提供给我单独使用,为我耐心细致地修改论文,帮我在课堂上分发调查问卷……作为我的硕士生导师,在我毕业回国到大学工作以后,我们依旧保持着珍贵的师生情谊。回想起在日本求学时的一幕一幕,只有深切的怀念与感恩。

二、2004年9月—2008年12月,与山东大学民俗学研究所的结缘以及与叶涛、刘铁梁教授的师生情缘。2000年我来到山东大学工作后不久,就找到了民俗学研究的组织,当时的名称是文史哲研究院民俗学研究所。这对我之后的学术研究之路以及持续性的开展研究起到了至关重要的指引与护航的作用。在叶老师的积极筹备下，刘老师作为兼职博导，民俗学研究所获批了第一个博士点，我也有幸成为所里招录的第一个博士生。我在山大的老校工作，民俗所在山大的新校，两者之间距离不到2公里，天时地利人和，博士就读的四年时间，我得到了来自叶涛、刘铁梁两位老师的悉心指导，没有这双份的关爱，也就没有我博士论文的顺利完成，自然也没有这本专著的面世。

三、2005年7月—9月，博士在读期间，在汤川洋司老师的大力协助下，我获得日方资助赴日搜集资料，对完成博士论文的开题起到了至关重要的作用。他得知我博士论文的写作，需要赴日集中搜集资料与完成论文的框架，因此在很短的时间内帮助我申请到了日本学生支援机构的奖学金项目，为我顺利完成论文开题铺平了道路。期间，对于学位论文的框架与主题的筛选，汤川老师曾多次与我讨论，提出中肯的意见，我由衷地感谢老师对我的培育之恩。

四、2017年9月，国家社科基金后期资助项目获批。在我最为苦恼与艰难的日子里，是国家社科基金后期资助项目的评审专家对我的研究给予了认可，给了我坚定的信心，为我指明了前进的方向。感谢2017年，感谢匿名评审专家，是你们给予了我继续前行的力量，没有让我中途放弃，更为可贵的是为我打开了新的一扇窗，让我看到了更为广阔的风景。

五、2019年9月—2020年8月，我再次赴日搜集资料，做访问学者，这一机会为本书的写作完成提供了重要保障。尤其要感谢国家留学基金委的资助，感谢安井真奈美教授与京都国际日本文化研究中心，让我能有一年充足的时间全身心地投入研究工作。尤其是安井老师，恍惚之间让我感觉是汤川老师将他的接力棒交给了她，虽然我们之间年龄差距不大，但是她接人待物的经验、做事的雷厉风行、不知疲惫的工作精力以及协调能力，都让我学习到了很多。

前进的道路没有止境，无论今后我走向何处，仍旧离不开上面我所提到的，那就是时光、师友，我与机缘。

最后，衷心地感谢我的家人，研究工作占据了我可以自由支配的绝大部分时间，而不得不牺牲给你们的陪伴，谨以此书献于2011年4月去世的父亲郭在勤与2014年9月去世的恩师汤川洋司墓前。